Sviluppare Lean Leader a tutti i livelli:

Una guida pratica

Dr. Jeffrey K. Liker

con George Trachilis

**Lean
Leadership
Institute**

Il Lean Leadership Institute intende riconoscere a Laura Fiorillo il duro lavoro e la grande dedizione nel tradurre questo volume dall' Inglese all' Italiano. Laura è una dei molteplici soci nel mondo che hanno lavorato a questo progetto globale.

ISBN: 978-0-9967715-2-8

Pubblicato da: Lean Leadership Institute Publications
V.P. delle Pubblicazioni: Daniel J. Stanley AAP
Pubblicato negli Stati Uniti d'America
Prima Edizione - Inglese
Seconda edizione - italiano

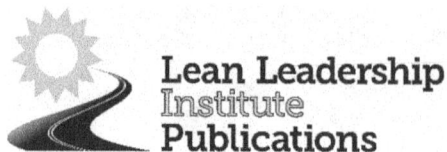

**Lean Leadership
Institute
Publications**

Table of Contents

PREFAZIONE

1 mio nome è George Trachilis, sono un ingegnere professionista e vivo in Canada. Dopo aver implementato tecniche e strumenti del Lean Thinking in molte e svariate aziende, sia a livello globale che locale, è diventata evidente per me l'esistenza di un tema comune che risaltava rispetto agli altri: "La Lean raramente funzionava secondo quanto ci aspettavamo". Prima che chiudiate il libro a conferma della vostra opinione sulla Lean, leggete ancora un po' e non rimarrete delusi.

Sento il dovere di giustificare il mio commento. Di sicuro la Lean funziona, ed io ho visto delle sorprendenti trasformazioni nel primo anno di implementazione nelle aziende, o almeno durante la mia presenza sul posto. Queste trasformazioni di solito sono di natura fisica, quali ad esempio pulire il posto di lavoro, avvicinare le macchine, organizzare l'ufficio in modo da favorire la comunicazione tra le persone, e la lista potrebbe continuare. Tutti questi aspetti accrescono l'efficienza di un processo, e in alcuni casi l'efficienza dell'azienda nel suo complesso. Spesso le aziende sono in crisi quando iniziano ad attuare la "Lean". I motivi della crisi variano dal "dover ridurre i costi altrimenti nell'arco dell'anno finiremo in bancarotta", al "c'è così tanto lavoro che è impossibile prenderne dell'altro finché non si saranno risolti i problemi di processo". In entrambi i casi faccio del mio meglio per dare una mano, e la Lean funziona perfettamente durante il primo anno. Qual è il problema allora? Ho iniziato a comprenderlo meglio quando il governo dell'Alberta, in Canada, mi ha chiesto di organizzare un corso online che educasse le aziende al Lean Thinking. Mi hanno chiesto di focalizzarmi soltanto sulla "Leadership" dell'organizzazione – il presidente, il direttore e i senior manager. Si erano resi conto che le aziende nella Provincia del Canada dovevano ambire al *cambiamento sostenibile*, e non alle iniziali e rapide vittorie ottenute con l'applicazione degli strumenti della Lean.

Nel giugno del 2012, il Dr. Liker è venuto nella mia città natale di Winnipeg, in Canada, per parlare di Lean alla nostra conferenza. Ci eravamo accordati che lo avrei preso all'aeroporto, portato a fare una gita in barca sul Red River, poi lo avrei accompagnato alla conferenza dove avrebbe tenuto un discorso programmatico per poco più di un'ora, ed infine lo avrei riportato all'aeroporto. Il tutto nello stesso giorno. Con lui ho avuto varie conversazioni molto interessanti, ma in particolare due di queste sono state illuminanti per me. La prima è stata quando eravamo sul fiume e abbiamo cominciato a discutere del Canadian Museum of Human Rights (a quel tempo non ancora completato) che aveva ormai superato il budget, arrivando ad un costo totale di 351 milioni di dollari, con un ritardo di 2 anni nella costruzione. Abbiamo parlato di come la Lean si applica a tutte le industrie, compresa quella edilizia. La seconda è stata dopo il suo discorso. Mentre molti dei manager erano in fila in attesa che il Dr. Liker firmasse la copia del suo ultimo libro, *The Toyota Way to Lean Leadership*, uno di loro ha chiesto: "Dr. Liker, cosa impedisce al Lean Thinking di diventare sostenibile in molte aziende?". Jeff ha fissato lo sguardo sul manager e ha detto: "Riassumendo in una sola parola, la Leadership". La conversazione che poi ne è scaturita mi ha fatto riflettere su questo anello mancante della catena. Non so voi, ma quando io faccio chiarezza nella mia vita, allora cerco di mantenerla prefissandomi un nuovo obiettivo relativo a quel nuovo punto di riferimento. In questo modo, comincio a muovermi verso di esso, con la speranza di seguire la direzione giusta. Questa era proprio la direzione giusta, e lo sapevo.

Nei mesi successivi ho sviluppato e stabilito con Jeff un'amicizia tale da fargli tenere alcuni seminari sul web per la mia organizzazione. Questi seminari sul web, alla fine, sono diventati un nuovo corso online sulla Lean Leadership (www.ToyotaWaytoLeanLeadership.com). In seguito abbiamo convenuto che tale massa di informazioni era troppo importante per rimanere in un formato video, accessibile soltanto a coloro che potevano permettersi di pagare per un coach e un corso online. Abbiamo deciso che il modo migliore di fare passa parola fosse attraverso un libro. Questo libro adesso è nelle vostre mani, *Sviluppare Lean Leader a tutti i Livelli*.

Nel corso dei miei 20 anni di implementazione del Lean Thinking, non mi era mai capitato di incrociare un tale tipo di contributo al mondo Lean, finché non ho ascoltato il discorso del Dr. Liker nella mia città natale. Dovevo soltanto condividerlo con gli altri. Sia che non sappiate nulla della Lean, sia che siate veterani della Toyota (da cui trae le sue origini), con questo libro imparerete ciò di cui avete bisogno. La Lean si basa sulla centralità delle persone, ma "Esattamente quali caratteristiche delle persone consentono alla Lean di funzionare bene?".

Jeff descrive a fondo, nei loro aspetti essenziali, le abilità, i valori, i comportamenti, le procedure e i processi prestabiliti che un manager/leader deve possedere e seguire per raggiungere il successo nel lungo termine. Egli paragona questo successo a quello di un atleta o di un musicista che, con l'aiuto di un coach, sviluppa le proprie abilità nel momento stesso in cui le esercita. Inoltre descrive il modo in cui un coach identifica le debolezze in modo sistematico, così che lo studente possa migliorare la propria forma e accelerare il proprio sviluppo nel percorso di conseguimento dell'obiettivo prefissato o della propria condizione ottimale. Nella vita privata, ognuno dovrebbe avere un coach se intende sviluppare le proprie abilità al meglio. Ciò è valido anche sul luogo di lavoro.

Questo libro, insieme al contributo di Jeff al mondo della Lean, è a dir poco eccezionale. Sebbene viviamo in un mondo che ci bombarda di informazioni, Jeff, basandosi sui suoi 32 anni di ricerca e sulla sua conoscenza dei meccanismi più interni della Toyota, vi conduce al punto che, sia come studenti che come coach, manager o CEO, sappiate cosa fare per avere successo nel luogo di lavoro, indipendentemente dall'azienda in cui lavorate. Come esempio dell'efficacia di questo tipo di apprendimento, io stesso ho convertito il mio approccio all'implementazione della Lean, sviluppando la Lean Leadership. Inizio dai valori essenziali dell'organizzazione, e proprio come ho imparato dall'esperienza Toyota, assisto l'organizzazione nel definire chiaramente i propri valori essenziali. Poi passo alla prima fase del *Modello di Sviluppo della Lean Leadership*: Impegnarsi nella crescita personale. Quando i leader dell'organizzazione chiedono aiuto e riconoscono il bisogno di una crescita personale, è più facile guidarli nel percorso. Che novità! Aiutare coloro che desiderano aiutarsi! Le quattro fasi del Modello di Sviluppo della Lean Leadership sono:

1. Impegnarsi nella Crescita Personale
2. Assistere e far Crescere gli Altri
3. Favorire il *Kaizen* quotidiano (miglioramento)
4. Creare una Visione e Allineare gli Obiettivi

Anche io, come Lean Leader, non ho smesso di imparare. Ho una visione del mio stato ideale e per raggiungerla mi impegno ogni minuto di ogni giorno della mia vita. Ho imparato dai libri del Dr. Liker in passato, e più recentemente da Jeff come amico, che dopo aver eliminato uno ad uno tutti gli ostacoli che ti impediscono di raggiungere la tua condizione ottimale, un giorno ti guarderai indietro e ti renderai conto di quanta strada hai fatto. Unitevi a me e al Dr. Liker nel dare il benvenuto a studenti e coach provenienti da tutto il mondo, nella nostra comunità online su www.LeanLeadership.guru/Community.html. Sappiate che una volta raggiunta la condizione ottimale, ce ne sarà sempre un'altra da raggiungere. Ecco perché questo per me sarà sempre un viaggio Lean e fino ad ora è stato un viaggio gradevole. Attendo con ansia di ascoltare le vostre storie, dopo che avrete letto questo libro e vi sarete messi in relazione con il nostro network di professionisti della Lean online.

Inizialmente ho affermato: "La Lean ha funzionato raramente secondo le nostre aspettative", e per molte aziende non può mai funzionare senza la leadership e il processo che esse devono intraprendere per sviluppare le proprie abilità e quelle dei propri dipendenti. Ecco perché questo libro offre un contributo che nessun altro può offrire. Arriva al nocciolo della questione: tu! Cosa puoi fare per migliorare te stesso? Cosa puoi fare per migliorare gli altri? Come puoi sviluppare una cultura del Miglioramento Continuo per raggiungere obiettivi significativi ed essere in vantaggio rispetto alla concorrenza? Tutte queste domande hanno una risposta precisa nel libro. Tutte sono accompagnate da casi di studio.

Ringrazio il Dr. Jeff Liker per questo dono e per avermi permesso di unirmi a lui nel passaparola.

Lean Leadership Institute

George Trachilis, P.Eng.
Presidente e CEO, Lean Leadership Institute Inc.
www.leanleadership.guru
Autore di *OEM Principles of Lean Thinking*
Winnipeg, Canada, 2014

L'AUTORE

Il *Dr. Jeffrey K. Liker* è Professore di Ingegneria Industriale e Operation all'Università del Michigan, Presidente del Liker Lean Advisors, LLC; Senior Advisor e Partner nel Lean Leadership Institute, Inc.; autore del best-seller internazionale *The Toyota Way: 14 Management Principles from the World's Greatest Manufacturer*, 2004 ed è coautore di altri sette libri sulla Toyota, inclusi *Toyota Culture* e *The Toyota Product Development System*. I suoi libri più recenti, del 2011, sono *The Toyota Way to Continuous Improvement* and *The Toyota Way to Lean Leadership*. I suoi articoli e libri hanno vinto undici premi Shingo per l'Eccellenza nella Ricerca. Nel 2012 è stato inserito nella Hall of Fame della Association of Manufacturing Excellence.

Il leader si interroga su ogni cosa, vuole imparare il più possibile, è disposto a correre dei rischi, sperimentare, provare cose nuove. Non si preoccupa del fallimento ma accetta gli errori sapendo che imparerà da questi.

Warren Bennis, *On Becoming a Leader*, 1989

CAPITOLO 1
LA LEAN E LA LEAN LEADERSHIP

Panoramica sulla Lean Leadership e Approccio Consigliato all'Apprendimento

Questo libro è una vivace e spontanea discussione sulla Lean Leadership secondo quanto ho compreso nel corso degli ultimi 30 anni ed ho appreso dalla mia collaborazione al *The Toyota Way to Lean Leadership* con Gary Convis, ex capo della produzione in Nord America e Managing Officer per Toyota. Dalla pubblicazione di quel libro nell'autunno del 2011, io ed i miei colleghi abbiamo tenuto corsi e lavorato con le singole aziende interessate a sviluppare Lean Leader. Ho appreso molto su come approcciare lo sviluppo della leadership precedentemente studiato in Toyota.

Questo libro riflette tale ulteriore apprendimento. Si rivolge a coloro che sono focalizzati sull'eccellenza, che vogliono sviluppare leader altamente capaci che condividano la stessa filosofia e che desiderino creare una cultura aziendale coerente basata sul miglioramento continuo ed il rispetto per le persone.

Abbiamo iniziato con un corso online e abbiamo poi deciso di scrivere questo libro, sia come completamento del corso che come unità indipendente per coloro che non lo seguono. Si presenta come una guida pratica, costruita a partire dal corso. Per ottenere i massimi benefici, ti consiglio di affidarti ad un coach e mettere in pratica i concetti della leadership mentre procedi nella lettura dei capitoli. Troverai nel testo esercizi pratici.

Il nostro obiettivo è quello di facilitare la Lean Leadership che noi crediamo basata su una solida e testata serie di principi applicabili ad ogni tipo di organizzazione. I Lean Leader fanno di più, con meno. Essi raggiungono obiettivi difficili che all'inizio sembravano quasi impossibili, sviluppano team e individui e riescono ad adattare i processi all'elevata incertezza dell'ambiente circostante. Ti auguriamo il migliore dei viaggi!

Contesto del Libro

Vorrei iniziare raccontandovi della mia collaborazione con Gary Convis al libro originario su cui quest'ultimo si basa. Sono stato professore all'Università del Michigan in Ingegneria e Gestione Industriale per più di 30 anni. Nel corso di quegli anni ho studiato le differenze tra i sistemi manageriali degli Stati Uniti e quelli del Giappone, nello specifico della Toyota. Il tutto è confluito nel mio libro del 2004 *The Toyota Way* e in una serie di libri su aspetti più specifici del *The Toyota Way*. Ultimamente, con Gary Convis, abbiamo scritto *The Toyota Way to Lean Leadership* che estrapola quanto abbiamo imparato sullo sviluppo della leadership in Toyota e lo riassume in un modello suddiviso in quattro fasi. In questo libro ho ricreato la stessa struttura basandomi su quello scritto con Gary.

Gary ha iniziato la sua carriera nel settore automotive lavorando in General Motors per un breve periodo e poi è passato alla Ford Motor Company operando nel controllo qualità, nell'ingegneria e nella produzione per circa un ventennio. Durante i suoi anni alla Ford, Gary mostrò abitudini un po' insolite per un manager di quell'azienda. Infatti, in controtendenza rispetto agli altri manager della Ford dell'epoca, trascorreva buona parte del suo tempo in officina a parlare con gli operai e a cercare di comprendere le cause alla radice (root causes) dei problemi. Le successive contromisure venivano sviluppate insieme a quegli stessi operai. Gary fece qualcosa di cui non si era mai udito alla Ford nei lontani anni '80: consentì che la linea di produzione venisse fermata a causa di un problema di qualità. A seguito di questo, l'operation manager andò nel suo ufficio e diede un calcio al cestino scagliandolo contro la lastra di vetro della finestra. Ebbe questa violenta reazione in quanto nella Ford dell'epoca era considerato un tabù fermare la linea di produzione. Gary stava facendo carriera molto rapidamente alla Ford, ma allo stesso tempo sapeva che ci doveva essere un modo migliore di fare le cose. La strada che spontaneamente aveva imboccato, molto simile al Toyota Way, alla Ford lo mise nei guai. Frustrato dalle sue esperienze alla General Motors e alla Ford, Gary decise di sostenere un colloquio di lavoro nello stabilimento della New United Motor Manufacturing, Inc. (NUMMI). La NUMMI era uno stabilimento di produzione di automobili con start-up a rischio situato a Fremont, in California, in comproprietà della General Motors e della Toyota. Gary si trasferì con la famiglia in California, pienamente cosciente dei rischi che questo passo avrebbe potuto comportare.

Alla NUMMI divenne un leader Toyota. La Toyota gestiva lo stabilimento in California nel rispetto del Toyota Production System. Come risultò in seguito, la NUMMI concesse per prima l'opportunità di sperimentare il Toyota Production System in uno stabilimento americano, in collaborazione con il sindacato degli United Auto Workers. Dopo quell'esperienza, Gary salì nella gerarchia della NUMMI e infine gli fu offerta una posizione nello stabilimento Toyota a Georgetown, in Kentucky. Ne divenne il primo direttore di nazionalità americana. Successivamente continuò ad avanzare nella gerarchia della Toyota fino a ricoprire, al momento del pensionamento, la posizione di capo delle Operations per il Nord America e Managing Officer della Toyota in Giappone.

Quando lasciò la Toyota, realizzò di non essere ancora pronto per ritirarsi dal lavoro e ricoprì inizialmente la carica di CEO, poi di Vice Presidente del Consiglio di Amministrazione e, alla fine, di Consigliere della Dana Corporation, aiutandola a sopravvivere alla crisi durante la Grande Recessione. Grazie alla leadership di Gary e della sua controparte, il Presidente John Devine, la Dana divenne nuovamente stabile finanziariamente. Proponiamo questa storia quale esempio emblematico di un altro genere di Lean Leadership. In seguito Gary divenne COO della Bloom Energy Corporation – una start-up ad alta tecnologia, focalizzata sulle energie che rispettano l'ambiente, ed ora è in pensione per la terza volta.

Ho incontrato Gary mentre stava valutando la possibilità di andare in pensione dalla Toyota e mi chiese se avessi voluto collaborare ad un libro. Voleva condividere la sua esperienza di apprendimento alla Toyota con le persone delle più svariate e diversificate aziende del mondo intero. Subito siamo giunti alla conclusione che il segreto del successo della Toyota, così come di altre aziende che stavano cercando di imparare la Lean, il Lean Six Sigma ed il Toyota Way, era la Leadership.

Il Modello di Apprendimento del Libro e del Corso

Quando ci mettemmo all'opera, io e Gary ci prefissammo degli obiettivi ambiziosi. Lo scopo primario collimava col nostro desiderio di insegnare la vera filosofia della Lean Leadership. Secondo quanto io e Gary avevamo imparato, anche se in modalità diverse, la filosofia è diversa dalle tecniche. Essa consiste nella motivazione e nei principi di ciò che cerchi di realizzare come Lean Leader. Sia io che Gary abbiamo visto organizzazioni in difficoltà nel creare la cultura necessaria a promuovere il Miglioramento Continuo. Abbiamo visto molti strumenti implementati con risultati marginali e che, il più delle volte, non si sono dimostrati sostenibili. Ne abbiamo concluso che l'ingrediente mancante era la Lean Leadership. La Lean Leadership deve avere un raggio d'azione che va dagli uffici dei dirigenti e dei supervisori a quelli che la Toyota chiama i team leader, ossia gli operai di produzione sul campo a cui è stato dato un ruolo di leadership.

Intendiamo diffondere questa conoscenza a livello globale poiché i corsi individuali sono alla portata di pochi. Questo libro e il corso online hanno come scopo quello di accelerare la vera trasformazione Lean. La vera trasformazione Lean consiste nel seguire la filosofia, sviluppare le persone e sviluppare la cultura. Ultimamente ci stiamo impegnando per lo sviluppo di un'organizzazione che, su base costante, sia capace di reagire all'ambiente in modo appropriato verso il raggiungimento di obiettivi di business e, allo stesso tempo, di migliorare il servizio ai clienti giorno per giorno.

Insegnare la Lean Leadership è una sfida, soprattutto se rivolta alla massa, e noi crediamo sia possibile abbinare i concetti espressi in un libro o online (preferibilmente entrambi) con un effettivo e concreto impegno sul luogo di lavoro. La filosofia del Toyota Way consiste nel fatto che la maggior parte della crescita personale avviene nell'imparare facendo, insieme ad un coach, e non nell'ascoltare me che parlo in un videoclip, nel guardare le slide di un PowerPoint(™) o nel leggere. Per simulare il metodo di insegnamento della Toyota, durante il corso chiediamo di realizzare un progetto con il supporto di un coach. La chiave di tutto è la pratica che in questo caso consiste nel gestire un progetto di miglioramento effettivo nel *gemba* (il posto in cui si svolge il proprio lavoro o in cui si utilizzano i propri prodotti o servizi). La parte pratica deve essere condotta da un bravo coach. A questo punto diventano critiche la qualità dei coach e la relazione che si sviluppa tra il coach e l'allievo.

Io e George abbiamo creato una rete di Lean Coach altamente qualificati per quanto riguarda il corso online; ovviamente sono persone che hanno sperimentato sul campo tali temi. I requisiti sono: avere minimo 10 anni di esperienza, aver sviluppato le competenze richieste dalla Lean, aver studiato il libro ed essere diventati Lean Leader, magari nella propria azienda, con l'aiuto di un mentore. Potremmo chiamarli *"master black belt"*. Il loro compito è quello di fornire agli allievi una guida individuale. A coloro che leggono il libro e che non seguono il corso, raccomandiamo di cercare una persona del genere che possa fare da coach lungo le varie fasi della crescita personale. Ve ne sono tanti; bisogna solo impegnarsi a trovarne uno.

Imparare a tendere verso il "True North": Il Modello di Sviluppo della Lean Leadership

Quando ho iniziato a studiare la Toyota nel 1983 non c'era nulla che fosse identificato come "Toyota Way". Fujio Cho introdusse il "Toyota Way" in un secondo momento, quando divenne presidente della Toyota nel 2001. Egli trascorse molti anni in America come primo direttore dello stabilimento situato a Georgetown in Kentucky e comprese la necessità di rendere il Toyota Way esplicito. Le persone in Giappone lo imparavano sul lavoro e trascorrevano quasi tutta la loro carriera in Toyota. Quelli al di fuori del Giappone che non avevano una profonda capacità di comprensione all'interno del loro team manageriale avevano bisogno di un sistema di apprendimento più esplicito. Il modello è tanto semplice da ingannarci: Miglioramento Continuo e Rispetto per le Persone.

La Toyota riconosce che l'ideale a cui tende ogni individuo che migliora se stesso e i propri processi ovunque e costantemente è davvero un sogno. Questo sogno è stato denominato "True North" in quanto offre una visione irraggiungibile di ciò che dovrebbe accadere in un mondo ideale. Non sarai mai perfetto, ma puoi tendere alla perfezione.

Fujio Cho descrisse il Toyota Way come "un ideale, uno standard e un faro che orienta il popolo della Toyota come organizzazione globale". Parlano di un'unica Toyota. Il che vuol dire che in Toyota ognuno è guidato dalla stessa visione del True North e lavora con lo scopo di raggiungerla. Le fondamenta consistono in una serie di valori che costituiscono il cuore del nostro modello di sviluppo della leadership del quale parlerò in seguito. Ci rendiamo conto, quindi, che qualsiasi tipo di miglioramento avvenga nelle persone inizia con il fissare dei valori ed uno scopo dichiarato. Ad esempio, l'obiettivo di un'azienda potrebbe essere quello di soddisfare, sorprendere e deliziare i clienti in un ambiente in continua evoluzione e di essere allo stesso tempo finanziariamente sana.

Nel caso della Toyota, quella serie di valori comincia con la **Sfida**. La Toyota crede che le persone abbiamo bisogno di sfide, altrimenti non miglioreranno mai al massimo delle loro possibilità. Inoltre, necessitano di abilità e autostima per poter accogliere la sfida successiva con entusiasmo ed energia.

Il valore successivo è lo sviluppo di una **Mente *Kaizen*** che spinge spontaneamente a pensare in termini di miglioramento e che rivela apertamente qualsiasi imperfezione, spreco o cosa che non corrisponda all'ideale. In Toyota, in tal senso, vi è la convinzione che il miglioramento continuo sia sostenuto da manager che **Vanno a Vedere** in prima persona. Bisogna andare nel *gemba* per raccogliere informazioni. Questo è il luogo in cui si svolge il lavoro, dove i clienti usano i prodotti e i fornitori li realizzano; lì bisogna crearsi un quadro completo della situazione attraverso un'osservazione sistematica.

La Toyota crede nel **Lavoro in Team** e ne ha una visione complessa: nel team sono inclusi sia individui che sviluppano gli altri, sia individui che si migliorano l'un l'altro lavorando insieme. Il team sarà più forte dei singoli individui, ma lo diventerà man mano che i singoli apprenderanno: lo sviluppo del team e dell'individuo vanno di pari passo.

Infine, ci deve essere **Rispetto** in ogni cosa che si fa e con ogni persona con cui si interagisce.

Questi cinque valori sono al centro del nostro modello di Lean Leadership. Nel processo evolutivo di un'organizzazione tali valori vengono sviluppati in quattro stadi con l'obiettivo di inglobarli nel tessuto della propria cultura aziendale.

Per lavorare al nostro perfezionamento, dobbiamo impegnarci a sviluppare noi stessi. Questa è la Prima Fase. Dobbiamo imparare, passo dopo passo, a vivere i Valori del *True North*. Non possiamo passare dall'essere dei violinisti dilettanti a violinisti famosi nell'arco di una notte. In alcune organizzazioni, i leader vengono mandati a seguire corsi all'Università per una settimana o due e viene loro assegnata un'ampia gamma di compiti difficoltosi, lavorando in vari dipartimenti per avere una visione più ampia dell'azienda. In tale percorso formativo non viene dedicato alcuno spazio allo sviluppo delle abilità necessarie sia a migliorare continuamente che a rispettare le persone.

Durante il percorso di sviluppo personale si può iniziare la Seconda Fase: fare coaching agli altri. Far crescere gli altri è il fattore chiave dell'essere un leader. Il tuo obiettivo come Lean leader non è quello di obbligare le persone a seguire il tuo stile, ma farle crescere così che possano contribuire in modo appropriato alla tua organizzazione, guidate dalla cultura aziendale. Esse comprenderanno appieno i valori e si sforzeranno di migliorare se stesse.

Col tempo, cercherai di raggiungere il livello del *kaizen* quotidiano o miglioramento continuo - Terza Fase del nostro modello. Mentre i group leader e i team leader migliorano, i gruppi di lavoro diventano più indipendenti.

Nella Quarta Fase si possono fissare degli obiettivi difficili ma adeguati alle potenzialità di tutta l'organizzazione. In Giappone, il metodo utilizzato per tale adeguamento viene chiamato *Hoshin Kanri*. La Toyota non è l'unica azienda ad utilizzare questo metodo. Fa parte del Total Quality Management ed è il metodo che la Toyota ha adottato per definire gli obiettivi in tutta l'azienda, anno dopo anno. Non è possibile fissare degli obiettivi ed aspettarsi dei risultati, se non si possiede un'organizzazione di persone con le abilità, le conoscenze e la motivazione necessarie a raggiungerli.

A questo punto ho fornito una panoramica del corso e del modello di sviluppo della leadership che insegneremo nel libro: agli studenti verrà richiesto di percorrere queste fasi per far crescere se stessi e gli altri.

Servirsi di un Coach per la Crescita Personale

Coloro che leggono il libro senza seguire il corso devono riflettere su come poter simulare il processo per l'ottenimento di una *Greenbelt*. Il primo obiettivo verso la *Greenbelt* è per il lettore avere un'idea molto chiara delle caratteristiche di un Lean Leader. Se stai cercando di diventare uno di questi, è necessario che tu sappia quali sono le sue caratteristiche. Devi anche avere un'idea chiara di cosa implichi sviluppare un Lean Leader e trasformarti in uno di essi. Tale processo inizia dalla fase della crescita personale che è il fulcro principale del corso e del libro e dà le basi per migliorare gli altri, per sostenere il *kaizen* quotidiano e, infine, per allineare la tua organizzazione attraverso il *Hoshin Kanri*.

Per imparare facendo, devi condurre un reale progetto di miglioramento nel *gemba*. Attraverso un processo strutturato di problem-solving, ti chiederemo di focalizzarti non solo sul progetto di miglioramento e sul raggiungimento degli obiettivi, ma anche di riflettere sul tuo stesso processo di leadership. Cosa fai giorno per giorno? Come interagisci con le persone? Come raccogli le informazioni? Assegni i compiti alle persone giuste? Ti stai assicurando che lo stesso team progredisca, sia nell'apprendimento che nel progetto? Per tutto ciò ti chiederemo di ricorrere ad un diario. Annota semplicemente le piccole riflessioni giornaliere sulla tua esperienza di leadership e mostrale al tuo coach. Le annotazioni ti aiuteranno a capire come stai procedendo nel tuo percorso di sviluppo come Lean Leader.

Uno strumento fondamentale per condividere il progresso del tuo progetto con il coach è l'A3. Il termine A3 indica comunemente le dimensioni di un foglio di carta di 29,7x42 cm, ma qui non intendiamo focalizzarci sulle dimensioni del foglio, quanto su di uno strumento che consenta di descrivere la storia di un problema dall'inizio alla fine su di un solo lato di un foglio di carta. La storia non viene scritta tutta in una volta, ma evolve paragrafo dopo paragrafo insieme al tuo training mentre prosegui nel processo. Nel problem-solving attuiamo tutto il procedimento del *Plan-Do-Check-Act*. Il primo step consiste nel definire il problema che andrà poi rivisto insieme al tuo coach. Il coach ti porrà delle domande provocatorie, così come potrà suggerirti dei compiti aggiuntivi per supportare meglio il tuo sviluppo. Quindi, ti darà un feedback e verificherà l'esito dell' implementazione del nuovo approccio. Tutto ciò contribuirà a creare una relazione molto importante tra il coach e te in qualità di allievo.

Il coach ti guiderà attraverso un processo che noi abbiamo definito e che continueremo ad affinare. Seguirai il processo di problem-solving partendo da un livello elevato: comprendere la situazione. Poi, con l'aiuto del coach, definirai un progetto adatto a te che si possa completare nell'arco di pochi mesi. Deve essere molto significativo per te, in quanto sarà il mezzo attraverso il quale svilupperai le tue abilità di leader. Il contenuto del progetto effettivo o addirittura i risultati sono meno importanti di quello che imparerai riguardo la leadership.

Definire il Problema

Nella prima fase, ossia la definizione del problema, si è ad un alto livello di astrazione. Il passo successivo è quello di formare un team con cui lavorerai per portare a termine il progetto. Questo implica anche l'identificazione della figura dell'*executive sponsor* – qualcuno che possa aiutarti nell'abbattere le barriere che potrebbero bloccarti nel raggiungimento di quanto desideri realizzare. Questi potrà anche fornirti un feedback ulteriore di come ti stai comportando in qualità di leader.

Il processo di problem-solving della Toyota è noto come Toyota Business Practices. Questo procedimento a 8 step rappresenta un unico modello per tutti i livelli della Toyota. Non è fondamentale impiegare lo stesso procedimento della Toyota, ma ne andranno utilizzati gli elementi chiave. Per esempio, nel tuo problem-solving il problema andrà definito minuziosamente e ne andranno comprese le root cause.

Infine, i coach dovrebbero focalizzare gran parte della loro attenzione sulla tua crescita personale. Verrai introdotto alle altre tre fasi della Lean Leadership, ma condurrai essenzialmente un processo di problem-solving. **In questo** consiste la crescita personale. Questo è il punto in cui concentrerai la maggior parte delle tue energie. Nel portare a termine questo progetto gestirai un team di persone e avrai il compito di aiutare e far migliorare quelle persone.

Ad un certo punto ti chiederemo di sviluppare un sistema rudimentale di visual management e di istituire meeting periodici sul problem-solving per supportare ciò che fai nel *gemba*. Vogliamo anche che tu identifichi gli indicatori (key performance indicators) da cui deriveranno i piani azione ed i passi da seguire per i successivi problem-solving. Sarà una versione in miniatura dell'Hoshin Kanri.

I Principi della Lean

Prima di poter definire la Lean Leadership, dobbiamo definire la Lean ed i suoi principi. Useremo la filosofia della Toyota come modello. Non entreremo nei dettagli degli strumenti. C'è un corso online (www.Lean101.ca) al Lean Leadership Institute dal titolo *Principles of Lean Thinking* che tratta degli strumenti di base, così come una grande mole di libri del Lean Enterprise Institute, alcuni tra i migliori testi sull'argomento.

Dopo aver appreso cos' è la Lean e la sua storia così come si è evoluta all'interno della Toyota, ne capirai anche i principi. Nel Secondo Capitolo, ti daremo un set di strumenti per il tuo progetto, compreso il metodo del problem-solving e quello del report in A3. Ci sono poi degli strumenti aggiuntivi che sono necessari ad un buon progetto Lean, inclusi lo standard work ed il visual management (Capitolo Terzo). Quando parliamo degli standard e del loro ruolo, lo facciamo per incoraggiare al miglioramento e per incoraggiare ad usare i metodi per rappresentare visivamente lo standard. Questo dovrebbe permetterti di capire se stai mantenendo la giusta rotta. Laddove c'è una deviazione dallo standard, c'è un problema che richiede la tua attenzione.

Successivamente, procediamo attraverso un modello a quattro fasi (dal Quarto al Settimo Capitolo): impegnarsi nella crescita personale, far crescere gli altri, sostenere i gruppi di lavoro e allineare gli obiettivi verso una visione comune.

Infine, nell'Ottavo Capitolo sintetizziamo i concetti chiave analizzando il processo di sviluppo del marchio Scion in Toyota, progettato per far breccia tra i giovani americani. Il marchio Scion acquisì un'importanza strategica: vennero studiate le esigenze del cliente e definiti i requisiti essenziali del marchio Scion necessari a soddisfare le aspettative dei giovani in America. Successivamente tali requisiti vennero tradotti in caratteristiche operative e sistemi della Lean da applicare per tenere fede alla promessa fatta ai propri clienti. Vedremo come il processo fu integrato nella sua interezza, dalla strategia all'eccellenza operativa.

Questo è ciò di cui tratta il libro ma, per quanto ci riguarda, sarà per te solo l'inizio del viaggio verso la Lean Leadership. Speriamo di darti una buona spinta iniziale verso la direzione giusta. Non possiamo obbligarti a perseverare nel mantenere l'impegno, non più di quanto qualcuno (ad esempio un personal trainer di fitness) possa obbligarti ad allenarti e mangiare sano ogni giorno, per il resto della tua vita. In tutta sincerità, ti auguriamo di cogliere questa opportunità e tutte le risorse che avrai a disposizione per iniziare e/o continuare seriamente il tuo sviluppo come leader. Il mondo ha bisogno di molte più persone come te così che possa migliorare costantemente.

Spero di continuare ad insegnarti molte cose. Sarà disponibile una gran varietà di risorse anche al di là del coach e del corso online. Una di tali risorse è il nostro network online di consulenti e professionisti al link seguente:

www.LeanLeadership.guru/Community.html.

Ti consigliamo anche la lettura di un secondo libro, *Managing to Learn,* del mio collega John Shook che per anni ha lavorato per la Toyota in Giappone. Egli ha imparato il processo A3 del problem-solving durante la sua formazione al Toyota Way tradizionale. Un altro approccio, che fornisce un quadro di riferimento molto strutturato per imparare facendo pratica, si trova nel testo *Toyota Kata* di Mike Rother. Inoltre, ospito su LinkedIn il gruppo *The Toyota Way* ed ho una pagina Facebook pubblica in cui promuovo forum a cui potresti partecipare. Non vediamo l'ora che tu cominci a servirti di tutte queste risorse.

Cosa è la Lean Leadership?

La domanda fondamentale che ci poniamo in questo libro è "Cosa è la Lean Leadership e cosa occorre per svilupparla?". Per cominciare, farò una panoramica del The Toyota Way e del "Modello delle 4P", così come introdotto nel libro *The Toyota Way* per fornire una spinta alla comprensione della Leadership in Toyota.

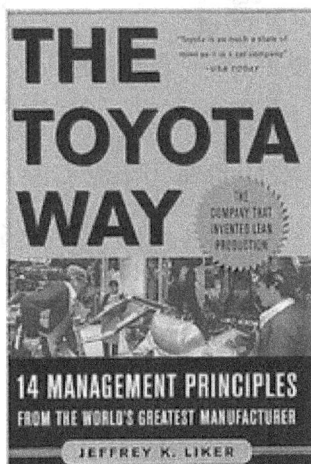

Figura 1.1 *The Toyota Way*   **Figura 1.2** *Good to Great*

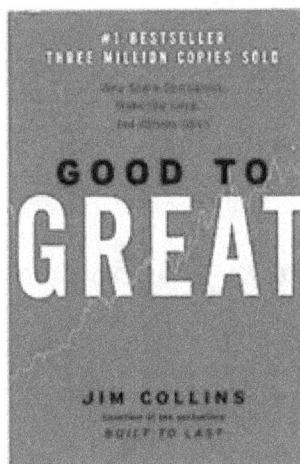

Esattamente alla fine del libro *The Toyota Way* c'è un riferimento al lavoro di Jim Collins. Ciò di cui si parla in quel breve riassunto è ciò che lui chiamava la leadership "Level 5". Mentre stavo scrivendo quell'ultimo capitolo del *The Toyota Way* (v. Figura 1.1), un dottorando mi chiamò e mi chiese: "Ha letto *Good to Great*?" (v. Figura 1.2). Io non l'avevo letto, impegnato com'ero a scrivere il mio libro. Mi disse: "Deve leggere assolutamente della leadership Level 5, perché sembra esattamente la leadership della Toyota". Lo lessi e aggiunsi una piccola parte nell'ultimo capitolo. In seguito, ebbi l'occasione di leggere tutto il libro con maggiore attenzione. Fu per me una rivelazione. Esclamai: "Caspita! Sta parlando della Toyota!".

Di fatto Jim Collins non aveva studiato la Toyota, e neppure le aziende giapponesi. Parlava delle aziende americane e di come queste, decennio dopo decennio, superavano marcatamente dal punto di vista finanziario le prestazioni dei concorrenti. Inoltre, si poneva la domanda: "Che cosa le rende eccezionali? Qual è la differenza tra le aziende che vanno bene e quelle che vanno alla grande?".

Jim Collins nel libro sintetizzava una lista di caratteristiche. Mi resi conto che queste si adattavano bene a ciò che stavo cercando di descrivere come i principi del *The Toyota Way*. La Toyota si focalizza sui clienti. Jim Collins parla di passione nel dare valore aggiunto ai propri clienti, sostenendo che le grandi aziende partono da lì. Non iniziano col chiedersi "Quanto abbiamo guadagnato in questo trimestre?" oppure "Qual è il nostro prossimo prodotto che sfonderà sul mercato?", ma si chiedono "Chi sono i nostri clienti e cosa possiamo fare per risolvere i loro problemi, per fornire loro valore aggiunto in un modo che non si aspettano e meglio della concorrenza?". Il cliente è sempre al centro!

Al loro interno, le grandi aziende stabiliscono dei valori fondamentali che vanno al di là del profitto a breve termine. Ovviamente, il primo valore è la soddisfazione del cliente – il motivo principale per cui si è aperta un'attività. Il secondo consiste in questo: "Che ambiente stiamo creando per i membri del nostro team così che essi possano crescere ed avere una buona qualità della vita? Grazie al nostro aiuto, nel momento in cui decidono di lasciare l'azienda, i membri del team dovrebbero essere migliori rispetto a quando sono entrati a far parte dell'azienda".

Inoltre, a partire dal CEO, che spesso ne è il fondatore, le grandi aziende perseguono l'eccellenza. Ad esempio Walt Disney, fondatore della Disney Corporation, era ossessionato dalla domanda: "Come posso costruire qualcosa di grande, che possa vivere molto più a lungo di me e costituire la mia eredità?". Per Walt Disney questo significava trasformare i suoi sogni in realtà. "Sogno, verifico i miei sogni a partire da ciò in cui credo, ho l'ardire di assumermi dei rischi e metto in atto la mia visione per far diventare quei sogni realtà". Così ha messo su molto più di un'attività... ha costruito un'eredità, una grande impresa che gli sopravvivrà a lungo.

Nelle grandi aziende la proprietà, per consentire alla stessa azienda di durare a lungo, sviluppa leader che possano prendere il proprio posto, che abbiano la medesima passione per l'impresa, per i clienti, per la cultura che ivi è stata creata. È molto difficile sviluppare questo tipo di comprensione, passione e impegno se ci si limita semplicemente ad assumere un CEO abile a far salire le azioni in breve tempo.

I senior leader devono dedicare la propria vita al lavoro. Questo non significa che non possono avere una vita al di fuori del lavoro, ma avrai probabilmente notato che, salendo nella gerarchia dell'azienda, le persone passano molto più tempo in ufficio e al lavoro e in qualche modo meno tempo con le proprie famiglie. Sono ossessionati dallo studio e dall'adattamento all'ambiente. L'aggiornamento è molto importante. Se sei alla Walt Disney, ad esempio, ti interessi dei tuoi concorrenti, sai tutto di loro: quello che pensano, come pensano e probabilmente cosa stanno per fare. Non ti interessa l'industria automobilistica o quella dei semiconduttori e tanto meno quella ospedaliera. Ti interessi del tuo settore. Non sei un CEO *plug-and-play* generico, che potrebbe andare dovunque e gestire qualsiasi cosa.

Collins usa anche il termine "*AND*" thinking in opposizione a "*OR*" thinking, un concetto della Toyota che rappresenta il fulcro del *kaizen*. Se in Toyota dicessi al tuo capo che non è possibile ottenere un'elevata produttività ed un'elevata qualità insieme, egli, in quanto tuo coach, ti chiederà: "Perché non tutte e due? Cosa ti fa pensare che devi barattare la qualità con la produttività? Per favore, cerca di ottenerle entrambe". Quel leader sa che è possibile raggiungerle entrambe e ci crede fermamente perché lo ha fatto tante volte nel corso della sua carriera. Walt Disney era forse molto più famoso per la sua citazione: "Se puoi sognarlo, puoi farlo".

La caratteristica innovativa delle grandi aziende di Collins, ossia sperimentare sul campo e quindi imparare, mi ha colpito enormemente perché oggi il paradigma standard dell'innovazione è dato dalla figura di un inventore solitario. L'inventore solitario ha un momento di illuminazione che conduce prima ad un prototipo e poi ad un prodotto portato sul mercato tramite il processo di commercializzazione. Il punto di partenza è sempre l'idea geniale di un uomo illuminato. Jim Collins sostiene che le grandi aziende imparano facendo, provando e sperimentando. Walt Disney disse anche: "Il modo migliore di iniziare è smettere di parlare e cominciare ad agire". Noi crediamo che nella Lean la svolta fondamentale provenga dal *gemba*, e consista nello sperimentare rapidamente per comprendere meglio ciò che funziona e ciò che non funziona. Nella maggior parte dei casi il mondo è troppo complesso per attendere dei momenti astratti di illuminazione che portino le grandi innovazioni nelle nostre aziende.

Le grandi aziende credono fermamente nel valore di persone capaci e motivate. La Toyota sostiene che queste persone costituiscono l'unico bene di valore, nel senso che le persone sono l'unica parte dell'azienda ad acquisire valore nel tempo, invece di perderne. Qualsiasi altro aspetto del lavoro, dei macchinari, dell'energia che si utilizza col tempo perde di valore e dovrà essere rinnovato. Al contrario, le persone possono di fatto diventare più brave; possono acquisire un livello superiore di abilità. Una persona con dieci anni di esperienza generalmente possiede maggiori abilità e conoscenze rispetto ad una con un solo anno di esperienza. Tutto ciò ti porta a pensare che devi investire sulle persone a lungo termine perché non avrai mai delle persone eccezionali con dieci anni di esperienza se non cerchi di tenerle con te e non investi nel migliorarle. Infatti, esse non sviluppano splendide abilità in modo spontaneo.

Infine, il risultato di questa impostazione è una cultura forte, coerente e coesa. Con il termine 'forte' intendiamo dire che c'è un'ampia condivisione della cultura, dei valori e delle convinzioni a tutti i livelli dell'azienda. 'Coerente' significa che tutto quanto affermato sopra è chiaro e comprensibile a tutti e, se parli con persone diverse, ti racconteranno tutte la medesima storia. 'Coeso', infine, sta a significare che le persone si sentono unite come in un team anche se non si conoscono di persona, in quanto – "Lavoriamo tutti per questa grande azienda e serviamo tutti gli stessi clienti". J. Willard Marriott, fondatore di un'altra delle grandi aziende di Collins, ha detto: "Le grandi aziende sono fatte da persone che non smettono mai di pensare a come migliorare il lavoro". Ha anche aggiunto: "Prendetevi cura del vostro personale ed esso si prenderà cura dei vostri clienti".

Storia del Toyota Way

Quando studio il pensiero dei leader di grandi aziende americane, trovo dei sorprendenti paralleli con la Toyota, il che ci fa capire che la grande leadership è universale. Diamo ora uno sguardo alla storia della Toyota e a come questa sia diventata una grande azienda.

Figura 1.3 Foto di uno dei primi telai automatici e dell'inventore, Sakichi Toyoda

Quali sono le origini del modo di pensare della Toyota (*Toyota Way of Thinking*) sull'azienda, sul business, su come si migliorano i processi e sul ruolo dei leader? Tutto è iniziato con Sakichi Toyoda, fondatore della Toyoda Automatic Loom Works, Ltd (V. Fig. 1.3).

Qualcuno di voi conoscerà la storia dei telai di legno di Sakichi Toyoda e il motivo che ne determinò la creazione. Sakichi era il figlio di un povero falegname in un lontano paesino dove si coltivava riso. Egli notò che le donne si consumavano le dita per produrre stoffe da poter vendere e da allora la sua missione divenne quella di aiutarle a ridurre la mole di lavoro richiesta per la produzione di tali stoffe. Inventò il telaio avvalendosi della sua conoscenza del legno in quanto falegname.

Aveva una profonda conoscenza del mestiere, grande immaginazione e capacità di trovare soluzioni intelligenti e, infine, di metterle in pratica con le sue stesse mani. Il primo telaio che costruì era molto semplice e utilizzava la gravità. Aveva osservato innumerevoli volte le donne spingere avanti e indietro una spoletta di filo e poi con le mani spingere un pezzo di legno per stringere i fili. Quello era il movimento: spingere il filo avanti e indietro e poi pressare le trame della la stoffa. Egli pensò che l'azione di spingere la spoletta di filo avanti e indietro potesse essere svolta dalla gravità. Costruì un piano inclinato in legno e un meccanismo a pedali. Con i pedali si faceva scendere la spoletta lungo il piano inclinato avanti e indietro, eliminando così almeno metà del lavoro. Ne conseguì che la produttività delle donne aumentò del triplo.

Questo fu un buon *kaizen* e fate caso che proveniva da un bisogno concreto. Fu realizzato da qualcuno che aveva investito seriamente nelle abilità di lavorazione del legno: aveva studiato i telai ed aveva una conoscenza tecnica del mestiere. Quindi poteva effettivamente farlo con le sue stesse mani grazie al suo sapere. In seguito lo migliorò, e poi ancora continuò a perfezionarlo. La sua visione era quella di realizzare un telaio automatico pienamente efficiente. Trentotto anni dopo, la Platt Brothers in Inghilterra acquistò il telaio di tipo "G", ossia il primo telaio al mondo completamente automatico e, a quel tempo, si trattò di uno dei rari casi in cui il Giappone esportò un'innovazione (per vedere il telaio G in azione vai su http://youtube/1SBxxlbeMgU).

Tutto ciò che Sakichi fece fu trovare una soluzione ad un problema specifico e tutto fu realizzato mediante una rapida sperimentazione sul campo, ciò che noi chiamiamo PDCA. Inoltre, egli realizzò dal nulla il primo telaio al mondo completamente automatizzato. Non si trattò solo di un'intuizione brillante, ma la soluzione a migliaia di problemi. Il lavoro venne svolto con vari team di persone dedicate. Sakichi non sapeva a priori come avrebbe fatto a passare dal problema specifico al telaio completamente automatizzato, ma sapeva che prima o poi avrebbe riscontrato un problema, e poi un altro ancora... e sapeva che se avesse continuato a risolvere i problemi, alla fine si sarebbe avvicinato sempre più alla sua visione.

Una delle sue innovazioni migliori scaturì da uno di questi problemi. Quando i telai cominciarono a funzionare a energia ed in modo semiautomatico, le persone ebbero un ruolo minore: si limitavano a guardare il filo esaurirsi o a risolvere un problema quando il telaio si rompeva. Se un solo filo si rompeva sull'ordito tutto il materiale prodotto successivamente sarebbe stato difettoso. Quando qualcuno se ne accorgeva, spegneva la macchina, toglieva la stoffa difettata e riparava la macchina. Le persone erano costrette a presidiare la macchina come delle balie, cosa che Sakichi riteneva fosse un enorme spreco di tempo prezioso.

La contromisura adottata fu quella che noi oggi chiamiamo jidoka. Quando un filo si rompeva, un peso cadeva sulla macchina spegnendola automaticamente: era come se la macchina possedesse l'intelligenza umana di spegnersi da sola. In questo modo si riusciva ad impiegare un numero inferiore di persone che avevano il compito di intervenire in caso di necessità. L'uomo era uno che risolveva i problemi, non una balia. Questi principi furono alla base del famoso sistema Toyota detto *'andon'*: tira la corda, interrompi la produzione qualsiasi sia la situazione fuori standard, ricerca le cause del problema e pensa ad una soluzione.

I valori fondamentali su cui Sakichi Toyoda basò la sua vita sono ancora oggi condivisi dalla Toyota: ruolo sociale; centralità del cliente; rispetto per le persone; conoscenza del proprio business dall'interno verso l'esterno; impegno diretto; grande impegno; integrazione di qualità, disciplina, lavoro di team e innovazione continua in una visione unica.

Sakichi diede al figlio una missione: fare qualcosa di grande per la società, che andasse al di là dei telai. Kiichiro scelse le automobili, una sfida importante dato che in Giappone dovevano iniziare quasi dal nulla e le aziende americane come la Ford dominavano sul mercato mondiale. Egli, in un discorso determinante, disse:

> *È mia intenzione tagliare i tempi morti del nostro processo di lavoro...per fare questo adotterò come principio base l'approccio "Just-in-Time".*

Se avesse detto questa cosa oggi, con un esercito di consulenti dietro di lui, con il mio libro e quelli del LEI (Lean Enterprise Institute), tutti avrebbero saputo esattamente cosa intendeva dire parlando dell'approccio Just-in-Time. Tuttavia, questo avvenne nel 1939, quando il concetto del Just-in-Time non era ancora stato inventato. Lo inventò lui, e si trattava di una visione che non aveva idea di come raggiungere, esattamente come con il telaio automatico. La persona che lo rese applicabile fu Taiichi Ohno, un genio dell'industria manifatturiera (v. Fig. 1.4).

Taiichi Ohno e il suo team accettarono la Sfida di Toyoda impegnandosi senza sosta per sviluppare il Toyota Production System un pò alla volta, attraverso ripetuti kaizen.

Figura 1.4 Foto di Taiichi Ohno

Egli ed il suo team accolsero la sfida di Kiichiro di raggiungere il Just-in-Time ed anche quella dello "stretch goal", ossia raggiungere la produttività della Ford nel giro di tre anni. Va sottolineato che al tempo la Ford era nove volte più produttiva con più di un milione di veicoli costruiti all'anno, mentre la Toyota ne costruiva poche migliaia e molto più diversificati.

Cos'è il Vero TPS?

Uno dei primi esperimenti di Taiichi Ohno fu quello di creare una cella di produzione con le macchine disposte a forma di 'U'. Egli si diede l'obiettivo di mantenere costante la produttività al variare dei volumi produttivi e di adattarsi flessibilmente alla domanda del cliente. Imparò a far funzionare la cella di produzione contenente macchine diverse con l'aiuto di una, due o sei persone, a seconda della domanda. Inizialmente si scontrò contro un muro. Chiese ai membri del team di imparare molteplici compiti come far ruotare un tornio o far funzionare un trapano, ma essi non volevano. Preferivano essere esperti di una sola macchina.

In questa occasione Ohno si impegnò a capire come guidare e motivare le persone. Si rese conto che era importante andare in officina tra gli operai, osservare le loro difficoltà, porre loro delle domande, lanciare degli obiettivi sfidanti ed imparare ad essere un coach. Era l'inizio del Toyota Production System (TPS) (v. Fig. 1-5). In seguito Ohno si rese conto che per avere una cella di produzione affidabile era necessario standardizzare il lavoro ed avere un metodo per insegnare le cose. Successivamente scoprì ed adottò il metodo di addestramento operativo ricavato dal sistema americano detto Training Within Industry (TWI). Inoltre, si rese conto che era necessario collegare quella cella di produzione agli altri processi che si trovavano ad una certa distanza e che era necessario mantenere una piccola scorta e rifornirla usando un sistema basato sulla domanda (pull system). La creazione di una cella di produzione stabile e di un pull system costituivano una solida base per raggiungere un piano di produzione uniforme (*heijiunka*). Quindi, col tempo e col passare dei decenni, i pezzi del puzzle del Toyota Production System iniziarono a comporsi. Alla fine il sistema fu schematizzato, nonostante le obiezioni iniziali di Taiichi Ohno.

Figura 1.5. Schema visivo del Toyota Production System (TPS)

Perché muoveva obiezioni ad un semplice schema? Dal punto di vista di Ohno, il Toyota Production System era un insieme di conoscenze vivo ed in evoluzione, ossia si alimentava delle idee che le persone sviluppavano nel gemba in seguito alla scoperta dei punti deboli. Esse imparavano a superare tali debolezze attraverso il processo di miglioramento, adeguando al tempo stesso le loro capacità. Aveva paura che, mettendolo per iscritto, il kaizen sarebbe morto cristallizzandosi in un quadro statico. Si dice che se vedeva qualcuno tentare di rappresentare in qualche modo il Toyota Production System, strappava il foglio e affermava: "Se lo scrivi, lo uccidi!".

Più tardi Ohno divenne meno rigido sulla questione e permise di rappresentare il TPS come una casa, in quanto essa è un sistema. Se togli la struttura che regge il tetto, questo cadrà. Se le fondamenta sono fragili, tutta la casa crollerà. Ogni parte è necessaria al funzionamento del sistema. Al centro del sistema ci sono le persone che si sforzano di migliorare continuamente.

Nei due pilastri si possono riconoscere i contributi di Sakichi Toyoda e Kiichiro Toyoda. Sakichi Toyoda introdusse lo "Jidoka", che oggi viene tradotto con "Fermati e risolvi i problemi" o "Porta i problemi in superficie e risolvili". Grazie a Sakichi fu un telaio con intelligenza umana a fermarsi in presenza di un problema. Poi abbiamo il "Just-in-Time" di Kiichiro Toyoda: i pezzi giusti, al tempo giusto e nella quantità giusta al cliente con il minimo spreco. Questo è l'ideale del flusso a singolo pezzo dalla qualità ottimale, il che, a pensarci, è un sogno quasi impossibile. Se riesci ad immaginare un qualsiasi tipo di servizio a richiesta che funziona il 100% delle volte, hai pensato ad un qualcosa migliore di quanto io abbia mai visto fino ad ora.

In realtà, l'obiettivo non era implementare il *Just-in-Time*, bensì renderlo una visione, così come anche il *Jidoka* doveva esserlo, ossia assenza di difetti. Tutto quello che fai, fallo alla perfezione: questa è la visione che guida il *Kaizen*. Esso non è altro che ambire alla perfezione, percorso che non finisce mai in quanto è impossibile raggiungerla.

Alla base della casa, nelle fondamenta, si trova la stabilità operativa. Ciò implica la presenza di persone disciplinate che seguono un lavoro standardizzato. Inoltre, si richiede una macchina ben tenuta e, conseguentemente, delle persone formate che svolgano la manutenzione preventiva e che imparino a risolvere i problemi ad ogni fermo macchina. L'obiettivo del Controllo di Produzione è quello di ottenere un piano di produzione uniforme, heijunka, sia nel volume che nel mix. Ad ogni modo, l'heijunka è di fatto un'altra visione che si può raggiungere lavorando costantemente alla riduzione delle variazioni nel piano di produzione, relativamente alle persone e al processo. Tutto ciò viene reso ancora più difficile dal fatto che lo standard per il sistema diventa sempre più arduo.

Ecco perché le persone hanno un ruolo centrale: esse devono avere la spinta giusta e la disciplina necessaria a realizzare ogni aspetto del sistema attraverso il *kaizen*. E, alla fine, devono seguire i nuovi standard. Se le persone smettono di pensare e si limitano ad eseguire le direttive di un esperto, il sistema fallisce al cambio delle condizioni al contorno. Le persone che operano sul posto di lavoro rappresentano l'unica forza creativa che può rendere più flessibile il processo.

Ad esempio, pensiamo ad un pilota che abbia ricevuto prima del decollo un piano di volo preciso da rispettare. Il pilota deve attenersi ad istruzioni precise: "Segui il piano, senza variazioni, indipendentemente da quanto possa accadere; se ti imbatti in una tempesta, segui il piano". Se seguisse pedissequamente quanto prescritto in situazioni fuori standard, l'aereo precipiterebbe! Nella maggior parte dei casi il pilota deve seguire gli standard, ma dovrà comunque adattarsi a qualsiasi situazione al di fuori di esso.

Le persone sono al centro del TPS e hanno bisogno di leader che le motivino ad essere diligenti nel seguire e migliorare gli standard. Poche persone hanno l'autodisciplina necessaria a spingersi continuamente verso il miglioramento.

Oggi la Lean è diventata un movimento globale. Si sente parlare di Lean, di Six Sigma e di Lean Six Sigma ma, sfortunatamente, quello che vediamo molto spesso è solo l'ombra del Toyota Way o del Toyota Production System. Ad esempio, camminando in una fabbrica, in un ufficio o in un ospedale possiamo vedere tabelloni, grafici o sistemi per l'approvvigionamento basato sulla domanda, ma in termini culturali questi sono dei meri artefatti. È come ritrovare un vaso risalente al primo secolo e cercare di interpretarne il significato. Se scaviamo alla ricerca del significato di questi artefatti e comportamenti, troviamo norme e valori.

Le norme e i valori vengono troppo spesso tradotti come "Segui le Regole, Realizza gli Obiettivi". Vengono creati e messi in atto da esperti che sviluppano importanti progetti *black belt*. Noi questa la chiamiamo burocrazia. Frederick Taylor, nella sua gestione scientifica, stava creando proprio una rigida burocrazia. Secondo lui, gli unici a dover pensare erano gli ingegneri industriali; gli operai avrebbero dovuto limitarsi ad eseguire quanto il management indicava loro di fare e il management, infine, avrebbe dovuto chiedere loro di seguire gli standard definiti dagli ingegneri industriali. Da un sistema del genere non ci si può aspettare nessun tipo di flessibilità, a meno che gli ingegneri industriali non si facciano venire in mente tutte le idee necessarie. In realtà, sono spesso impegnati su diversi fronti per poter migliorare qualcosa in modo costante.

L'ipotesi alla base di questa interpretazione deviata del Toyota Production System è che del Rispetto per le Persone non resti che il rispetto per gli azionisti. Essi sono i proprietari dell'azienda e si aspettano dei profitti trimestrali. Questo vuol dire che è di primaria importanza far salire le azioni e che investire nelle persone e nel miglioramento del processo deve avere dei concreti ritorni di investimento (ROI).

Se non si ha un ROI, non bisognerebbe farlo, il che significa che si andranno a selezionare minuziosamente solo quei progetti che hanno un chiaro rapporto causa-effetto. Si spendono soldi per ottenere risultati da riportare agli azionisti in termini di saving. Il saving più immediato è quello sul costo del lavoro: mettere le persone fuori dalla porta. Ciò è molto diverso dal costruire forti capacità e lottare per raggiungere una visione di perfezione. La Toyota direbbe che, se lotti per raggiungere la perfezione, vuol dire che stai costantemente migliorando i prodotti e i servizi, fornendo più prodotti con meno soldi e mantenendo i tuoi clienti soddisfatti. Il profitto ne conseguirà. Da un lato, soddisfa i clienti ed otterrai il profitto (ricavo); dall'altro, usando gli stessi metodi kaizen, ridurrai i costi. Ovviamente, ci sono anche obiettivi di qualità, sicurezza e sviluppo delle risorse umane. Elimina i difetti, elimina gli sprechi e ridurrai i costi. Elimina i problemi di sicurezza, elimina gli sprechi e ridurrai i costi. Tuttavia, se fai un salto in avanti e dici: "Non faremo nulla a meno che quel miglioramento possa essere giustificato dai costi", non investirai mai nelle persone, nei processi e nei prodotti ossia non avrai mai clienti soddisfatti e, alla fine, le tue forze si esauriranno e andrai in bancarotta.

Una Mentalità di Miglioramento Continuo in tutti gli Impiegati

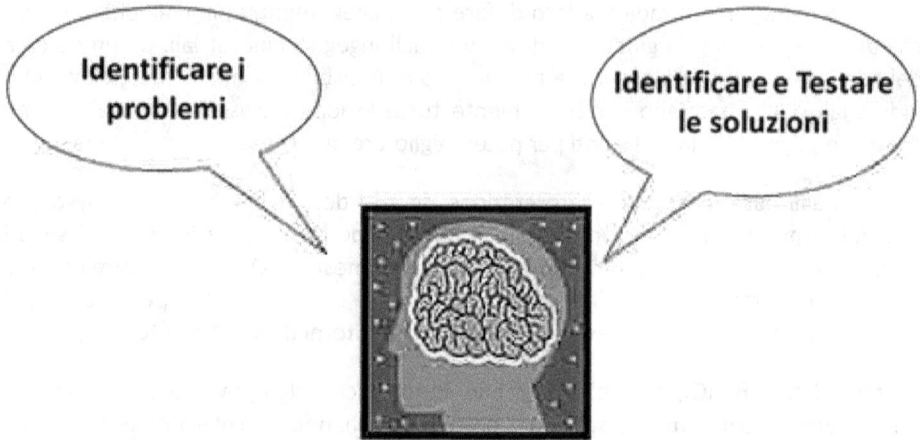

Identificare i problemi

Identificare e Testare le soluzioni

Fonte: Michael Balle
Figura 1.6 Il Thinking Production System (TPS)

Di cosa parliamo esattamente quando facciamo riferimento al Toyota Production System? Pensando al TPS, vengono subito alla mente la produzione, le attrezzature e le macchine, ma in realtà ciò non ha mai rappresentato il TPS. Uno degli allievi di Taiichi Ohno ha detto: "Alla Toyota abbiamo fatto un errore: non avremmo mai dovuto chiamarlo Toyota Production System, bensì Thinking Production System, perché lo scopo finale di tutto è fare in modo che le persone pensino". Persino un semplice *kanban*, un segnale visivo che indica che si è pronti per un ulteriore prodotto o informazione, mette in moto il processo del pensiero. Se, ad esempio, ho un kanban su ogni contenitore e scopro un contenitore senza kanban, allora devo pensare: "Perché il contenitore si è messo in moto senza il kanban?". Se ho dieci pezzi di scorta e tolgo via un kanban, di conseguenza ne avrò nove. A questo punto i miei processi si interromperanno più velocemente nel caso io abbia un problema. Ancora una volta, le persone sono costrette a pensare. La vera essenza del TPS è da un lato identificare i problemi e dall'altro identificare e testare soluzioni così da poter imparare e migliorare continuamente (v. Fig. 1.6).

Cos'è il Vero Toyota Production System?

The Toyota Way 2001

Diversamente da Jim Collins, che analizzò un campione di aziende e paragonò quelle grandi alle rimanenti, io ho osservato in profondità una sola azienda e, dall'osservazione e da quanto appreso, ho costruito un modello per applicare i concetti della Lean. Cosa mette in risalto la Toyota e la rende grande? Il punto di partenza è la filosofia dell'azienda che ha molte delle caratteristiche di cui parla Jim Collins: passione per il cliente, desiderio di costruire una grande impresa, profondo valore attribuito al personale da far crescere nel lungo termine. Inoltre, la visione a lungo termine nel business rappresenta un valore importante.

Figura 1.7 *The Toyota Way 2001* (Toyota Motor Company)

La filosofia è stata messa per iscritto inizialmente dalla Toyota nel 2001, prima che uscisse il mio libro nel 2004. *The Toyota Way* 2001 (v. Fig. 1.7), riassunto in precedenza, ha come due pilastri il Miglioramento Continuo e il Rispetto per le Persone. Dicono che questi due pilastri siano completamente interconnessi, ossia non puoi avere l'uno senza l'altro. Letteralmente, 'Miglioramento Continuo' vuol dire che noi miglioriamo tutto il tempo, in ogni cosa che facciamo: mentre imballiamo particolari, miglioriamo il nostro modo di farlo; mentre sviluppiamo la prossima *Camry*, ne miglioriamo il processo. Il miglioramento del processo può partire dall'ottenimento del feedback del cliente e può comportare la trasformazione di questo feedback in caratteristiche progettuali e nello studio delle modalità con cui progettare il prodotto così che sia facile produrlo in fabbrica.

Ogni dipartimento dell'azienda (amministrazione, finanza, vendite e tecnologie informatiche) è costantemente sottoposto alla sfida del miglioramento. La filosofia è questa: vogliamo continuamente riflettere su come stiamo procedendo. Stiamo migliorando? Chi avrà il compito di pensare a fondo così che possiamo migliorare? Non abbiamo un super computer in grado di farlo, e neppure un robot. Solo le persone sono capaci di fare ciò. Per avere il Miglioramento Continuo, abbiamo bisogno di un team di persone che condividano i valori e si identifichino con l'azienda. Tutto ciò conduce al **Rispetto**.

Nella filosofia della Toyota, 'rispetto' significa molto più di: "Vi tratteremo bene, non alzeremo la voce, non infieriremo e l'ambiente di lavoro sarà gradevole". Di fatto, esso significa: "Vi stimoleremo a continuare sulla strada del miglioramento di voi stessi perché solo così riuscirete a dare valore aggiunto all'azienda e ad essere, al contempo, persone migliori". In cambio, l'azienda potrà garantirvi una buona paga e lavoro sicuro. Le fondamenta sono costituite dai cinque valori di base cui ho già accennato e che adesso andrò a spiegare in dettaglio.

Il primo valore è la **Sfida**: ognuno in azienda, dai senior leader agli operai in fabbrica, viene continuamente stimolato a migliorare se stesso. La sfida scaturisce da obiettivi molto specifici, ossia da una chiara comprensione del dove si vuole andare rispetto al dove si è. Minuto dopo minuto, in un mondo ideale, è determinante un'attitudine del tipo: "Qualsiasi sia la sfida, troveremo il modo di esserne all'altezza".

Nel 2011, il Giappone fu colpito dal peggior terremoto della sua storia. La Toyota perse d'un colpo la fornitura di 500 componenti in quanto molti degli stabilimenti fornitori erano in macerie. Di conseguenza la Toyota dovette accettare la sfida. Dovette concentrare la propria attenzione a capire dove erano i problemi e a trovare il modo di aiutare i fornitori a risolverli. Uno ad uno gli stabilimenti furono rimessi in funzione, così da poter riattivare la supply chain. Allo stesso tempo, dovette pensare a come razionare tali forniture tra tutti gli stabilimenti Toyota sparsi nel mondo. In seguito, l'azienda si chiese cosa avrebbe potuto imparare dal disastro che aveva portato al *kaizen* nella supply chain. Ad esempio, si rese conto che vi era un secondo livello di fornitura e che, in alcuni casi, i componenti critici erano prodotti in un solo stabilimento. Pertanto, prese coscienza del fatto che bisognasse gestire meglio la supply chain: fu chiesto ad alcuni fornitori di aprire un secondo sito produttivo in una diversa area geografica.

Trattiamo, ora, di un processo distintivo per il *Kaizen* che la Toyota chiama problem-solving. La Toyota non definisce un problema semplicemente come qualcosa che oggi è andato male, bensì come un divario tra lo stato attuale e quello desiderato. Il problem-solving aspira a raggiungere un livello superiore di performance rispetto a quello attuale. Nel secondo capitolo parleremo del Toyota Business Practices, un processo di problem-solving ad otto step. È interessante notare come in Toyota il processo di problem-solving sia stato elevato a prassi aziendale di base. Questo è avvenuto perché tutte le parti dell'organizzazione che lavorano per migliorare, per adattarsi all'ambiente mutevole, per meglio soddisfare i clienti e per lavorare in modo cooperativo con la comunità dovrebbero seguire lo schema di pensiero del Toyota Business Practices.

Ad un livello più elevato, questo si ritrova nel Plan-Do-Check-Act di Deming, di cui sentirai parlare costantemente in Toyota. La struttura del PDCA è tale da impedirti di saltare a conclusioni affrettate riguardo a dove vuoi andare, che problema affrontare in seguito e quali contromisure adottare. Ti obbliga a riflettere su ciò che è successo, paragonato a ciò che ti aspettavi succedesse, e infine a ciò che hai imparato da quell'esperimento. Mike Rother, nel *Toyota Kata*, sostiene che il problem-solving sembra implicare troppo il dover correre in giro a sistemare le cose, invece di tendere ad un obiettivo ambizioso attraverso un processo di miglioramento. Alla Toyota, il problem-solving non è altro che migliorare la propria direzione verso una visione precisa.

Genchi Genbutsu è strettamente correlato al *kaizen*. Fa riferimento al fatto che l'unico modo per comprendere a fondo un problema è recandosi sul luogo effettivo in cui la cosa reale avviene. Potrebbe essere laddove le persone progettano oppure dove i clienti usano le auto o ancora sulla pista di prova dove si guida il veicolo. Dovunque si verifichi il problema bisogna andare a studiare la situazione e a cercare di capirne i punti di forza e di debolezza: questo è il punto di partenza del miglioramento, anche se non è sufficiente. Bisogna avere la visione di dove si vuole andare e tale visione dovrebbe essere basata sulla realtà così che ci si possa rendere conto del divario esistente tra dove si è e dove si vuole essere. *Genchi Genbutsu* letteralmente vuol dire 'la parte reale', 'il luogo concreto', ed è generalmente indicato col nome di *gemba*.

Respect ci indica cosa vuol dire "Rispetto per le Persone". Esso comprende: rispetto per gli stakeholder, fiducia reciproca, trasparenza e responsabilità. Quest'ultima viene descritta come: "Ci assumiamo la responsabilità di lavorare autonomamente, impegnandoci onestamente al meglio delle nostre capacità e onorando sempre le nostre promesse di prestazione".

Teamwork è lavoro in team. L'unico aspetto innovativo che la Toyota introduce riguardo al lavoro di team è che non c'è separazione tra lo sviluppo individuale e quello del team. Alla Toyota credono che il team migliore sia quello fatto da individui che vengono costantemente messi alla prova, che crescono e diventano migliori in quanto membri del gruppo ed, infine, che lavorano insieme, come team, verso un obiettivo comune. Se vuoi costruirti un team vincente, devi affrontare un processo di selezione. Successivamente i membri del tuo team dovranno sperimentare sul campo un certo numero di applicazioni. Non bastano i giocatori migliori, ma è anche necessario che essi cooperino attivamente. Crescita individuale e crescita del team sono interdipendenti. Come affermato nel Toyota Way 2001: "Noi stimoliamo la crescita personale e quella professionale, condividiamo le opportunità di sviluppo e massimizziamo le prestazioni individuali e quelle del team".

Cosa significa questa casa per la Toyota? È una ricetta da implementare? Esiste un set di tool associato ad ognuno di questi aspetti, oltre che delle misure per verificare quanto si è bravi in ognuno di essi? In effetti, esistono dei sistemi di misura di questi cinque valori portanti in alcuni settori dell'azienda, ma spesso vengono usati come strumento di valutazione delle persone quando in realtà il loro ruolo principale è quello di fornire la visione del True North, un ideale, uno standard e un faro che orienta.

Alla Toyota sono pienamente consapevoli che il Miglioramento Continuo è un sogno impossibile. Ci sarà sempre un momento della giornata in cui non si sta migliorando da qualche parte in azienda. Anche il rispetto per le Persone è un sogno impossibile: tra le centinaia di migliaia di persone in azienda, ci sarà sempre qualcuno che, ad un certo punto, mancherà di rispetto. Così come non è possibile eliminare la variabilità, ma l'obiettivo dovrà essere quello di ridurla e di avvicinarsi sempre di più alla visione del True North.

Quando parliamo della Lean, cosa cerchiamo di realizzare? Sfortunatamente, la percezione relativa alla Lean consiste spesso in un obiettivo limitato e dettagliato. Per alcuni potrebbe essere abbassare i costi di gestione riducendo il costo del lavoro; per altri potrebbe essere ridurre i costi delle giacenze per aumentare la liquidità; per altri ancora potrebbe identificarsi con la risoluzione del problema del ritardo nelle consegne. Se tu fossi in ospedale, ti direi di far caso al paziente che si muove tra i reparti e di chiederti quanto tempo intercorre dal momento in cui il paziente entra in ospedale al momento in cui ne esce: se riducessimo tale intervallo avremmo pazienti più soddisfatti e sistemi più efficienti. Il tempo di processo (lead-time) è spesso associato alla Lean.

Tutte queste sono sfide legittime e, se usato propriamente, il processo di miglioramento della Lean consente di raggiungere tutti gli obiettivi. Ma, la nostra visione della Lean abbraccia un contesto più ampio. Quello che noi realmente vogliamo fare, nelle modalità più molteplici e svariate, è: sforzarci di soddisfare il cliente, ridurre i costi e offrire una buona qualità di vita ai membri del nostro team. Nella Fig. 1.8, mostriamo alcuni esempi che si differenziano leggermente dall'opinione generale. Un obiettivo legittimo della Lean è progettare prodotti che risolvano i problemi riscontrati dal cliente all'utilizzo. Non si tratta né di riduzione del tempo di processo, né di riduzione dei costi, ma piuttosto di innovazione e creatività. Se si riuscisse a progettare e a realizzare prodotti privi di difetti, cosa che si potrebbe definire come *designed-in quality*, ciò porterebbe ad una migliore soddisfazione del cliente. Qui sotto troverai degli esempi di un'ampia gamma di obiettivi a cui si può lavorare coinvolgendo le persone nel Miglioramento Continuo.

Obiettivi Tipici della Lean
(non soltanto licenziare persone)

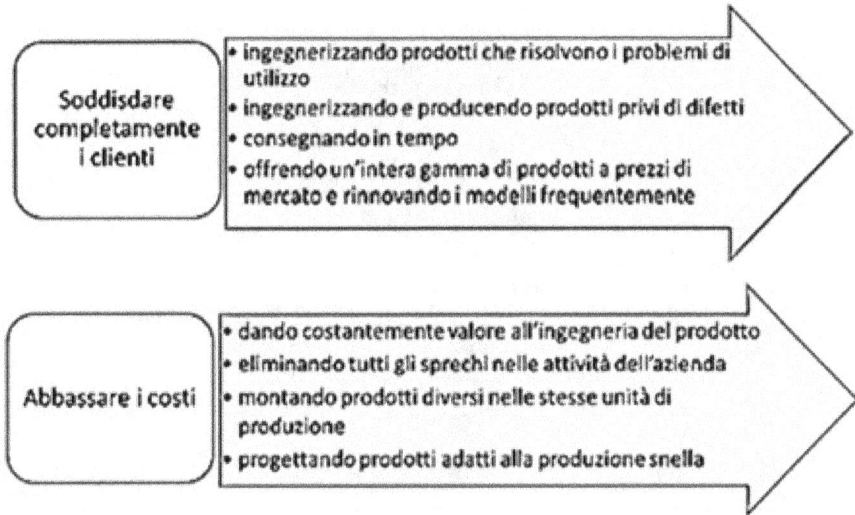

Soddisdare completamente i clienti
- ingegnerizzando prodotti che risolvono i problemi di utilizzo
- ingegnerizzando e producendo prodotti privi di difetti
- consegnando in tempo
- offrendo un'intera gamma di prodotti a prezzi di mercato e rinnovando i modelli frequentemente

Abbassare i costi
- dando costantemente valore all'ingegneria del prodotto
- eliminando tutti gli sprechi nelle attività dell'azienda
- montando prodotti diversi nelle stesse unità di produzione
- progettando prodotti adatti alla produzione snella

Figura 1.8 Obiettivi Tipici della Lean– Soddisfare i Clienti e Ridurre i Costi

Osservando questi esempi, capirai perché mi sono trovato in linea con i risultati di Jim Collins riguardo le grandi aziende: la visione offerta dalla Lean è molto più ampia della semplice idea di accorciare il lead-time eliminando gli sprechi. La Lean investe davvero in tutti gli aspetti dell'azienda e sviluppa la capacità di quest'ultima di dare valore aggiunto al cliente.

Sfortunatamente, la Lean viene troppo spesso ridotta ad un set di strumenti per la riduzione degli sprechi. Ciò conduce ad una visione basata sul concetto di eliminazione delle cose: eliminare gli step inutili; eliminare le attività inutili e poi passare allo spreco successivo. È questo quello che ha fatto Sakichi Toyoda? Ha inventato il miglior telaio al mondo, andando in giro a cercare di eliminare gli sprechi? Ovviamente la risposta è no. Egli faceva innovazioni creative, mirate al raggiungimento di una visione.

Il Modello delle 4P collega Filosofia, Processi, Persone e Problem-Solving

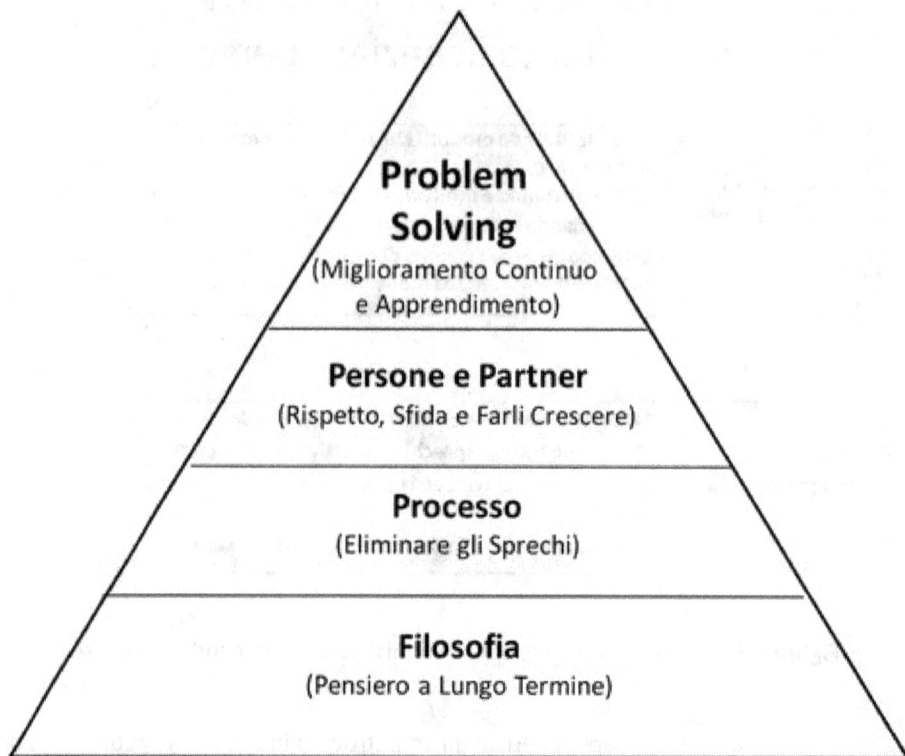

Figura 1.9 La Piramide di Liker (le 4P) del Toyota Way

La Toyota rappresenta il Toyota Way con una casa. Io ho sviluppato una piramide (v. Fig. 1.9). Alla base, ho messo la Filosofia, ossia il modo in cui tu pensi all'azienda, che è a lungo termine. Stai costruendo una grande impresa e lo stai facendo con degli importanti processi che passano attraverso tutti i dipartimenti e si focalizzano su ciò che il cliente desidera. La filosofia della Toyota è espressa nella sua totalità nel Toyota Way del 2001.

Contrariamente a quanto si creda, i processi non sono degli elementi fisici che funzionano in autonomia. Anche se hai un processo estremamente automatizzato, devi continuamente monitorarlo, controllarlo, regolarlo e migliorarne l'operatività; tutto ciò richiede ingegno, ed è qui che subentrano le persone ed il problem-solving.

I Processi della Lean come Sistema

La filosofia ci dà un quadro molto ampio di quello che rende un'azienda grande nel lungo periodo, ossia quando essa continuerà ad esistere ed essere grande anche dopo di noi. Per fare ciò, ci viene richiesto di trovare un modo di realizzare la nostra idea di soddisfazione del cliente. Abbiamo bisogno di un meccanismo di consegna, il quale consiste in una serie di processi all'interno dell'organizzazione, qualunque esso sia e qualunque siano i bisogni dei suoi clienti.

Nella sanità, ci sono svariati processi che riguardano il cliente in prima persona e sono a valore aggiunto per il cliente stesso. Ad esempio: fai un prelievo di sangue, ottieni rapidamente i risultati delle analisi che conducono ad una diagnosi e infine vieni operato in caso ci sia qualcosa di anormale che richiede un intervento. Altri pazienti, invece, vengono controllati e curati dai dottori generici nel loro studio medico. Inoltre, ci sono molti processi a supporto: ci sono persone che devono preparare la sala operatoria per l'intervento, portare il sangue in laboratorio, far funzionare complessi strumenti diagnostici, lavare le divise di medici e infermieri, occuparsi delle prescrizioni mediche, e così via. Tutti i processi di supporto e a valore aggiunto possono essere migliorati riducendo il lead-time e la variabilità, con il risultato di rendere il prodotto più prevedibile. Nella cassetta degli attrezzi della Lean vi è un processo e vi sono degli strumenti che ti aiuteranno a migliorare quel processo così da poter garantire maggior valore al cliente.

Processo Verticale e Processo Orizzontale

Tanto per complicarci la vita, questi processi sono trasversali a vari dipartimenti. In un'organizzazione a struttura verticale, la vita è più lineare: "Io sono il capo e so cosa voglio da te; sono il capo che compra e tu sei un agente di commercio; voglio pezzi più economici che siano di alta qualità e consegnati in tempo. È un dato di fatto. Poi voglio che i miei fornitori diano il massimo, a basso costo. Tutto questo può essere facilmente misurato e, sulla base della tua capacità di conseguire tutto ciò, posso valutarti come subordinato. E, come tale, tu conosci esattamente i parametri in base ai quali vieni valutato e tutto ciò che devi fare è sotto il tuo controllo. Devi ottenere un prezzo per pezzo più basso sapendo come negoziare con i fornitori".

Verticale	Orizzontale
• Focus - Produzione • Budget, SOP • Far quadrare i numeri • I leader sono separati dal lavoro • L'ingenuità delle persone è utilizzata per "sconfiggere il sistema" • I supervisori "gestiscono" le persone	• Focus - Processo • Scopo • Rendere i problemi visibili • I leader sono focalizzati sul lavoro • L'ingenuità delle persone è utilizzata per "migliorare il sistema" • I supervisori lavorano con le persone per risolvere i problemi

Figura 1.10 Organizzazioni Verticali vs Organizzazioni Orizzontali

I supervisori abbinano le persone a specifici obiettivi funzionali all'interno di quel sistema. Sentono di avere il controllo in quanto misurano soltanto poche semplici cose su cui hanno potere. Sanno a che gioco giocare per fare in modo che i conti tornino (v. Fig. 1.10). Questa è di fatto un tipo specifico di cultura. Essa consiste nel produrre i numeri e salire nella gerarchia; e questo la rende una cultura dell'acquisto, o delle vendite. Al cliente, francamente, non importa; e ancora meno gli importa del gioco con i fornitori. A lui interessa il prodotto che gli viene consegnato, il costo e la qualità, oltre che l'innovazione nel design, il modo in cui viene trattato in caso di problemi e il servizio fornitogli. Il cliente si preoccupa solo di ciò che ha un impatto su di lui.

L'area di interesse per il cliente non dipende da un unico dipartimento, ma spesso consegue dalla collaborazione tra vari dipartimenti. Facciamo un esempio ricorrente: mentre le vendite stanno cercando di ottenere il prezzo più basso possibile per pezzo, l'ingegneria, invece, sta cercando di trovare una soluzione ad uno specifico problema del cliente, per risolvere il quale c'è bisogno di tolleranze estremamente strette che solo un piccolo numero di fornitori al mondo può produrre costantemente. L'ingegneria, richiedendo il fornitore che garantisce un'elevata qualità, si troverà a dibattere con le vendite che vogliono invece un fornitore a basso costo. Si comincia a notare che a livello orizzontale si genera conflitto attraverso il flusso di valore, il che avrà conseguenze negative sul valore consegnato al cliente.

La focalizzazione orizzontale si estende attraverso vari dipartimenti con uno scopo preciso: soddisfare il cliente. Si tratta nel complesso di qualità, costo, consegna e naturalmente sicurezza. Inoltre, hai anche un set più ampio di variabili da gestire e devi lavorare con persone che non dipendono direttamente da te: improvvisamente la vita non è più tanto lineare e semplice. Devi riflettere, il che non è divertente, anzi è duro. Devi parlare con altre persone e collaborare con loro, il che potrebbe risultare penoso specialmente se fare la cosa giusta per il cliente entra in conflitto con il modo in cui vieni valutato e ricompensato.

Ad un dato momento vorresti che le stesse persone che per anni hanno imparato a districarsi nel sistema verticale, adesso collaborino orizzontalmente. Si tratta di un grande cambiamento culturale che permette di incanalare l'ingegno delle persone. Tale ingegno, lo stesso che in passato ha permesso di far quadrare i numeri anche se il processo era pessimo, verrà utilizzato per sviluppare un grande processo. I supervisori, invece che controllare le persone attraverso i numeri, lavoreranno con esse per risolvere i problemi.

È facile comprendere come il processo descritto qui sopra sia un cambiamento drammatico di mentalità. Si tratta, infatti, di capovolgere l'organizzazione e cambiare il modo in cui le persone pensano, operano, si relazionano le une alle altre e percepiscono il proprio ruolo all'interno dell'azienda. Non è cosa da poco. Strumenti come la mappatura del flusso di valore, se usati in modo appropriato, possono aiutare un gruppo di persone a comprendere la situazione attuale, ossia quanto male si sta lavorando attraverso le varie funzioni aziendali e dove sono localizzati gli sprechi. Il risultato sarà lo sviluppo di uno schema visivo dello stato futuro, di ciò che bisogna fare per lavorare in modo più efficace e per soddisfare i clienti. Chiaramente, lo schema rimarrebbe una semplice rappresentazione, a meno che non venga tradotto in azioni lungo tutti i punti del flusso di valore.

Molti Processi discontinui e scorte

Fonte: *The Toyota Way to Continuous Improvement*
Figura 1-11. Processi discontinui ed accumuli di scorte

Problemi nascosti nei Processi Discontinui

Ecco un modo di pensare riguardo alla Lean: iniziamo chiedendoci quale sia il processo, includiamo alcune cose e ne escludiamo delle altre. Ci sono input e output. In un processo tradizionale, gli input si presentano sotto forma di un insieme di input, come un lotto, cioè un accumulo di scorte, o un insieme di informazioni. Ad esempio, ho un gran numero di email nella mia posta in arrivo, oppure ricevo plichi di rapporti dall'ingegneria o liste di risultati di test dal laboratorio. Continuiamo a produrre sulla base delle nostre logiche, di ciò che abbiamo a diposizione, delle nostre priorità e, alla fine, mandiamo avanti della roba (informazioni, prodotti, servizi) che attende di essere presa e utilizzata da qualcun altro. Questo è l'aspetto di un processo detto 'inventory in, inventory out' (v. Fig. 1.11).

In un'azienda, quello che effettivamente avviene è che ci sono molti processi, i quali lavorano più o meno indipendentemente sulla base della propria metrica e sulla base di ciò che fanno. Gli acquisti sono acquisti. Il reparto stampaggio produce i particolari in metallo di una certa forma. Il reparto verniciatura li vernicia. Il reparto contabilità genera dei report. Hai dei processi discontinui, e lavorano tutti a partire da un accumulo di scorte e tutti contribuiscono ad incrementarle.

Una cosa che abbiamo imparato da Taiichi Ohno è che le scorte nascondono dei problemi. Egli affermava: "Più scorte hai, e più è probabile che tu non abbia ciò di cui hai bisogno". Finché mi limito a fare il mio lavoro e non ho un flusso continuo col mio cliente, posso essere felice e ignaro. Non devo sapere per forza che non sto fornendo l'informazione nella forma corretta, e che gli altri hanno difficoltà a capire cosa intendessi dire e in quale parte del report tale cosa sia nascosta. Posso essere ignaro dello spreco che sto creando, e allo stesso tempo pensare di star facendo un ottimo lavoro purché raggiunga i miei obiettivi di produzione.

Risolvo i problemi. Lavoro e sono bravo perché lavoro molto. Le scorte e i processi discontinui permettono alle persone di rimanere all'interno della loro zona di comfort: quanto più grande è il buffer, sia esso temporale, fisico o costituito da molti e diversi report o risultati delle analisi, maggiore sarà la possibilità di risolvere i problemi e avere ritardi di produzione senza ripercussioni negative sul cliente.

Problemi Evidenti in Processi Connessi

Da un punto di vista letterale, quando ottieni un flusso a pezzo unico produci, al momento giusto, esattamente ciò che serve al processo successivo. In qualità di cliente interno, ottieni precisamente ciò di cui hai bisogno, e quando qualcosa si ferma, tutto si ferma. È tutto così evidente che, improvvisamente, tutti gli occhi sono puntati su ciò che ha interrotto il processo. Ciò avviene quando i problemi sono visibili. Nella Fig. 1.12 non è mostrato un flusso a pezzo unico, ma piuttosto a piccoli buffer controllati da un pull system. Quando il processo a valle preleva un pezzo, il processo a monte ne può produrre un altro per rimpiazzarlo: più piccolo è il buffer, più velocemente i problemi affiorano in superficie.

Fonte: *The Toyota Way to Continuous Improvement*
Figura 1.12 Problemi evidenti in processi connessi

Ci sono troppi problemi, quindi dobbiamo focalizzare l'attenzione

I problemi possono essere di diversa natura: piccola, media e grande. Un problema nella programmazione dell'intera produzione può essere visto come un 'grande' problema. Al livello di una fase del processo, invece, un problema potrebbe essere dato dal fatto che i pezzi non sono orientati nel modo giusto: li prendo in modo sbagliato e li posiziono male. Poiché i problemi sono tanti, è necessario costruire una scala di priorità che non si focalizzi tanto sui problemi più rilevanti quanto si basi su di un processo di attribuzione.

Quello che dobbiamo fare è attribuire priorità ai problemi e decidere chi lavorerà a ciascuna opportunità di miglioramento. I problemi più piccoli possono essere affidati ai gruppi di lavoro, mentre quelli più grandi devono essere gestiti dai senior manager e da funzioni specifiche tipo pianificazione e programmazione. Una volta effettuata l'operazione di selezione e attribuzione, ognuno dovrà assumersi la propria responsabilità e passare attraverso il processo di problem-solving (v. Fig. 1.13).

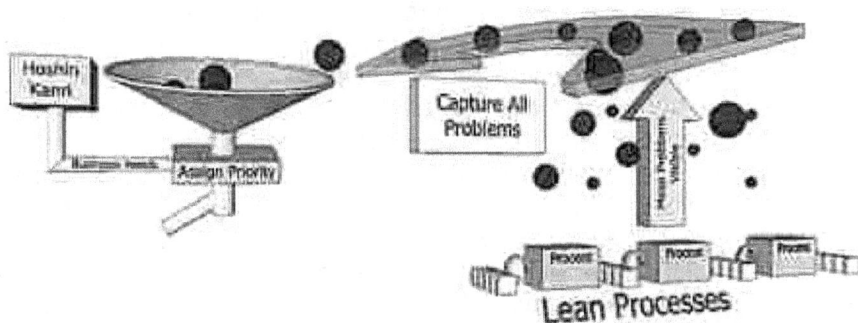

Fonte: *The Toyota Way to Continuous Improvement*
Figura 1.13 Scoprire, Selezionare i Problemi e Assegnare le Priorità

In situazioni più avanzate, possiamo dare priorità ai problemi per supportare la nostra strategia generale di business utilizzando l'*Hoshin Kanri*, di cui parleremo nel Settimo Capitolo. Esso fornisce gli obiettivi dell'anno a tutti i livelli dell'organizzazione. Sarà il piano annuale ad aiutarmi a decidere su cosa focalizzare la mia attenzione, così da farmi comprendere cosa sia più importante. Un problema prioritario va analizzato con il ciclo del Plan-Do-Check-Act raffigurato sottoforma di ruote PDCA (v. Fig. 1.14). Tralasceremo alcuni dei problemi con bassa priorità, a meno che essi non siano direttamente correlati alla qualità consegnata o alla sicurezza interna o esterna. Così facendo ignoriamo intenzionalmente dei problemi per poterci focalizzare sulle nostre priorità.

Fonte: *The Toyota Way to Continuous Improvement*
Figura 1.14 Problemi con Priorità 1 (PDCA) e con Priorità 2

Plan-Do-Check-Act: il Motore del Miglioramento Continuo

Il passo successivo a quanto illustrato nel paragrafo precedente è il Plan-Do-Check-Act. Questo fa essenzialmente due cose: la prima consiste nel migliorare i processi in sé per renderli, rispettando i tempi, più snelli, consistenti e di qualità superiore; la seconda consiste nel far crescere le persone. Sono le persone che eseguono il problem-solving. Se si ricorre al Visual Management (v. Fig. 1.15), le persone possono rappresentare in modo visivo le informazioni: la performance potrebbe essere chiaramente indicata con il rosso (al di sotto degli obiettivi), col giallo (al di sotto degli obiettivi ma esiste un piano per recuperare) oppure col verde (in linea con gli obiettivi). A questo punto diventa chiaro dove si trovano i problemi, ragion per cui le persone giuste, col leader giusto, possono cominciare ad utilizzare un processo sistematico di problem-solving per comprendere la situazione attuale, pianificare e testare contromisure, controllare quanto hanno imparato e decidere quanta parte condividerne, e, infine, lavorare per mantenere i miglioramenti.

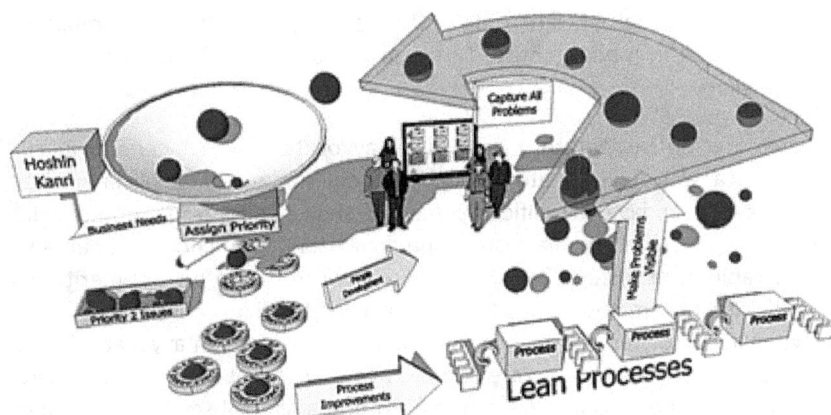

Fonte: *The Toyota Way to Continuous Improvement*
Figura 1.15 Il sistema Lean nella sua interezza

Ad un certo punto, il sistema diventerà relativamente stabile e rileveremo la presenza di pochi problemi. Successivamente, metteremo il sistema sotto pressione riducendo le scorte e collegando maggiormente i processi, così che un numero maggiore di problemi affiorerà in superficie.

Mentre comprimi il processo, le fasi si uniscono strettamente e i problemi, anche quelli minori, emergono velocemente. Quello che spesso vediamo sono progetti Lean che si focalizzano sui problemi più grandi e non su quelli più piccoli. E' necessario mantenersi sul sentiero del Miglioramento Continuo. Risolvendo i problemi maggiori, si incorre in problemi sempre più piccoli. Ad esempio: il lavoro standardizzato arriva ad un livello di dettaglio estremamente preciso, trattando di problemi molto piccoli, mentre la progettazione generale lavora su problemi molto grandi; tuttavia, in ottica Lean bisogna scendere al livello dei problemi minori per condurre le aziende al successo.

Sviluppare Persone Eccezionali attraverso il Problem-Solving

All'inizio, il mio modello delle 4P era composto da tre livelli; poi, un dirigente della Toyota, guardandolo, mi ha chiesto: "Dove sono i nostri Partner?"

Io ho risposto: "Beh, anche loro sono delle persone".

Ha replicato: "Il nostro approccio al modo in cui ci relazioniamo con i partner esterni, siano essi fornitori di parti, venditori di attrezzatura, avvocati o commercianti, è molto particolare. Anche se sono delle ditte indipendenti, per noi sono importanti per raggiungere il successo tanto quanto lo sono le persone che lavorano nella nostra stessa azienda".

Il suggerimento del dirigente era quello di distinguere i partner dagli impiegati diretti. Ad entrambe le parti si applica il valore del rispetto, che, come ho affermato in precedenza, consiste nel lanciare sfide e far crescere, piuttosto che semplicemente trattare le persone in modo gentile. Tutto ciò per aiutare i propri partner esterni a diventare migliori.

Nel *Toyota Way* ho raccontato il caso di un avvocato che, nel periodo in cui l'ho intervistato, era stato selezionato come Uomo dell'Anno a Phoenix: la sua azienda legale cresceva e andava magnificamente. Era stato scelto come Uomo dell'Anno perché aveva anche lavorato alla costruzione di una fondazione no profit per la ricerca di nuove terapie in risposta al cancro. Questo avvocato diede tutto il merito del suo percorso di crescita come persona alla Toyota e ai leader di quest'ultima. Egli disse che non aveva mai capito completamente cosa voleva dire essere un avvocato, finché non aveva avuto la possibilità di lavorare con la Toyota. In Toyota, infatti, gli posero così tante domande, come nessuno aveva mai fatto prima, che gli sembrò quasi di essere tornato all'Università. Anche un avvocato ha tratto insegnamento da quell'interazione: è necessario investire nelle persone e nei partner ad un livello talmente insolito che è difficile trovarlo in altre aziende.

Investire nelle Persone e nei Partner

George dice: "Hai detto che è insolito per la maggior parte delle aziende investire nello sviluppo delle persone così come fa la Toyota. Che cosa ci trovi di insolito?"

Liker replica: "Bella domanda! Le grandi aziende non desiderano persone eccezionali, dedicate interamente all'azienda stessa? La risposta è sì; non penso si possa trovare una mission o un'affermazione di valori che non contenga ciò. Poi però bisogna guardare all'interno dell'azienda e vedere cosa effettivamente fa. Il modo in cui la Toyota investe concretamente nelle persone è oggetto del libro sulla leadership della Toyota.

Le aziende medie, in genere, sottopongono le persone ad ore di formazione per poi valutare l'investimento sul personale in unità di training. Se si hanno all'attivo 40 ore di formazione, si ritiene che si è quattro volte meglio formati rispetto a che se ne avessero 10. Ricordo il sindacato in lotta con la direzione, alla Ford, per aumentare il numero di ore di formazione.

Alla Toyota non si è mai creduto in questa cosa. L'azienda ha sempre creduto che ciò che conta davvero non sono le ore di formazione in aula, ma ciò che le persone hanno imparato e che si traduce in abilità dimostrabili. L'importante è imparare un nuovo modo di pensare rigoroso e apprendere le abilità. Una cosa risaputa sull'apprendimento è che, stando seduti in aula, non si acquisiscono delle abilità, né si impara a cambiare il proprio modo di pensare. L'aula è, infatti, l'ambiente peggiore dove sviluppare delle abilità; al contrario del *gemba*, che è l'ambiente migliore. Se vuoi imparare il golf, non stai seduto in un bell'albergo con aria condizionata a guardare l'istruttore agitare una mazza, bensì vai al campo da golf, il *gemba*, e colpisci più palle possibili.

Il punto di vista della Toyota è che quasi tutto l'apprendimento avviene sul posto di lavoro, e questo è chiamato OJD, *on the job development*. Il metodo usato in Toyota è il seguente: inizialmente si fa un po' di formazione in aula per avere un quadro generale dei contenuti, poi si passa subito all'applicazione pratica nel *gemba*, infine ci si sottopone a qualche ora di apprendimento intensivo. Ovviamente, se quello che si fa è sbagliato, lavorare solo ed esclusivamente nel *gemba* è inutile: diventa quindi importante, per lo sviluppo delle abilità, essere monitorati e seguiti da un coach finché non si abbia la padronanza di alcune abilità generali da dover sviluppare. Si fa pratica finché non si acquista la padronanza dell'unità formativa in atto, poi si passa alla lezione, ossia abilità, successiva. L'apprendimento diventa, in questo modo, un processo continuo.

Nelle organizzazioni in cui vado, quello che sento dire troppo spesso è: "Abbiamo un dipartimento dedicato alla Lean, dove le persone sono state formate seguendo corsi in una qualche Università o associazione e dove sono state certificate diventando delle 'black belt'". La mia risposta a tale affermazione è che quasi tutto ciò che c'è di importante da sapere avviene con la formazione sul lavoro. Le persone devono realizzare dei progetti concreti e più grande è la portata del progetto, per esempio nel caso di un flusso di valore, maggiori saranno le abilità richieste. Probabilmente, è più efficace cominciare ad imparare con progetti di portata inferiore quale lo sviluppo di un lavoro standard per un singolo processo, cosa che costituisce comunque un'abilità importante. È possibile migliorare sempre più la comprensione del lavoro standard: bisogna sviluppare delle abilità individuali, imparare a riunire un gruppo di persone e farle lavorare in modo cooperativo e supportare il leader laddove è richiesta la conduzione di un progetto di cooperazione interfunzionale. Sono così tante le abilità tecniche e relazionali da padroneggiare che si spiega perché sia richiesto un apprendimento continuo lungo tutto l'arco della propria vita.

A questo punto, chiedo al dirigente: "Facciamo un po' di training, ma, invece di dedicare quaranta ore in cinque giorni, sarebbe possibile dedicare due ore alla settimana nel corso dell'anno?".

Risponde: "No, non è possibile".

Io: "E perché?".

Dirigente: "Perché non si possono riunire le persone per così poco tempo in un modo economicamente efficiente".

Io: "Beh, che ne pensa se andassimo noi da loro? Potremmo lavorare in piccoli gruppi nella loro area, far realizzare loro un progetto e poi tornare lì e controllare".

Dirigente: "Questo diventa troppo costoso, perché dobbiamo pagare per il suo tempo e i suoi viaggi".

Io: "Quindi cosa potremmo fare?".

Dirigente: "Potrebbe erogare un corso della durata di cinque giorni?".

Io: "E se organizzassimo un corso di due giorni e mezzo, lasciassimo che i discenti applichino qualcosa nel gemba da soli e dopo due settimane completassimo la seconda parte?".

Dirigente: "OK, questo è fattibile".

Alla fine si raggiunge un compromesso di massima che è molto lontano dal nostro ideale di apprendimento. Infatti, finiamo per dare, in tempi brevissimi, una dose di informazioni tali da non poter essere assorbite nella memoria a lungo termine, senza parlare dell'impossibilità di essere tradotte in abilità concrete. Facendo ciò, non si riesce ad avere nessun coaching e nessun fare, provare, riflettere e apprendere che siano continui.

Il Problem-Solving costituisce la Dinamica del Toyota Way

La 'P' finale è quella che si riferisce al Problem-Solving. Come già affermato in precedenza, ciò che la Toyota chiama problem-solving non è altro che il tendere verso un obiettivo definito. L'obiettivo si definisce come il divario tra la situazione attuale (dove al momento ti trovi) e quella desiderata (dove vuoi arrivare). Sia che ti occupi di progettare la prossima generazione di automobili a minor consumo di carburante o che cerchi di capire come progettare delle celle a idrogeno efficienti o che stia tentando di eliminare qualche movimento inutile nel processo, la cosa importante è che tutte le persone in azienda sposino il processo di miglioramento per raggiungere obiettivi ambiziosi.

"La dinamica del Toyota Way" è il nome che ho dato al problem-solving, in quanto è attraverso di esso che si può passare dallo stato attuale ad uno migliore. La filosofia alla base del problem-solving, spesso attribuita al Dr. Deming, è chiamata Plan-Do-Check-Act, o Plan-Do-Check-Adjust, oppure Plan-Do-Study-Act; in ogni caso essa è una ruota (in Giappone chiamata "La ruota di Deming"), perché gira continuamente. Quello che si fa di continuo non è altro che pianificare in anticipo il lavoro, comprendere la situazione iniziale, definire gli obiettivi, identificare le cause, sviluppare contromisure da testare, provare ad attuare le contromisure, controllare il processo e riflettere su quanto appreso e su cosa fare in seguito. Al termine, si condivide (o "*yoketen*") con gli altri ciò che si è imparato e che potrebbe tornare utile. Un ciclo di PDCA conduce naturalmente ad identificare il problema successivo, per lavorare al quale è necessario ricominciare a pianificare. Per obiettivi più piccoli o più grandi, bisogna risolvere una serie di problemi attraverso molteplici iterazioni del PDCA. Il Secondo Capitolo ruota attorno a questo fulcro critico del miglioramento continuo.

La Lean può essere ridefinita

A questo punto, come possiamo ridefinire la Lean? Ho parlato del libro "Good to Great", di aziende eccellenti, di problem-solving, di persone e di processi. A questo punto è facile affermare: "La Lean è una riduzione degli sprechi". Quindi cominceremo a cercare ed eliminare gli sprechi. Ma questo porterà all'eccellenza?

Tutti abbiamo avuto modo di sperimentare un'azienda organizzata male, dove le persone non comunicano bene tra loro, dove non c'è una chiara visione di ciò che il cliente vuole, dove le persone cercano di vincere il sistema e far quadrare i numeri. Supponiamo di fare dei progetti individuali di eliminazione degli sprechi: riempiamo moduli, ridefiniamo il processo, scriviamo nuove procedure operative standard. Alla fine, abbiamo davvero cambiato l'azienda profondamente, in modo da poter meglio consegnare valore al cliente ad un prezzo migliore, e allo stesso tempo traendone un buon profitto? La risposta è no: non si può percorrere la strada verso il successo a forza di eliminare gli sprechi.

La Lean è

Una Strategia per l'Eccellenza Operativa basata su Valori Chiaramente Definiti per Impegnare le Persone nel Migliorare Continuamente la Sicurezza, il Morale, la Qualità, il Costo e la Produttività.

Per la Lean, la visione dovrebbe essere quella di raggiungere l'eccellenza operativa sulla base di un sistema di valori chiaramente definito impegnando le persone nel Miglioramento Continuo. Gli obiettivi possono essere riassunti in generale in: Sicurezza, Morale, Qualità, Costo e Miglioramento. Raggiunti questi target, l'azienda avrà più successo, i clienti saranno più soddisfatti e il business crescerà.

Tutti gli aspetti sopra riportati sono necessari. Non possiamo dire: "Poiché abbiamo già un nostro sistema di sicurezza, utilizzeremo la Lean solo per l'aspetto relativo ai costi". Alla base di tutti i target sopraelencati, vi è lo stesso concetto fondamentale di base che è il problem-solving: mettere in discussione gli assunti, trovare delle contromisure creative e sperimentarle, imparare a migliorare la sicurezza, a ridurre i problemi di qualità, a ridurre i costi e a soddisfare meglio i clienti. La dinamica alla base del PDCA è davvero il fulcro del proprio percorso verso il successo.

CAPITOLO 2
PROBLEM-SOLVING, MIGLIORAMENTO E PERCORSO DELL'A3

Il Processo del Problem-Solving verso uno Stato Ideale

Benvenuti nel capitolo probabilmente più importante di tutto il libro. In esso, parlerò del problem-solving e anche di uno dei modi di rappresentarlo visivamente, ossia il report A3 che indicherò come "A3 thinking", in quanto si tratta più di una modalità scientifica di pensare al miglioramento che di un modo di documentare delle informazioni su di un pezzo di carta. Riassumerò anche un approccio più recente nell'affrontare una sfida: il Toyota Kata.

Il motivo per cui questo capitolo è il più importante di tutti risiede nel fatto che, nel *Toyota Way*, il problem-solving è l'elemento guida del Miglioramento Continuo e del Rispetto per le Persone. Esso si trova in tutti i valori basilari e, più espressamente, nella sfida, nel *kaizen* e nel *genchi genbutsu*. Inoltre, costituisce l'abilità principale di un Lean Leader, abilità nella quale la maggior parte dei leader non è particolarmente ferrata. Mentre procediamo nell'illustrazione del problem-solving ci si renderà conto che esso, nella versione del Toyota Way, si differenzia per molti importanti aspetti da ciò che di solito crediamo sia la risoluzione di un problema.

Ad esempio, se tu facessi un brainstorming sulle espressioni che ti affiorano alla mente quando pensi al problem-solving, potrebbero venire fuori frasi del tipo "risolvere un problema", "abbiamo una crisi", "qualcosa si è rotto e bisogna aggiustarlo". Al contrario, in Toyota, quando si sente parlare di "problem-solving" automaticamente si intende: "Abbiamo un divario tra la situazione desiderata e quella attuale. Noi vogliamo essere i produttori di auto più sicure e di migliore qualità al mondo, e il divario tra noi e gli altri produttori sta diminuendo: dobbiamo aumentare quel divario diventando migliori". Per queste persone, il problem-solving è un'aspirazione e consiste nel miglioramento. Infatti, esso non è concepito come una semplice reazione al problema del momento, attraverso la risoluzione di esso. Tale concetto è reso particolarmente chiaro nel libro di Mike Rother *Toyota Kata*, in cui l'autore ha sostituito 'problem-solving' con 'miglioramento', ossia *Kata*.

La Toyota applica il Miglioramento Continuo considerando il problem-solving come il proprio percorso verso uno stato ideale. Si può trattare sia di piccole cose del tipo "dobbiamo riorganizzare questo carrello contenente parti utili all'assemblaggio in modo da ridurre un po' di sprechi, il tempo per raggiungerlo e gli spostamenti", sia di temi più ampi, del tipo "vogliamo creare un nuovo marchio, tipo il marchio Scion (analizzato nel Capitolo 8)". Infine, potremmo voler fare delle innovazioni; dobbiamo, perciò, dimezzare il tempo necessario a progettare e costruire uno stampo per lo stampaggio di un pezzo della scocca. Considerato tutto questo, possiamo dire che il problem-solving include sia piccoli miglioramenti (che alcuni chiamano *kaizen*), sia miglioramenti di svolta (che alcuni definiscono *kaikaku*).

Possiamo quindi pensare al problem-solving come ad una serie di step (che noi definiamo Miglioramento Continuo) che conducono ad un obiettivo che ci avvicina ad uno stato ideale ben definito. Come rappresentato nel *Toyota Way, 2001*, la Toyota ha le proprie idee sull'azienda nel suo complesso: per un problema specifico come nel caso della Scion si tratterà di includere nella famiglia Toyota tutti i più giovani acquirenti del settore automobilistico.

Inizierò costruendo un modello che descriva come passare dal 'dove sei al momento attuale' al tuo 'obiettivo'. L'obiettivo potrebbe essere incentrato sul **business** o sulle **persone**. L'obiettivo incentrato sul business potrebbe riferirsi sia all'ottenimento di ricavi migliori per assicurarsi maggiore stabilità finanziaria e per ricompensare gli azionisti, sia, ad esempio, al miglioramento della qualità e della sicurezza per i propri clienti. Quest'ultimo risulterà molto più motivante per i membri del team, pur rimanendo comunque un obiettivo di business. Inoltre, vi è una seconda tipologia di obiettivo che si riferisce alle persone, focalizzata maggiormente all'interno dell'azienda e che consiste in: "Vogliamo migliorare le persone a tutti i livelli, in modo che sappiano risolvere meglio i problemi, che siano più efficienti nel Miglioramento Continuo, che abbiano più fiducia in se stesse, che accolgano obiettivi difficili che non hanno la più pallida idea di come risolvere e, infine, vogliamo contribuire alla crescita personale e al benessere di queste persone e delle loro famiglie". Vi è anche una tipologia di obiettivo riferita alle persone esterne all'azienda che è quella di contribuire alla società e alle comunità in cui la Toyota è presente, ivi comprese attività filantropiche. **L'obiettivo relativo al business e alle persone è molto generale**, ed è generale per il tuo business, per il personale dell'azienda, per i tuoi partner esterni e per la società.

Dopo di ciò, puoi passare allo stato ideale. Come sarebbe la vita se raggiungessimo la perfezione? Sappiamo che è impossibile raggiungere la perfezione. Dobbiamo stabilire dei target difficili, ma raggiungibili, per poterci muovere nella direzione dello stato ideale. Per il layout di una postazione di lavoro, o per la creazione di un nuovo marchio, oppure per l'azienda nel suo complesso, questo stato ideale può essere il True North. È molto interessante notare che, per alcune cose, il True North consista nel fatto che esse non servono più. Ad esempio, il *kanban* è un modo di gestire le scorte basato sulla domanda, ma il True North è l'assenza di *kanban* o di buffer.

Il divario in relazione allo stato ideale deve essere scomposto in sfide più concrete e raggiungibili. Di seguito farò un esempio relativo a Gary Convis, al quale fu chiesto di fare uno sforzo per ridurre i costi delle garanzie negli Stati Uniti del 60%. A quel tempo la Toyota era già la migliore sul mercato, avendo i costi delle garanzie più bassi di tutti. Sembrava una sfida impossibile, ma Gary la accettò, e avviò il suo processo di problem-solving.

Un obiettivo specifico è sia un risultato che una condizione target, come Mike Rother la definisce nel *Toyota Kata*. Ad esempio, come risultato, potremmo voler lanciare un nuovo impianto, altamente flessibile, in tempo, secondo il budget previsto e con degli obiettivi specifici di qualità e produttività. Come condizione, potremmo volere una cella di montaggio a modello misto, la quale possa essere adattata al tasso di domanda dei clienti, il *takt*, senza apportare alcun cambio al livello di produttività. Si tratta di qualcosa di visibile, osservabile e misurabile, che ti fornisce una condizione di processo per la quale lottare e che, tu teorizzi, possa portarti nella direzione dei risultati che desideri. Alcuni parlano di gestione attraverso i mezzi, piuttosto che gestione attraverso gli obiettivi e si riferiscono al fatto che si pensi alle caratteristiche del processo necessario a raggiungere i risultati sperati, piuttosto che a saltare direttamente alle conclusioni. Per essere realizzabile, l'ideale più astratto deve essere scomposto in sfide concrete, le quali devono essere a loro volta segmentate in condizioni target ancora più discrete e a breve termine con le quali si possa lavorare facendo dei rapidi esperimenti.

Il Plan-Do-Check-Act è il Processo del Problem-Solving

Quando hai chiara la direzione da seguire, è necessario che tu comprenda il tuo punto di partenza, ossia lo stato attuale. Nella Lean, per fare questo, enfatizziamo il *genchi genbutsu*, oppure andiamo a *gemba*: enfatizziamo, in pratica, il "vai a vedere", per comprendere pienamente la situazione attuale. Questo implica controllare i dati, raccogliere quelli che potresti non avere e osservare i fatti in prima persona. Inoltre, è molto meglio parlare con le persone dell'area e spendere del tempo ad osservare, piuttosto che limitarsi ad effettuare il consueto veloce giro di fabbrica.

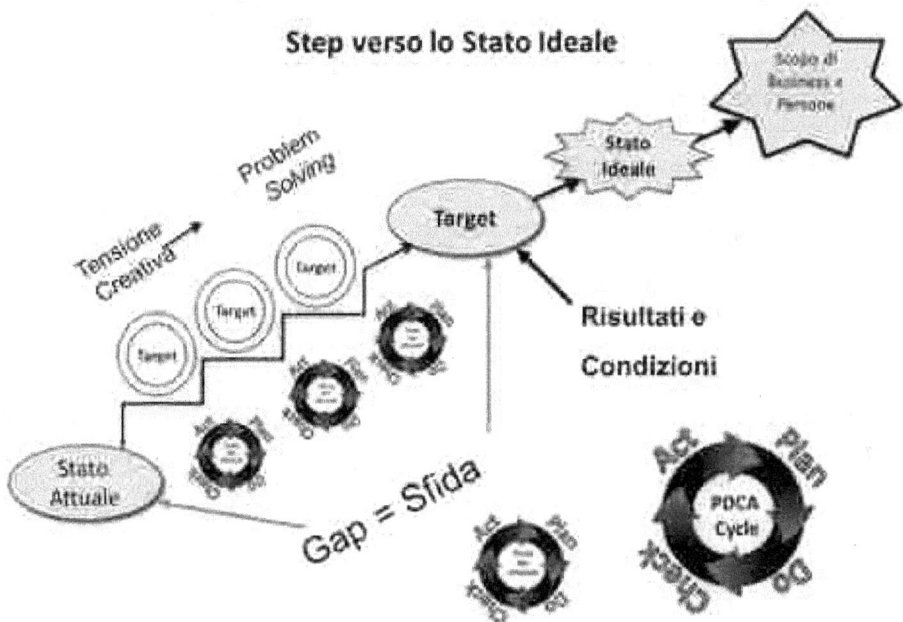

Figura 2.1 Il Processo del Problem Solving verso uno Stato Ideale

Una volta compreso il tuo obiettivo e paragonato alla situazione attuale, hai identificato il divario che diventa la tua sfida (v. Fig. 2.1). Il modo in cui vincerai la sfida è il Plan-Do-Check-Act (PDCA), di cui parleremo ampiamente in questo capitolo. Il Plan-Do-Check-Act è il metodo scientifico utilizzato per l'innovazione e l'apprendimento: è un modo di pensare, una filosofia che, iniziando con un piano preciso, alla fine condurrà a delle contromisure. In Toyota le chiamano "contromisure", piuttosto che soluzioni, perché non sanno se funzioneranno finché non le provano e controllano le loro supposizioni. Sulla base di tale controllo e di ciò che apprendono da esso, le persone decidono quali sono le azioni successive da intraprendere.

Utilizzeremo il PDCA lungo tutto il percorso, dallo stato attuale all'obiettivo finale, e lo faremo ponendoci delle condizioni target intermedie. Devo chiedermi: "Come credo che debba essere il processo per poter raggiungere i risultati sperati?". Se mi trovo su di una catena di montaggio, potrei avere come obiettivo quello di ridurre la qualità dei difetti della metà, entro la fine dell'anno. Distribuirò, quindi, quel target su tutto l'arco dell'anno: mi riferirò ad uno step alla volta e per ciascuno di essi ridurrò i difetti prima del 25%, poi del 50%, poi del 75% e, alla fine, giungerò al 50%-100% del target finale. Nel miglioramento di tipo Kata, andrò ancora più in là di questo: studierò i modelli lavorativi, ponendo delle condizioni target per i nuovi modelli di lavoro che permettano di produrre tassi di difettosità più bassi. Poi passerò allo step successivo. In pratica, sto distribuendo, nel tempo, il processo di problem-solving in vari step, così come farei se avessi l'obiettivo ambizioso della perdita di peso.

La differenza tra il PDCA (imparare a farsi strada, passo dopo passo, verso l'obiettivo) ed il percorso a 14 step con il piano dettagliato che le persone si limitano ad eseguire così come viene detto loro è enorme. Si tratta, in pratica, della differenza tra il modo di pensare e la filosofia del *Toyota Way* e il pensiero occidentale, che consiste nel seguire il piano dettagliato stabilito dagli esperti, i quali si presume ne sappiano più di noi. Nel *Toyota Way* abbiamo bisogno che le persone più abili dell'area in questione, insieme alla loro leadership e con la guida di qualcuno un po' più senior di loro e più esperto in materia, sperimentino ogni giorno e si muovano gradualmente verso la prima condizione target, poi verso la successiva e alla fine vincano la sfida.

Quanto indicato sopra potrebbe essere la ragione per cui si crea confusione riguardo al *kaizen*: alcuni credono che il Miglioramento Continuo, o *kaizen*, consista in molti piccoli cambiamenti. Infatti mi viene di solito chiesto: "E che succede con i grandi cambiamenti?". Per indicarli, alcune volte si utilizza il termine *kaikaku* invece di *kaizen*. In base alle mie convinzioni ed alle esperienze che ho maturato, è molto difficile che il *kaikaku* si raggiunga in un solo step. Ridurre del 60% i costi di garanzia per tutto il Nord America fu per Gary Convis un vero e proprio *kaikaku*, e lui riuscì a realizzare questo obiettivo attraverso una serie di tantissimi piccoli *kaizen*, vale a dire piccoli step, utilizzando un PDCA per ognuno di essi.

Impara la strada verso il target

Utilizzare il PDCA vuol dire applicarlo sia al processo nel suo complesso (ci sarà un PDCA complessivo dallo stato attuale al target), sia ai tanti piccoli step necessari per raggiungere l'obiettivo. Quando abbiamo un target che sembra fuori dalla nostra portata ed è molto più ambizioso della nostra situazione attuale, si genera tensione creativa. Tale tensione è ciò che conduce all'innovazione, ma solo se l'allievo che accetta la sfida ha un processo ben definito di miglioramento, fiducia, motivazione e un buon coach.

Basti pensare all'obiettivo di John F. Kennedy di mandare un uomo sulla luna prima dei Russi: esso creò una buona dose di tensione creativa. Non solo la NASA vinse la sfida, ma inventò molte delle cose che oggi utilizziamo nella nostra vita quotidiana: telefoni cordless, battistrada più durevoli, tessuti leggeri che resistono sia al freddo che al caldo, occhiali di protezione dai raggi ultravioletti e così via. Tutte quelle invenzioni, o tutta quell'energia creativa, scaturirono dalla tensione tra una sfida che noi comprendiamo, accettiamo e vogliamo vincere disperatamente e la nostra conoscenza della situazione attuale.

George: "Jeff, intendi dire che i cicli del grande PDCA e dei tre piccoli potrebbero essere chiamati una mamma A3 e tre figlioletti A3?".

Jeff: "Questo è un modo interessante di vedere la cosa: il grande PDCA potrebbe essere considerato come la mamma e i piccoli PDCA potrebbero essere i figli... come metafora, va decisamente bene".

Ad esempio, supponiamo che la Toyota abbia cominciato il processo di sviluppo della nuova generazione della Camry. L'intero processo di sviluppo della Camry su larga scala è il PDCA madre, ed è un PDCA grande, anzi enorme. Il processo consiste nel: definire ciò che vuole il cliente; definire il problema, ossia la nostra visione relativamente al veicolo; sviluppare le caratteristiche che saranno presenti nel veicolo (le contromisure) che sorprenderanno e delizieranno il cliente, facendo avanzare la Camry rispetto alla concorrenza. Tutto verrà eseguito e controllato: l'apprendimento e la riflessione che ne conseguono permetteranno di fare persino meglio nel prossimo veicolo.

A questo livello così ampio, si tratta di un enorme loop di PDCA che richiede parecchi anni e deve essere scomposto in componenti più piccole. Poniamo il caso che io sia l'ingegnere incaricato del paraurti: dovrò attraversare una serie di loop di PDCA per il paraurti (di nuovo, un grande PDCA dall'inizio alla fine del processo) e molti piccoli PDCA per progettare le caratteristiche di quel paraurti, e migliorarne la forza e la resistenza all'urto.

Il 'Toyota Business Practices': Un'Unica Azienda, Un Unico Processo di Miglioramento

Le Quattro Fasi del Problem-Solving del PDCA

Le quattro fasi del PDCA iniziano con il **Plan** (v. Fig. 2.2), in cui si definisce il problema che deve essere basato sul divario tra dove sei e dove vuoi essere. Dopo di ciò, bisogna cercare la root-cause del divario e formulare le contromisure. Queste ultime dovrebbero essere diverse per darti la possibilità di scelta, ed è richiesta molta creatività per raccogliere quanti più input possibile.

A questo punto, sai cosa vuoi fare e quali sono le contromisure possibili, per cui resta solo da agire, ossia passare al **Do**. Per farlo, sviluppa e implementa un piano che ti faccia iniziare il processo di sperimentazione, il che comporta sapere chi farà una determinata cosa e quando. Poi, comunica il piano e rendilo esecutivo. Inoltre, monitora il progresso dell'implementazione che è il primo passo del **Check**. Mentre controlli, in effetti, agisci anche (**Act**): rivedi il piano durante il controllo. Ci saranno molti altri loop di PDCA che partiranno mentre agisci, controlli e fai aggiustamenti, fino a che non riterrai di aver raggiunto l'obiettivo.

Figura 2.2 Ciclo del Plan-Do-Check-Act

Nella fase "Act", fai una valutazione finale dei risultati: qualunque sia l'attività che ha funzionato e che ha portato a dei risultati, adesso va standardizzata, stabilizzata, insegnata e praticata, così che possa diventare una routine. In alcuni casi, potresti ritenere di aver fallito e, allora, dovrai ricominciare. In altri casi, farai entrambe le cose:

standardizzerai alcuni aspetti e ricomincerai daccapo con altri. La fase "Act" consiste anche nel comunicare ciò che ritieni di aver imparato, ciò che altri dovrebbero sapere e potrebbero utilizzare e, infine, include la pianificazione del prossimo loop di PDCA per il successivo sfidante problema.

George: "Gli impiegati della Toyota usano davvero le parole e la terminologia precisa di "PDCA"? Seguono gli step? I vari passaggi che tu hai indicato per ognuno di questi step vengono chiamati effettivamente come "punto 1, punto 2, punto 3", come da te descritto, oppure per il personale della Toyota è qualcosa che avviene naturalmente?".

Jeff: "Di fatto, la Toyota usa il concetto del PDCA così come io l'ho descritto sopra, e, per alcuni di loro, il procedimento si attua naturalmente: potrebbero applicarlo senza neppure parlarne. Il Toyota Business Practices, di cui parlerò in seguito, è costituito da una serie di piccoli step attraverso il Plan-Do-Check-Act che risultano leggermente diversi da quelli che ho descritto qui. A livello formale, il suddetto procedimento viene usato per apportare dei miglioramenti significativi. Ad esempio, ogni volta che una linea si ferma e un group leader risolve il problema, questi non penserà: "Qual è il Plan, cosa dovremmo Fare (Do), cosa dovrei controllare (Check) per capire cosa è successo e cosa ho imparato?". Per riportare il sistema alle sue condizioni normali, si possono risolvere molti problemi quotidiani in modo naturale. La ripetizione continua del ciclo del PDCA fa sì che esso diventi un modo di pensare spontaneo.

D'altro canto, ci possono essere delle persone in Toyota che decidono, in modo intenzionale ed allo scopo di approfondire la propria conoscenza, di fare dei progetti e di documentarli come A3. Poiché tutti corriamo il rischio di prendere delle cattive abitudini, la conoscenza e la pratica vanno rinfrescate. Quando, infatti, si apprende una nuova abilità, per mantenere alto il livello di esecuzione, bisogna periodicamente riprenderne gli elementi basilari ed esercitarsi.

La trappola di sovraccaricarsi di lavoro

Un errore comune è quello di non avere piena consapevolezza dei bisogni dell'organizzazione e di come questi vadano messi in relazione con il passo successivo verso il miglioramento. Molte imprese, infatti, vogliono saltare ad un miglioramento globale a livello aziendale prima di avere la competenza o la stabilità necessarie a livello di processo.

Una volta ho lavorato con una grande azienda russa che processava un minerale da utilizzare come combustibile per le centrali elettriche. Avevano lavorato con uno dei migliori *sensei*, fornito loro gratis dalla Toyota a seguito di un accordo stipulato tra i presidenti. Durante una delle sue visite, il *sensei* era in riunione con il CEO che si stava vantando di una value stream map a livello macro, che mostrava tutto il processo dalla miniera fino alla centrale elettrica. Era una cosa massiva e complicata: il CEO l'aveva realizzata con un gruppo di persone ed era molto orgoglioso del fatto che tale gruppo fosse un team esecutivo che tentava di applicare la Lean. La risposta del *sensei* della Toyota fu una sorpresa. Egli disse, con sottile sarcasmo: "Caspita! Quanti problemi, quanti problemi! Da dove inizierete?".

Ovviamente, il CEO e lo staff si sentirono un po' offesi da tale affermazione: "Come può quest'uomo criticarci? Lui appartiene alla Lean e noi stiamo applicando la Lean, quindi stiamo facendo la cosa giusta". Il *sensei*, in effetti, era preoccupato del fatto che i russi, considerando una così vasta panoramica ad un livello così macro non capissero, in dettaglio, nessuno dei problemi. Non avevano dato alcuna priorità ai problemi e, se anche potevano guardare al lead-time più lungo, forse questo poteva non essere la preoccupazione maggiore dell'azienda. Sentirai spesso un *sensei* dire: "Come sai che questo è il tuo problema più grande? Come sai che, se lo risolvi, porterà un effettivo beneficio alla tua organizzazione, sia in termini di business che in termini di sviluppo del personale?". Ciò che il *sensei* scelse di fare nel primo anno fu lavorare in uno degli impianti di lavorazione su un'unica linea di prodotto, per sviluppare un modello da cui i russi potessero imparare per comprendere il TPS come sistema. Finché i leader dell'azienda non avessero avuto piena consapevolezza di quest'ultimo, egli credeva che nessuno dei loro progetti avrebbe potuto essere efficace.

Il Toyota Business Practices: Fase del Plan

Il Toyota Business Practices (TBS) è il processo di miglioramento sancito precedentemente. Ancora una volta va specificato che non è necessario documentare il PDCA per ogni piccolo problema che affronti ogni giorno, ma sicuramente dovresti seguirne il percorso mentalmente. Se invece hai da realizzare un progetto formale, del tipo "dimezzare gli errori di qualità in tre o sei mesi", allora puoi avere bisogno di parecchi A3, magari uno per ogni trimestre. In tal caso, il TBS andrebbe seguito religiosamente.

Lasciatemi enfatizzare il fatto che la Toyota standardizza il processo di miglioramento, non le soluzioni specifiche o, come vengono spesso chiamate, le "best practice". All'interno della Toyota c'è molta preoccupazione relativamente alla tendenza a standardizzare e a specificare troppo, perché essa potrebbe portare alla morte del *kaizen*. Una cosa, però, che in azienda sono contenti di specificare nel dettaglio è il processo di miglioramento. Il contenuto specifico di ciò che migliori sarà diverso in ogni ambito aziendale. Nessuno copierà una best practice ciecamente, senza intraprendere il processo di miglioramento e identificare delle contromisure specifiche che possano funzionare.

Il Toyota Business Practices è un processo a otto step (v. Fig. 2.3). Ci si potrebbe chiedere perché un processo di miglioramento a otto step sia stato definito come "Toyota Business Practices" e non semplicemente "un processo di problem-solving che impari in un workshop".

Poco dopo aver introdotto il *Toyota Way 2001*, Fujio Cho introdusse anche il Toyota Business Practices come metodologia concreta per l'attivazione del Toyota Way che consiste in una serie di principi altrimenti non processabili. Il TBP è il metodo che permette al Toyota Way, ivi compresi i suoi valori fondanti, di essere una realtà vivente nella cultura della Toyota.

Il Miglioramento Continuo è uno dei pilastri del Toyota Way e va realizzato insieme al Rispetto per le Persone, il secondo pilastro. Tutto ciò riflette un assunto forte e basilare dell'azienda: l'unico modo per affrontare un ambiente sfidante, sempre mutevole e impegnativo, è attraverso l'adattamento continuo e il miglioramento, da perseguire utilizzando il problem-solving in tutti gli aspetti dell'azienda. Il Toyota Business Practices è il modello del miglioramento e permette di realizzare quanto affermato sopra. Lo stesso modello verrà applicato a problemi di qualsiasi grandezza, dal più grande terremoto nella storia del Giappone, che portò alla grave carenza di parti, al voler rendere un'unica postazione di lavoro più efficiente.

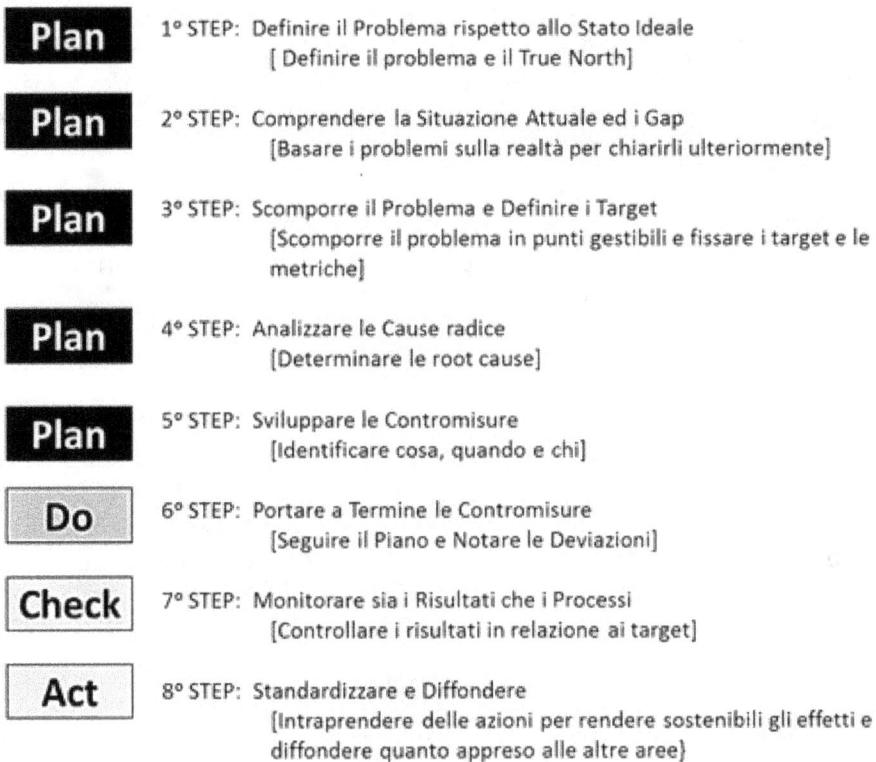

Plan	1° STEP: Definire il Problema rispetto allo Stato Ideale [Definire il problema e il True North]
Plan	2° STEP: Comprendere la Situazione Attuale ed i Gap [Basare i problemi sulla realtà per chiarirli ulteriormente]
Plan	3° STEP: Scomporre il Problema e Definire i Target [Scomporre il problema in punti gestibili e fissare i target e le metriche]
Plan	4° STEP: Analizzare le Cause radice [Determinare le root cause]
Plan	5° STEP: Sviluppare le Contromisure [Identificare cosa, quando e chi]
Do	6° STEP: Portare a Termine le Contromisure [Seguire il Piano e Notare le Deviazioni]
Check	7° STEP: Monitorare sia i Risultati che i Processi [Controllare i risultati in relazione ai target]
Act	8° STEP: Standardizzare e Diffondere [Intraprendere delle azioni per rendere sostenibili gli effetti e diffondere quanto appreso alle altre aree]

Figura 2.3 Gli otto step delle Toyota Business Practices (TBP)

Come mostrato sopra, il Plan-Do-Check-Act è posizionato accanto agli otto step, secondo la definizione della Toyota. Il PDCA appare ripetutamente nelle figure e nei modelli della Toyota.

Plan   **1° STEP:** Definire il Problema rispetto allo Stato Ideale
| Definire il problema e il True North|

Figura 2.4 Plan 1° Step

Il primo step (v. Fig. 2.4) consiste nel definire esattamente il problema in relazione allo stato ideale, di cui abbiamo già parlato. Bisogna avere la visione del True North come definito, anche se il True North per un'azienda tipo la Toyota, che è il miglior produttore al mondo di auto, corrisponde allo stato ideale dell'azienda stessa. Anche per te è necessario avere uno stato ideale per il tuo specifico processo: per una postazione di lavoro, esso potrebbe essere la qualità perfetta, ogni volta, con zero sprechi. Ancora una volta, il True North non è raggiungibile: non riusciresti mai a raggiungere quel livello di perfezione il 100% delle volte, ma almeno puoi cominciare ad indirizzare il tuo percorso di miglioramento.

Plan   **2° STEP:** Comprendere la Situazione Attuale ed i Gap
| Basare i problemi sulla realtà per chiarirli
ulteriormente|

Figura 2.5 Plan 2° Step

Nel secondo step (v. Fig. 2.5), è necessario comprendere la situazione attuale e coglierne le differenze. A questo punto, basiamo i problemi sulla realtà. Definiamo lo stato ideale che è molto elevato. Il divario tra dove siamo e lo stato ideale diventa allora grande quanto un canyon. Non si tratta di una piccola spaccatura oltre la quale possiamo saltare facilmente. E questo è vero anche per la Toyota. Quando in Toyota definiscono la perfezione, seriamente, chiaramente e con un'onestà quasi brutale, il divario rispetto allo stato ideale è sempre enorme. Questo li fa essere umili e li spinge al miglioramento.

Plan   **3° STEP:** Scomporre il Problema e Definire i Target
| Scomporre il problema in punti gestibili e
fissare i target e le metriche |

Figura 2.6 Plan 3° Step

Quando guardiamo al divario che ci separa dalla perfezione, non riusciamo a capire da dove cominciare, a meno che non passiamo al terzo step (v. Fig. 2.6) e non scomponiamo il canyon enorme in aree di miglioramento più piccole e fattibili, con target ben definiti. Paragonati all'ideale, questi target potrebbero sembrare modesti, ma sono ancora in qualche modo aggressivi e difficili da raggiungere. Questo è il punto in cui ti si potrebbe chiedere: "Perché hai scelto questo problema? Capisco il tuo stato ideale e so che hai anche fatto un buon lavoro nel comprendere la tua situazione attuale, ma perché, tra tutti i piccoli gap che ti separano dallo stato ideale, hai scelto proprio questo? In base a cosa lo ritieni prioritario?". In Toyota, devi avere sempre una logica di base in risposta ad una domanda del genere.

Plan

4° STEP: Analizzare le Cause radice
|Determinare le root cause|

Figura 2.7 Plan 4° Step

Nel quarto step (v. Fig. 2.7), una volta che conosciamo le aree su cui focalizzarci e gli obiettivi da raggiungere (ad esempio, come leader di un gruppo, voglio dimezzare i difetti per le mansioni di cui sono responsabile), possiamo iniziare a chiederci quali siano le cause alla radice del problema. Non dobbiamo cercare tutte le cause possibili di tutti i gap: cerchiamo soltanto la causa relativa all'area al cui miglioramento ci accingiamo a lavorare. Lo faremo usando delle metriche e chiedendoci cinque volte perché. Non è necessario che siano esattamente cinque, ma ci renderemo conto che la nostra prima impressione riguardo una causa, ad esempio "una persona sta facendo degli errori", è superficiale; spesso c'è una ragione più profonda, del tipo: "la progettazione non agevola l'assemblaggio delle parti".

Plan

5° STEP: Sviluppare le Contromisure
| Identificare cosa, quando e chi|

Figura 2.8 Plan 5° Step

Il quinto passo (v. Fig. 2.8) è lo sviluppo delle contromisure. Metterai insieme una serie di contromisure, tra cui selezionerai quelle che per te hanno maggiore priorità, ad esempio quelle che hanno le maggiori possibilità di successo o, magari, quelle che sono relativamente economiche e facili da applicare così che le potrai sperimentare tranquillamente. Se possibile, cerca di evitare grandi investimenti e lunghi tempi di consegna per ottenere nuove attrezzature o software. Se le contromisure scelte non ti faranno raggiungere l'obiettivo, puoi successivamente tornare indietro e selezionarne delle altre, oppure farti venire in mente nuove idee. Infine, occorre sviluppare un piano e decidere 'chi' deve fare 'cosa', 'quando' deve farlo e 'come'. Potresti controbattere che il 'cosa', il 'quando' e il 'chi' fanno parte del 'fare', oppure potresti sostenere che fanno parte della pianificazione. Ci sono attività di pianificazione incorporate in ogni aspetto del Toyota Business Practices.

Il Toyota Business Practices: Sperimentazione e Apprendimento

Do, Check, Act

Adesso ti trovi nella fase del "Do". Quando udiamo la frase: "Fallo e basta!", spesso pensiamo che questo significhi "non pensare al piano, comincia a fare le cose a casaccio". Ci sono, in effetti, delle occasioni in cui potresti dover fare una cosa del genere: se vedi che il tuo team è bloccato e ha paura di cambiare anche una minima cosa, magari analizzando i dati fino alla centesima cifra decimale, hai bisogno di *sbloccarli*. Potresti organizzare una piccola attività *kaizen* con il coach, lanciando loro una sfida e dando come direttiva il "Fatelo e basta!".

Quando la Toyota lavora con altre aziende, accade comunemente che il *sensei* lanci una sfida in modo da stimolare le persone ad agire rapidamente. Questa cosa è successa, ad esempio, alla Grand Haven Stamped Products, un fornitore dell'industria automobilistica in Michigan. Il giorno della sua prima visita, il *sensei* andò nel reparto di produzione e vide che c'erano dei processi disconnessi. Egli decise perciò di dare al personale un compito immediato e radicale: chiese loro di costituire una cella, il che implicava spostare un robot di saldatura da un punto dello stabilimento all'altro. Disse poi che sarebbe tornato alla fine del giorno successivo a vedere come stava operando la cella. Si trattò di un "Fallo e basta!". Fu una cosa eccezionale. L'intero team di manager, incluso il presidente, andarono in stabilimento e spinsero manualmente il robot, facendolo scivolare lungo il pavimento per metterlo in posizione. Non era questo il modo in cui il sensei voleva che l'azienda migliorasse in futuro, ma fu una strategia per sbloccarli.

La fase del 'fare' consiste sia nel seguire il piano che nel deviare da esso se necessario. In tal caso, le deviazioni vanno annotate come parte del processo di apprendimento. In ognuno di questi step, si realizza un ciclo di Plan-Do-Check-Act e tutti fanno parte di un ciclo più ampio di Plan-Do-Check-Act. Nel fase del "Do", devi pianificare un intervento, metterlo in atto, controllare cosa succede, fare degli aggiustamenti e continuare il PDCA finché non raggiungi l'obiettivo.

Nel caso della Grand Haven Stamped Products, la linea di produzione, inizialmente, non funzionò. Il robot, ad esempio, non riusciva ad essere operativo per il tempo necessario e la cella continuava a fermarsi. Il lavoro non era bilanciato: non riuscivano a gestire una grande varietà di prodotti con diversi tempi ciclo e non vi era standard di lavoro. Furono necessari molti PDCA dopo quel primo giorno per avere la cella funzionante ad alti livelli. Il *sensei* aveva chiesto loro di accumulare un po' di scorte prima di organizzare questa cella perché sapeva che avrebbero avuto dei problemi; pur tuttavia lanciò loro la sfida costringendoli, così, a risolvere i problemi per riuscire a produrre. Tutto ciò condusse ad un sistema di gran lunga più produttivo e di una più elevata qualità. Impararono il valore del "learning by doing" e del coinvolgimento diretto del team esecutivo e direttivo.

Nella fase di controllo, "Check", dobbiamo capire quello che abbiamo e non abbiamo raggiunto. Nel Toyota Way, faccio riferimento all'*hansei*, o riflessione, che è esattamente quello che avviene durante questo processo. In questa fase del check si verifica un grande *hansei*, in quanto riflettiamo su quanto accaduto, sia in termini di risultati che di processi. Lo sviluppo di una grande idea proveniente da una sola persona, ammettiamo sia il manager, rappresenta comunque un fallimento per il processo, pur se la sua implementazione dà dei risultati: nessun altro, oltre il manager, è stato coinvolto nel processo; nessun altro ha migliorato se stesso.

Nella fase dell'azione, "Act", faremo un'altra riflessione sull'intero processo il cui risultato sarà la standardizzazione di ciò che funziona e l'estensione ad altre aree di ciò che pensiamo debba essere diffuso. L'estensione, alla Toyota, viene chiama *yoketen*. In Giappone la parola *yoketen* rievoca l'azione di trapiantare una pianta preziosa da un ambiente all'altro, cosa che include diverse fasi: la preparazione del nuovo ambiente, la conoscenza delle condizioni originarie che hanno permesso a quella pianta di prosperare, l'impegno per fare in modo che le nuove condizioni risultino adatte alla sopravvivenza di quella pianta esotica. Ovviamente, importando delle belle piante da un altro ambiente, le caratteristiche del nuovo paesaggio di contorno saranno diverse.

Bisogna evitare di implementare le best practice semplicemente, senza pensare a fondo alla propria condizione. Se la best practice sembra una contromisura utile al tuo problema, allora dovresti imparare da essa. Tuttavia, ciò che può aver funzionato in altri luoghi, potrebbe non funzionare nel tuo caso, se non si operano degli aggiustamenti e dei miglioramenti ulteriori. Potrebbe anche accadere che sviluppi delle nuove idee dalle quali l'area di origine da cui la best practice è partita potrà a sua volta imparare. E il processo può andare avanti e indietro in questo modo.

George: "Jeff, la parola *yoketen* implica il significato di "preparare l'ambiente", cosa che la parola *spread* non ha. Questa è una delle ragioni per cui vale la pena comprendere le parole giapponesi, cioè perché includono più di un significato?".

Jeff: "Letteralmente, *yoketen* significa "spargere ovunque", e tuttavia non è questo il modo in cui la Toyota la interpreta. In altre aziende giapponesi, ad esempio, potrebbe essere interpretata con questo preciso significato. Detto questo, la domanda potrebbe essere se è importante conoscere la lingua giapponese abbastanza da scavare in essa ed esser capaci di tradurne il senso letterale. Se parli con un linguista, ti dirà che la parola significa: "Spargere ovunque", il che non vuol dire quello che la Toyota sostiene che significhi. È molto più importante comprendere il pensiero e il principio soggiacente ad esso, che la parola in sé. Non me la sento di suggerire di memorizzare una serie di parole giapponesi solo per tale motivo".

Il Toyota Business Practices per la Riduzione dei costi di Garanzia

Come ho già detto in precedenza, Gary affrontò la sfida della grande riduzione dei costi di garanzia nel Nord America. Il problema gli fu posto da un membro del Consiglio di Amministrazione. A quel tempo, Gary era *managing officer* e rappresentava il reparto di produzione del Nord America in Giappone, oltre ad essere anche il capo delle Operations nel Nord America. Il Direttore Generale della Qualità disse a Gary che sarebbe stata una buona idea ridurre i costi di garanzia del 60%. Quando uno dei membri del Consiglio di Amministrazione suggerisce una cosa del genere, tu cominci ad agire: non si tratta semplicemente di una buona idea, ma di qualcosa che devi prendere estremamente sul serio, e la risposta di Gary fu quella di considerare questa affermazione come un'aspettativa nei propri confronti e non come un suggerimento amichevole.

Tornando dal Giappone, in aereo, Gary era combattuto, anzi, era molto angosciato.

"Come potrei mai raggiungere il 60%? Siamo già i migliori nel settore. Abbiamo ridotto i costi di garanzia per decenni, come potrei mai arrivare al 60%?"

Beh, la buona notizia era che non avrebbe dovuto farlo nel corso di un solo anno, bensì nel corso di sei o sette anni. Il 10% all'anno sembrava più gestibile del 60%. Non avrebbe dovuto preoccuparsi del 60% ma concentrarsi nell'ottenere, come prima cosa, il 10% (alla fine del primo anno) da suddividere addirittura in percentuali mensili, cosa ancora più gestibile. Spesso, nello sport, si sente dire: "In questo momento, non ci preoccupiamo di vincere il campionato, ma siamo concentrati solo sulla prossima partita". Gary doveva preoccuparsi solo della successiva partita.

Cosa faresti se fossi nei panni di Gary, capo della produzione? Potresti ad esempio dare questo compito ad uno dei tuoi migliori ingegneri; ma se lavorassi in Toyota **non lo faresti**. Gary era personalmente responsabile: aveva detto di sì, e avrebbe personalmente condotto questa attività che era abbastanza ampia da dover essere gestita al livello del vice presidente esecutivo e al livello della dirigenza della Produzione del Nord America. Gary sapeva anche che non avrebbe raggiunto alcun risultato coinvolgendo solo la produzione, sarebbe stato necessario includere anche l'ingegneria di prodotto e, di conseguenza, gli Acquisti dato che molto proviene dai fornitori. Infine, si aggiunsero anche le Vendite in quanto ricavano e gestiscono i dati sui problemi di Garanzia. A questo punto, Gary stava procedendo orizzontalmente, cosa che in Toyota è considerata il livello più alto di leadership, ed è il livello in cui si coordina senza utilizzare la propria autorità formale per premiare o punire.

Figura 2.9 "Comprendi la situazione" è al centro del PDCA

Quindi, qual è stato il primo step per Gary? Ovviamente il problema andava definito sulla base del Toyota Business Practices. Prima di farlo, però, era necessario compiere un passo: Comprendere la Situazione (v. Fig. 2.9), ossia imparare abbastanza da poter comprendere cosa stia succedendo. In questo modo almeno sai che ti trovi nel giusto contesto quando definisci il problema. Comprendere la situazione implicava fare visita ai leader di tutti i maggiori reparti che hanno una qualche influenza sulla garanzia, quali i leader della Toyota Motor Sales, del Toyota Technical Center in Michigan e dei diversi settori della produzione, come il Quality Group. Inoltre andò in Giappone e incontrò il capo della Qualità e quello dell'Ingegneria.

Sulla base di tutti quei meeting egli non soltanto raccoglieva informazioni, ma applicava anche un processo di cui parleremo in seguito, noto col nome di *nemawashi*. Gary stava iniziando a costruire una rete di sostegno, e le persone che incontrò finirono nella sua task force, nel suo team. Erano tutti o al suo livello, o ad un livello più elevato: non poteva dare ordini a nessuno, ma riuscì a convincerli del fatto che questa cosa era importante, seria; riuscì a farli sentire coinvolti tanto che essi avrebbero fatto il possibile per contribuire a raggiungere l'obiettivo.

Il team alla fine si incontrò e iniziò a lavorare attraverso il Toyota Business Practices. Lo stato ideale è dato da clienti completamente soddisfatti, ossia che non abbiano l'esigenza di far riparare i loro veicoli durante il periodo di garanzia. Vennero esclusi i richiami che hanno delle implicazioni di sicurezza, considerati come altro tipo di garanzia. Portare l'auto in officina, anche se non comporta alcuna spesa, è un fastidio (v. Fig. 2.10) e fa perdere tempo: può significare fare a meno dell'automobile, oppure stare seduti lì ad aspettare. Inoltre, questo significa perdere la fiducia nel veicolo e restare poco confidenti nel marchio. Se ci sono tre o quattro riparazioni coperte da garanzia da fare in un breve periodo, allora cominci a chiederti: "Posso fidarmi di quest'automobile? Posso fidarmi di quest' azienda?".

La situazione ideale è che il cliente sia completamente soddisfatto. Attualmente, i clienti sono infastiditi da problemi relativi alle automobili.

> **La situazione ideale è che il cliente sia completamente soddisfatto.**
> **Attualmente, alcuni clienti sono infastiditi da problemi relativi alle automobili.**

Figura 2.10 Plan 1° Step: Definire il problema rispetto allo Stato Ideale

La situazione corrente (v. Fig. 2.11) era che, pur essendo la Toyota la migliore nel settore, comunque non era abbastanza brava. C'erano ancora troppi clienti che portavano in officina le loro auto per riparazioni durante il periodo di garanzia, e questo generava costi elevati per la Toyota.

> **Troppi clienti portano in Toyota le loro auto per riparazioni durante il periodo**
> **di garanzia, il che va a discapito del loro tempo e della loro soddisfazione, oltre**
> **che costituire un costo per la Toyota.**

Figura 2.11 Plan 2° Step: Comprendere la Situazione Attuale ed Individuare i gap

L'analisi dettagliata del problema (v. Fig. 2.12) consentì l'identificazione da parte del team di due aree quali fonte di problemi relativi alla garanzia: una di queste aree era la produzione, l'altra lo sviluppo prodotto. Per quanto concerne lo sviluppo prodotto, ad esempio, andavano risolti problemi che impedivano al prodotto di essere facilmente processabile come quando si è avuta la necessità di introdurre sistemi a prova d'errore per evitare di confondere lo specchietto laterale destro con quello sinistro.

> **I Problemi di garanzia hanno origine nello sviluppo del prodotto (ad es. non a**
> **prova di errore), si sviluppano in produzione (ad es. errori) e vengono scoperti**
> **sul campo. Il focus immediato sarà posto sulla produzione fino ad arrivare al**
> **feedback e alla risposta del cliente. Target = riduzione del 60%.**

Figura 2.12 Plan 3° Step: Scomporre i Problemi in Dettaglio e Stabilire dei Target

Se questo non viene realizzato bene si verificano problemi in produzione causati dalla progettazione, ma ci sono anche errori che nascono nella produzione stessa, così come qualche difetto può sfuggire al controllo finale.

Mentre decidevano di porre dei limiti al problema, convennero subito che **non** era il caso di dare avvio al progetto di un veicolo completamente nuovo: ci sarebbero voluti anni e anni prima di ottenere dei risultati. Al contrario, si focalizzarono sui veicoli attualmente in produzione. Analizzarono la situazione a partire dalla produzione fino ad arrivare al feedback del cliente sui problemi del prodotto e a come quel feedback venisse indirizzato al reparto appropriato, sia esso la qualità, la produzione o l'ingegneria. Infine, analizzarono quali azioni venivano intraprese di conseguenza. Il target era stato già fissato al 60%. Lo scomposero fino ad arrivare al 10% all'anno.

La Toyota aveva la necessità di identificare i problemi più grandi relativi alla garanzia e, cosa meno facile, di analizzarne le cause sottostanti. Con l'aggiunta di manager intermedi ed ingegneri a fare il lavoro più dettagliato, il team si accrebbe fino a parecchie centinaia di persone. Tutti questi misuravano e trovavano la fonte dei problemi, finché non si accorsero che quelli più grandi erano nell'ingegneria, e non nella produzione. L'ingegneria faceva parte del team. Tuttavia, all'interno della produzione c'erano difetti che passavano inosservati e ogni fabbrica doveva continuare a lavorare alla comprensione delle root cause (v. Fig. 2.13). Per esempio, questo accadeva nella postazione finale dell'assemblaggio dove si rileva la rumorosità e dove passano tutti i veicoli prodotti in stabilimento. A volte l'operatore non udiva la macchina vibrare o fare rumore. La soluzione a questo problema era relativamente inequivocabile: avrebbero potuto installare delle cabine per svolgere i test di rumorosità e vibrazione. Ci provarono nello stabilimento di Georgetown, in Kentucky, e constatarono un'immediata riduzione dei difetti che passavano inosservati all'ispezione.

Per quanto riguarda l'ingegneria, la questione non fu tanto facile. C'erano molti problemi ed era difficile anche trovare la root cause di un solo problema specifico. La procedura standard, con cui hai probabilmente familiarità, recita: se hai un problema col tuo veicolo, o magari c'è un richiamo, devi portare la macchina dal concessionario. Lì la tengono per un po' di tempo e poi il veicolo torna indietro, di solito riparato in modo appropriato. Puoi anche vedere la parte difettata, che viene restituita.

Produzione - scarsa comprensione degli errori potenziali attraverso il processo di produzione e non identificazione dei difetti durante il processo di ispezione.
Feedback e risposta - Problemi non diagnosticati e comunicati bene sul campo, e richieste di modifiche diffuse ed inefficaci.

Figura 2.13 Plan 4° Step: Analizzare le cause radice

Il concessionario inserisce le informazioni nel sistema computerizzato della Toyota e il lavoro è fatto. Sfortunatamente, la descrizione del problema era di solito molto vaga. Nel computer vi erano molte categorie, ma il concessionario poteva selezionarne soltanto una, e questo dà un'idea del fatto che vi fosse una falla nel sistema elettronico che non raccoglieva l'informazione su dove il guasto fosse avvenuto. Se, ad esempio, vi era un corto circuito nel sistema del suono, non si sapeva esattamente perché il corto circuito si fosse verificato. In tal caso, non conosci la root cause; sai soltanto che un componente ha avuto un guasto.

Ovviamente, questo tipo di informazioni non era molto utile all'ingegneria. In più, erano soliti condurre delle indagini, tempo permettendo, solo al verificarsi di problemi di una certa frequenza. Oltre a questo, il team notò che da ogni reparto della Toyota del Nord America venivano generate richieste di modifiche all'ingegneria. Ciò si verificava in ogni stabilimento e organizzazione di vendita, coinvolgendo persone sul campo, gruppi di garanzia e reparti qualità di tutto il Nord America. Queste richieste non avevano un ordine di priorità e l'ingegneria si sentiva oppressa. Il problema venne quindi ulteriormente chiarito: "Come possiamo arrivare alla diagnosi della root cause di alcuni dei problemi più comuni della garanzia e come possiamo dare un ordine di priorità ai difetti, così che l'ingegneria sappia quali sono le maggiori priorità di intervento?".

La contromisura, nella produzione, fu quella che la Toyota definisce "Built-in Quality with Ownership" e che consiste nel tornare indietro al principio originario di Sakichi Toyoda: non far mai passare il problema al di là del luogo in cui esso ha avuto origine (v. Fig. 2.14). Non tralasciare mai un difetto e non fargli mai superare la tua postazione. "Ownership" vuol dire che, una volta che individuo un problema, questo diventa mio, ne sono responsabile, e non posso trascurarlo lasciando che sia l'ispettore ad occuparsene. Inoltre, devo considerare gli input e le caratteristiche del mio processo, oltre che i metodi utilizzati per qualsiasi lavoro manuale. L'idea della "Built-in Quality" è stata sempre presente nell'azienda, fin dalle sue origini, ma questa iniziativa fu di un livello nuovo e più alto. Di nuovo va detto che, per aumentare la consapevolezza, devi tornare indietro alle basi, perché le persone fanno passi indietro, ed era ora ormai di farsi venire in mente nuovi strumenti per analizzare le cause dei problemi di qualità.

La contromisura della cabina di isolamento dal rumore fu solo uno delle decine di centinaia di miglioramenti fatti nei vari impianti di produzione durante tutto l'arco di quei sei anni, in modo da evitare che i difetti sfuggissero al controllo in fabbrica.

Produzione - Built-in-Quality with Ownership in ogni processo lavorativo + processo di ispezione migliorato.
Feedback e risposta - Sistema per identificare le root cause dei ricambi in garanzia e ottimizzare il feedback sulla base di una adeguata progettazione dell'ingegneria.

Figure 2-14. Plan 5° Step: Sviluppare contromisure

Cosa potevano effettivamente fare nell'ingegneria per giungere alla root cause dei problemi di garanzia? Potevano fare cose del tipo andare dai concessionari e chiedere di poter vedere i pezzi dei clienti, poi portare questi ultimi alla Toyota Motor Sales per far sviluppare una lista di controllo più dettagliata. A partire da quest'ultima, la persona addetta alla manutenzione avrebbe potuto verificare la presenza di un qualcosa il più vicino possibile alla root cause. Tuttavia venne loro in mente un'idea migliore. Si resero conto che, proprio nell'azienda, avevano già un gruppo di clienti interni: gli impiegati della Toyota. L'idea era di chiedere loro di portare le parti difettose in fabbrica, in modo da poter diagnosticare la root cause del problema direttamente.

Come la attuarono? Scelsero la Toyota Motor Sales, in cui ci sono parecchie migliaia di impiegati, e chiesero a questi ultimi di partecipare al programma. Gli impiegati portavano le loro auto direttamente alla Toyota Motor Sales, dove venivano effettuate le riparazioni mentre essi erano al lavoro. Misero a punto anche un centro di soddisfazione del cliente all'interno della Toyota Motor Sales, e, una ad una, diagnosticarono l'effettiva root cause di ciascun problema.

Applicazione delle contromisure attraverso un network globale di leader, che si assumono la responsabilità.

Figura 2.15 Do 6° Step: Applicare le contromisure

Parlarono anche con le altre funzioni della Toyota. Avevano infatti leader provenienti da ogni parte della Toyota nel team e dissero loro di fare in modo che ogni richiesta di modifica di ingegneria passasse attraverso questo servizio di soddisfazione del cliente (v. Fig. 2.15). Avrebbero filtrato le modifiche dando loro un ordine di priorità prima di rimandarle indietro al Toyota Technical Center o all'ingegneria in Giappone o ai fornitori. Per quanto possibile, l'analisi delle root cause, così come l'assegnazione delle priorità ai problemi, sarebbe stata effettuata in America prima di inviare il tutto all'ingegneria.

Stretto monitoraggio lungo sette anni con continue revisioni.

Figura 2.16 Check 7° Step: Monitorare sia i Risultati che i Processi

Questo processo era continuo e soggetto ad essere affinato e migliorato (v. Fig. 2.16). Ecco perché ci vollero sette anni per arrivare finalmente al 60%. Lo controllavano continuamente, lo modificavano. Entro il quarto anno di implementazione Gary andò in pensione. Fino a quel momento la Toyota aveva fatto grandi progressi nello standardizzare i nuovi processi all'interno della produzione, dell'ingegneria e delle vendite. Ne fecero ancora di ulteriori sulle root cause e, nuovamente, il processo divenne continuo e fu elevato a nuova routine, a nuovo modo di fare affari nel Nord America (v. Fig. 2.17).

Molti nuovi processi vennero standardizzati nella produzione, nell'ingegneria e nelle vendite. Il lavoro sulla root cause avanzò: migliore formazione e sviluppo per gli ingegneri e standardizzazione nell'ingegneria, built-in-quality with ownershipin fabbrica e sistema di registrazione degli interventi in garanzia migliorato nelle vendite.

Figura 2.17 Act 8° step: Standardizzare e Diffondere quanto appreso

Garanzia Complessiva degli Impianti del Nord America nei primi 3 Mesi dall'Acquisto

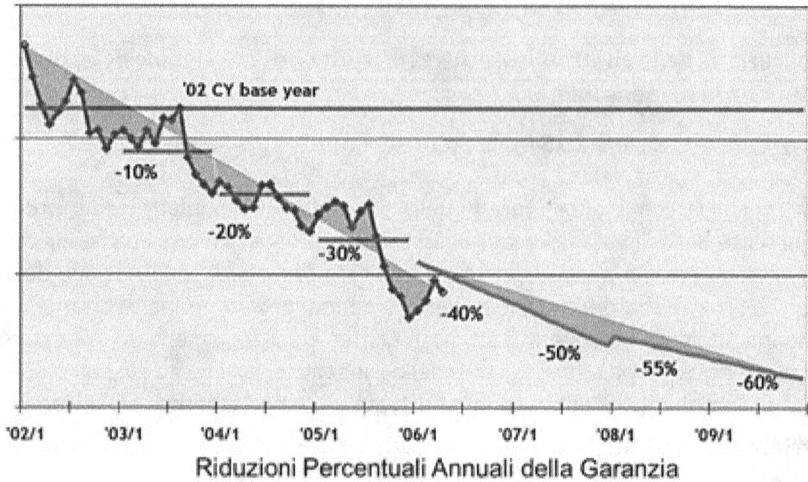

'02 CY base year

-10%

-20%

-30%

-40%

-50%   -55%   -60%

'02/1   '03/1   '04/1   '05/1   '06/1   '07/1   '08/1   '09/1

Riduzioni Percentuali Annuali della Garanzia

Fonte: Toyota Engineering and Manufacturing of America, Inc.

Figura 2.18 Interventi in garanzia nei primi tre mesi dall'acquisto relativi a tutti gli stabilimenti del Nord America

A questo punto vi starete chiedendo come andò a finire. La risposta è che andò molto bene, così come illustrato sopra (v. Fig. 2.18). Le linee orizzontali erano gli obiettivi. Come si può vedere, si trattò del 10% all'anno a partire dal 2002. La linea punteggiata rappresenta ciò che effettivamente avvenne finché Gary fu in azienda: raggiunsero il 40% dopo quattro anni, e, dopo che lui andò via, nel settimo anno, venne raggiunto il 60%.

Ovviamente, gli interventi in garanzia non diminuiscono secondo delle linee dritte che perfettamente coincidono col 10% all'anno. Si può vedere che a volte sono al di sotto del target e altre volte al di sopra. La cosa migliore è pensare a tutto questo come a tanti cicli di PDCA che si susseguono: si provano delle cose, alcune funzionano, altre sembrano funzionare. Alla fine, potremmo tanto trovarci in anticipo rispetto al piano iniziale tanto indietro, con grossi problemi da risolvere su alcuni componenti della macchina.

Questo processo è stato possibile non perché Gary andasse in giro ad ordinare a tutti di ridurre i costi di garanzia del 10%, così come avviene a volte nelle aziende, ma perché, da dirigente, guidava attivamente un gruppo di dirigenti. Molte centinaia di persone hanno lavorato in quel team e grazie al PDCA sono riuscite a raggiungere questo obiettivo ambizioso. Io definirei tutto questo come: migliorare continuamente il percorso verso un obiettivo fondamentale. È un *kaikaku* realizzato attraverso molto *kaizen*.

Giungere alla root cause attraverso i 5 Perché

Probabilmente, la fase del problem solving più soggetta a incomprensioni è quella in cui bisogna giungere alla root cause. Il termine root cause suona come qualcosa di scientifico: come se vi fosse una root cause e dovessi utilizzare ogni possibile metodo per trovare la causa precisa del problema. La verità è che, se conduci un problem solving ovunque, per tutto il tempo e ogni singolo giorno, trascorreresti tutto il tuo tempo a cercare la root cause e a fare nient'altro. Bisogna prendere delle scorciatoie. Bisogna accettare che qualche volta si avrà successo e qualche altra no. Alla fine si tratterà di seguire la propria migliore ipotesi, da verificare attraverso la sperimentazione.

Taiichi Ohno insegnava la ricerca della causa radice nel processo di problem solving attraverso il metodo dei "5 Perché". Lui credeva che le maggiori possibilità di successo fossero nell'osservare a fondo il problema, pensare e continuare a porsi delle domande. Davvero sono sicuro che sia questa la root cause? Perché si è verificata questa cosa? E, in genere, sembra che fare questi passaggi per cinque volte sia il numero giusto. Nella fase di analisi dei dati, si potrebbero anche non utilizzare i metodi più sofisticati dell'analisi regressiva o del *design of experiments*. Lo scopo è farsi venire in mente una concatenazione plausibile di motivazioni così da poterle testare.

Il problema più comune non è la mancanza di rigore nell'arrivare alla root cause, ma è che spesso non ci proviamo neppure. Immediatamente, pensiamo di sapere quale sia il problema, quale sia la sua causa, e saltiamo direttamente dal problema alla soluzione.

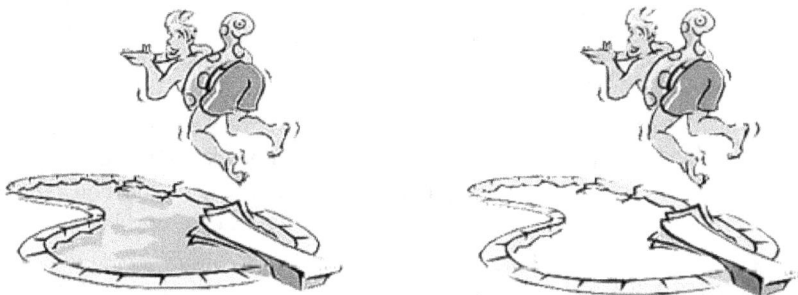

Figura 2.19 Uomo che salta in una piscina con acqua (sinistra) e senza acqua (destra)

Nella figura sopra, mostriamo un uomo che salta in una piscina piena d'acqua (v. Fig. 2.19). Immaginiamo che quella piscina fosse stata vuota: l'uomo avrebbe semplicemente saltato senza guardare... e questo è ciò che nel nostro caso spesso avviene. In genere quando ci si prende carico di un problema, si comincia a fare un brainstorming delle idee e poi le si implementa direttamente: è come saltare alla cieca. A volte, per piccoli problemi, bisogna seguire questa modalità. Per esempio, potresti segnare su di una lavagna le singole ore della giornata e ad ogni ora chiedere alle persone che lavorano di scrivere se hanno raggiunto o meno l'obiettivo. Se non ci riescono, chiedi loro perché e aggiungi una colonna delle contromisure da attuare. Ciò che fai, in questo modo, è saltare dai problemi alle soluzioni, ma te lo concedi per i piccoli problemi che avvengono ora per ora, e di cui a volte la causa è evidente (un pezzo non aveva le specifiche giuste ed era bloccato nella macchina). Quando metti insieme tutti quei problemi e ne trovi uno grande, allora devi fare l'analisi delle root cause e non saltare alle conclusioni.

I 5 "Perché", non i 5 "Chi"

Taiichi Ohno diceva: "Osserva il reparto di produzione senza preconcetti e con mente libera. Ripeti cinque volte 'Perché' per ogni argomento". Era molto famoso per il suo 'cerchio di Ohno': "mettiti in un cerchio, guarda cosa sta realmente accadendo, e continua a chiederti 'Perché?'. Cerca di comprendere i problemi e la root cause, comincia adesso". Due ore dopo tornava e ti chiedeva cosa avessi visto. Dopo altre due ore, tornava e faceva la stessa cosa, e di solito ti faceva rimanere in quel cerchio tutta la giornata. Potevi anche fare delle pause, ma poi dovevi ritornare nel cerchio. Osservavi le stesse cose ripetutamente e, ogni volta che Ohno tornava, si aspettava che tu avessi una visione più analitica della cosa e che tu abbia, nel frattempo, affrontato più questioni e pensato più profondamente al 'perché'. Non chiedeva mai di cercare il colpevole, cioè di rispondere ai cinque 'Chi'. Di solito, se ti chiedi 'chi', la risposta al primo 'chi' è una persona che ha commesso un errore, ma quando ti chiedi il perché dell'errore di quella persona, in genere arrivi ad una causa di sistema.

Il processo di restringimento e quello di focalizzazione

Quello che dovrebbe accadere è cominciare con un grande problema, che può essere molto vago, oppure anche con i sintomi del problema (v. Fig. 2.20). Ad esempio, abbiamo problemi di qualità e vogliamo risolverli. Ci sono molte cose che determinano problemi di qualità e in genere non sappiamo neppure da dove cominciare. E' bene, allora, focalizzarsi maggiormente sulla definizione del problema. Ad esempio, potresti finire con l'affermare: "Vogliamo essere i numeri uno su specifici indicatori di soddisfazione del cliente in due anni; oppure, al livello della linea di produzione su cui sei focalizzato, potresti voler ridurre i difetti dell'80%, entro la fine dell'anno". Una volta che inizi a lavorare effettivamente su una parte di questo problema più ampio, come ad esempio la qualità del processo di lavoro che causa i maggiori difetti, allora cominci a scavare partendo dalla causa più probabile. Poi vai al di là di questa e ti chiedi dove il problema abbia avuto origine fino a trovarne la causa diretta. Prima ancora che cominci a chiederti i cinque 'perché', va identificato il punto di partenza del problema e la sua causa diretta proprio in quello specifico punto del processo.

1. Percezione Iniziale del Problema
(Problema grande, vago, complicato)

2. Definire il Problema

Il Problema "Reale"

Comprendere la Situazione

3. Localizzare l'Area / Punto di Causa

PdC

Causa Diretta

Causa

Causa

Causa

Causa

Perché ?

Perché?

Perché?

Perché?

Perché?

Indagare Sulle Cause

Indagare sulla Causa-Effetto di base

4. Perché?
Indagare sulle Root Cause

Root Cause

5. Contromisura

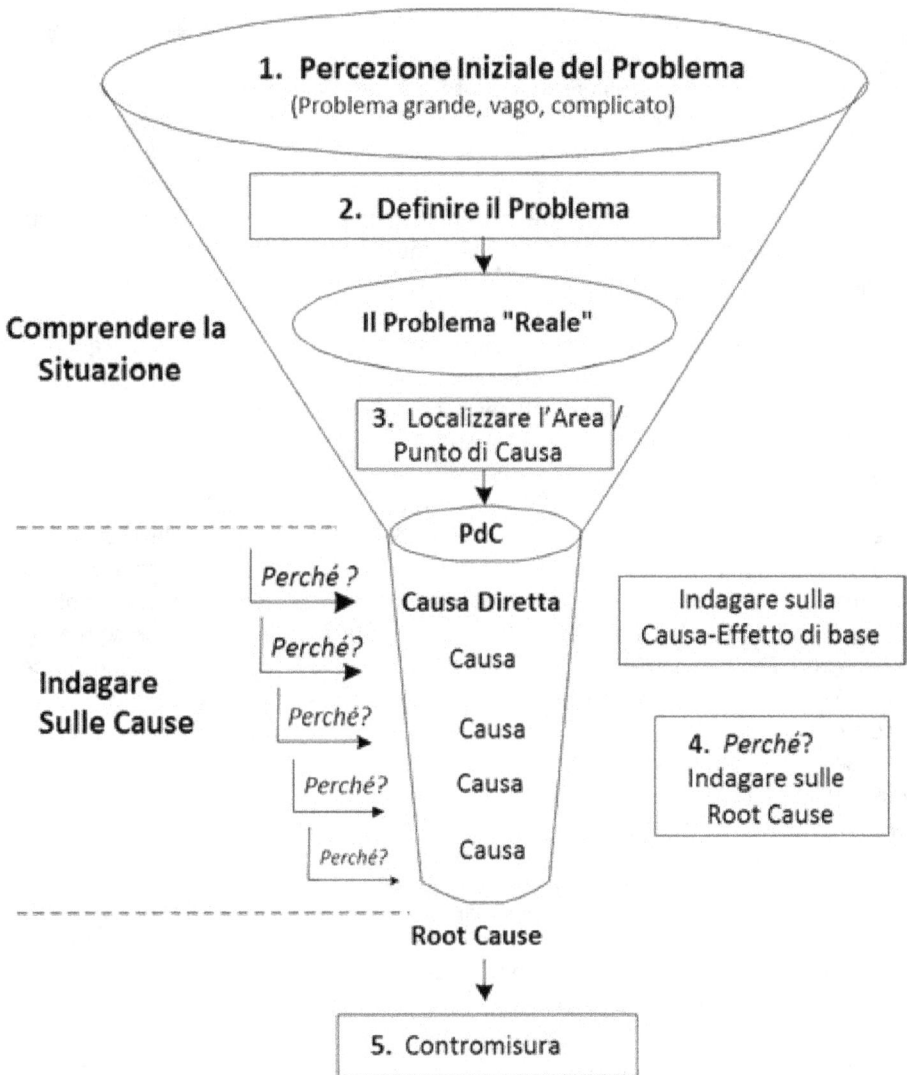

Figura 2.20 Restringere la Focalizzazione

Un famoso fatto accaduto racconta di quando Taiichi Ohno chiese ad uno dei suoi migliori studenti, Nampachi Hayashi, di osservare la catena di montaggio fino a riscontrare un problema. Hayashi identificò un serio problema di qualità ed era molto galvanizzato all'idea di cominciare a risolverlo subito. Allora Ohno gli chiese: "Dove è avvenuto quel problema?". Il problema consisteva in un pezzo che non si assemblava bene e, quando ci pensò, Hayashi si rese conto che il problema poteva aver avuto origine nel modo in cui la parte era stata prodotta, in uno stadio precedente. Ohno gli chiese allora: "Perché ti trovi qui, se invece il problema è lì?".

Hayashi cominciò a correre a monte della linea di processo e Ohno lo fermò lungo il percorso chiedendogli, con severità, dove stesse andando. "Indietro, lungo il processo di produzione, dove il problema ha avuto origine, per vedere di persona", rispose Hayashi. Ohno allora replicò: "E che si fa allora col problema di montaggio del pezzo? Vuoi consentire che si produca assemblando male?". Egli intendeva far capire ad Hayashi che è importante pensare attentamente al problema, ma che prima bisogna cercare di contenerlo all'interno del montaggio per poi risalire alla root cause lungo il processo produttivo. Non era molto divertente imparare da Ohno, anche se i suoi insegnamenti erano estremamente efficaci.

Uno degli errori comuni nell'esecuzione dei 5 Perché: dare la colpa agli altri

Ho affermato che è necessario trovare il luogo della causa, ossia 'dove' essa è avvenuta. Vi è, però, anche un avvertimento da fare, ossia di focalizzarsi sulle cose che possono essere controllate. Nel libro *The Toyota Way Fieldbook* io e David Meier abbiamo proposto un'analisi dei '5 Perché' molto ragionevole. Ad esempio abbiamo preso in considerazione il problema del tasso di difettosità troppo elevato e che non riesce a raggiungere il target. Ovviamente, il motivo è che abbiamo troppe parti difettose. Perché? Perché i pezzi *non* vengono montati correttamente. Spesso ci fermiamo qui e diamo la colpa all'operatore. Perché? Perché gli operatori commettono degli errori. Perché gli operatori fanno gli errori? Perché le parti *non* si allineano bene. Perché le parti non si allineano bene? Perché la parte è progettata male, il che vuol dire che adesso dobbiamo andare dagli ingegneri, che potrebbero trovarsi in un sito diverso, o addirittura in un altro paese, e dobbiamo dire loro di progettare i pezzi nel modo giusto.

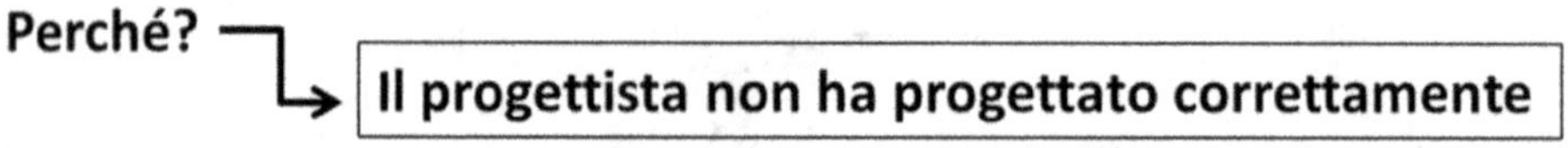

Perché? ⌐→ **Il progettista non ha progettato correttamente**

Figura 2.21 Prima risposta alla domanda:
"Perché le parti *non* sono correttamente allineate?"

Una volta che cominci a puntare il dito verso ciò (v. Fig. 2.21) che non puoi direttamente influenzare, è molto probabile che sarà richiesto un notevole lead-time per affrontare il problema: potresti non vedere il nuovo progetto per mesi, o addirittura anni. A questo punto è bene chiedersi: "C'è una risposta diversa a tutti questi perché, che possa condur*ci* a qualcosa che noi stessi possiamo controllare?".

Analisi Efficace della Root Cause

Definizione del Problema: Il tasso dei difetti è al di sopra dell'obiettivo

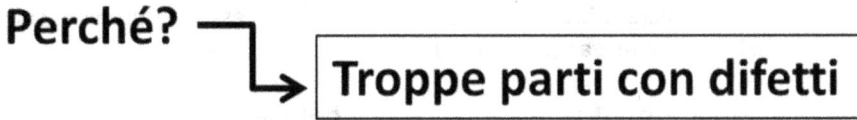

Perché? ⌐
   └→ **Troppe parti con difetti**

Figura 2.22 Risposta alla domanda: Perché il tasso dei difetti è troppo elevato?

Questa è quella che noi chiamiamo "analisi efficace della root cause" ed è indicata di seguito. Abbiamo ancora l'errore dell'operatore (v. Fig. 2.22) e sappiamo ancora che le parti non si allineano correttamente, ma adesso ci chiediamo: "Possiamo fare qualcosa per allineare le parti in modo corretto durante le fasi di assemblaggio?". Di conseguenza: "Perché le parti non si allineano correttamente?".

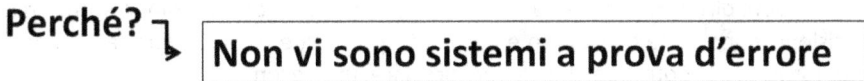

Perché? ⌐
      ↳ **Non vi sono sistemi a prova d'errore**

Figura 2.23 Seconda risposta alla domanda:
"Perché le parti *non* sono correttamente allineate"?

Non abbiamo sistemi a prova di errore che possano impedire al pezzo di passare alla postazione successiva (v. Fig. 2.23). Un sistema a prova di errore da poter ideare potrebbe essere semplice come una maschera di assemblaggio, ma dobbiamo in qualche modo assemblare il pezzo che al momento non combacia perfettamente e farlo in modo da ottenere risultati soddisfacenti per il cliente. Il problema va comunicato all'ingegneria, così che anche lì possano fare una verifica dell'errore nel progetto in modo da rendere il pezzo più facile da assemblare senza utilizzare una maschera di assemblaggio. Pur tuttavia, per contenere il problema, è necessario sviluppare qualche soluzione proprio in quel momento in modo da evitare i problemi di qualità nella fase del montaggio. Puntare il dito verso un altro può essere la scusa buona per lavarcene le mani e non fare nulla.

Una volta individuata la root cause, o almeno quella che *noi* crediamo sia la root cause, *noi* dobbiamo farci venire in mente delle idee per eliminare tale causa oppure il problema dietro la causa stessa. Come affermato in precedenza, la Toyota le definisce contromisure, perché non sappiamo se funzioneranno e se si tratta del meglio che noi possiamo fare. Una grande soluzione oggi, può essere anche rimpiazzata da una soluzione ancora migliore domani. Personalmente, ritengo che una buona contromisura debba essere testata scientificamente facendo un esperimento, così che diventi un'ipotesi. Se poi implemento la contromisura è perché credo che questa possa riempire il gap.

Un errore frequente che si commette è credere di sapere più di quello che effettivamente si sa. Io ho la risposta e la faccio accettare. Magari funziona per un breve periodo, oppure aiuta un po', ma si tratta davvero della risposta migliore? Magari qualcuno nel gruppo potrebbe averne una migliore, oppure una contromisura migliore. La presunzione è una delle più grandi barriere al problem solving. Se già pensi di sapere come risolvere il problema, allora seguirai il processo del problem solving solo superficialmente, o magari per nulla.

Contromisure e Problem Solving per Sviluppare le Persone

"Nemawashi"

Nemawashi è una delle altre parole giapponesi che si utilizzano molto in ogni step del processo del problem solving. Potresti anche aver letto del *nemawashi* in libri sul management giapponese risalenti a vari decenni fa, ma l'uso di allora non aveva nulla a che fare con la Toyota. Un modo di tradurre il termine è, facendo riferimento al mondo naturale, "preparare il terreno prima di piantare un albero". Nel nostro caso 'preparare il terreno' vuol dire che tutte le parti coinvolte, tutti coloro che dovranno sottoscrivere la decisione, sono state consultate e preparate prima che tu faccia loro la proposta in modo formale. Si potrebbe anche far circolare un documento, l'impiego di skype potrebbe anche andar bene, ma di persona è meglio. Spesso si comunica con le persone una alla volta: discuti con loro, raccogli le loro idee e ascolti in modo attivo. Mentre ascolti, discuti e spieghi perché alcune idee sono state prese in considerazione (e magari incorpori anche le idee del momento) e lo fai usando tutte le tue abilità sociali per costruire un consenso. Quando alla fine fai la proposta formale, tutti si sono già accordati su di essa.

Identificare e selezionare opzioni di miglioramento (Plan)

Nella fase di identificazione e selezione delle nostre opzioni per il miglioramento (ricordiamoci che le nostre contromisure sono ancora parte del processo di pianificazione), useremo il *nemawashi* per generare molte idee. Successivamente andremo a sfoltirle mediante vari indicatori che valutino efficacia, costo, semplicità e capacità di implementazione veloce. Per dare una priorità alle idee, potresti ricorrere ad una serie completa di criteri di valutazione, ad esempio basandoti su una scala da uno a tre. Inoltre, usa la tua intelligenza per trovare un numero ristretto di cose che andrai effettivamente a testare. Rendi sempre partecipi gli altri dei risultati ottenuti, così da continuare a costruire il consenso. Inoltre, continua a realizzare il *nemawashi* in ogni step del processo. Una delle cose di cui parleremo successivamente, in questo capitolo, è l'A3 come strumento particolarmente potente per realizzare il *nemawashi*. Esso può essere parte del processo della costruzione del consenso, ma solo se usato in modo appropriato allo scopo, il che vuol dire che non possiamo compilarlo tutto da soli ed impegnarci ad eseguire le nostre stesse idee.

Progettare e Implementare i miglioramenti (Do)

Nella fase del fare, non puoi consentire che i difetti si perpetuino o che gli sprechi persistano finché non trovi la root cause percorrendo sistematicamente il processo a otto step. Come detto in precedenza, la prima cosa da fare è contenere il problema. Ad esempio, negli stabilimenti Toyota, quando qualcuno tira la corda, l'*andon*, si accende una luce ed un team leader si precipita sul posto. Il primo compito del team leader è quello di contenere il problema, così che si possa continuare a produrre automobili. Solo successivamente, se il problema lo richiede, il team può fare un passo indietro e cominciare a cercare delle contromisure a lungo termine. Il primo vero "Do" potrebbe essere proprio l'azione di contenimento, prima che parta il Plan-Do-Check-Act; dopo di ciò, inizierai il PDCA per i problemi più grandi su cui vorrai focalizzarti.

Mi trovavo al deposito del Mail Order della Zingerman, dove stavano ideando un nuovo scaffale per contenere scatole di cartone di diverse dimensioni, utilizzate per spedire vari tipi di prodotti. In tal caso, una delle abilità più complesse per gli operatori consiste nel selezionare la scatola della giusta misura. Così continuavano ad armeggiare con questo scaffale campione: lo facevano usare all'operatore per un po' per poi chiedergli dei feedback e, quindi, lo passavano ad altri operatori. Tutto questo continuando a modificarlo. Andarono avanti col processo del fai-controlla-aggiusta per settimane, finché furono soddisfatti del risultato ed introdussero il nuovo scaffale in tutte le postazioni di lavoro. Il 'Fare' è un processo continuo di sperimentazione, riflessione e aggiustamento.

Il problem-solving è la strada per sviluppare le persone

Il Toyota Way consiste nel Miglioramento Continuo e nel Rispetto per le Persone, e questi due pilastri sono considerati come assolutamente correlati l'uno con l'altro. La correlazione consiste nel fatto che, mentre risolvono i problemi, le persone apprendono molte abilità. Queste abilità includono il *nemawashi*, ossia avere idee creative, allargare la propria mente, osservare attentamente, pensare e chiedersi il "perché". Le persone sviluppano un vero e proprio repertorio di abilità e abitudini. Allo stesso tempo, esse risolvono problemi concreti e migliorano sempre di più. Il risultato del problem-solving è lo sviluppo delle persone.

Quando Gary condusse lo sforzo della riduzione della garanzia del 60% insieme ad alcune delle persone migliori in Toyota, nessuno si chiese se potessero davvero raggiungere il 60%, o se non fosse comunque accettabile il 57%. L'obiettivo era il 60%, e lo avrebbero raggiunto. Sapevano anche come raggiungerlo: attraverso il processo del problem-solving, anche se non sapevano quali specifiche soluzioni avrebbero funzionato. Mentre lavoravano lungo il processo, tutti sviluppavano abilità di livello superiore, soprattutto Gary.

Toyota Business Practices: Sviluppare le persone attraverso il Problem-Solving

Nel Toyota Business Practices, la Toyota ha condotto due serie di analisi in parallelo. In una affronta la domanda "Quali sono le azioni concrete, gli step e i processi che impiegheremo per risolvere il problema?". Nella seconda, risponde alla domanda "Quali valori e abilità rinforzeremo nelle persone mentre esse affrontano tali processi?". Queste due analisi vengono chiamate "guida" (drive) e "dedizione" (dedication) (v. Fig. 2.24) e queste, insieme alle abilità reali, si costruiscono lungo il percorso a otto step. Ad esempio, nella fase di definizione di un problema, è necessario mettere il cliente al primo posto, il che vuol dire iniziare con la domanda: "Chi è il cliente? Cosa vuole da me per soddisfare i suoi bisogni e risolvere i suoi problemi?". Quando sviluppi delle contromisure, cerchi di raffinare la tua capacità di giudizio sulla base di aspetti quali, ad esempio, il modo in cui dai priorità ai problemi. Coinvolgi gli stakeholder ed apprendi la modalità giusta per parlare con loro, per stimolare le loro idee e per persuaderli in qualche modo mantenendoti, però, sempre attento all'ascolto e a prendere sul serio le loro idee.

Fonte: Toyota

Figura 2.24 Le Toyota Business Practices riferitead un processo di problem solving.

Un Piano d'Azione significa Assumersi le Responsabilità

Quando arrivi al punto di fare un piano d'azione per testare le contromisure, avrai uno schema visivo che sarà posizionato in un punto da cui tutti possano vederlo. In genere, nel *gemba* avrai un tabellone che mantiene traccia del processo del problem-solving, incluso il "cosa", il "chi" e il "dove".

Sarebbe bene riportare anche il nome della persona responsabile del singolo step. Quella stessa persona ha il compito di fare un rapporto durante i meeting e, in questo modo, diventa subito evidente se un'attività non è stata fatta o se non è stata presa in considerazione con la dovuta attenzione. Ogni singola volta in cui incontri una persona, ogni volta che essa presenta un report, hai l'opportunità di ottenere un feedback e migliorare le tue abilità di problem-solving. Quindi, un piano d'azione è davvero uno strumento legato all'assunzione di responsabilità ed allo sviluppo delle persone.

Il controllo è apprendimento

Possiamo, a questo punto, procedere con la fase del Check del Plan-Do-Check-Act, che rappresenta un'altra opportunità di sviluppo delle persone. In fase di training avrai un coach al tuo fianco. Se tu gli dicessi: "Guarda che ottimi risultati!" e gli mostrassi soltanto dei numeri, il *sensei* ti chiederebbe: "Sei andato ad osservare il processo? Per quanto tempo? Hai parlato con le persone?". A quel punto, ti rimanderà al *gemba*.

Bisogna essere pronti ad effettuare delle modifiche. Spesso cantiamo vittoria troppo presto, per cui il check va inteso come la fase del controllo e dell'azione insieme. Il motivo per cui queste due fasi si fondono una nell'altra è che si impara dall'osservazione che va a generare nuove contromisure da testare.

Sono stati fatti dei progressi, ma non siamo arrivati alla fine del processo. Infatti, bisogna fare qualcosa di più: controllare nuovamente e fare altre modifiche. L'intero processo è ideato in modo tale che le persone migliorino e l'organizzazione apprenda. Questo è anche il motivo per cui, col tempo, diffonderai ciò che stai imparando. Contrariamente a quello che alcuni erroneamente credono, ciò che diffondi non sono *best practices*, bensì conoscenze, e il tuo input diventa l'input verso uno dei processi di pensiero della persona a cui stai comunicando queste cose.

L'Azione Futura consiste nella Riflessione Profonda

La fase finale dell'Act, nel PDCA, è in verità una riflessione profonda che continua finché non sei convinto che il processo si sia stabilizzato. Spesso sentiamo dire che la soluzione non è stata duratura: pochi mesi dopo, vai a controllare e ti rendi conto che le cose non funzionano nel modo in cui avevi stabilito. Le persone non seguono i metodi standard che avevi progettato e il problema di solito consiste nel fatto che tu non sei stato in giro abbastanza a lungo a controllare, a guidare, a dare supporto fino a che il processo diventasse una routine, ossia il modo nuovo in cui adesso facciamo le cose. Sei responsabile, in qualità di tenutario del problema, di rendere duratura sia la soluzione che il processo di miglioramento.

Spesso notiamo che le aziende creano un'area modello dal punto di vista della Lean (a volte chiamata progetto "Pilota" – "Lighthouse"). Una volta sviluppata l'area pilota con gran successo, la direzione potrebbe richiedere di estendere il modello a tutte le altre aree, così come se fossero fatte con lo stampino, così che queste smettano di riferirsi all'area modello. Il valore del modello consiste proprio nel fatto che si tratta di un percorso di apprendimento. L'ideale sarebbe continuare ad imparare e ad avanzare coinvolgendo altre funzioni aziendali, ma di solito l'apprendimento viene interrotto prematuramente perché si è impegnati a diffondere quanto appreso, causando la regressione dell'area pilota. In aggiunta, c'è da dire che le aree a cui si è esteso il modello, in genere, non hanno lo stesso successo dell'area pilota. Questo per due ragioni: la prima è che la stessa identica soluzione mal si adatta ad un contesto diverso; la seconda è che le persone nell'area in cui vengono diffuse le *best practices* non hanno percorso tutto il processo dell'*imparare facendo*, e non comprendono bene il modello a tal punto da accettarne tutte le routine sottostanti, necessarie per continuare a migliorarlo.

Perché il PDCA viene condotto così di rado?

Fonte: *Toyota Way to Continuous Improvement*
Figura 2.25 Ruota oppure Ruota di Deming del
PDCA (Plan – Do – Check – Act oppure Adjust)

Il PDCA, come io l'ho descritto, si realizza frequentemente? È questo il modo tipico in cui le persone apportano dei miglioramenti? Dopo tutto, la maggior parte delle aziende più consolidate è passata attraverso la rivoluzione qualitativa degli anni '80 e '90. Ormai dovremmo essere tutti degli esperti di qualità. Abbiamo imparato, da qualche parte in uno di quei diffusi corsi sulla qualità, il Plan-Do-Check-Act (v. Fig. 2.25) e gli strumenti di base del problem-solving. Abbiamo anche imparato a fare un diagramma di causa-effetto. Quindi, quello di cui stiamo parlando qui è ormai superato? La risposta è: "In teoria, sì". La verità è che non sto dicendo cose che chi opera nel settore da un po' di tempo non ha mai sentito, ma in realtà ciò che avviene giorno per giorno è illustrato nella Fig. 2.26.

Fonte: *Toyota Way to Continuous Improvement*
Figura 2.26 La ruota del PDCA con soltanto il "Do – Fallo succedere!".

In genere, si attribuisce grande peso al 'fare', mentre la pianificazione, il controllo e il conseguente 'fare' e 'modificare' finiscono fuori dalla finestra. Perché succede questo? Nei corsi cui abbiamo partecipato abbiamo appreso che la cosa giusta è seguire il PDCA, ma poi, quando osserviamo le persone al lavoro, ci rendiamo conto che trascorrono la maggior parte del tempo a fare. Perché?

La modalità "risolvi-problemi" sembra essere un circolo vizioso che puoi addirittura definire in termini di teoria dei sistemi. Si tratta di un sistema a circolo chiuso che scende giù a spirale. Mentre aggiusti il sistema perché è degradato, viene fuori un altro problema da risolvere; nello stesso tempo, il problema precedente, che non hai mai realmente risolto, torna a galla. Infine, i problemi continuano a crescere a dismisura e tu sei sempre in modalità "risolvi-problemi", pronto ad affrontare qualsiasi problema si presenti al momento. Il sistema peggiora invece di migliorare e una volta che finisci nel circolo vizioso ti senti intrappolato perché non hai il tempo di pianificare, controllare o modificare. Hai solo il tempo di risolvere i problemi della giornata.

Non appena inverti la rotta e ti inserisci nel circolo virtuoso del PDCA, le cose cominciano ad andare meglio e diventano più stabili, il che ti dà il tempo di pianificare, controllare e modificare, specialmente se hai la disponibilità di un team leader fuori linea. In questo modo, hai risorse aggiuntive per il problem-solving. Quando risolvi i problemi nel modo giusto, le cose iniziano a migliorare invece che peggiorare consentendoti di fare il *kaizen*. Possiamo avere un circolo virtuoso di automiglioramento e uno vizioso di autodistruzione. Molte aziende sono intrappolate in quello di autodistruzione.

George: "Ora, Jeff, in quanto consulente, qual è la contromisura che adotti per le molte aziende che sono intrappolate in questo ciclo? Come fai a riportarle sulla strada della ruota di Deming e come dai loro la spinta iniziale?".

Jeff: "La risposta più semplice è: **Leadership**. Qualcuno deve interrompere la modalità 'risolvi problemi' e cominciare un energico problem-solving. Qualcuno deve assumere il ruolo di guida; potrebbe essere un manager o un supervisore nella propria area, che dice: "Ne ho abbastanza. Vado a casa ogni sera sempre più nervoso e frustrato e mi comporto male con la mia famiglia. Sono infelice e ne ho abbastanza. Devo fare qualcosa: imparerò la Lean e modificherò il modo in cui faccio le cose".

Alcune persone mi hanno scritto: "Ho letto il suo libro e ho iniziato a seguirne i principi nella mia area, ci siamo fermati, ci siamo chiesti quale fosse il problema e ci siamo chiesti il "perché" cinque volte. Abbiamo iniziato a risolvere i problemi e abbiamo utilizzato alcuni degli strumenti della Lean. Le cose sono migliorate consentendoci di avere più tempo per risolvere i problemi reali. Adesso, a livello del direttivo, cominciano a chiedermi cosa ci sia di diverso: "Perché stai avendo delle performance superiori a quelle del resto dell'organizzazione?". I supervisori al mio stesso livello mi deridono e sparlano di me, perché pensano che io voglia leccare i piedi al senior management. Che devo fare? I miei capi non capiscono quello che faccio, i miei pari sono arrabbiati e gelosi e non vogliono imparare da me".

Questo è un problema reale, ma io di solito suggerisco di non tornare indietro, di rimanere lì e fare ciò che è giusto e magari alla fine gli altri cambieranno idea. La situazione ideale è che qualcuno più senior ne abbia avuto davvero abbastanza: "Non ce la faccio più, cambierò". Il Dr. Richard Zarbo, che conduceva i test di laboratorio per la Henry Ford Test System, ha scritto un capitolo Nel *Toyota Way to Continuous Improvement*. Era stato formato agli strumenti di Deming decine di anni addietro e, alla fine, guardandosi allo specchio, si disse: "Non stiamo facendo niente di ciò che il Dr. Deming ci ha insegnato. Cambierò le cose nel laboratorio". E ci furono cambiamenti eclatanti, che cominciarono con quello di Richard Zarbo. Come vedremo nel modello della leadership, il primo passo nel diventare un Lean Leader è il miglioramento personale. Devi voler cambiare. In una parte dell'organizzazione, puoi cambiare solo quello che puoi controllare.

Quando le persone mi chiedono: "Cosa dovrei fare? Non ho il sostegno dei manager e neppure quello dei miei colleghi", la mia risposta è quella di continuare a fare ciò che si sta facendo. In questo modo, probabilmente, andrai a casa più felice e sicuramente sarai un padre o marito o moglie migliore, e un miglior membro della comunità. La qualità della vita sarà migliore. Perché dovresti voler tornare indietro?

Allo stesso tempo, più a lungo fai questa cosa, più risultati otterrai e più è probabile che qualcuno in alto si renderà conto di dover imparare qualcosa da te. Accade spesso.

Da qualche parte devi partire e potrebbe essere anche dalla base, oppure dal mezzo o dall'alto. La cosa più efficace è quando la passione per il cambiamento viene dall'alto. Di solito, questo avviene come risultato di una spinta esterna. Ad esempio, facciamo il caso in cui si era proprietari di un brevetto su cui stavamo caricando il 100% del margine di profitto. Se, alla scadenza del brevetto, la concorrenza vi ricarica solo il 15%, cosa ne sarà di noi? Dovremo necessariamente attivare un processo di cambiamento o finiremo per morire. Come vedremo nel Settimo Capitolo, col caso della Dana, una crisi può indurre, nei leader più in alto, il desiderio di imparare.

Perché così tante aziende tralasciano il PCA nel ciclo del PDCA?

Chiediamoci di nuovo perché le persone tralasciano il Plan, il Check e l'Act e saltano direttamente al Do. In particolare, perché i manager di alto livello guardano al problema pensando di dover trovare la soluzione in quel preciso momento? In genere, accade che, una volta compreso il problema e lanciata la sfida di trovare una soluzione, ci si senta in dovere di assicurarsi che la propria sia la soluzione migliore così che ognuno possa averci ad esempio e dire: "Sei l'eroe, hai risolto il problema". Perché le persone si comportano così?

Molti recenti studi possono effettivamente aiutarci a capire questo aspetto. Alcuni di essi arrivano persino ad analizzare la chimica del cervello. E' disponibile anche un best-seller dal titolo *Thinking, Fast and Slow*, di Daniel Kahneman, uno studioso di psicologia cognitiva che passò la sua carriera a studiare il modo in cui le persone ragionano e prendono le decisioni. Per il proprio lavoro, egli e il suo collaboratore vinsero il premio Nobel.

In questo nuovo libro, in termini molto semplici, Kahneman dice: "Pensa al tuo cervello come se fosse composto da due parti indipendenti (anche se non è quello che avviene realmente, ma si tratta di una visione semplificata). Hai due processori di computer nella tua mente: uno di loro ama saltare dal problema alla soluzione, vuole pensare velocemente e vuole reagire". Gli stereotipi vengono dal pensiero rapido: ti vedo e immediatamente faccio delle supposizioni del tipo "questa persona sembra intelligente, questa sembra pigra, quest'altra è un lavoratore a basso costo, quest'altra ancora è un manager di gran successo". In modo molto veloce, riesco a generare una serie di attributi che, grazie a esperienze passate, associo con la prima cosa che ho imparato di te, magari il tuo titolo di lavoro o semplicemente il tuo aspetto. Così più o meno funziona la prima parte del tuo cervello, che vuole trarre conclusioni il più velocemente possibile. Rallentare il funzionamento di quella parte del cervello è penoso e frustrante.

L'altra parte del cervello, invece, dice: "Aspetta, Jeff. Come lo sai? L'hai appena incontrato! Come fai a sapere delle cose di lui se non gli fai delle domande precise? Frena un po'!". Queste due parti del cervello sono in disaccordo perché la parte veloce vuole avere ragione immediatamente e andare avanti, mentre la parte lenta vuole fermarsi e riflettere, controllare e raccogliere dati. La parte veloce dice: "Stupido, non abbiamo tempo per questo; dobbiamo risolvere il problema. Scendi dalle nuvole!". La parte lenta dice: "Frena, frena, o ci metti nei guai prima che abbiamo avuto modo di riflettere attentamente".

Una delle cose che dimostra Kahneman attraverso i suoi esperimenti è che quando hai scarsità di informazioni, allora il sistema numero uno, ossia la parte che pensa velocemente, opera come una macchina per saltare alle conclusioni. La parte veloce sarà predominante quando ci sarà scarsezza di informazioni, dicendo: "Non sappiamo nulla di certo, quindi farò ciò che penso sia giusto". Più le informazioni sono disponibili, accessibili e visibili, più la parte lenta può avere la meglio e rallentare la parte veloce.

Una delle cose che applichiamo con la Lean è il Visual Management, grazie al quale, con un semplice sguardo, puoi vedere se il processo è sotto controllo oppure è fuori controllo. Questa è un'informazione assolutamente critica che la parte veloce non può mettere facilmente in discussione: sappiamo che un componente della macchina è guasto, abbiamo fermato la linea e la parte veloce ha contenuto il problema; adesso, però, la parte veloce deve cedere il passo alla parte lenta per cominciare la riflessione. Perché è successo?

George: "Tutto ciò è davvero interessante. Quindi, questo libro è un libro da leggere assolutamente o tutto quello che c'è da sapere lo abbiamo già imparato da quanto ci hai spiegato tu?".

Jeff: "Credo che abbiate appreso molto, ma il libro è lungo; si tratta di centinaia di pagine. Lo ha scritto un accademico, anche se si tratta di un brillante comunicatore, tanto brillante da scrivere un libro di 400-500 pagine, che potrebbe essere usato come fermacarte, e farne uno dei dieci migliori best-seller sulla lista del New York Times per uno o più anni di seguito. Milioni di persone lo hanno comprato e presumibilmente una manciata di questi lo ha letto. Credo che molte persone non riescano a leggere l'intero libro, io stesso non l'ho letto tutto, ma è molto coinvolgente perché l'autore descrive in modo colorito degli esperimenti molto affascinanti".

George: "Non ho mai pensato ai Sistemi Visivi in questi termini. Non mi è mai venuto in mente di spiegarli secondo questa logica, ma è davvero un buon modo di mostrare quanto siano importanti, perché ci permettono di contrastare il lato umano che ci porta a voler saltare direttamente alle conclusioni, senza informazioni".

Jeff: "Giusto! Una cosa che aiuta molto è quando il manager viene da te, osserva quello che stai facendo, ti fa rallentare un po' e, ponendoti delle domande, rallenta anche il suo passo. È un grande strumento. Kahneman trae anche un'altra conclusione dai suoi esperimenti, che è la stessa degli scienziati che studiano il cervello: per natura, noi siamo delle creature visive. I dati sepolti nel computer sotto tre livelli sono inutili e lo stesso vale se ci sono troppi dati".

E' necessario avere un tipo di informazione che sia molto chiara e mirata, che ti invii un messaggio telegrafico: c'è un gap, c'è un problema. Poi devi prenderti il tempo di risolvere il problema. Parleremo in dettaglio del Visual Management nel Terzo Capitolo.

L'altra implicazione, anche questa dimostrata dalla scienza che studia il cervello, è che molte persone sono naturalmente propense al pensiero rapido. Sembra bello, produce endorfine, è qualcosa di grande, ti senti bene: "Ho risolto il problema e l'ho fatto proprio adesso". Quando rallenti e cominci a porti domande del tipo: "Era quello il problema giusto?", gli occhi delle persone si velano, si attiva loro la memoria funzionante, il che è doloroso. Imparare qualcosa di nuovo è penoso, così come lo è il pensare intensamente. Kahneman parla della "legge del minimo sforzo mentale" e il pensiero rapido si produce al minimo sforzo mentale.

La cosa positiva che Kahneman dimostra e che gli scienziati che studiano il cervello hanno imparato è che più utilizzi la parte del cervello che pensa lentamente, più essa diventa potente, proprio come avviene quando alleni il tuo corpo e diventi più forte. È davvero duro fare cinque flessioni, ma se continui a farle, improvvisamente ti ritrovi a farne venticinque. La parte lenta del cervello può fare esercizio e può apprendere; e alla fine provi molto più piacere nel cercare la root cause del problema e nel riuscire a risolverla, di quanto tu possa averne provato nell'ottenere quelle piccole rapide vittorie che hai avuto in passato. La buona notizia è che c'è sempre qualche beneficio alla fine del tunnel, ossia passando attraverso questo duro processo di apprendimento per allenare il cervello a pensare più lentamente, profondamente e sistematicamente.

Fonte: Toyota Georgetown Plant
Figura 2.27 Tabellone del Visual Management

È importante sfruttare al meglio il visual management come strumento per incoraggiare il pensiero lento. Nell'immagine precedente (v. Fig. 2.27) è mostrata l'area meeting in gestione a vista di un group leader nello stabilimento Toyota in Kentucky. Sembra così elaborata che potrebbe riguardare l'intera fabbrica, eppure è quella di un solo group leader. Poiché i group leader della Toyota hanno di solito venticinque membri nel team e a Georgetown, in Kentucky, lavorano seimila persone ne consegue che vi sono davvero molti tabelloni. Anche se ogni cosa è contenuta nei computer, essi comunque continuano a stampare su carta e ad appuntare sul tabellone. Hanno una visualizzazione semplice che può essere difficile da cogliere; tuttavia noterai delle X rosse, ed è lì che il tuo occhio dovrebbe fermarsi, perché è lì che si trovano i problemi. La presenza di un problema indica che siamo sulla strada giusta e la sua risoluzione, ad esempio in termini di miglioramento della sicurezza, della qualità o della riduzione dei costi, rappresenta il nostro obiettivo della settimana. Se nel primo turno non siamo riusciti ad ottenere l'obiettivo di sicurezza voluto, vuol dire che abbiamo un problema. A questo punto, vi è bisogno del supporto di un coach: i manager di alto livello scendono in campo, osservano e poi ne discutono. Vanno in fabbrica, incontrano il team davanti al tabellone e cercano di aiutarlo principalmente ponendo delle domande provocatorie. Ritorneremo a questo tabellone nel Sesto Capitolo, quando discuteremo dei gruppi di lavoro efficienti.

Il Pensiero in A3 per rallentare il Problem-Solving

I Report A3 sono diventati uno degli strumenti standard della Lean, anche se raramente vengono utilizzati come dovrebbero. Una cosa che il processo dell'A3 può fare è aiutare la parte lenta del cervello. Lo stesso format del report consiste in un'unica facciata del foglio A3, in cui vanno riempiti dei riquadri che descrivono il processo che stai utilizzando, ad esempio il problem-solving. Il modo giusto di riempirli è con l'aiuto di un coach e vanno compilati uno dopo l'altro man mano che si va avanti nel processo. Ad esempio, nello sviluppo di un problem-solving potresti trascorrere settimane a definire il problema, ossia il contenuto del primo riquadro, prima che il coach ti faccia passare al successivo.

La storia del foglio A3, da un certo punto di vista, potrebbe essere deludente. Sarebbe bello poter pensare che, ad un certo punto, ci sia stata una grande svolta in cui qualcuno ha detto: "Eureka! Ho scoperto l'A3, ed è uno strumento essenziale per il Toyota Way!". Non è avvenuto niente di tutto ciò. C'è stata solo una serie di prese di coscienza.

Una di queste è legata alla necessità di documentare il processo mentre esso viene portato avanti, cosa che fa parte del *nemawashi*. Nel momento in cui hai la necessità di mostrare a qualcuno qualcosa che è sotto la tua responsabilità, non di altri, vorresti mostrarla nel modo più chiaro e semplice possibile. Più è breve, meglio è. Mandare un report lungo, con tavole e pagine e pagine di testo, sarà sicuramente una mossa perdente. Un report di 40 pagine verrebbe appena sfogliato, magari giusto prima del meeting, ed è probabile che molti non riescano neanche a vederne i punti più critici. Ecco perché abbiamo le sintesi esecutive.

L'A3 è stato un modo per mettere le idee principali su un unico pezzo di carta, grazie al quale il nostro coach e le persone a cui lo mostreremo possano con un solo sguardo comprenderne i punti chiave, seguire il nostro processo di pensiero e darci un feedback. Perché l'A3? L'A3 è circa 29.7x42 cm e, al tempo, era il pezzo di carta più grande che si potesse inserire in un fax. Inviare un fax rappresentava il principale sistema per comunicare con gli altri al di fuori del proprio edificio. Nessuno, quindi, ha inventato un modello di ottimizzazione delle dimensioni del foglio. Si trattava soltanto del formato più grande che si potesse inserire in un fax.

In Toyota, ci si riferisce all'A3 come ad un racconto, perché il racconto è qualcosa che si svolge lentamente. Il report è qualcosa che di solito fai alla fine, quando la storia è finita. A quel punto, però, è troppo tardi, perché il racconto potrebbe essere stato concepito male e potrebbe essersi concluso con un fallimento.

Quattro tipi di Storie in A3

Molto di quello che sentirai dichiarare formalmente dalla Toyota sui report A3 fu effettivamente sviluppato dagli Americani. Negli anni '90, nel Toyota Technical Center di Ann Arbor, si resero conto che i manager americani non erano mai stati formati ufficialmente sul problem-solving che veniva piuttosto dato per scontato. All'inizio gli impiegati avevano dei coach giapponesi in rapporto di uno a uno che dicevano loro cose del tipo: "Per favore, fa' un report su di una sola facciata di un foglio. Fallo seguendo questo schema e io ti aiuterò a compilarlo". Gli americani stavano imparando ad usare l'A3 anche se non lo chiamavano così.

In seguito all'espansione del centro di Ricerca e Sviluppo (R&D), vennero assunte molte persone che non poterono apprendere l'utilizzo dell'A3 dall'esiguo staff giapponese rimasto sul posto. Per questo motivo una società di formazione sviluppò dei corsi per formalizzarne la conoscenza, cosa che in Giappone non avevano fatto. Svilupparono corsi sul *nemawashi*, sul processo del problem-solving e anche un corso sull'A3 i cui prerequisiti erano il problem-solving e il *nemawashi*. Definirono formalmente i diversi tipi di racconto A3 che vedevano sviluppare dai giapponesi. Nella Fig. 2.28 sono mostrati quattro tipi di racconto in A3, in sequenza logica, a partire dalla consapevolezza iniziale dell'esistenza di un problema fino alla situazione attuale.

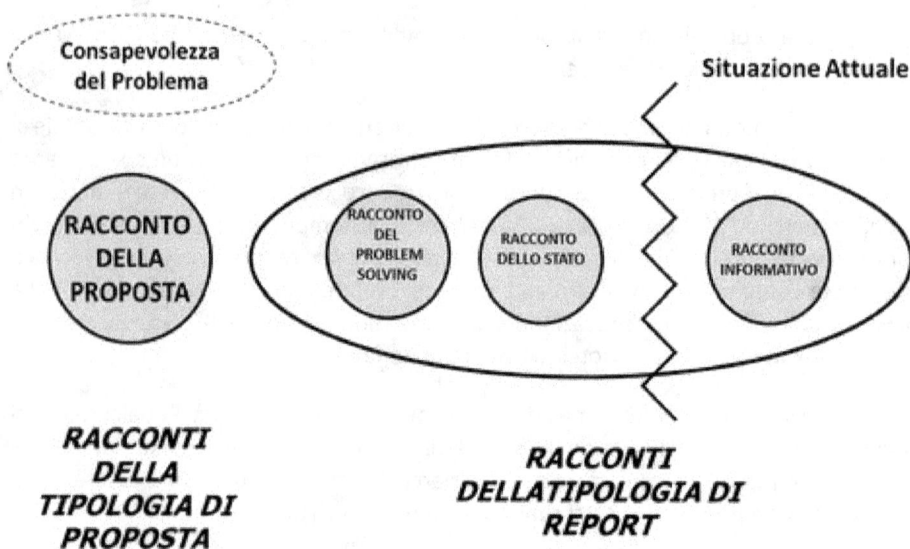

Fonte: Toyota Technical Center
Figura 2.28 Quattro tipi di Storie in A3

Il "racconto della proposta" si ha quando prendi consapevolezza che c'è un problema e richiedi l'approvazione per procedere a lavorare su di esso. Una volta ricevuta l'approvazione puoi cominciare il racconto del problem-solving intraprendendo, ad esempio, il percorso Toyota Business Practices. Nei vari stadi del processo del problem-solving o del tuo lavoro quotidiano potresti avere la necessità di produrre un report sullo stato della produzione, della qualità o della sicurezza. Per fare questo, potresti ricorrere all'A3 che mostra i dati fondamentali e la situazione del 'dove sono' rispetto al 'dove dovrei essere', usando uno Status A3.

D'altro canto, potresti voler condividere delle informazioni. Ad esempio, se hai appreso qualcosa di tecnico riguardante il body engineering che vuoi condividere con tutti gli altri body engineer potresti ricorrere ad un A3 Information Story. Ancora una volta, esso occuperà una sola facciata di un unico foglio di carta su cui descrivere il problema che hai avuto e le contromisure attuate e, infine, su cui mostrare i dati.

Si tratta di A3 diversi, ma, in essi, la cosa che tutti riconosciamo è il problem-solving. Parlerò brevemente degli altri e poi mi concentrerò principalmente sul racconto del problem-solving.

Report A3: Pianificare i Punti Vitali

Indipendentemente dal tipo, ci sono generalmente dei punti vitali, dei punti chiave, in un qualsiasi racconto in A3. Prima ancora di metter mano all'A3, sarebbe bene prendersi del tempo per comprendere l'intera situazione. Questo significa considerare un'ampia gamma di fonti di informazione, coinvolgere gli altri (come fece Gary quando andò dai vari leader) e fare del *nemawashi*. In questo modo va costruito il tuo team che eseguirà, o meglio condurrà, il processo. Cerca i fatti, non solo le opinioni. Infatti, di fronte ad un'opinione, bisogna comportarsi come un detective e andare a scoprire se la cosa è vera o no. Bisogna anche tenere in considerazione gli effetti a lungo termine o riflettere se si tratta solo di una soluzione a breve termine.

Che tipo di storia devi raccontare? Quale delle quattro? Chi è il destinatario? Quali informazioni gli sarebbero utili? Poi, quali sono i valori e le filosofie aziendali a cui si riferisce questo particolare racconto? Dovresti raccontare la storia nel contesto di quei valori, ad esempio come quello del cliente che viene prima di tutto.

Vi farò un rapido esempio di un report basato sui valori. Alcuni anni fa fu fatto un famoso annuncio dopo la chiusura della NUMMI, la joint venture della Toyota con la GM, che rese disponibile un gigantesco impianto in cui la Toyota decise di trasferirsi insieme alla Tesla. Quest'ultima è una casa di produzione di macchine elettriche relativamente piccola: un'azienda molto innovativa. Dopo aver investito nella Tesla, Akio Toyoda annunciò: "Siamo diventati partner di Tesla perché vogliamo imparare da loro". Ciò che volevano era contagiare gli impiegati della Toyota, che si erano impantanati nella burocrazia da troppo tempo, con un po' di entusiasmo, spinta, dedizione all'innovazione.

Ho visto il report di un progetto che prevedeva l'inserimento sulla RAV4 del sistema di propulsione della Tesla. Per farlo era necessario risolvere molti problemi. Una delle sfide era data dal fatto che sia nei computer della Toyota che in quelli della Tesla si ricorreva ad una tecnologia brevettata: non potevano effettivamente condividere il codice. Dovevano considerarla come una scatola nera, comprendere gli input e gli output e capire cosa succedeva quando facevano delle prove. Per di più, i tempi erano stretti, circa la metà del tempo che necessiterebbe per un lavoro come questo. Negli obiettivi che il team definì all'interno del proprio A3 figuravano: apprendere un nuovo modello di innovazione e un nuovo livello di teamwork, lavorando con la Tesla. Ovviamente, la RAV4 doveva entrare sul mercato: questo era l'obiettivo finale del business. E l'obiettivo che si prefissarono le persone, ossia i valori, era davvero quello di essere tra i maggiori innovatori al mondo. Questi erano i valori davvero in gioco, quelli dichiarati da Akio Toyoda nella collaborazione con la Tesla. Alla fine, fecero un report non solo sul modo in cui raggiunsero questi difficili obiettivi in tempo, ma anche sul modo in cui impararono ad innovare e su ciò che intendevano condividere con gli altri.

Report in A3: Punti Vitali di Esecuzione

Consideriamo qualche altro punto cruciale. Come ogni buon racconto, ci dovrebbe essere un flusso. In questo caso particolare, non dovrai elaborare il racconto come se fossi un romanziere. Nel tuo report avrai solo punti chiave (elenchi puntati ad esempio, e non paragrafi. Grafici ed elementi visivi sono da preferirsi alle parole. Ogni parola dovrebbe essere ragionata e specifica. Da evitare un gergo che gli altri che hanno accesso al report potrebbero non riuscire a comprendere, così come gli acronimi a cui tu sei abituato ma che altri non conoscono. Come farebbe un artista, riempi ogni riquadro del report pensando a come il destinatario a cui è diretto lo visualizzerebbe. Che impressioni avrà nel guardare quel riquadro? Il messaggio sarà facilmente colto?

Scopo del Racconto dell' A3 proposta

Percorrendo i vari tipi di A3, consideriamo ora quello che si presenta come un racconto della proposta: ci rifaremo ad esso quando non abbiamo ancora né un piano né un obiettivo, ma un valore aziendale da affrontare oppure una qualche idea che vi sia qualcosa da poter migliorare. L'idea potrebbe essere: 'come rendere l'esperienza del cliente dal concessionario molto più piacevole e divertente'. 'Il cliente viene prima di tutto' è un valore.

Nel caso esistesse già un piano o un obiettivo, ma l'azienda, il valore o la politica aziendale fossero cambiati, vi sarebbe la necessità di un piano per affrontare tale cambiamento.

Ad esempio, potresti aver bisogno di proporre un budget. Una volta sono stato al Toyota Technical Center e ho intervistato un vice presidente che ansimava ed era distrutto.

Mi spiegò: "Ho appena terminato un report enorme su cui ho lavorato durante le ultime quattro settimane".

"Di cosa trattava il report?"

"Era l'intero budget del Toyota Technical Center... migliaia di persone".

Mi venne giusto in mente di chiedergli: "Era un A3?".

Mi rispose: "Ovviamente!".

Immaginate l'intero budget del Toyota Technical Center, inclusa la sua base logica, su di un solo lato di un unico pezzo di carta. A quel punto, il budget era una proposta che diceva: "qui è contenuto, con tutto il *nemawashi* e il lavoro che ho fatto, ciò che io sto proponendo come budget". Nessuna decisione verrà presa prima che quel report non venga revisionato. Ovviamente, c'è molta documentazione di supporto, ma l'essenza della sua logica sarà molto chiara nell'A3; e tutto questo è stato realizzato attraverso il *nemawashi* che ha coinvolto tante persone.

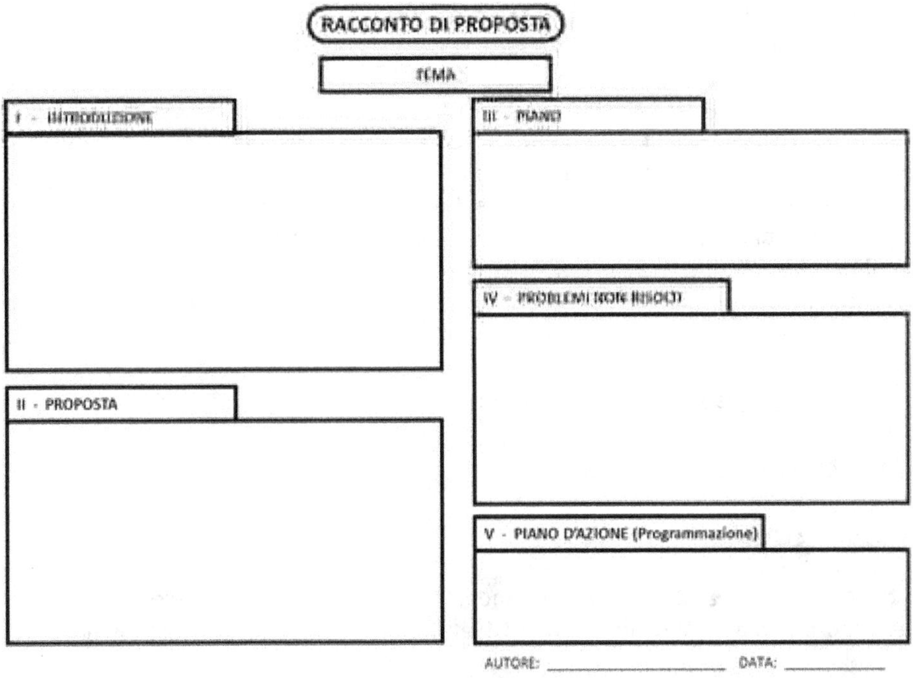

Fonte: Toyota Technical Center
Figura 2.29 Il Tipo di Racconto della Proposta in A3

Il formato potrebbe avere l'aspetto di quello della Fig. 2.29. Non sono particolarmente pignolo nel rispetto pedissequo del metodo standardizzato di compilazione del report, in cui è richiesto che ogni riquadro rimanga esattamente della stessa forma e della stessa dimensione. Quando svolgi dei racconti di proposte e dei report di 'stato', è bene modificarli in base alla specificità della situazione che stai affrontando in quel momento. In questo caso, come in ogni buon libro, devi iniziare dall'introduzione. Stai facendo una proposta, per cui esistono un flusso ed un piano. Vi sono poi dei problemi che non sei stato in grado di risolvere al momento in cui hai redatto il report, e infine vi è un programma dettagliato riguardo la modalità di implementazione delle azioni.

Invece, il racconto del budget di cui ho parlato in precedenza non avrebbe esattamente questa forma. L'introduzione non sarebbe molto lunga. Si tratterebbe di un ciclo di pianificazione del budget annuale di routine e, probabilmente, come introduzione, sarebbe sufficiente affermare nel titolo una cosa del genere: "Questa è la proposta del budget annuale per il Toyota Technical Center". La proposta stessa sarebbe il budget, insieme alla sua logica di base. Il piano potrebbe essere rappresentato dal processo di approvazione del budget. Se vi fossero problemi irrisolti, dovrebbero essere inseriti. Ci potrebbero essere degli elementi in cui il vicepresidente ha dovuto fare una stima approssimativa, e questo dovrebbe essere evidenziato esplicitamente. Poi, di fatto, dovrebbe essere incluso un programma dettagliato. Il punto finale dovrebbe essere l'approvazione del budget. La maggior parte del foglio, e per un budget complesso non è tanta, sarà il budget stesso.

In verità, gli step per il racconto della "proposta" iniziano prima di sviluppare il Plan (prima del PDCA) e cominciano con la comprensione della situazione che porterà ad attribuire un nome alla proposta, a dare delle informazioni di base e a descrivere la situazione attuale. Il piano, poi, consisterebbe nelle raccomandazioni. Se si tratta di una proposta che prevede l'acquisto di qualcosa, bisogna indicare i costi e i benefici. Infine, darai dei dettagli su come prevedi di implementare il progetto, e magari darai alcune indicazioni riguardo a come procedere con dei follow-up per sapere se il progetto ha avuto successo. Non passerai direttamente alla fase dell'Act, perché, in caso di approvazione, questo A3 ti condurrà all'effettivo ciclo del PDCA che ti servirà per mettere in atto quanto è stato approvato.

Gli Altri Racconti in A3

Lo Scopo del Racconto A3 di Stato

Il terzo tipo di racconto (tralasciamo momentaneamente il problem-solving) consiste nel report di stato. Nel Hoshin Kanri (Settimo Capitolo) sono previsti sempre due controlli importanti: uno a metà strada nel corso dell'anno e un altro a fine anno. L'Hoshin Kanri va riportato nella forma di report di stato A3.

Fonte: Toyota Technical Center
Figura 2.30 Il Tipo di Racconto dello stato in A3

Lo schema di questo tipo di racconto è più o meno quanto illustrato nella figura 2.30. Qual è il tema del report di stato? E' necessario inquadrare il contesto, indicare i tuoi obiettivi e descrivere come stai andando rispetto a quegli obiettivi. Qual è lo stato di avanzamento? Qualche volta potrebbe essere semplicemente rappresentato in questo modo: verde se sono sull'obiettivo; giallo se non sono arrivato all'obiettivo ma prevedo di arrivarci; rosso se ancora non abbiamo trovato una contromisura per intraprendere la strada giusta. Si potrebbe anche affiancare una sintesi più grande, con grafici e diagrammi che rappresentino gli effetti di ciò che è stato svolto fino ad un dato punto; così come potrebbero essere rappresentati problemi irrisolti e ostacoli che ancora devono essere affrontati e indicazioni su dove si andrà successivamente.

Lo Scopo del Racconto dell'A3 Informazione

Il racconto di informazione di solito sintetizza la situazione attuale o dà nuove informazioni. Non c'è bisogno di fare una valutazione. Cerchi di essere consapevole del problema, di rendere gli altri consapevoli e di condividere con essi qualcosa di utile per il loro lavoro. Nel racconto di informazione tecnica potresti includere qualcosa che assomigli al processo del problem-solving: da quale problema stai partendo, i dati che mostrano come funziona e quali sono le condizioni e i limiti. In questo caso, stai mostrando in effetti un po' di analisi. Nuovamente, dovrai chiederti chi è il destinatario: cosa voglio trasmettere a queste persone? Come posso farlo nel modo più semplice possibile?

Il Racconto dell'A3 Problem-Solving

Il racconto dell'A3 problem-solving è quello più comune e, se definiamo il problem-solving come il fulcro del Miglioramento Continuo e del Rispetto per le Persone, allora l'A3 problem-solving è un supporto a tale fulcro.

RACCONTO DETTAGLIATO DEL REPORT DEL PROBLEM SOLVING

TEMA

Rispondere alla comanda – "Cosa stiamo cercando di fare?"

SITUAZIONE DEL PROBLEMA

- Lo standard
- Situazione attuale
- Descrizione / Portata del problema

Logica sottostante alla scelta del problema (Rilevanza rispetto all'business, agli obiettivi e ai valori dell'organizzazione)

TARGET / SCOPO

Descrizione quantitativa di ciò che vuoi cambiare;
Quantità, Tempo

ANALISI DELLE CAUSE

PROBLEMA:

Cause Potenziali

Causa diretta più probabile:
Perché? → Perché? → Perché? → Perché?

Causa radice:

CONTROMISURE

(Risultanti dall'analisi delle Cause)
- Misura Temporanea
- Contromisure a Lungo Termine

IMPLEMENTAZIONE

COSA	DOVE	CHI	QUANDO
Azioni da intraprendere		Persona responsabile	Tempi, date

FOLLOW-UP

- Problemi non risolti e azioni per affrontarli
- Come controllarne gli effetti?
- Quando controllare gli effetti?
- Come fare un report degli aspetti emersi?
- Quando fare un report degli aspetti emersi?

AUTORE: _____   DATA: _____

Fonte: Toyota Technical Center

Figura 2.31 Il Racconto del Report del Problem Solving – Dettagliato

Scopo del Racconto dell'A3 Problem-Solving

Lo scopo di un racconto A3 problem-solving è lo scopo del problem-solving stesso. Potrebbe essere un piano, un obiettivo o uno standard che non riusciamo a raggiungere. D'altra parte, potremmo essere nel caso in cui rispettiamo lo standard ma ci è stato chiesto di misurarci con uno nuovo, come quello di ridurre i costi di garanzia del 60%.

Quello mostrato è solo uno dei formati possibili per il problem-solving. Ha un livello abbastanza elevato, per cui potreste probabilmente adattare ogni buon processo di PDCA nei suoi riquadri, come ad esempio gli otto step del Toyota Business Practices.

Nell' approccio al tuo problem-solving è richiesta molta flessibilità. Se la tua azienda ha un approccio standard, usalo, a meno che esso non abbia delle debolezze intrinseche. E' necessario includere una definizione del problema ed una di target da raggiungere. Vanno, poi, effettuate un'analisi delle cause e la ricerca di svariate contromisure. Se c'è una modalità che sei solito usare per assegnare le priorità, utilizzala nel report. È importante saper rispondere alla domanda: "Perché hai scelto di provare proprio quella o quelle contromisure?". Quindi, si passa poi alla definizione di un piano di implementazione e di alcuni follow-up. Il 'fare' consiste nell'implementazione e il 'follow-up' nel controllo e nell'azione. Questo particolare formato di report presume che tu non abbia ancora finito di controllare, ma il report potrebbe includere anche i risultati del controllo. Va bene anche basarsi su otto riquadri in base agli otto step del Toyota Business Practices. Il numero di riquadri non è davvero così importante come lo è la prova del nove: "Sto davvero seguendo l'intero processo del Plan-Do-Check-Act?".

È bene includere in ciascun riquadro informazioni dettagliate. Ci tengo a sottolineare che questo non è assolutamente il report migliore, ma rappresenta soltanto delle linee guida. Guardando al tema, alla definizione del problema, ossia alla sua descrizione indicata in alto, dovrei poter capire cosa stai cercando di fare. Riguardo la contestualizzazione del problema, dovrei poter capire qual è lo standard che vuoi raggiungere e qual è la situazione attuale. Dovrei anche poter comprendere l'entità del gap esistente e la logica che hai usato nello scegliere proprio questo determinato problema.

Nella dichiarazione dell'obiettivo, dovrei poter capire cosa cambierà, in che quantità ed entro quando ciò avverrà. Nell'analisi della root cause, dovrei poter comprendere il punto di origine della causa (dove hai individuato la causa stessa), come hai svolto l'analisi di ricerca e che metodi hai utilizzato. Se si tratta dei 5 perché, allora ci devono essere i 5 perché. Dovrei poter leggere l'analisi dei 5 perché e vedere anche quella che credi possa essere la causa radice. Riguardo alle contromisure, dovrei poter capire se è stata presa una contromisura temporanea di contenimento che va esplicitata. Poi, quali contromisure a lungo termine sono state previste? E ancora: il piano d'azione, il programma di 'chi', 'cosa', 'dove', 'quando', il follow-up di tutto e infine il controllo e l'azione. Prova a porti tutte queste domande e, se dirai "Beh, il nostro metodo attuale non è granché nel descrivere il gap o nell'identificare la root cause", allora potrai aggiungere qualsiasi cosa manchi al completamento dell'A3.

Racconto dell'A3 Problem-Solving in Produzione

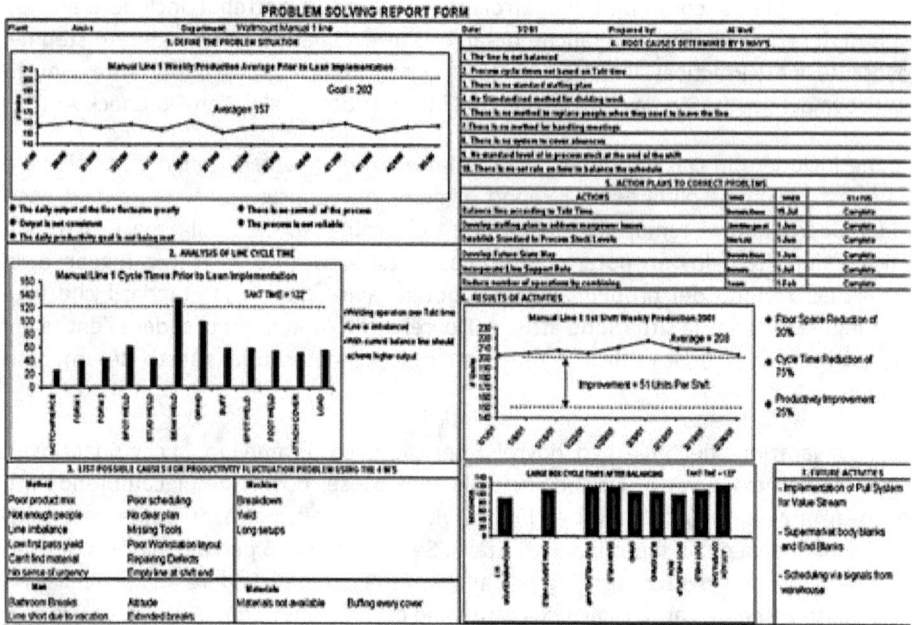

Fonte: David Meier

Figura 2.32 Racconto dell'A3 Problem Solving: Un Racconto in Produzione

Questo è un esempio tratto da un impianto di produzione di cui abbiamo parlato con dovizia di particolari nel *The Toyota Way Fieldbook* (v. Fig. 2.32). Si tratta di qualcosa su cui aveva lavorato il mio co-autore David Meier presso un fornitore di parti per automobili. Il problema era che non riuscivano a rispettare la programmazione: erano costantemente in ritardo con la produzione. Per poterne capire la causa, essi utilizzarono uno strumento che consisteva in un diagramma del bilanciamento del lavoro. Analizzarono tutti i vari processi e misurarono il tempo che impiegavano a realizzare un intero ciclo: immediatamente divenne evidente che, paragonati al Takt, ossia all'output desiderato, vi erano dei bottleneck e dei processi sovraccaricati.

In questo caso, andarono ancora più a fondo nell'analisi delle root cause secondo i fattori metodo, manodopera, macchina e materiali. Utilizzarono le "4M". Alcuni ricorrono alle "5M". Lo scopo di queste è ampliare il tuo orizzonte. Potresti, infatti, focalizzarti solo sulle macchine e dimenticare che ci sono delle persone coinvolte, oppure dei materiali che, se fuori specifica, causano il fermo produttivo. Volevano, in pratica, avere una visione più estesa attraverso un'ampia varietà di cause possibili, prima di puntare direttamente alle cause che ritenevano principali. Nel piano d'azione sono indicate le contromisure che mostrano 'chi' sperimenterà con 'che cosa' ed entro 'quando'.

Alla fine sono riportati i risultati. Vi è una corrispondenza diretta tra la definizione del problema/analisi delle cause e il modo in cui i risultati vengono presentati: in precedenza il programma di produzione non veniva rispettato e adesso viene rispettato regolarmente; prima il carico di lavoro era sbilanciato ed adesso è bilanciato; non vi sono più colli di bottiglia e tutte le persone sono completamente saturate.

Sono stati eliminati molti sprechi con la conseguente riduzione del numero di persone necessarie in produzione. Inoltre, vi è anche una lista di attività future. Questo è un buon A3 problem-solving. In un reparto produttivo gli indicatori spesso possono essere più precisi di quelli impiegati per valutare un processo di ingegneria, dove il lavoro di routine è inferiore.

Una cosa che potresti notare è che questo particolare A3 è stato redatto al computer, in Power Point™. Talvolta potresti invece aver sentito dire che bisogna utilizzare carta e matita. Perché la matita? Perché puoi cancellarla: questo è un racconto che si svolge lentamente e che viene scritto effettivamente mentre lo si vive. La parte iniziale di questo A3 era stata redatta con carta e matita e, allo scopo di condividerla, fu realizzata successivamente in Power Point™. Se guardi gli A3 che fanno alla Toyota, spesso li troverai in Power Point™ o Excel™ ma tutti hanno avuto inizio dalla carta. Alcuni possono utilizzare la penna e successivamente depennare, ma la storia è documentata dal vivo, così come si sviluppa, riquadro dopo riquadro. Si potrebbe anche apporre a parete una versione ingrandita e in seguito restringerla nella dimensione dell'A3.

La prima cosa da fare è definire il problema su cui andremo a lavorare. Ad esempio, potremmo mostrare i dati che dimostrano che stiamo sottoproducendo. In questo caso è ovvio che bisogna fare qualcosa. In altri casi si potrebbe trattare di una proposta di miglioramento dell'efficienza attraverso una nuova tecnologia per l'esecuzione della quale è necessario ottenere l'autorizzazione (conduzione di analisi di qualsiasi tipo o controllo dei venditori). In tal caso, il tuo riquadro iniziale potrebbe essere messo in discussione: "È un problema reale adesso? È un problema che richiede il coinvolgimento dell'IT? Qual è il problema? Se il problema è che vogliamo migliorare la produttività, allora definiscilo in questo modo e ti condurrà a diverse modalità di miglioramento della produzione che semplicemente coinvolgendo l'IT". La nascita di obiezioni, riquadro dopo riquadro, è indice del fatto che si tratta di un buon processo. Se invece sei seduto di fronte ad un computer o a casa con carta e matita e scrivi l'intera storia dell'A3 da solo, allora vuol dire che non la stai vivendo. Non stai facendo del vero problem-solving, ma stai soltanto scrivendo un report.

Esempio di un A3 Report per la creazione di una Carta d'Acquisto per il Personale del Toyota Technical Center

L' esempio seguente sugli acquisti (v. Fig. 2.33) illustra come tutto quanto visto sinora si possa applicare ad ambiti che vanno al di là dei problemi di produzione. Si tratta di un vero report che poi è stato utilizzato a scopo di formazione nel Toyota Technical

Center: in questo caso, stavano cercando di ottenere l'approvazione per l'assegnazione di una carta di credito che gli impiegati potessero utilizzare per comprare oggetti al di sotto dei $500. Ovviamente vi sono proposte che, come nel caso del lancio di un nuovo prodotto, potrebbero implicare l'acquisto di attrezzature per centinaia di milioni di dollari. Il punto è che anche l'acquisto di una semplice spillatrice da pochi dollari segue lo stesso processo di approvazione dell'attrezzatura da parecchie centinaia di milioni di dollari.

Fonte: Toyota Technical Center
Figura 2.33 Racconto dell'A3 Problem-Solving – Implementazione di una Carta d'Acquisto

Anche se sembra esagerato, i leader della Toyota a quel tempo volevano controllare i costi in modo molto rigoroso. Si attenevano minuziosamente al budget, a meno che non ci fossero delle buone ragioni per discostarsene e, per le proposte di acquisto, richiedevano un piano completo e ben pensato, a partire dalla definizione del problema. La descrizione del problema utilizza un grafico che mostra che la maggior parte degli acquisti erano effettivamente di entità molto piccola e che per processarli ci voleva tantissimo tempo. Essi occupavano buona parte del tempo di lavoro dello staff e del settore acquisti. Insomma erano uno spreco. L'idea era di consentire agli impiegati di comprare essi stessi un articolo di cancelleria nel caso ne avessero bisogno. Così nell'A3 iniziano a mostrare come sia possibile realizzare questo progetto. Di fatto, arrivano al punto di mostrare dettagliatamente come implementeranno le carte di credito, i controlli specifici che faranno per verificare che l'impiegato non usi la carta per andare a pranzo o al pub e la tempistica di implementazione. Alla fine la carta fu realizzata, fu ben accolta e tutti furono soddisfatti: da coloro che controllano il budget, ai manager fino agli impiegati.

Racconto di un A3 Problem-Solving: Riduzione delle Ferite alla Mano

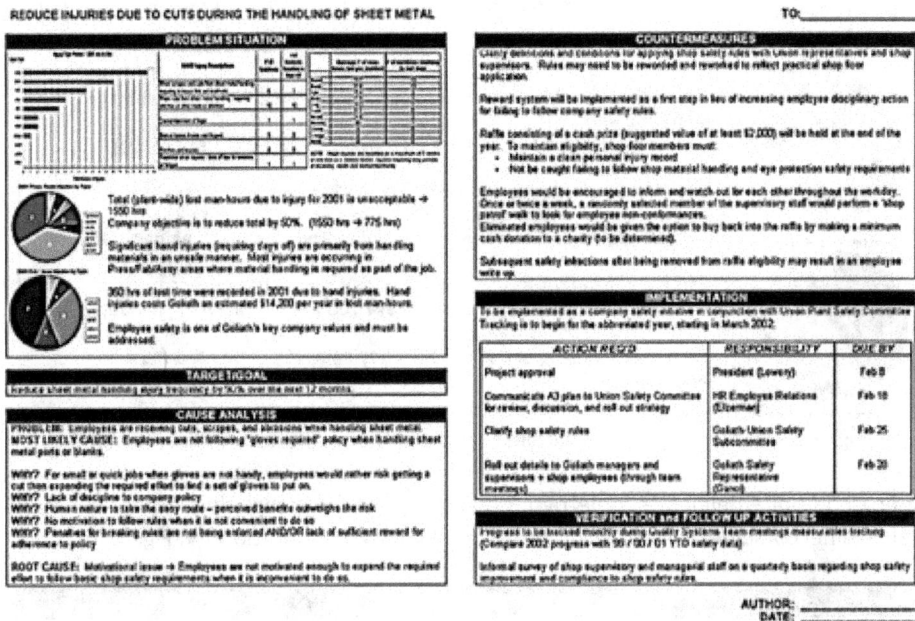

Figura 2.34 Racconto di un A3 Problem-Solving: Un'altra Storia di Produzione

Un altro tipo di problema in A3 è relativo alle questioni di sicurezza. Il problema è: "Come possiamo ridurre le ferite?" (v. Fig. 2.34). Questo è un altro esempio tratto dalla produzione.

L'impianto di produzione in questione stampava parti in acciaio e in quest'area produttiva, nel maneggiare i fogli di metallo affilati, si verificavano molte ferite alle mani, principalmente tagli. Si è partiti col documentare i tipi di problemi che si verificavano e, con un diagramma, le ore di produzione perse a causa delle ferite (v. Fig. 2.35).

REDUCE INJURIES DUE TO CUTS DURING THE HANDLING OF SHEET METAL

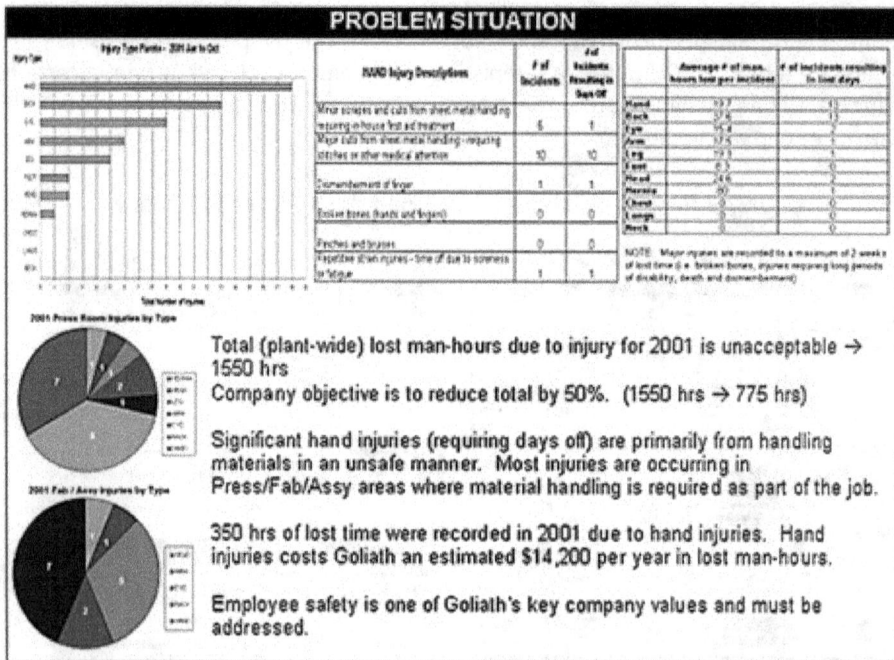

Fig. 2.35 Report di Riduzione delle Ferite alla Mano: Situazione del Problema

Si procede poi a delineare l'obiettivo: riduzione della frequenza delle ferite alla mano del 90% nel corso dei successivi 12 mesi, cosa abbastanza ambiziosa (v. Fig. 2.36).

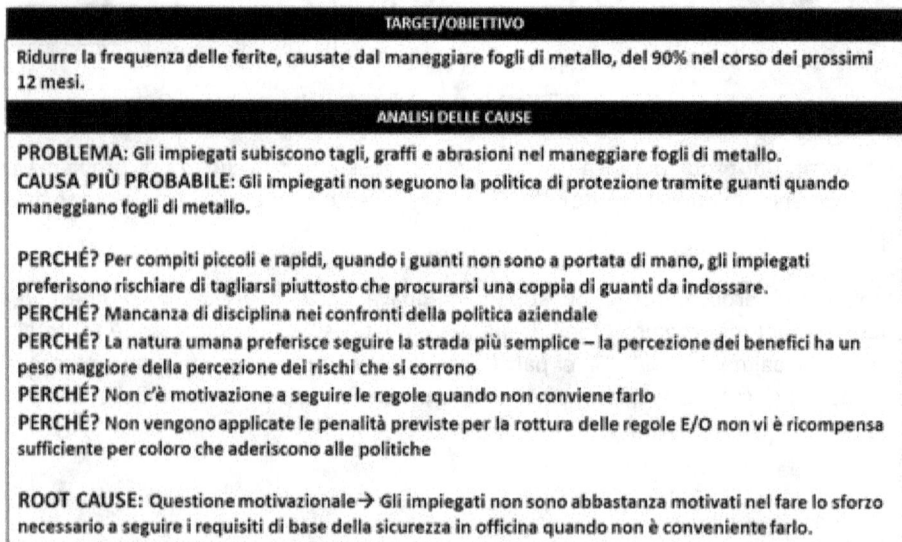

TARGET/OBIETTIVO
Ridurre la frequenza delle ferite, causate dal maneggiare fogli di metallo, del 90% nel corso dei prossimi 12 mesi.

ANALISI DELLE CAUSE

PROBLEMA: Gli impiegati subiscono tagli, graffi e abrasioni nel maneggiare fogli di metallo.
CAUSA PIÙ PROBABILE: Gli impiegati non seguono la politica di protezione tramite guanti quando maneggiano fogli di metallo.

PERCHÉ? Per compiti piccoli e rapidi, quando i guanti non sono a portata di mano, gli impiegati preferisono rischiare di tagliarsi piuttosto che procurarsi una coppia di guanti da indossare.
PERCHÉ? Mancanza di disciplina nei confronti della politica aziendale
PERCHÉ? La natura umana preferisce seguire la strada più semplice – la percezione dei benefici ha un peso maggiore della percezione dei rischi che si corrono
PERCHÉ? Non c'è motivazione a seguire le regole quando non conviene farlo
PERCHÉ? Non vengono applicate le penalità previste per la rottura delle regole E/O non vi è ricompensa sufficiente per coloro che aderiscono alle politiche

ROOT CAUSE: Questione motivazionale→ Gli impiegati non sono abbastanza motivati nel fare lo sforzo necessario a seguire i requisiti di base della sicurezza in officina quando non è conveniente farlo.

Figura 2.36 Target/Obiettivo delle Ferite alla Mano e Analisi delle Cause

Nel fare l'analisi dei 5 'perché', questo è stato uno dei casi in cui la risposta al 'perché' finale è stata: la motivazione degli impiegati. Spesso diciamo che l'ultimo 'perché' non dovrebbe essere un 'chi', ossia un dare la colpa a qualcuno, ma in questo caso non si tratta effettivamente di dare la colpa a un solo individuo o di accusare delle persone di essere pigre. Si sta solo dicendo che non viene rinforzata a sufficienza nel sistema la motivazione degli impiegati a seguire le pratiche di base della sicurezza che già conoscono. Bisognava davvero rendere molto chiaro agli impiegati in cosa consisteva il problema ed esplicitare cosa dovessero fare e perché. Questo viene definito nelle contromisure (v. Fig. 2.37) insieme agli incentivi. In questo caso era incluso un premio in denaro. Infine, è presente un piano di implementazione anche se l'implementazione stessa non è ancora iniziata.

CONTROMISURE

Chiarire le definizioni e le condizioni di applicazione delle regole della sicurezza in officina con i rappresentanti dei Sindacati e con i supervisori dell'officina. Potrebbe essere necessario rielaborare e riadattare le regole in modo da garantire la loro applicazione pratica all'interno dell'officina.

Come primo passo, sarà introdotto un sistema di ricompensa invece di aumentare l'azione disciplinare nei confronti degli impiegati che non seguono le regole di sicurezza dell'azienda.
Sarà fatta una lotteria alla fine dell'anno, basata su un premio in denaro (valore suggerito di almeno $2,000). Per mantenere i propri requisiti per la partecipazione ad essa, i membri dell'officina devono:
- Mantenere pulito il registro delle ferite personali
- Non essere colti in flagrante ad ignorare i requisiti di sicurezza relativi al maneggiare il materiale e proteggere gli occhi

Gli impiegati saranno incoraggiati a controllarsi l'un altro durante il lavoro.
Una o due volte a settimana, un membro dello staff di supervisione, selezionato a caso, andrà in giro a "pattugliare" l'officina alla ricerca di comportamenti non conformi degli impiegati.
Gli impiegati esclusi dalla lotteria avranno la possibilità di rientrarvi facendo una donazione in denaro minima ad un'associazione di volontariato (da decidere).

Infrazioni relative alla sicurezza, successive alla perdita del proprio diritto di partecipare alla lotteria, potranno dar luogo a note di biasimo.

Figura 2.37 Contromisure per le Ferite alla Mano

In questo caso, abbiamo un ibrido tra un racconto di 'proposta' e uno di 'problem-solving', in quanto sono evidenziate le contromisure ma non si è arrivati alla fase dell'implementazione. In effetti si sarebbe dovuto partire dalla proposta per poi descrivere lo 'stato' di come si sta procedendo nell'implementazione, man mano che ci si avvicina al 90% del target (v. Fig. 2.38). In un certo senso il report non è completo. Per completarlo, si sarebbero dovute sperimentare le varie contromisure, il che avrebbe permesso di fare un report su ciò che si è appreso nella fase del controllo (check) e dell'azione (act). Ciò che si era presunto fosse la causa avrebbe potuto risultare errato: le contromisure proposte, potrebbero condurre, oppure no, al target.

IMPLEMENTAZIONE		
Da implementarsi come iniziativa aziendale sulla sicurezza in collaborazione con la Commissione Sindacale per la Sicurezza dello Stabilimento Il Monitoraggio deve iniziare a Marzo 2002		
AZIONE RICHIESTA	**RESPONSABILITÀ**	**SCADENZA**
Approvazione del Progetto	Presidente (Lowery)	Feb-08
Comunicare il piano A3 alla Union Safety Committee per rivederlo, discuterlo e presentare la strategia	Relazioni tra gli impiegati presso le Risorse Umane (Elzerman)	Feb-18
Chiarire le regole di sicurezza dell'officina	Goliath – Sottocommissione Sindacale per la Sicurezza	Feb-25
Presentare i dettagli ai manager e ai supervisori + agli impiegati dell'officina di Goliath (attraverso meeting del team)	Rappresentante della Sicurezza di Goliath (Ganci)	Feb-28
VERIFICA e ATTIVITÀ di FOLLOW UP		
L'avanzamento deve essere verificato con monitoraggi mensili durante i meeting del Team del Sistema di Qualità (Confronta il progresso del 2002 con i dati della sicurezza relativi agli anni '99 / '00 / '01 YTD Sondaggio informale dello staff dei supervisori e dei manager dell'officina, su base trimestrale, riguardo al miglioramento della sicurezza in officina e alla conformità alle regole di sicurezza della stessa.		

Figura 2.38 Implementazione delle Contromisure per le Ferite alla Mano, Verifica e Follow-up

Questa è una buona opportunità per parlare dell'idea di diffondere l'apprendimento ovunque. Il caso appena illustrato è avvenuto in un impianto di produzione. Mi è capitato di venire a sapere di questo caso, avvenuto nell'area di Detroit, laddove impera la cultura per cui se faccio qualcosa di positivo richiestomi dalla direzione dovrei ottenere dei soldi in cambio. Il denaro era ciò che motivava. Negli stabilimenti della Toyota, di solito, cercano di evitare di dare denaro. Potrebbero anche dare premi alle aree che hanno buoni indicatori di sicurezza, ma cercano di evitare la cultura secondo cui non faccio nulla, anche se è la cosa giusta da fare per la mia stessa sicurezza, a meno che non ottenga denaro in cambio. In virtù di questo, a Detroit pensarono di fare una lotteria. Non si trattò di dare dei soldi a qualcuno ogni volta che questi si comportava secondo le norme di sicurezza, ma di istituire una lotteria e un premio significativo a cui partecipavano i più meritevoli. In tal modo, la cosa poteva avere un senso in quell'ambiente. Nell'esempio sopracitato, il piano sembrò essere di aiuto, ma questo non vuol dire che altre aziende, con diverse culture di base, debbano copiarne le soluzioni.

Il Miglioramento *Kata*, Un Altro Approccio

In vari punti abbiamo fatto riferimento al *Toyota Kata*, di Mike Rother. Il termine *kata*, spesso usato nelle arti marziali, significa routine, oppure abitudine. Noi vogliamo che le persone sviluppino delle buone abitudini per il miglioramento, incluso il PDCA completo. Non scenderemo nel dettaglio di questo approccio sistematico al perseguimento degli obiettivi, perché è già ben dettagliato nel suo libro e in un manuale che si sta scrivendo in questo periodo. Puoi cliccare sul link seguente per il manuale: http://www-personal.umich.edu/~mrother/Homepage.html.

Non vogliamo neppure riassumere alcune delle differenze più importanti tra il Miglioramento *kata* e l'approccio A3 discusso in questo capitolo. In effetti, abbiamo sviluppato uno slide share per trattare la questione al link seguente: http://www.slideshare.net/mike734/a3-and-the-improvement-*kata*.

Il punto di partenza del Miglioramento *Kata*, è il riconoscere che ci sono semplicemente troppi problemi che possono assorbire il nostro tempo e la nostra attenzione, già limitate. Inseguire i problemi è una battaglia persa in partenza (v. Fig. 2.39).

Figura 2.39:
Andare a caccia di sprechi e reagire ai problemi è una battaglia persa in partenza

Quando studiamo con attenzione quello che insegnano i *sensei* della Toyota e il modo in cui insegnano, scopriamo che essi iniziano sempre con una sfida che punta al miglioramento (v. Fig. 2.40). In seguito, guidano l'allievo nello sperimentare cose mediante il PDCA verso il target. Da notare che molti sprechi vengono intenzionalmente ignorati per focalizzare l'attenzione sul raggiungimento dell'obiettivo. È come mettere i paraocchi al cavallo così da non farlo distrarre. Del resto, non sappiamo come raggiungere il target: vi è incertezza e abbiamo la necessità di sperimentare per conoscere la nostra strada verso l'obiettivo. Una ricerca focalizzata, attraverso la sperimentazione, ti porterà a raggiungere la tua condizione target successiva, il che ti condurrà ad affrontare una determinata sfida.

IL MIGLIORAMENTO ATTRAVERSO IL PDCA È FORTEMENTE FOCALIZZATO

Con il Miglioramento Kata, lavori ripetutamente verso una condizione target, sulla strada verso una sfida, imparando strada facendo. Lavori a quelle cose a cui scopri di dover lavorare per raggiungere la prossima condizione target.

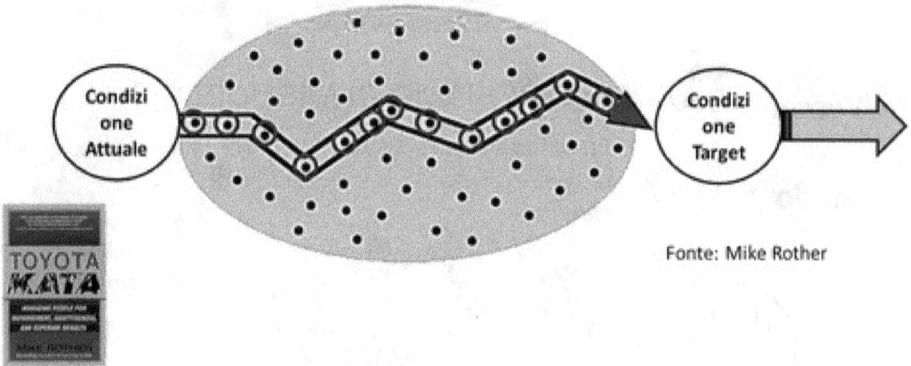

Fonte: Mike Rother

Figura 2.40: Il Miglioramento Kata consiste nella Sperimentazione focalizzata su una condizione target definita

GLI STEP DEL MIGLIORAMENTO KATA

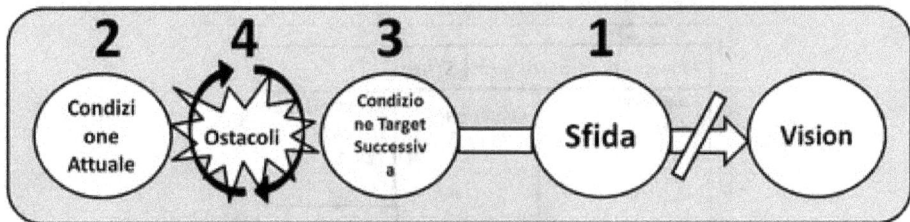

1° Step: Considerando una direzione oppure una sfida...

2° Step: Comprendere la situazione attuale.

3° Step: Definire la condizione target successiva.

4° Step: Muoversi ripetutamente verso quella condizione target che scopre gli ostacoli su cui si deve lavorare.

Fonte: Mike Rother

Figura 2.41: I Quattro Step del Miglioramento Kata

I quattro passi del miglioramento *kata* sono semplificati rispetto al Toyota Business Practices, sebbene vi sia una chiara sovrapposizione (v. Fig. 2.41). Si comincia con la sfida che in genere ha un orizzonte temporale da 1 a 3 anni, è definita in termini misurabili e dovrebbe supportare la strategia aziendale. Poi, scomponiamo la sfida in specifiche caratteristiche di processo (condizioni 'target') che noi crediamo ci faranno procedere nella direzione della stessa. Di solito, si tratta di target che vanno da 2 a 6 settimane. Parliamo di modelli di processi che tentiamo di realizzare e che secondo noi sposteranno l'ago sull'indicatore dell'output. In questo modo, stiamo elaborando un'ipotesi secondo la quale se lavorassimo così o se il processo funzionasse come indicato, di conseguenza vedremmo dei miglioramenti sugli stessi indicatori di risultato.

Una parte controversa di questo processo è la scelta della parola "ostacoli", invece di "analisi delle root-cause". Mike ha osservato molte organizzazioni in difficoltà nel trovare la root cause e sprecare del tempo prezioso che avrebbe potuto essere utilizzato per fare sperimentazioni nel *gemba* e testare le supposizioni. Così, egli suggerisce di identificare degli ostacoli per arrivare alla nostra condizione target a breve termine e testare le contromisure che si crede possano superare ciascun ostacolo. La sperimentazione rivelerà 'la' o 'le' root cause.

Il Toyota *Kata* fa distinzione tra l'apprendista che conduce il progetto di miglioramento e il coach che lo guida. L'apprendista utilizza uno storyboard che documenta i quattro step del processo (v. Fig. 2.42) e conduce il progetto di miglioramento registrando ciò che avviene in tempo reale sullo storyboard, in un formato standard, ed applicando esattamente il *kata* sotto la guida di un coach.

Lo Storyboard dell'Apprendista

Figura 2.42: Lo Storyboard per la Formazione dell'Apprendista nel Miglioramento Kata

Alcune organizzazioni dedite al racconto A3 hanno fatto grandi sforzi per capire come integrare il miglioramento *kata* con l'A3. Questa è una cosa che si può fare ed è utile pensare all'A3 come ad un fotografia istantanea delle informazioni aggiornate e più dettagliate che vengono generate sullo storyboard dell'apprendista (v. Fig. 2.43). Gli step del Check e dell'Act nell'A3 possono avere la funzione di pietre miliari per riflettere su quanto si è appreso fino ad allora e sul dove dobbiamo indirizzare le nostre attività successivamente.

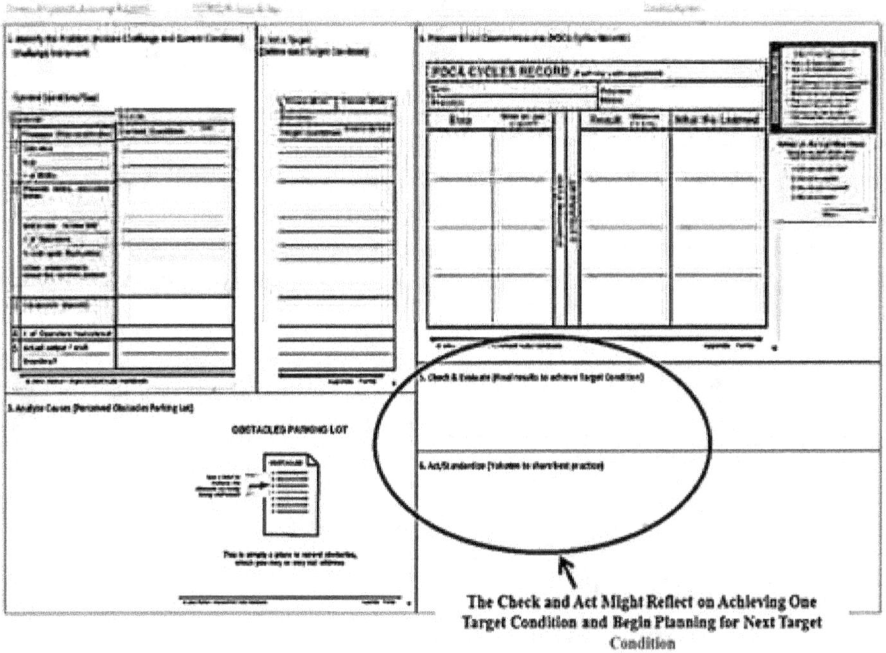

The Check and Act Might Reflect on Achieving One
Target Condition and Begin Planning for Next Target
Condition

Fonte: Esempio di Jenny Snow-Boscolo

Fig. 2.43: L'A3 e il Miglioramento Kata possono funzionare insieme

Il Toyota *Kata* non vuole rimpiazzare la filosofia del Toyota Way, ma piuttosto vuole sviluppare una metodologia pratica per trasformare le intenzioni in comportamento effettivo. È progettato per scomporre il processo di miglioramento in piccoli step, che possono essere volutamente praticati, come ad esempio apprendere una qualsiasi abilità complessa. In qualità di violinista principiante, non partiresti mai dallo studio di un concerto di Mozart per iniziare ad imparare a suonare lo strumento. Magari inizieresti dall'imparare ad usare l'archetto. Avresti probabilmente anche un insegnante che ti guida e ti mostra le tecniche più appropriate, prenderesti delle regolari lezioni e ti eserciteresti ogni giorno per sviluppare maggiori abilità nel suonare lo strumento e nel migliorare l'esercizio stesso. Mentre impari gli elementi di base non devi focalizzarti sul *kata* di questi ultimi, ma puoi concentrarti su abilità di livello più alto, quali ad esempio l'interpretazione della musica. Potrebbe essere che saltare al Toyota Business Practices e agli step di alto livello dell'A3 sia troppo avanzato per i principianti, che non hanno un coaching quotidiano in una ben salda cultura di miglioramento, come può esserla quella della Toyota. In ogni caso, la filosofia del PDCA, ossia scomporre una grande sfida in passi più piccoli, fare qualcosa ogni giorno, essere sotto la guida di un coach e imparare attraverso una serie di sfide difficili, è la stessa sia nel Toyota Kata che nel Toyota Way.

I Lean Leader si Impegnano Duramente nel Miglioramento Continuo

In sintesi, l'espressione "Miglioramento Continuo" sta a significare che il miglioramento è costante e che non è solo una soluzione irripetibile da implementare in un determinato momento. Quando io e David Meier, il coautore del *The Toyota Way Fieldbook*, stavamo terminando di scrivere la guida pratica, egli mi mandò questo diagramma (v. Fig. 2.44) e disse: "Jeff, dobbiamo includere questo da qualche parte, perché questo è il modo in cui ho imparato il Miglioramento Continuo dal mio *sensei* alla Toyota".

Attraverso il kaizen si può vedere il problema successivo

E' possibile visualizzare solo fino a questo punto ora

Fonte*: The Toyota Way Fieldbook*
Figura 2.44 Salire per le Scale Quotidianamente

David era impegnato a risolvere i problemi nel settore delle materie plastiche come group leader e non aveva tempo per il *kaizen*. Il suo *sensei* lo chiamò ad un tabellone e vi disegnò la sagoma di una persona. Gli disse: "Adesso tu sei qui e puoi guardare al futuro solo fino a questo punto. Devi fare il *kaizen* ogni giorno e mentre lo fai comincerai a salire i gradini di questa scala. Ad ogni nuovo passo vedrai un orizzonte più ampio. Vedrai più problemi che erano invisibili per te quando eri alla base. Ogni giorno farai un piccolo passo e in alcuni giorni il passo sarà più grande". Ciò che lui stava enfatizzando a David era questo: non aspettare l'ispirazione per la soluzione perfetta, oppure non aspettare che tu abbia risolto tutti i problemi di oggi e ti sia rimasto un po' di tempo. Finché non ti ritagli il tempo per compiere il primo passo, non sarà possibile vedere quello successivo.

Tutto ciò include una filosofia del problem-solving che dice che devo conoscere la direzione che voglio raggiungere. Devo avere il True North. Devo avere un obiettivo specifico a cui proprio adesso sto puntando e devo essere a mio agio nel riconoscere che non so come raggiungerlo. Non ho una mappa. Devo crearmene una e il modo in cui lo farò è compiendo un passo alla volta... e il primo passo inizia oggi.

Questa prospettiva infonde un sentimento di incertezza che mette molte persone a disagio. I più vorrebbero essere supportati da un piano. Vorrebbero essere sicuri che le cose funzioneranno prima ancora che il viaggio inizi. Tuttavia, applicando il vero problem-solving creativo non conoscerai mai il futuro. Non potrai mai sapere fin dall'inizio se funzionerà o se sarà duraturo. Ecco perché hai bisogno di una guida e di dedizione. Ecco perché hai bisogno del Miglioramento 'Continuo' e non di un miglioramento 'una tantum'. Il libro *Toyota Kata* di Mike Rother fornisce delle indicazioni molto pratiche per imparare con naturalezza a seguire il PDCA, a definire un obiettivo ambizioso, a scomporlo in parti gestibili e a fare un altro passo ogni giorno.

Questa è l'essenza della Lean. Sfortunatamente, siamo stati falsamente indotti a credere che l'essenza della Lean consista nel copiare le soluzioni implementate negli stabilimenti della Toyota. Quelle sono solo le contromisure che alla Toyota adottano oggi per risolvere i problemi che, si sa, possono cambiare. Quali sono i problemi su cui andrai a lavorare? Ci sono sempre dei problemi. Ce ne sono decine di migliaia, o magari di milioni. Allora è importante dare una priorità a quello su cui andrai a lavorare. Quindi, procederai con le fasi successive: sviluppare degli obiettivi significativi, ottenere il consenso, costruire un team, prenderti la responsabilità di condurre lo sforzo, fare un passo, poi riflettere e poi farne un altro. PDCA, PDCA, PDCA: questa è l'essenza della Lean.

Una delle frasi di maggior supporto che David ha avuto dal suo *sensei* è stata: "David-san, fai del tuo meglio e prova a fare qualcosa... e io ti sosterrò".

CAPITOLO 3

STANDARD, LAVORO STANDARD E VISUAL MANAGEMENT

Lavoro Standard e Visual Management

In questo capitolo parleremo del mio argomento preferito, che è anche uno degli argomenti più controversi della Lean: il ruolo della standardizzazione e del lavoro standard. Per prima cosa esamineremo i principi fondamentali e i benefici degli standard e del lavoro standard. Comprenderemo come si applica non solo ai processi della produzione, ma anche ai processi di supporto. I processi di supporto possono essere di routine (ad esempio per un call center) oppure non routinari (come le chiamate di vendita sul campo). Discuteremo del fatto che i Lean Leader sono responsabili di condurre lo sviluppo, il controllo e il miglioramento degli standard e del lavoro standard. Dopo di ciò, definiremo il visual management come strumento chiave per i leader e i membri del team, in quanto permette di vedere chiaramente il gap tra lo standard e la condizione attuale, elemento, questo, critico per il miglioramento continuo.

La Filosofia degli Standard e del Miglioramento Continuo

Le idee raggruppate sotto il nome di Toyota Way o Lean derivano tutte da fonti diverse. Il Giappone era conosciuto come una nazione che prende in prestito idee da altri ed alla Toyota ne erano molto orgogliosi. Ma, in Toyota andarono al di là del mero 'copiare', in quanto cercarono di capirne il principio e poi di analizzarlo in dettaglio per adattarlo all'interno del sistema che stavano costruendo: il Toyota Production System.

Henry Ford era un buon maestro e anche uno da cui i giapponesi mutuarono molte cose, mentre, sfortunatamente, per decenni, la Ford Motor Company stessa non mutuò granché da Henry Ford. Una delle osservazioni sagge che quest'ultimo fece riguardava la standardizzazione che, come sapete, può portare alla burocrazia, ossia ad un libro infinito di procedure che nessuno segue e che, se realmente seguite, non ti consentono di concludere alcun lavoro.

Henry Ford scrisse: "La standardizzazione di oggi è il fondamento necessario al miglioramento di domani". Questa è un'affermazione profonda: lui intende dire che la standardizzazione è necessaria (ma non sufficiente) al Miglioramento Continuo. Senza la standardizzazione non si può avere Miglioramento Continuo. Disse anche: "Se pensi alla standardizzazione come al meglio che oggi puoi conoscere e che domani può essere migliorato, allora probabilmente andremo da qualche parte. Se pensi agli standard come qualcosa di limitante, allora il progresso finirà".

Quanto citato sopra è estratto dal libro di Henry Ford *'Today and Tomorrow'* del 1926, ma, persino oggi, nella maggior parte delle organizzazioni, possiamo vedere come gli standard vengano utilizzati in maniera limitante. Abbiamo dipartimenti burocratici con personale esperto il cui compito è quello di stabilire regole su regole così che tutti gli altri possano obbedire. In genere, non vanno neanche a verificare se le persone seguono queste regole o cosa accadrebbe nel caso qualcuno non le segua, il che potrebbe essere disastroso. Dipartimenti di black belt che diventano i custodi di rigidi standard spesso conducono programmi di six-sigma, Lean o lean six-sigma come se fossero meri aspetti burocratici.

Quindi, perché abbiamo comunque bisogno del lavoro standard o degli standard? C'è un vecchio detto che recita: "la ripetizione è la madre delle abilità", e, con questo, si intende che il modo in cui si sviluppano le abilità complesse è la pratica. Una volta praticata un'attività tanto da sviluppare delle routine, non è più necessario pensarvi e tutto diventa coerente: ogni mattina non pensiamo più a come allacciarci le scarpe.

Ovviamente, possiamo sviluppare sia cattive che buone abitudini; quello che vogliamo venga fuori dal lavoro standard è la costanza di buone abitudini. Ciò implica anche la costanza della direzione, così che chiunque stia portando a termine un compito abbia una chiara comprensione dello scopo di quel compito. Vogliamo la costanza della prestazione: chiunque stia svolgendo quel particolare compito, lo sta facendo ad un alto livello qualitativo e sta fornendo gli output di cui abbiamo bisogno per l'ottenimento della costanza dei risultati e del costante soddisfacimento del cliente.

Henry Ford ha detto anche: "Supponiamo di avere uno standard che le persone seguono. Ad un certo punto lo analizziamo sviluppando un'idea migliore e, di conseguenza, lo modifichiamo. Il risultato di questo processo è la costanza di un 'modo migliore' che ci conduce al Miglioramento Continuo".

Come abbiamo già discusso in questo libro, le idee migliori possono provenire da molti fonti diverse, ma se il gruppo di lavoro stesso non si assume la responsabilità di filtrare, documentare e instillare la modalità migliore all'interno degli standard di lavoro, non ci sarà né costanza, né miglioramento continuo.

Il Lavoro Standard nei Compiti Ripetitivi o nei Processi

Se cammini nelle fabbriche che hanno una qualche esperienza nella Lean, magari proprio la tua, vedrai spesso appeso, in ciascuna postazione di lavoro, un foglio di lavoro (worksheet) standard (v. fig. 3.1) che descrive il modo in cui la persona dovrebbe svolgere il proprio lavoro. Quello che mostriamo è un tipo comune di foglio di lavoro standard dove sono indicati una lista di step da compiere per quel determinato compito. In esso mostriamo anche il tempo necessario a svolgere il lavoro e le attività che hanno un valore aggiunto, così come mostriamo il tempo che ci vuole per spostarsi, che, in questo caso, rappresenta un tempo che non costituisce valore aggiunto, ossia uno spreco. Se un cliente pagasse qualcuno per portare a spasso il proprio cane, allora il movimento potrebbe costituire un valore aggiunto, ma nella maggior parte dei lavori esso è uno spreco.

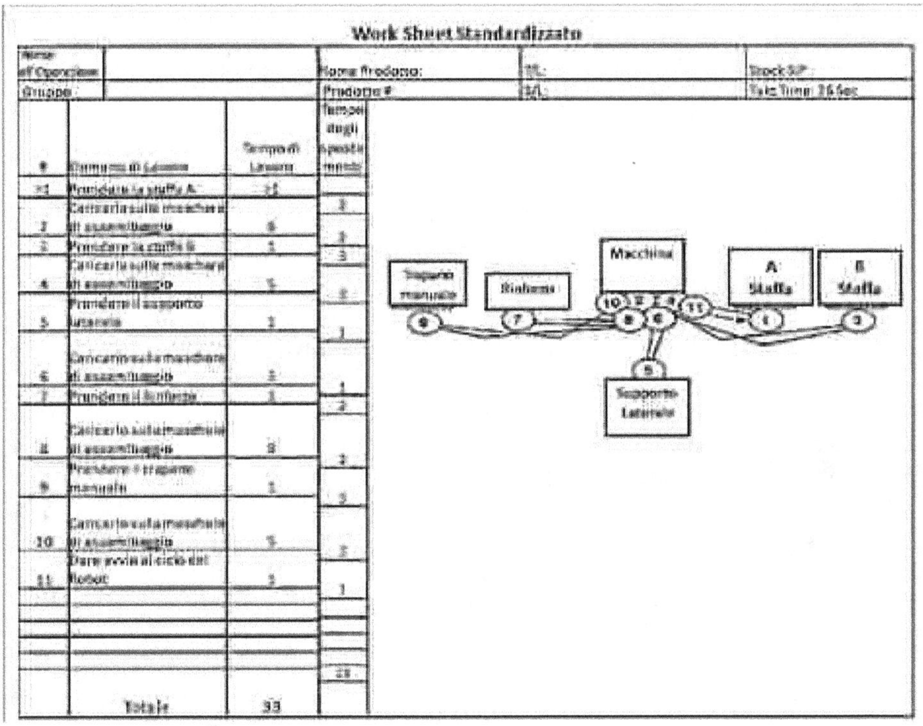

Figura 3.1 Il foglio di Lavoro Standard

All'interno di questo foglio (v. fig. 3.2), c'è uno schema che mostra come la persona dovrebbe muoversi nella configurazione attuale. Questo schema è noto anche col nome di 'spaghetti chart'. Si potrebbe condurre un'analisi su come un singolo operatore si muove durante un ciclo di lavoro o sviluppare una spaghetti chart per vedere come un documento si muove all'interno della propria organizzazione. Così come si potrebbe fare la mappatura degli spostamenti di una persona all'interno di un edificio adibito ad uffici, seguendola, ad esempio, verso la fotocopiatrice, verso l'ufficio di qualcuno e poi nuovamente verso il proprio ufficio. E' possibile tenere traccia di ogni percorso sia di una persona che di una cosa, nel modo illustrato sotto.

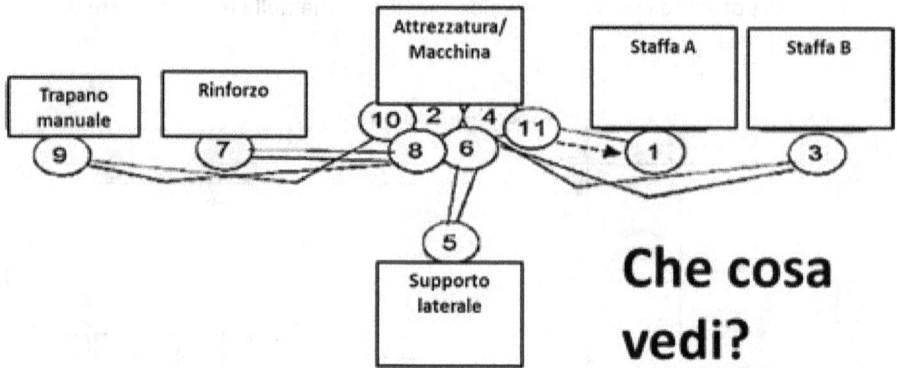

Figura 3.2 Gli Step del Flusso del Lavoro

In questo caso, vediamo l'operatore andare da una macchina all'altra, con una tendenza a tornare indietro alla macchina centrale per poi procedere verso l'esterno, in direzione di un'altra macchina. Osservando il tracciato degli spostamenti è visibile molto spreco: bisognerebbe chiedersi perché l'operatore continua ad allontanarsi dalla macchina e a tornare indietro verso la stessa. Non c'è un modo per ridurre questi spostamenti? Lo scopo della spaghetti chart è rendere visibile lo spreco. In seguito all'osservazione di questo schema visivo, inizieremo a farci venire in mente delle idee di miglioramento.

L'aspetto positivo del lavoro standard, relativo cioè a compiti ripetitivi, è che possiamo specificare, con un certo grado di confidenza, quali sono le attività di lavoro che devono essere realizzate. In questo modo riusciamo ad ottenere una stima abbastanza buona di quanto tempo ci vorrà per realizzare ciascuno di questi compiti. Possiamo anche sommarli e poi dire che il tempo totale del ciclo consiste nella somma della durata dei compiti di lavoro e degli spostamenti. Infine, potremmo confrontare questo tempo con la domanda del cliente e stabilire quante persone sono necessarie per soddisfare tale domanda. Tutto questo è molto bello, ma è fattibile solo in caso di compiti ripetitivi.

Vi è un altro documento sui gruppi di lavoro, di cui parlerò più dettagliatamente nel Sesto Capitolo, chiamato "job breakdown" (oppure, "foglio degli elementi del lavoro"), nel quale abbiamo suddiviso queste attività in sottoattività ancora più elementari, e per ciascuna di esse ci siamo chiesti: "Come possiamo compiere questa determinata attività nel miglior modo possibile?". Ad esempio, se allunghiamo la mano per prendere un attrezzo, sarebbe meglio usare la destra o la sinistra? C'è un modo particolare di tenere l'attrezzo così da non farci male al polso? Questi consigli potrebbero diventare dei punti chiave per l'operatore e potrebbero, quindi, essere utilizzati nella formazione? Le attività più dettagliate, i punti chiave e i motivi per cui questi punti chiave sono necessari, diventano la base per ciò che viene chiamato "job instruction training". Esso viene riassunto nel nostro libro *Toyota Culture* e spiegato con dovizia di particolari nel *Toyota Talent*.

Documento di Lavoro Standard per il Lavoro non-ciclico

Cosa fare in caso di lavoro che non include attività ripetitive all'interno di un ciclo? Certamente, questo sarebbe il caso di molti dei compiti svolti in ufficio. Magari spilliamo un gruppo di fogli di carta, poi rispondiamo al telefono, poi andiamo a prendere la posta. Ognuno di questi compiti può costituire in qualche modo una routine, ma si tratta di vari compiti differenti, ognuno con la propria serie di attività, la cui sequenza, magari, potrebbe non essere chiara. Per esempio, ciò che diciamo nel rispondere al telefono spesso dipende dalla situazione.

Standard Work Sheet per il Lavoro Non-Ciclico		
Dipartimento Operazione_____Data di revisione Preparato da_____		
	ATTIVITA' PRINCIPALI	PUNTI CHIAVE
#		
1		
2		
3		
4		
5		
6		

Figura 3-3. Documento di Standard Work per il Lavoro Non-Ciclico

In quel caso, abbiamo un documento di lavoro standard (v. fig. 3.3) per un lavoro non-ciclico che non segue uno schema ripetitivo e di cui noi non potremmo essere capaci di specificare la sequenza delle attività. Potremmo elencare le attività senza alcuna particolare sequenza, insieme ai punti chiave. Se conosci i punti chiave e le attività, puoi allora istruire qualcuno, e lo standard sarà: devo assicurarmi di compiere tutte le attività in questo modo. Il loro ordine non ha importanza, ma devo compierle tutte correttamente o almeno controllare questi elementi: potrebbe diventare qualcosa di simile alla lista di controllo del pilota di un aereo. Potrebbe anche essere che una determinata attività non si applichi a ciò che sto facendo, per cui posso spuntare la casella "non si applica". I punti chiave saranno dei promemoria, del tipo "assicurati di fare attenzione a questa cosa"o anche "quando usi la spillatrice, tienila alla base con la tua mano sinistra ed esercita una notevole pressione spingendo verso il basso con la tua mano destra".

Questo è il livello più basso di lavoro standard, in cui sappiamo soltanto che dobbiamo svolgere una determinata azione nel modo migliore oggi conosciuto. Ad esempio potremmo avere un documento di lavoro standard per rispondere al telefono. Ci potrebbero essere fasi di quel compito che sono ripetitive e vanno poste in una sequenza che dovremmo seguire quando un cliente chiama, come ad esempio: presentarsi, chiedere al cliente qualcosa che lo riguardi e porgli delle domande chiave.

Potremmo avere appuntato qualche informazione su carta o sul computer per rispondere ad alcune delle domande più comuni, ma non vogliamo assolutamente strafare e cercare di specificare tutto quanto gli altri dovrebbero mai voler dire o fare. Piuttosto, intendiamo specificare le parti ripetitive ed i punti chiave generici per qualsiasi tipo di attività come questa.

Due Tipi di Burocrazia: Coercitiva e Abilitante

Ci sono altri tipi di standard in aggiunta al lavoro standard. Facciamo il caso di un pezzo di metallo lavorato a macchina: potrebbe avere uno standard qualitativo relativo alla dimensione del diametro di uno dei suoi fori, inclusa la tolleranza di circa un millimetro. Potremmo avere uno standard di prestazione, per cui ogni venditore dovrebbe fare almeno 15 telefonate al giorno. Un altro standard potrebbe essere un obiettivo per gli Acquisti di riduzione dei costi dell'1% al trimestre, per tutto l'anno.

Ci sono vari tipi di standard e abbiamo organizzazioni il cui lavoro principale è quello di creare degli standard. Questo fa parte di quello che noi chiamiamo burocrazia. Quando parlo a gruppi di persone e chiedo di dirmi la prima parola che viene loro in mente al sentire la parola *'burocrazia'*, essi subito rispondono con *'rigidità, eccesso di regole, dall'alto verso il basso, controllo e perdita di tempo'*.

Il professore Paul Adler della *University of Southern California* studiò la NUMMI, la joint venture in California, adesso chiusa, tra la Toyota e la General Motors, dopo aver sentito parlare del fatto che tutti gli impiegati venivano impegnati nel realizzare il Toyota Production System. Si aspettava un'organizzazione piatta, con poca burocrazia, e invece trovò l'opposto. Fu sorpreso nello scoprire che vi erano standard per ogni cosa. Ovunque si andasse, in fabbrica come in ufficio, appesi a tutte le pareti, vi erano vari tipi di standard. Ad esempio, lo standard poteva consistere nella raffigurazione di un pezzo qualitativamente buono e nei cinque modi diversi in cui era possibile danneggiarlo, causando un difetto. Oppure poteva consistere in un foglio di lavoro standard, o ancora in uno standard riguardante la frequenza di esecuzione di un'attività di manutenzione preventiva per una determinata macchina incluse le sottoattività necessarie per eseguirlo.

Qualcuno potrebbe pensare: "Questo è un gruppo di burocrati, e ci sono persone negli uffici che creano tutta questa roba". Di fatto, il professore trovò relativamente pochi impiegati dediti a tale compito, in quanto gli standard erano responsabilità di gruppi di lavoro in fabbrica. I gruppi erano guidati da due livelli di manager: team leader e group leader. I group leader erano gli equivalenti dei supervisori di prima linea, mentre i team leader avevano contratti ad ore, ma con un ruolo di leadership. Lavorando con gli ingegneri, essi miglioravano gli standard come Henry Ford proponeva. Gli standard, spesso, erano inizialmente proposti dall'ingegneria o da qualcuno dello staff come primo abbozzo, e poi i gruppi di lavoro, con l'approvazione del group leader, avevano il diritto di modificare gli standard per testare se i cambiamenti miglioravano effettivamente il processo.

Adler alla fine concluse, così come Henry Ford sosteneva, che la burocrazia non è sempre limitante. La burocrazia può essere la base del miglioramento, ma solo se le regole, gli standard e le procedure *permettono* alle persone di fare meglio il loro lavoro e migliorare il modo in cui lo fanno. Secondo lui il problema è che, troppo spesso, si fa esperienza di una cattiva burocrazia, che lui chiama *coercitiva*, ed essa consiste nelle rigide regole create e imposte da persone dello staff che non comprendono il lavoro o non sanno come coinvolgere i membri del team. Sotto la burocrazia coercitiva, i manager controllano gli operai per evidenziarne le prestazioni scarse. E' come se fossero lì in attesa che le persone commettano degli errori. Quando non segui lo standard, allora la "polizia degli standard" arriva a minacciarti e perfino a punirti per farti ritornare nella giusta direzione. Nella burocrazia coercitiva, ci si aspetta che ognuno segua precisamente lo standard e le deviazioni vengono punite. Il presupposto di base è che le persone piene di credenziali, che creano gli standard stando sedute nei loro uffici, ne sappiano molto più di coloro che eseguono il lavoro concreto.

In una burocrazia abilitante si verifica l'esatto opposto. Il presupposto di base è che le persone che eseguono il lavoro concreto e coloro che le guidano abbiano una visione più precisa di ciò che succede, e, quando si verifica una deviazione dallo standard, si ritrovino nel *gemba* ad identificare il problema e trovarne la root cause. Perché c'è stata questa deviazione? Perché queste persone hanno ritardato nel completare il proprio compito? Hanno ritardato perché ci hanno impiegato troppo tempo. Perché ci hanno impiegato troppo tempo? Ci hanno impiegato troppo tempo perché non sono stati formati bene. Perché non sono stati formati bene? Non sono stati formati bene perché non abbiamo un lavoro standard da insegnare loro.

Nella burocrazia coercitiva, gli specialisti pianificano e monitorano gli standard, per cui sono loro a dover pensare. Nella burocrazia abilitante gli standard sono visibili a tutti e sono proprietà dei gruppi di lavoro, dai quali ci si aspetta che scaturisca la riflessione su come si possano migliorare gli standard stessi. Adler dice: "La burocrazia coercitiva vede gli standard come delle istruzioni da seguire e da non mettere in discussione, mentre vorresti fare esattamente il contrario, cioè vorresti che le persone mettano continuamente in discussione gli standard". Potremmo pensare allo standard come ad uno 'schema' in relazione al quale vogliamo che le persone pongano domande, lo mettano in discussione e lo migliorino.

Standard e Miglioramento Continuo

In sintesi, uno standard, sia esso un obiettivo particolare (ad esempio il numero di telefonate al giorno o la percentuale di soddisfazione del cliente), sia esso un foglio di lavoro, fornisce un riferimento di base. In seguito, una volta in grado di soddisfarlo regolarmente, dovremmo stabilire un nuovo e più difficile obiettivo. Avevamo l'80% di soddisfazione del cliente, adesso vogliamo il 95%: ecco il nuovo standard. La barra è stata spostata più in alto (v. fig. 3.4).

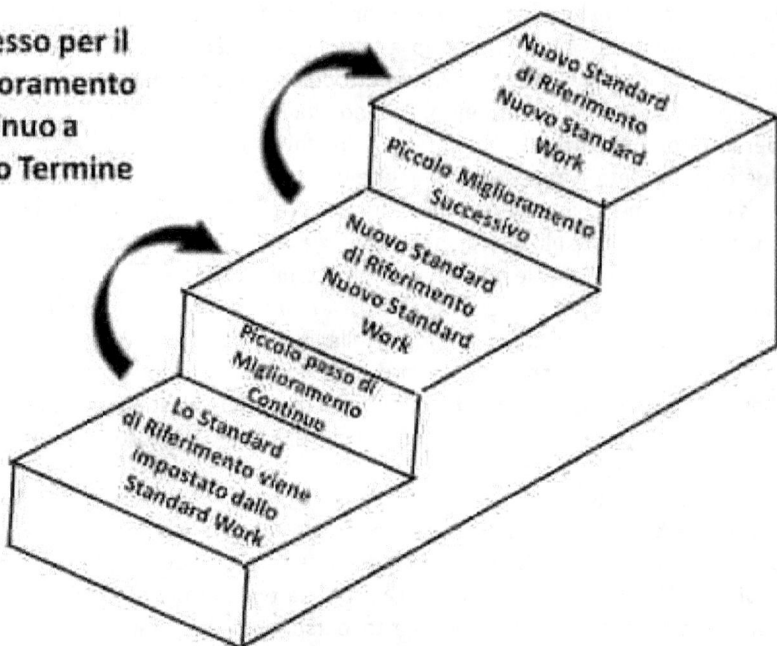

Processo per il Miglioramento Continuo a Lungo Termine

Nuovo Standard di Riferimento Nuovo Standard Work

Piccolo Miglioramento Successivo

Nuovo Standard di Riferimento Nuovo Standard Work

Piccolo passo di Miglioramento Continuo

Lo Standard di Riferimento viene impostato dallo Standard Work

Figura 3.4 Il Processo per il Miglioramento Continuo a Lungo Termine

Per giungere a quel nuovo standard, dobbiamo apportare dei miglioramenti, e di solito suggeriamo di non saltare direttamente dall'80% al 95%, ma di porci prima un obiettivo più piccolo, tipo passare dall'80% all'81%. Poi facciamo un passo e controlliamo: adesso siamo all'81%. Cosa abbiamo imparato e cosa faremo successivamente per arrivare all'82%? Attraverso questi piccoli passi verso l'obiettivo successivo, che diventa quindi la nuova base di riferimento, ci sposteremo verso il target finale del 95%.

Ecco cosa intendiamo noi per Miglioramento Continuo. Si ottiene quando ognuno, in ogni luogo e in ogni momento, ha lo sguardo rivolto al punto in cui si trova paragonandolo a quanto richiesto dallo standard: il divario, quindi, fornisce l'aspirazione a spingersi in avanti a piccoli passi, provando nuove cose, sperimentando le contromisure, controllando che abbiano funzionato e poi standardizzando ciò che ha funzionato per passare all'esperimento successivo (cicli ripetuti di PDCA).

Uno dei problemi che a volte riscontriamo nelle aziende è l'imposizione di uno standard dicendo, ad esempio, ai manager: "Vogliamo arrivare al 95%. Adesso siamo all'80%". Dopo questo annuncio, i manager dicono ai supervisori: "Ecco il vostro target, ecco dove dovete arrivare" e si allontanano dal problema mentre i gruppi di lavoro cominciano ad avere difficoltà. Anche se riuscissero a raggiungere il 90%, i gruppi di lavoro si scoraggerebbero di fronte alla delusione dei capi di non essere arrivati al 95%.

Nella burocrazia abilitante, vogliamo la leadership attiva. Il leader sta effettivamente con le persone. Il messaggio è questo: "Per la fine dell'anno, dobbiamo arrivare al 95%. Non dobbiamo arrivarci tutto in una volta. Non dobbiamo neppure pensare al 95% in questo momento. Dobbiamo solo pensare al primo passo: qual è la prima cosa che possiamo fare? Guardiamo i dati. Analizziamo le deviazioni dallo standard. Scegliamo la più grande e cerchiamo di capire perché si verifica il problema. Successivamente, facciamoci venire in mente idee per il miglioramento, ne scegliamo una e la testiamo". Questa è l'essenza del Miglioramento Kata (Vedi Secondo Capitolo).

I leader conducono un processo di problem solving in maniera sistematica e, se sono dei leader efficienti, coinvolgeranno anche il team. Il team avrà spesso buone idee, a volte qualcuna non buona, ma, attraverso la sperimentazione persistente e ripetitiva in direzione di un target, si otterranno dei progressi. I progressi ottenuti vanno celebrati con una festa o consegnando dei piccoli regali ad ognuno. Il target finale del 95% dovrebbe essere sempre lì fuori, e il team lo sa: "la strada da percorrere è ancora lunga". Potresti anche voler mostrare come si sta procedendo in rapporto al 95%: siamo a metà strada, e siamo a metà anno. A volte si possono usare dei termometri o altri mezzi visivi per illustrare il progresso verso il target finale.

Ponendo le domande giuste e motivando il team, si farà un passo alla volta e si comincerà a fare notevoli progressi. Il risultato negativo di una soluzione testata è utile tanto quanto il risultato positivo di un test. Cosa non ha funzionato? Come soleva dire Thomas Edison quando cercava di sviluppare una lampadina funzionante: "Non ho fallito, ho soltanto trovato 10.000 modi che non funzionano". Si dovrebbe coltivare di più questa filosofia dell'apprendimento.

Cerca i gap

Ciò che stiamo effettivamente cercando di dire è che gli standard forniscono un termine di paragone. Possiamo paragonare ciò che crediamo dovrebbe succedere con ciò che effettivamente avviene. La differenza costituisce il Gap da riempire. Il modo in cui una persona dovrebbe lavorare, in molti casi non è chiaro. Ecco perché le persone utilizzano approcci diversi: è difficile vedere davvero un miglioramento tranne che forse a livello individuale e gli individui in genere non condividono ciò che imparano.

Il lavoro standard diventa la nostra 'teoria del lavoro', ossia la teoria del modo migliore ad oggi noto di svolgere un determinato lavoro. In verità, non riteniamo che il lavoro standard sia perfetto o sia il modo migliore in assoluto; ma, di fatto, supponiamo che esista sempre un modo migliore. Così, quando vi è divergenza rispetto al lavoro standard, allora può essere che abbiamo un problema. Potrebbe trattarsi di qualcuno non ben formato, di un'attrezzatura che non funziona bene, delle informazioni poco accurate da parte della persona che ti dà l'input nel tuo lavoro. Ci sono molte possibili cause sulle quali possiamo lavorare per risolvere il problema. In alternativa, potrebbe essere che la deviazione dallo standard rappresenti una modalità migliore. In entrambi i casi, abbiamo un'opportunità di miglioramento. Il lavoro standard è di fatto la base per far emergere problemi o gap, che a loro volta costituiscono la base per il kaizen.

Sviluppare le persone

Il lavoro standard è la nostra teoria circa il modo migliore di eseguire un compito: ancora una volta, possiamo non specificare ogni evenienza o situazione che una persona potrebbe affrontare, ma sappiamo alcune cose basilari che ciascuno che svolge quel compito dovrebbe fare. Se documentassimo tale teoria, allora avremmo un modo per formare le persone, per formarle al nostro lavoro standard di esecuzione di quel compito. Ciò che idealmente vorremmo è che ognuno seguisse il lavoro standard, in modo da cogliere i problemi che sorgono quando svolgiamo le attività in quel modo.

Questo ci permette di migliorare il processo e, allo stesso tempo, mentre miglioriamo il processo, diventiamo Lean Leader migliori. Miglioriamo nell'individuare le deviazioni e anche nel miglioramento del lavoro standard. Miglioriamo nel problem solving e sviluppiamo le altre persone che, a loro volta, migliorano. Inoltre, abbiamo il dovere morale di condividere ciò che riteniamo possa essere utile agli altri nell'azienda. Non abbiamo il diritto di obbligare altre persone, in altri gruppi, a seguire quanto abbiamo fatto, perché ciò che abbiamo fatto potrebbe adattarsi solo alla nostra situazione. Gli altri, invece, devono guardare alla propria situazione e potrebbero avere anche un modo di fare le cose migliore del nostro. Tuttavia, abbiamo il dovere di condividere almeno ciò che riteniamo sia una conoscenza generale potenzialmente utile agli altri. Potrebbe accadere anche che il management incoraggi gli altri a svolgere lavori simili al nostro per testare i nostri standard e, quindi, costruire il proprio miglioramento.

Il nostro Massimo Standard è il True North

Nel primo capitolo abbiamo discusso del fatto che il Toyota Way è uno dei modi di definire il True North. Esso fornisce alla Toyota i valori e gli standard relativi al modo giusto di trattare le persone e di migliorare. Il True North è la direzione verso cui vogliamo puntare e possiamo valutare se siamo sulla buona strada verso quell'ideale, anche se non riusciamo a raggiungerlo. Come esempio, definiamo uno degli aspetti del True North per un reparto di servizio clienti: il 100% dei reclami dei clienti vengono indagati a livello del cliente stesso, e non stando seduti in ufficio a fare delle speculazioni. Determineremo effettivamente il problema reale, cercandone la root cause, che ci condurrà poi a risolvere il problema effettivo. L'ideale sarebbe che il problema non si ripresenti e che il processo perfetto ci conduca al risultato perfetto: il 100% della soddisfazione del cliente.

Ancora una volta, ci impegneremo duramente verso quell'ideale. Di sicuro non riusciremo, in tutta la nostra vita, ad indagare il 100% dei reclami dei clienti, e se anche dovessimo identificarli tutti ed analizzarli uno alla volta, potremmo non comprenderne la giusta root cause nel 100% dei casi. Nonostante ciò, si tratta comunque di qualcosa a cui possiamo aspirare.

Mentre impari, identificando i reclami dei clienti ed indirizzando i problemi, convoglia tale apprendimento verso la creazione di nuovi standard o nella revisione di standard esistenti. Se non crei gli standard, non avrai la certezza di aver risolto il problema.

Potrebbe, infatti, accadere che chiunque abbia condotto quell'indagine risolva il problema nel breve termine, ma, nel lungo termine, quando quella persona cambierà posizione, il problema tornerà a perseguitarti.

Il Modello essenziale di Leadership della Lean

Il lavoro standard e gli standard stessi sono una parte integrante della Leadership della Lean. Visualizzare la produzione in una fabbrica oppure visualizzare il processo paragonandolo allo standard (v. fig. 3.5): questo è lo spirito del *genchi genbutsu*.

Vai a vedere

Visualizza la produzione

Per rivelare i problemi e reagire rapidamente

E risolverli uno alla volta

Per migliorare le politiche manageriali

Fonte: Michael Balle

Figura 3.5 Visualizzare l'Attuale vs lo Standard per risolvere i problemi uno a uno

La ragione per cui vogliamo visualizzare la realtà attuale, in contrapposizione a quella dello standard, è per rivelare i problemi e reagire rapidamente. Quando possiamo vedere velocemente il divario tra lo standard e la realtà, allora possiamo risolvere i problemi mentre avvengono, uno per uno, invece di farli accumulare come in un buffer.

Ad esempio, guardiamo i dati dei mesi precedenti: cosa è successo il mese scorso? Ogni genere di cosa. Sappiamo che questo tipo di problema è avvenuto varie volte, ma non conosciamo le singole situazioni in cui il problema si è manifestato. Immaginate un detective che giunge sulla scena del crimine un mese dopo il fatto. Se, invece, risolvessimo quegli stessi problemi mentre avvengono, conosceremmo in dettaglio la situazione effettiva, ossia i fatti. A quel punto entro la fine del mese li avremo risolti e magari potremmo rifletterci su per verificare quali tra i nostri problemi e contromisure sarebbe bene condividere con gli altri.

Fare questo ci aiuterà ad ottenere un processo ripetitivo più costante che opera ad un nuovo livello. Avevamo l'80% della soddisfazione del cliente, il che vuol dire che il 20% delle persone non erano contente. Siamo arrivati al 95%, il che significa che ancora il 5% dei nostri clienti non è soddisfatto. Adesso è il momento di fissare un nuovo standard: magari quello del 99% della soddisfazione dei clienti.

Il nuovo standard richiederà di ricominciare nuovi cicli di PDCA. Dobbiamo visualizzare dove siamo rispetto allo standard. Dobbiamo risolvere i problemi. Dobbiamo giungere ad un nuovo livello di prestazione stabile e duraturo e il modello di Lean Leadership deve guidare questo processo. Per fare questo, è necessario comprendere tutti gli elementi dello sviluppo e della visualizzazione degli standard, della risoluzione dei problemi, della comunicazione agli altri dei punti chiave che dovrebbero conoscere per i loro sforzi di miglioramento. Nella seconda parte di questo capitolo, parleremo molto della visualizzazione, ossia di come visualizziamo effettivamente il processo anche quando quel processo non è ripetitivo e non si tratta di un processo fisico, come quello visibile in produzione.

Cosa abbiamo imparato degli standard?

Facendo un excursus su quanto detto finora, abbiamo cominciato parlando di Henry Ford e della sua saggia osservazione che gli standard sono la cosa migliore che oggi conosciamo e che vanno migliorati. Non sono rigidi. Non stiamo cercando di creare dei robot, ma delle persone pensanti che abbiano un punto di partenza e un termine di paragone. Esistono molti standard dalle norme, alle procedure, alle specifiche tecniche.

Di fatto, potremmo sviluppare un lavoro standard che specifichi sia le attività, sia ciò che dovrebbe succedere in ognuna di quelle attività e addirittura la loro tempistica. Il lavoro standard in se stesso consiste nella nostra teoria sul modo migliore di realizzare un compito o una serie di compiti. Per compiti di routine, ripetitivi, possiamo specificare con grande dettaglio le attività, la sequenza, il tempo necessario e i punti chiave. Per i compiti non ripetitivi, dobbiamo essere più modesti. Ci possono essere degli aspetti dei compiti non ripetitivi che sono delle routine, per cui si possono creare dei fogli di lavoro standard solo per quelle parti. Per le parti che non si svolgono secondo una routine, possiamo comunque identificare le attività necessarie e i punti chiave, che possono costituire la base di una checklist e della formazione del personale.

Gli standard possono essere gestiti in maniera rigida, e quindi diventare parte di una burocrazia coercitiva, oppure possono essere usati flessibilmente, come linee guida, e passati al team con lo scopo di essere migliorati. Quest'ultima, l'abbiamo chiamata col nome di burocrazia abilitante. Esiste la cattiva burocrazia, quella che noi chiamiamo coercitiva, e la buona burocrazia, che noi chiamiamo abilitante. E' opportuno superare il nostro pregiudizio che la burocrazia sia sempre cattiva... oppure che la standardizzazione sia sempre buona.

Le regole possono diventare insulse, ma non deve essere per forza così. Qual è allora l'alternativa? L'anarchia è buona e la burocrazia è cattiva? Paul Adler ci ha insegnato che abbiamo bisogno della burocrazia, che vi è un certo modo di utilizzare le regole, gli standard e le procedure che conduce all'apprendimento e al Miglioramento Continuo. La burocrazia abilitante dipende molto dalla leadership nel *gemba*, la quale deve mantenere la disciplina nel seguire gli standard e condurre il miglioramento degli standard stessi. Inoltre, questo significa che non puoi avere un gruppo troppo grande che riporta ad un solo leader, ed ecco perché alla Toyota hanno aggiunto il ruolo di Team Leader, come discusso in dettaglio nel Sesto Capitolo.

Per un team che sta cercando di migliorare il proprio processo, gli standard saranno molto più efficaci se sono visualizzati, ossia quando si può vedere se ci si trova in linea con gli standard o al di fuori di essi. Questo sarà l'argomento della parte rimanente di questo capitolo. Se vediamo che qualcosa si trova al di fuori dello standard, non c'è alcun motivo di farsi prendere dal panico: si tratta soltanto di un'opportunità di chiudere un altro gap e di migliorare il processo.

Infine, esiste una serie di procedure che puoi utilizzare così che anche il tuo lavoro, in quanto leader, possa avere un certo grado di standardizzazione. Ossia vi sono alcune attività di routine che svolgi in qualità di leader: la tua giornata non deve essere regolata soltanto dai meeting. Tra le varie a te assegnate, le routine su cui davvero dovresti focalizzarti sono quelle che potresti naturalmente dimenticare, come quando sei preso dalla risoluzione dei problemi.

Ad esempio, sappiamo che dovresti andare a controllare come le persone stanno procedendo, se gli standard vengono seguiti e dove sono le deviazioni, così che tu possa fare da coach (ciò che oggi viene chiamato "Leadership Standard Work"). Queste attività potrebbero facilmente essere dimenticate mentre la giornata procede, per cui standardizzandole e programmandole ci assicureremmo che vengano eseguite. Questo fa parte degli argomenti del Sesto Capitolo e riguarda il supporto al miglioramento quotidiano.

In sintesi, gli standard possono essere limitanti e burocratici, causare inefficienze e rendere il lavoro spiacevole, ma, al contempo, possono essere utili, abilitanti e possono effettivamente migliorare il piacere di lavorare. In effetti, può sembrare strano che cl siano regole e procedure che rendono il lavoro più piacevole. Nella seconda parte di questo capitolo discuteremo il caso della Menlo Innovations, un'azienda che sviluppa software, la cui missione è creare gioia nel mondo e sul luogo di lavoro. Questo viene fatto attraverso molta burocrazia abilitante, con processi chiari e visibili che definiscono i requisiti e sviluppano i software.

Il Visual Management per Vedere i Gap: Standard vs Realtà

Il visual management supporta ciò di cui abbiamo parlato, ossia il lavoro standard, lo standard, i processi standard, il target, le condizioni target, dando vita a informazioni sparse in giro per gli uffici che, altrimenti, rimarrebbero prive di vita: fogli affissi, file, tabelloni con informazioni appuntate sopra e perfino schermi dei computer. I luoghi di lavoro sono pieni di elementi visivi che le persone a volte si fermano a guardare per poi tornare al lavoro.

Il visual management è ciò che di fatto utilizzi per condurre il tuo lavoro, per mostrare chiaramente cosa dovresti fare adesso e il gap, se ne esiste uno, tra ciò che dovresti fare e quello che stai facendo. Immagina qualcuno davanti ad una tabellone degli annunci di lavoro che strappa il pezzettino di carta con su scritto il numero di telefono, da conservare in tasca per un secondo momento, e poi torna al lavoro senza che questa azione abbia a che fare con l'esecuzione del lavoro stesso.

Figura 3.6. Il Semaforo

Il visual management è immediato ed è parte del tuo lavoro. Un esempio che lo rappresenta bene è il semaforo (v. fig. 3.6), che è qualcosa che tutti abbiamo imparato ad usare come parte dell'attività del guidare. Quando vediamo una luce, non dobbiamo aprire un manuale per capire cosa significhino verde, giallo e rosso: sappiamo esattamente cosa fare. Sia che seguiamo le regole, sia che non le seguiamo, sappiamo che rosso vuol dire 'fermati', verde vuol dire 'puoi passare' e giallo vuol dire 'passa presto prima che diventi rosso' (sto scherzando!). A colpo d'occhio sappiamo già cosa dovremmo fare.

Guarda ad esempio ad un manometro in gestione a vista con verde, giallo e rosso e probabilmente indovinerai che la tendenza al rosso non è buona. Se si trova giusto al limite del rosso, questo vuol dire che la macchina sta per avere un problema: magari il livello del fluido è basso. Ancora una volta, dai un solo sguardo alla macchina e ne conosci già la condizione in cui verte.

Poniamo che, in un grafico, il verde sia il target di qualcosa, tipo vendite o profitto, e il rosso indichi la situazione attuale. A colpo d'occhio puoi subito vedere chiaramente se la situazione attuale progredisce rispetto al piano o regredisce.

Tutti questi esempi di visual management possono esserti utili a scandire il tuo lavoro, per sapere quando è necessario agire e quando bisogna considerarli obiettivi di miglioramento. Come Lean Leader, il tuo compito è quello di assicurarti che ci siano elementi visivi utilizzati quotidianamente per scandire il lavoro. Essi ti aiutano a comprendere se il lavoro ha una qualità elevata, se hai il controllo della situazione, e se stai dando al cliente ciò che vuole, nella quantità e nella tempistica desiderata.

Ci sono delle componenti molto semplici di un buon visual management. Ad esempio, dando un'unica occhiata all'elemento visivo, riesco a dire se sono in una situazione normale o anormale? Dobbiamo prima definire il termine 'normale': 'normale' è ciò di cui abbiamo discusso definendolo 'standard'. 'Anormale' vuol dire invece che c'è un gap tra lo standard e la realtà dei fatti. Se riesco a vedere il gap, allora posso agire e più rapidamente vedo quel gap, più velocemente agisco.

Figura 3.7 Una Postazione di Lavoro senza le 5S

Consideriamo la postazione di lavoro nella foto (v. fig. 3.7). Cosa è nello standard e cosa è fuori dallo standard? Possiamo dirlo ad un primo sguardo? In effetti, non si tratta di un brutto ambiente di lavoro: la scrivania sembra ragionevolmente organizzata e un tabellone mostra visivamente qualcosa su cui stiamo lavorando con post-it codificati con vari colori. Probabilmente la cosa è chiara per la persona che lavora nell'ufficio, ma ci sono molte altre informazioni sul tabellone e ci sono varie cose sulla scrivania. Di sicuro, un leader che cammina nell'ufficio avrebbe difficoltà a dire cosa è in linea con lo standard e cosa non lo è.

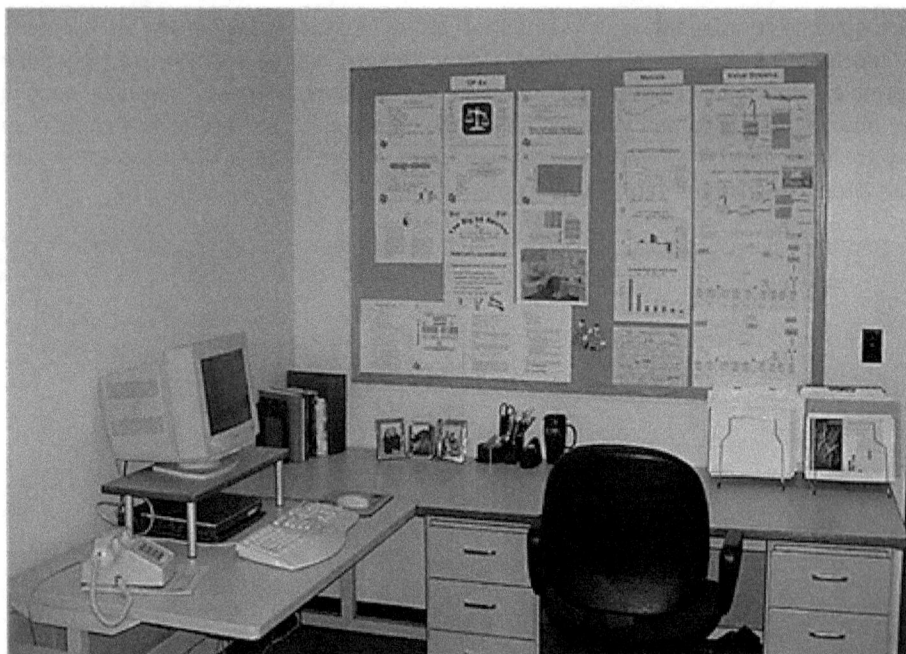

Figura 3.8 La stessa Postazione di Lavoro con le 5S

Cosa ne dite dello stesso ufficio questa volta (v. fig. 3.8)? E' stato fatto un workshop sulle 5S e adesso c'è un posto per ogni cosa ed ogni cosa è al suo posto. Quando diciamo che c'è un posto per ogni cosa, intendiamo dire che abbiamo degli standard: sappiamo dove va il telefono e dove vanno i faldoni. Ci potrebbe essere una serie di faldoni per i documenti in entrata e un'altra per quelli in uscita, e potremmo addirittura avere un certo numero di spazi liberi per i faldoni così che, se sappiamo che abbiamo più di cinque faldoni di documenti in entrata, siamo in sovraccarico e abbiamo bisogno di aiuto aggiuntivo. Questo potrebbe essere un elemento visivo che pone un tetto massimo circa la quantità di lavori da svolgere.

Michael Ballé, nel *The Lean Manager*, definisce questa cosa molto bene: "Il visual management non è altro che un *vedere* insieme, così si *conosce* insieme e si può *agire* insieme, dall'operatore al CEO". Abbiamo evidenziato il *vedere*, il *conoscere* e l'*agire*, ma la parola che continua a spuntare fuori è "insieme". Si tratta, infatti, di un processo collaborativo in cui è chiaro a tutti i membri del team e ai leader cosa si trova nello standard e cosa si trova fuori dallo standard: "Stiamo progredendo? Stiamo regredendo?". In questo modo, se siamo al di fuori dello standard, possiamo identificare una linea d'azione che dovrebbe consistere nel risolvere il problema alla radice. Così facendo, il tutto si collega direttamente al processo del Miglioramento Continuo.

Un Caso di Lean Non-tradizionale: Menlo Innovations

Il visual management è particolarmente utile quando scomponiamo il lavoro in piccole fasi, ad esempio in un processo d'ufficio, e può aiutare a creare un flusso di lavoro, anche se si tratta di un lavoro non ripetitivo all'esterno della fabbrica. La Menlo Innovations sviluppa software customizzati, un knowledge work che sembrerebbe impossibile scandire con un qualsiasi rigore (come descritto nel libro *Joy, Inc.* del CEO Richard Sheridan). Si tratta infatti di un processo di design creativo. Tuttavia alla Menlo hanno ideato un modo di servirsi della collaborazione e del lavoro di team tale che i programmatori, in ogni ora della giornata, a volte ogni due, tre o quattro ore, sanno se sono in linea col programma o meno. Hanno scomposto il lavoro in sottofasi, cosa che immediatamente fa pensare ad un processo regimentato e ai softwaristi come a degli schiavi che operano a tempo.

Lo scopo dell'azienda, indicato proprio nella dichiarazione d'intenti, è esattamente l'opposto: rendere il design e lo sviluppo dei software un'esperienza gioiosa, sia per tutti i membri del team che per il cliente. Per ottenere questo ambiente brioso, i leader dell'azienda hanno fondamentalmente cambiato il modo in cui il design dei software viene eseguito.

La Menlo Innovations è una piccola azienda, fondata nel 2001, nella città in cui vivo: Ann Arbor, in Michigan. La sua missione è: "riportare la gioia in uno dei settori più particolari della nostra storia, cioè inventare software", ed in essa si afferma anche che si cerca di evitare "l'infinita sofferenza umana nel mondo, in tutti gli aspetti in cui essa sia connessa alla tecnologia". Da ciò si può notare come alla Menlo considerino orribile il modo usuale di sviluppare i software.

Il CEO, che è anche uno dei fondatori, Richard Sheridan, parla delle sue esperienze passate nelle aziende di software: ogni giorno perdeva un po' di entusiasmo ed energia e voleva che l'esperienza della sua nuova azienda, la Menlo Innovations, portasse effettivamente qualcosa di positivo alle persone, ossia che arricchisse le loro vite e le inducesse a sviluppare energia intorno a sé.

Tra le sue fonti d'ispirazione ci fu la Edison Invention Factory, originariamente situata a Menlo, nel New Jersey, da cui il nome di Menlo Innovations. Il libro chiamato *Extreme Programming*, che è un manifesto di un approccio radicale allo sviluppo di software, è coerente con i principi della Menlo. Richard ha imparato molto dall'autore di quel libro e anche da *The Learning Organization*, di Peter Senge, relativo al pensiero sistemico. Quest'ultimo, infatti, gli ha permesso di avere una visione del quadro generale, per poi focalizzarsi sui dettagli e far sì che nell'organizzazione tutti apprendano insieme.

Nel caso della Menlo, essi apprendono insieme al cliente. Sono appena in 40, tra impiegati e subappaltatori. Si sono ingranditi di anno in anno e sono molto selettivi nei confronti del personale che assumono e anche nei confronti dei clienti: il loro intento è assumere persone che si adatteranno bene alla cultura aziendale, che saranno capaci di collaborazione e che si riveleranno entusiaste di apprendere. Dai clienti, invece, ci si aspetta un pieno coinvolgimento nel processo di sviluppo.

Collaborazione alla Menlo

Entriamo nel vivo dell'azienda. La prima immagine offre una panoramica di una giornata al lavoro nel primo edificio in cui l'azienda ha avuto origine (v. fig. 3.9): cosa vedi osservando l'ambiente di questo ufficio? Ha le sembianze di un classico ambiente di un'azienda che sviluppa software? Vedi degli individui isolati oppure gente che collabora?

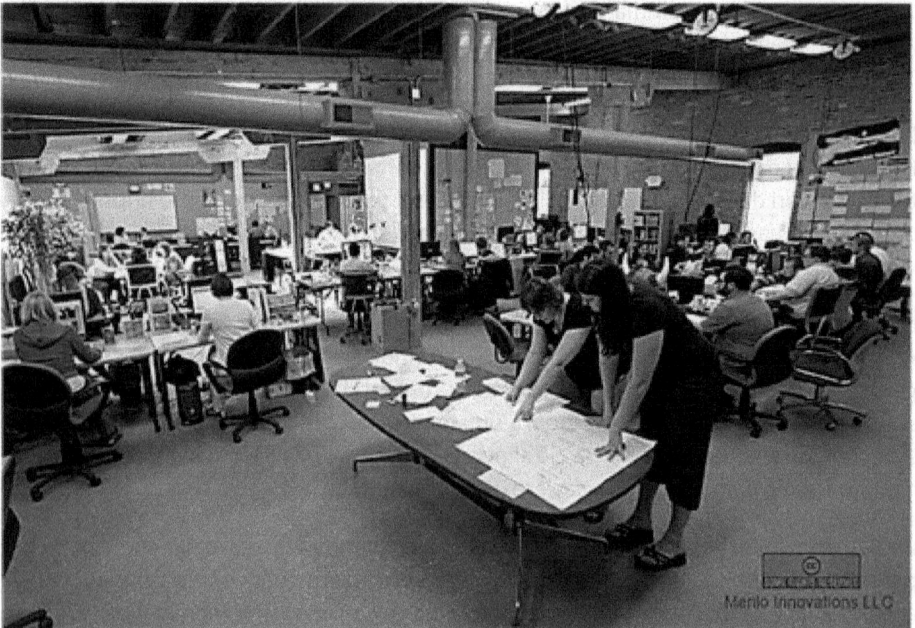

Figura 3.9 L'Ambiente della Menlo

La scena tipica che osservo quando cammino in ambienti di sviluppo di software è quella di individui che siedono davanti ai loro computer, in cubicoli scuri; hanno lo sguardo concentrato sul computer e, finché sono impegnati, sembra che siano produttivi. Allora, tendi a lasciarli da soli a lavorare e a non distrarli. In questo modo, persone diverse lavorano a parti di software diverse e il risultato è che, una volta messe insieme, le parti possono o meno funzionare. Richard sa bene perché la collaborazione sia così critica, e non solo nello sviluppo dei software, ma, in generale, nel mondo in cui viviamo che è sempre più basato sulla conoscenza, sulla condivisione della conoscenza e sull'apprendimento ad un ritmo più veloce della concorrenza.

Un ambiente collaborativo ha un aspetto caotico o assomiglia ad un lavoro di team ben strutturato? Se tu non sapessi nulla di ciò che la Menlo fa e dei suoi processi Lean, penseresti che il suo ufficio abbia un aspetto caotico: ci sono persone in piedi e due che guardano allo schermo di un computer. Perché hai bisogno di due persone? Perché non soltanto una? Sembrano contemplativi... significa che stanno pensando alla loro programmazione o a qualche problema che possono avere a casa? L'ambiente potrebbe sembrare disordinato perché non ci sono cubicoli e le persone sono raggruppate. Tuttavia, quello che effettivamente si vede, sono coppie di persone profondamente concentrate a creare righe di programma basate su delle istruzioni molto precise. Le istruzioni specificano ciò di cui il cliente ha bisogno e c'è un costante autocontrollo della qualità del programma durante il suo sviluppo. Richard spiega:

> "Fa parte ormai dei requisiti della nostra azienda che team di persone lavorino insieme verso uno scopo comune. Non conosciamo nessun modo migliore di fare ciò, se non creare un'intera cultura della collaborazione. Tutto quello che si vede qui, ossia il modo in cui lo spazio è organizzato, il modo in cui gli individui sono organizzati, il modo in cui i team vengono sistemati insieme, il modo in cui i tavoli sono raggruppati, ogni cosa riguardante il modo in cui lavoriamo è intesa a incoraggiare sia la collaborazione sia la comunicazione. E il tipo di comunicazione più efficace che ci sia non consiste nelle riunioni, nelle email o nei report di stato, ma piuttosto nella comunicazione faccia a faccia. Ci piace riferirci a questa come alla 'tecnologia della voce ad alta velocità'".

Richard parla di una cultura della collaborazione che lui e i suoi partner hanno costruito intenzionalmente alla Menlo. Con il termine 'intenzionalmente' intendo che essi hanno pensato molto a che tipo di cultura volessero, e si sono impegnati a fondo per cercare di evolvere tale cultura. Tutti loro avevano fatto esperienza di culture aziendali che non condividevano e Richard ebbe una prima opportunità di provare a sperimentare il cambiamento di cultura in un'organizzazione di sviluppo di software più grande, in qualità di vice presidente. Così, con quell'esperienza alle spalle e con un paio di partner davvero intelligenti, cominciò a sviluppare la propria idea di esperienza di lavoro gioiosa e collaborativa che dia al cliente ciò di cui ha bisogno, sempre.

Il Processo della Menlo nella sua Interezza

Iniziamo con una panoramica semplificata del processo che la Menlo usa (v. fig. 3.10) per poi trattare in dettaglio ogni singola fase del processo stesso. Quest'ultimo comincia con il cliente, così come dovrebbe iniziare un qualsiasi processo Lean: cosa vuole il cliente? Di cosa ha bisogno? Ciò che lui vuole non è necessariamente ciò di cui ha bisogno. Una volta Henry Ford fece questa battuta: "Se avessi chiesto al cliente cosa volesse, mi avrebbe risposto 'un cavallo più veloce'". La Menlo Innovations ha creato un nuovo ruolo detto "antropologo tecnico".

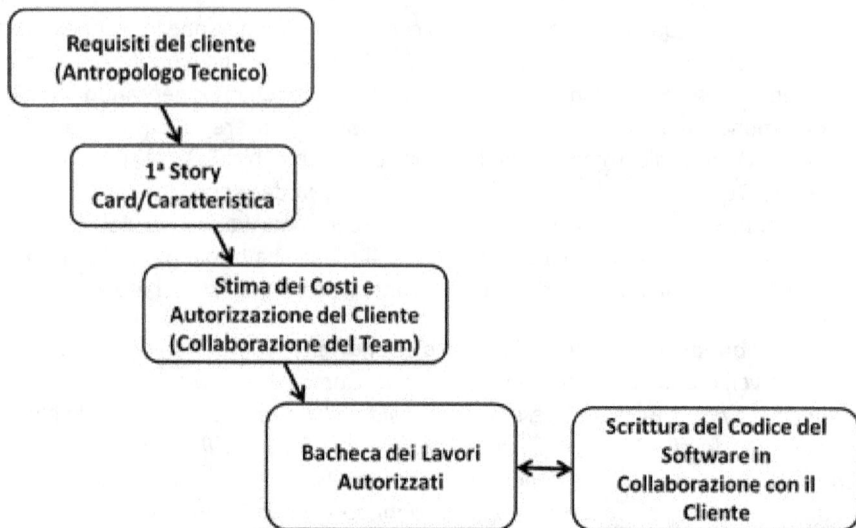

Figura 3.10 L'Antropologo Tecnico

L'antropologo tecnico vive con il cliente come "una mosca sul muro", sempre presente ma impercettibile, e definisce ciò di cui crede il cliente abbia bisogno per poter avere un'esperienza gioiosa col suo software. Successivamente egli redige uno sketch di come dovrebbe sembrare lo schermo di un computer per fornire tale esperienza. Quindi, le caratteristiche dello schermo vengono descritte sotto forma di story card. Si usano delle vere e proprie carte, e su ogni carta c'è una caratteristica che potrebbe essere descritta con un'immagine o con le parole. Queste carte che descrivono le caratteristiche vengono poi passate ad un team di sviluppatori di software e ad un project manager. Infine, in team si fa una stima di quanto tempo ci vorrebbe per scrivere le righe di programma per ciascuna delle suddette caratteristiche, carta per carta: le stime non sono approssimate al minuto, ma piuttosto possono essere di 1, 2, 4, 8, 16 o 32 ore.

Ciò che il cliente dovrebbe comprendere

Richard poi descrive quello che viene fatto con queste caratteristiche e con queste stime dei tempi:

"Ciò che facciamo è quello che chiamiamo 'project management attraverso gli origami'. Prendo un pezzo di carta, la cui misura equivale a 16 ore. Se dividiamo 16 ore a metà, quante ore otteniamo? Otto. Se piego otto a metà quanto otterrò? Quattro, e così via...Adesso alcuni potrebbero dirmi: "E allora cosa fai per una carta di 32 ore?". Attacchiamo la carta di 16 ore su un foglio di carta, e ciò indica che si tratta di 32 ore.

Probabilmente ti stai chiedendo perché arriviamo solo fino a 32. Possiamo andare oltre, ma 32 è quello che il nostro cliente compra. Il cliente compra un foglio di carta.

Questo foglio di carta vale due persone per 40 ore (32 ore di programmazione e otto ore di attività standard) e ciò si trasforma in dollari al foglio. Quelle sono le tre cose che, come project manager, vogliamo sapere. All'inizio di ogni settimana abbiamo: 'project communication, stand-up e iteration kick-off estimation'.

Si tratta di uno strumento di project management molto semplice e facile da comprendere: anche dei ragazzini di nove anni potrebbero impegnarsi in questa cosa perché non c'è ragione di contare oltre i 40. Se sai contare fino a 40 e riesci ad adattare il 32 nella casella, allora hai compreso il nostro sistema: puoi cominciare domani. Giusto? Le altre 8 ore di compiti, per le quali il nostro cliente paga, sono quelle che noi identifichiamo come le attività che si ripetono ogni settimana (come ad esempio la stima o il meeting per rivedere il progetto con il cliente); così noi le abbiamo rese parte del nostro piano permanente. Ogni settimana si verificano quelle cose e si possono scegliere altri compiti del valore di 32 ore su cui farci lavorare".

Consideriamo l'intero processo dal punto di vista del cliente. Per fare una stima della portata generale del lavoro, il cliente viene, incontra il team e decide quanto vuole spendere e se vuole tutte le caratteristiche, oppure se ne vuole escludere alcune perché il costo è troppo alto. Magari, nella prima fase del software, il cliente taglierà alcune caratteristiche pensando di aggiungerle successivamente. Una volta che il cliente ha dato il suo assenso, queste carte diventano un'autorizzazione a procedere, e vengono messe in mostra sulla parete, sul "tabellone dei lavori autorizzati". Questa esposizione visiva delle carte è, per il programmatore, l'unica programmazione disponibile del lavoro di una settimana, giorno per giorno. I programmatori di software a questo punto scelgono una carta che dica loro quale dovrebbe essere il risultato, ossia di quale caratteristica loro dovrebbero scrivere righe di programma: essi la programmano, e poi incontrano il cliente per mostrargli quanto è stato fatto durante la settimana. Il feedback del cliente, quindi, si ottiene ogni settimana. Consentitemi di dettagliare questa cosa ancora più a fondo nel paragrafo successivo.

Visual Management e Lavoro di Team alla Menlo

I requisiti richiesti dal cliente vengono definiti dagli antropologi tecnici, che non hanno una formazione di base in sviluppo di software. Essi potrebbero essere dei venditori o consulenti educativi o giornalisti, che hanno sì utilizzato dei software in passato, ma che sono stati selezionati perché molto intuitivi nel cogliere ciò di cui le persone hanno bisogno per essere aiutate nel proprio lavoro. Sono capaci di osservare le persone nel loro ambiente di lavoro e sono capaci di capirne i punti deboli: qual è la loro difficoltà maggiore quando utilizzano il software che hanno attualmente?

Devono essere empatici per potersi mettere nelle scarpe del cliente, per guardare con i suoi stessi occhi e capire ciò che egli sta sperimentando. Il cliente potrebbe dare delle cose per scontate. Perciò, non è sufficiente dire: "Noi diamo ai clienti ciò che vogliono". Come ha osservato Henry Ford, ciò che il cliente vuole non è necessariamente ciò di cui ha bisogno. Il cliente pensa che sia normale fare tre passaggi in più durante lo svolgimento di un'operazione giornaliera utilizzando un software, perché pensa che sia parte della normale conduzione del suo lavoro quotidiano. In realtà si tratta soltanto di un'abitudine, ma software migliori gli permetterebbero di evitare i tre passaggi premendo semplicemente un pulsante.

Gli antropologi tecnici creano delle bozze iniziali, degli schizzi in pratica, di schermi di computer individuali che poi saranno trasformate in story card, caratteristiche individuali, che i programmatori trasformeranno in righe di istruzioni. La story card è una descrizione scritta della caratteristica, di ciò che essa svolge per il cliente, del perché ne abbiamo bisogno e dei consigli su come renderla facile da usare. Tutto ciò è fatto dal punto vista dell'antropologo, mentre il passaggio successivo è la condivisione con il cliente e i programmatori che, probabilmente, apporteranno delle modifiche.

Il semplice scrivere una carta non significa che qualcuno sia autorizzato a fare qualcosa, ma quando le carte sono insieme, esse compongono la portata eventuale del progetto. Da notare che tutto ciò avviene su carta. Ho fatto varie visite alla Menlo e c'è sempre qualcuno che chiede: "Perché mettete tutto quanto su carta? Non dovrebbe essere nel computer? Dopo tutto, questa è un'azienda di software!". La risposta è che rendere le cose visibili, tangibili, metterle concretamente sul tabellone per mostrare il lavoro da svolgere durante la settimana, giorno per giorno, facilita la collaborazione efficace. E' molto più difficile collaborare davanti allo schermo di un computer mentre il tempo trascorre ad aprire svariati documenti. Allo stesso tempo, c'è qualcosa di magico nel prendere un pezzo di carta, sceglierlo accuratamente, e dire: "No, no. Penso che dovrebbe assomigliare a questo", e fare una bozza direttamente sul foglio. Ad un certo punto, forse, i computer saranno così facili da usare che fare una cosa del genere su un computer sarà tanto semplice, così come lo è farla con carta e matita; ma nella vita reale ancora non ci siamo arrivati.

Figura 3.11 Stima del tempo necessario a realizzare ogni story card

A questo punto, abbiamo tutte le story card, anche se ancora senza autorizzazione, e dobbiamo fare una stima di quanto tempo sarebbe necessario per scrivere le righe di programma relative a quella caratteristica. Vediamo, nella fig.3.11, un gruppo di persone che sta facendo la stima del tempo necessario per ogni carta e sembra che si stia divertendo. L'elmetto da vichinghi è un simbolo che è venuto fuori per caso, quando Richard e sua moglie sono andati in Norvegia e lo hanno portato a casa come ricordo. Viene di solito usato per scopi diversi. In questo caso, lo stanno indossando solo per sembrare sciocchi e per divertirsi.

Ci sono tre coppie in questa immagine, e questa è un'altra cosa che fa parte della cultura della Menlo: si lavora sempre in coppia. Le coppie studiano la caratteristica e insieme fanno una stima del tempo che ci vorrà. Alla fine faranno la media della stima dei tre team e, se vi è una differenza troppo grande tra le stime, ne discuteranno. In questa fase, essi non cercano di fare delle stime perfette perché sanno che c'è sempre un margine di errore, ma almeno hanno un'idea iniziale di quanto tempo dovrebbe essere necessario. Ognuna di queste attività è unica e non è mai stata svolta prima, perciò si tratta della loro migliore ipotesi, ma nonostante ciò, di solito si ritrovano con delle stime molto accurate. Inoltre, ogni singola carta potrebbe essere sovrastimata o sottostimata. Ci sarebbe anche la possibilità di migliorare questi errori e ridurre la variabilità delle stime, ma alla Menlo scelgono di non farlo. In fin dei conti, i clienti pagano per il tempo che effettivamente ci vuole a svolgere il lavoro e sembrano soddisfatti delle stime che producono informazioni sufficienti a dare priorità alle caratteristiche in base al costo.

I clienti vengono prima di tutto alla Menlo Innovations: l'azienda è pronta a fornire un servizio ai clienti, ma i clienti devono conformarsi ai processi della Menlo. Nelle riunioni iniziali, essi hanno il difficile compito di identificare la portata di lavoro per il progetto: osservano i fogli che mostrano giorni di lavoro di otto ore e pongono domande relative al contenuto delle carte, ossia le caratteristiche. Poi danno un feedback e si chiedono: "Si tratta di una caratteristica per cui vale la pena pagare proprio ora?". Gli impiegati della Menlo si muoveranno tra le carte e creeranno la portata iniziale del lavoro durante questa prima sessione col cliente. Dopo di ciò, ogni settimana, il cliente farà una revisione di quanto è stato fatto e autorizzerà il lavoro per la settimana successiva. Tutto il processo è dinamico: il lavoro autorizzato alla partenza del progetto potrebbe cambiare mentre il progetto stesso progredisce. Questo è PDCA in azione settimana dopo settimana.

Spostiamo di nuovo l'attenzione su Richard e facciamogli descrivere cosa succede dopo che le carte vengono autorizzate e diventano parte del sistema del visual management sulle pareti della Menlo.

Il tabellone del Lavoro Autorizzato

Richard spiega:

> *"Gli artefatti fisici che affiggiamo alle pareti hanno come scopo quello di comunicare le nostre nozioni più importanti riguardo a ciò su cui stiamo lavorando, in questo momento. Quali sono i nostri obiettivi? Quali informazioni dobbiamo comunicare? Le società tecniche sono troppo spesso soggette alla tentazione di mettere tutta questa roba su un drive condiviso in qualche parte a cui ognuno ha accesso dalla rete interna dell'azienda. Secondo noi, invece, la cosa più importante da fare è affiggere tutti quei documenti alla parete, dove ognuno può vederle dalla mattina alla sera".*

Il tabellone del lavoro autorizzato (v. fig. 3.12) è la programmazione visiva del lavoro quotidiano. Questa viene effettivamente utilizzata dai programmatori e dai project manager per cadenzare il lavoro, giorno per giorno e ora per ora. Puoi vedere che le carte sono affisse lì in base al giorno e nella parte in alto vedrai dei nomi che si riferiscono alle coppie che scrivono le istruzioni di programmazione. Il project manager organizza il tabellone ogni settimana. Il lunedì mattina, i programmatori vanno a controllare con chi dovranno lavorare in coppia e su quale progetto. Si recano al tabellone e prendono una story card, così da poter scrivere il programma relativo a quella caratteristica.

Essi usano dei puntini colorati per indicare lo stato della card. Rosso vuol dire che si tratta di qualcosa non ancora cominciato, giallo che ci sono lavori in corso, arancione indica che il programmatore, in quanto tale, crede che il suo compito sia terminato. È verde quando un "supervisore della qualità" verifica che quella determinata caratteristica esegue ciò che il cliente vuole. All'inizio c'erano solo verde, giallo e rosso; successivamente il team ha aggiunto il puntino arancione come miglioramento *kaizen*. La cosa è avvenuta una volta che Richard era fuori azienda. Quando è tornato ha pensato che questo puntino arancione fosse un errore, ma, in realtà, si è trattato di un miglioramento. I programmatori si sono resi conto che il fatto che loro pensino di aver finito di scrivere il programma di quella caratteristica non significa necessariamente che abbiano finito del tutto, non finché i "supervisori della qualità" abbiano controllato che la caratteristica funzioni così come il cliente si aspetta. Arancione vuol dire che, in qualità di programmatori, crediamo di aver finito.

I programmatori incorporano in ogni riga di programmazione un controllo del fatto che il programma stesso esegua ciò che ci si aspetti da lui. Questo si chiama "test di unità". Lo compilano anche per assicurarsi che giri insieme al resto del programma. Inoltre, calcolano il tempo che effettivamente impiegano per lo svolgimento del compito, cosa necessaria per emettere fattura al cliente, ma anche per confrontare il tempo consuntivato con le stime temporali fatte inizialmente. La story card diventa verde soltanto quando i supervisori della qualità dicono: "Sì, lo abbiamo controllato. Secondo quanto affermato dagli antropologi tecnici, comprendiamo ciò di cui ha bisogno il cliente e crediamo che questo soddisfi quel bisogno. Siete a posto". È molto interessante notare che i supervisori della qualità non devono sapere come si programma.

Il tabellone è corredato anche da un pezzo di filo. Richard si prende il merito di aver inventato questo elemento visivo. Il filo indica il giorno in cui ci troviamo. Le carte al di sopra del filo dovrebbero essere state completate e quindi dovrebbero almeno essere arancioni, a significare che i programmatori di software hanno finito il loro lavoro. Se ciò che è al di sopra del filo è ancora rosso, allora il project manager può vedere con un solo sguardo che sono in ritardo, ossia che c'è un'anomalia.

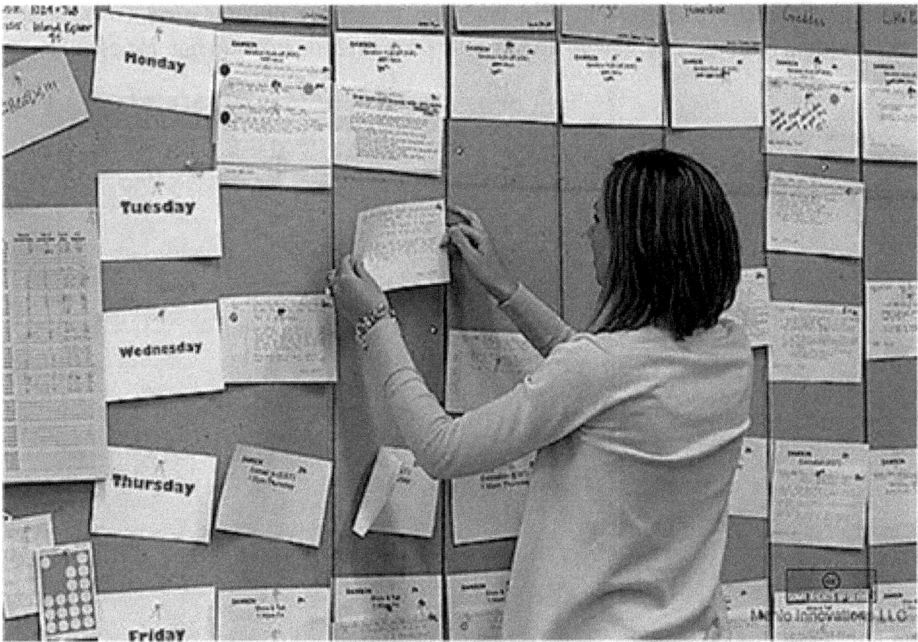

Figura 3.12 Il tabellone dei Compiti Lavorativi

A questo punto, cosa fai se sei un program manager e vedi un'anomalia? In un sistema tradizionale, potresti andare a cercare il colpevole, ma in un sistema Lean ciò che fai è semplicemente notare: "Ah, guarda, c'è un'anomalia". Questo vuol dire che io sono un leader e devo capire cosa sta succedendo e devo comprendere il motivo dell'anomalia. Il program manager è capace, con un solo sguardo, di capire se il processo è sotto controllo oppure è fuori controllo, se è dentro lo standard o al di fuori di esso; dopo di ciò, farà i dovuti controlli col team. Il team potrebbe già aver intrapreso un'azione correttiva. Potrebbe essere un particolare problema localizzato. Ad esempio, magari il computer si è spento. D'altro canto, potrebbe essere legittimo avviare un ciclo di PDCA.

Ci potrebbe essere il bisogno, o no, di creare un nuovo standard o di comunicare con altre persone. Il leader si assicurerà che vengano prese le decisioni giuste e che le persone giuste ne vengano informate. Egli controlla sia il processo, sia le persone, per assicurarsi che esse stiano reagendo nel modo appropriato e siano responsabili di qualsiasi miglioramento del processo risulti necessario.

Il Visual Management Sostiene una Cultura Collaborativa

Ho già accennato al fatto che la Menlo ha una cultura di programmazione in coppia. Fanno tutto in coppia. Ci sono coppie che fanno i colloqui, altre che stimano i costi. Ci sono coppie di antropologi tecnici che vanno dai clienti. I programmatori lavorano in coppia. Ciò di cui, internamente, si sono convinti è che due persone che lavorano insieme saranno più produttive rispetto ad un solo individuo che lavora da solo e la creatività e la qualità saranno superiori. Ad uno sguardo superficiale, non ha molto senso pensare che due persone che lavorano insieme siano più produttive di una persona che lavora da sola, finché non pensi a cosa succede quando hai una coppia.

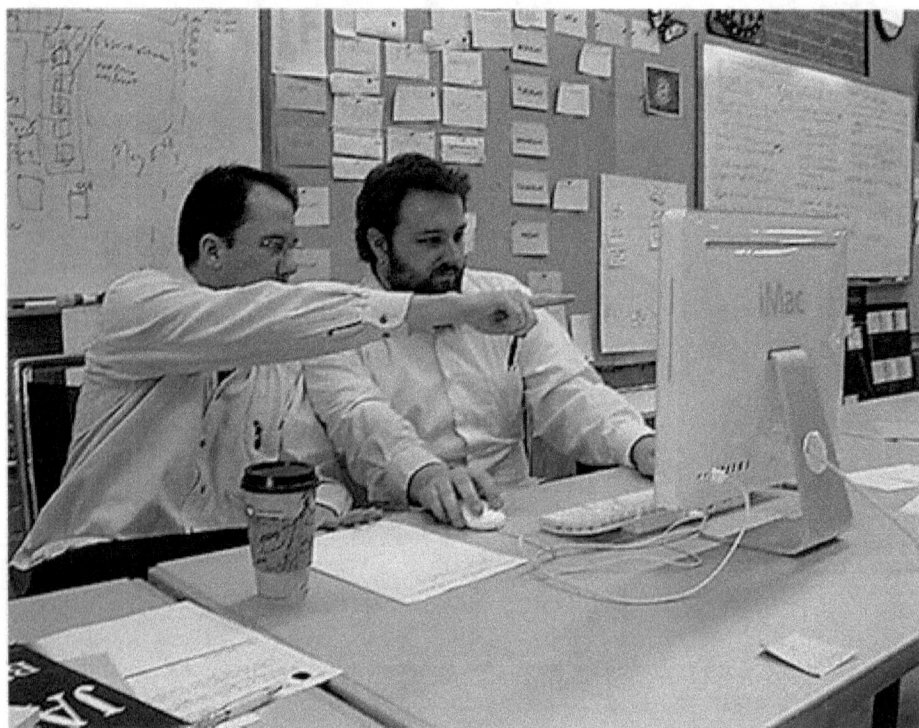

Figura 3.13 Lavoro in Team – Scrivere Codici in Coppia

Vediamo che una persona ha il mouse e sta scrivendo righe di programmazione, mentre l'altra persona sta indicando (v. fig. 3.13) e potrebbe star dicendo: "Ehi, guarda. Qui c'è un problema". Identificando quel problema, quelle due persone stanno evitando correzioni, che, in realtà, in alcune aziende arrivano fino al cliente che ne rimane insoddisfatto. Le correzioni svolte successivamente lasciano un cliente ancora più scontento: tutto questo spreco a valle è molto più grande del costo di due persone che lavorano allo stesso compito. Questo è uno standard che la Menlo ha sperimentato al suo interno. Non deve necessariamente entrare a far parte della tua cultura, ma vale la pena ricordare che spesso le coppie possono essere più produttive di quanto lo possano essere i singoli individui.

Sentiremo adesso da Richard stesso una delle loro storie di più gran successo: Il citometro della Accuri, una nuova invenzione. La Menlo lavorò a stretto contatto con questa azienda e ricevette una quota di capitale societario della stessa come parte dell'accordo per svilupparne il software. Tutti stanno guadagnando un sacco di soldi e i clienti sono rimasti incredibilmente soddisfatti del prodotto. Richard è molto orgoglioso quando spiega che la programmazione è probabilmente costata molto (sebbene sembra che sia stata molto più economica di quanto l'avrebbe fatta pagare la concorrenza), ma il costo totale per il cliente, considerando anche la facilità d'uso e l'assenza di correzioni successive, è stato di gran lunga inferiore:

"Fino ad ora il mio progetto preferito è un modulo di analisi software, sviluppato per un dispositivo chiamato il citometro a flusso, per l'Accuri Cytometers. Si tratta di un dispositivo rivoluzionario per il mercato della ricerca sul cancro, sull'immunologia ecc. È stato bello! Alla prima spedizione commerciale in assoluto che l'Accuri ha fatto, Leo, del servizio clienti dell'azienda, lo impacchettò con estrema cura nella scatola".

Poi, chiamò il cliente e disse: "Lo mando con Fed Ex. Sarà lì domani. Perché non mi fate un colpo di telefono quando lo aprite, magari verso le nove o giù di lì?". E loro risposero: "Ok, Leo".

Era davvero entusiasta e la mattina dopo guardò il sito della Fed Ex, e disse: "Oh, hanno firmato; hanno firmato alle 8:45!".

A questo punto si accampa accanto al telefono. La lancetta supera le nove e non arriva nessuna telefonata. Mezzogiorno...e ancora nulla. Poi, il CEO della Accuri, Jen Baird, arriva e dice: "Leo, hanno chiamato?".

"No, non hanno chiamato".

A fine giornata, ancora nessuna telefonata. Tutto il secondo giorno scorre via, e ancora nessuna telefonata. Leo sta uscendo fuori dai gangheri. È sconfortato. Alla Accuri, cominciano a sorvegliarlo come potenziale suicida. Alla fine, prende il telefono, li chiama e dice: "Ehi gente, sono Leo, dalla Accuri".

E loro: "Ehi Leo! Come va?".

Lui: "Bene".

Poi dice: "E a voi come va?".

E loro: "Alla grande!".

Lui dice: "Avete avuto il pacco, vero?".

"Ah si, due giorni fa, di mattina, proprio verso le 8:45".

Lui continua: "Beh, dovevate chiamarmi. Ricordate? Preparatevi, devo darvi le istruzioni iniziali".

Con sua sorpresa gli risposero: "Oh, si. Ehi, Leo, lo abbiamo già scartato e abbiamo iniziato ad usarlo. Abbiamo fatto attività scientifiche con questo dispositivo per due giorni. È grandioso. Grazie".

"E' il costo più basso al più alto prezzo. È proprio forte!"

Cosa abbiamo imparato sul Visual Management?

Ritornando alla Menlo e alle digressioni precedentemente fatte, cosa abbiamo imparato sul Visual Management? Per definizione, il visual management dovrebbe mostrare alle persone che fanno il lavoro effettivo ed ai leader dove esse si trovano rispetto allo standard. Dovrebbe essere facile da comprendere. Un semaforo è un esempio calzante di ciò: è verde, giallo o rosso. A colpo d'occhio, sappiamo cosa dovremmo fare. Anche la polizia, con un rapido sguardo, potrebbe accorgersene e fermarti, se sei passato col rosso. È uno strumento di collaborazione, utilizzato per identificare questioni da affrontare.

In un ambiente positivo, tipo quello della Menlo Innovations, c'è molta collaborazione con il cliente. C'è molta collaborazione nella fase introduttiva, in cui gli antropologi tecnici definiscono ciò che il cliente vuole e ce n'è anche tra coloro che andranno a gestire il progetto e tra quelli che effettivamente svilupperanno il programma. C'è molta collaborazione tra le coppie di programmatori e i supervisori della qualità. Quando hai persone che collaborano, quando puoi andare ad un tabellone fisico dove tutto è messo in evidenza e controllare lo stato del progetto (se si è in anticipo o in ritardo; se alcune cose hanno passato il controllo della qualità o no; cosa si suppone che si debba fare in questo preciso momento e quanto tempo ci vuole per farlo), allora tutti hanno la stessa percezione della realtà rispetto a quanto pianificato.

La differenza tra quanto è pianificato e quanto avviene realmente diventa un problema e il termine 'problema', nella Lean, è trattato come un fatto oggettivo. In altre parole, quando abbiamo un gap, dato dal fatto che una certa cosa ci dovrebbe impiegare 60 minuti e invece ce ne impiega 70, quel gap viene definito 'problema'. Avere un problema non significa che bisogna dare la colpa ad una determinata persona e neppure che dobbiamo intraprendere immediatamente un'azione correttiva. Significa solo che c'è un gap.

Dobbiamo chiederci perché c'è quel gap. Potremmo migliorare il processo di valutazione. Potremmo renderci conto che c'è qualcosa di particolare che è avvenuto al di fuori del controllo delle parti implicate. Potremmo renderci conto che qualcuno ha bisogno di una formazione più specifica. In alternativa, potremmo semplicemente registrarlo mentalmente e non fare nulla. Vi possono essere innumerevoli motivazioni per quel gap e noi dobbiamo scegliere quale partita giocare e decidere quali gap legittimano un PDCA intensivo.

La paura è ciò che uccide la cultura del Miglioramento Continuo, perché tutto è estremamente visibile e le persone sono estremamente vulnerabili. Decenni fa, il Dr. Deming già predicava di "mandar via la paura" e il motivo per cui predicava questo è che, in un ambiente in cui regna la paura, le persone faranno qualsiasi cosa sia necessaria per tenersi fuori dai guai. Un modo per tenersi fuori dai guai è nascondere i problemi, ed ecco perché, alla Toyota, dicono: "Nessun problema è un problema!". Se non identifichi regolarmente i problemi è un guaio, perché ci sono sempre dei problemi. È raro che riusciamo a fare le cose alla perfezione, secondo i piani, e nascondere i problemi significa soltanto che stiamo evitando di migliorare.

Il sistema dipende anche dai leader e dal fatto che loro facciano qualcosa che in molte organizzazioni avviene troppo di rado: andare dove viene eseguito il lavoro, vedere come il team sta procedendo rispetto allo standard, condurre il Miglioramento Continuo. Il leader è presente, nota il problema mentre si verifica e prende un provvedimento che dovrebbe condurre al Miglioramento Continuo e incoraggiarlo. Ecco perché hai bisogno delle abilità di un Lean Leader: per sapere come agire in una determinata situazione e per modellare un buon problem solving, invece di puntare il dito verso qualcuno e dargli la colpa. È questo il modo di creare una cultura che incoraggia l'emersione dei problemi in superficie e la loro risoluzione.

CAPITOLO 4

IMPEGNARSI NELLO SVILUPPO PERSONALE

In cosa stai cercando di Migliorarti?

A questo punto dovrebbe essere chiaro che esiste un metodo per il Miglioramento Continuo e un metodo per il rispetto delle persone. Le due cose vanno di pari passo. In Toyota, non puoi essere efficiente nel Miglioramento Continuo a meno che non rispetti le persone, ossia i tuoi clienti, i tuoi partner e i membri del tuo team. Il True North, in Toyota, è definito dal Toyota Way, il quale indica ai leader come dovrebbero pensare, sentire e comportarsi. La Toyota sviluppa dei leader nel lungo periodo e noi abbiamo riassunto in un processo in quattro-step un Modello di Lean Leadership per le aziende che vogliono imparare dalla Toyota. Questo capitolo fornisce una panoramica di tale modello (v. fig. 4.1) per poi focalizzarsi sul primo dei quattro step, lo sviluppo di se stessi, attraverso la sfida e la riflessione.

Fonte: *The Toyota Way to Lean Leadership*

Figura 4.1 Il Modello di Sviluppo della Lean Leadership (Il Modello "Diamante")

I principi guida per migliorare te stesso, in quanto leader, sono i valori del True North posti al centro della tua organizzazione. Abbiamo messo la Toyota al centro del modello di sviluppo della leadership. Tali valori devono essere compresi appieno, ma oltre a questo, è necessario migliorare te stesso per vivere i Valori del True North attraverso cicli ripetuti di apprendimento. E' necessario applicare il plan-do-check-act al tuo percorso più e più volte, finché i valori entrino nel tuo DNA, nel modo in cui pensi e agisci. I tuoi valori non devono essere necessariamente quelli della Toyota, ma questi ultimi forniscono una guida utile per riflettere sui valori della tua organizzazione. Vale la pena rivederli ancora una volta.

Sfida - La competizione è ben accetta

L'ambiente costituirà sempre una sfida difficile per qualsiasi organizzazione e ci saranno sempre sfide interne. La chiave della questione sta nel capire se la "sfida" è vista come una difficoltà impostaci dall'alto, oppure se è considerata come l'ordine naturale di un universo complesso, in cui le sfide ci spingono ad adattarci e a diventare più forti. A titolo di esempio, il *Toyota Way 2001* dice: "La competizione è ben accetta". Non sentirai mai la Toyota lamentarsi della competizione con le aziende americane, coreane o tedesche che stanno tutte diventando più forti. Questa competizione è ben accetta, perché obbliga la Toyota a diventare migliore. Senza la sfida posta dalla competizione, potrebbe indebolirsi e i clienti ne risentirebbero. In Toyota vogliono spirito di competizione in ciascuno degli impiegati.

Affrontare la sfida con una mentalità positiva è un valore, perché senza quella sfida non c'è spinta verso il miglioramento. Gli studi dimostrano che l'apprendimento e la prestazione diminuiscono se le persone sono stressate più di quanto possano sopportare. D'altro canto, vi è una scoperta ugualmente importante che dice che, se le persone non vengono messe abbastanza sotto pressione, finiranno per rilassarsi e le loro prestazioni e apprendimento diminuiranno. Questo è stato chiamato il "principio dello stress di Goldilocks": il troppo poco ha quasi lo stesso effetto del molto.

Ciò suggerisce che esiste un livello ottimale di sfida. Pensate ad una curva della prestazione a forma di campana (v. fig. 4.2). Il livello massimo della prestazione si registra quando vi è il giusto livello di stress: né troppo basso, né troppo alto.

Sfida: La competizione è bene accetta.

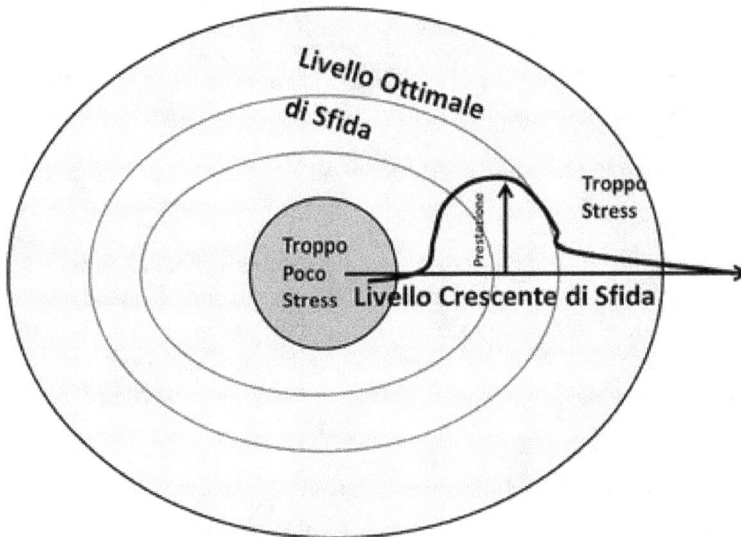

Figura 4.2 Trovare l'equilibrio nel Livello di Sfida

Mente *Kaizen* – Vincerò la sfida seguendo il processo giusto

Lo strumento di cui dotarsi per affrontare una sfida è una mente Kaizen. Con 'mente Kaizen' intendiamo la sicurezza che, con dedizione e con un processo sistematico di miglioramento attraverso il PDCA, ci fornisce la possibilità di affrontare la prossima sfida. Ti potrebbe venir richiesto di dimezzare il tempo che impieghi a realizzare il tuo compito: inizialmente potrebbe sembrarti impossibile, non lo hai mai fatto prima, ma sai che se scomponi quel 50% in parti più piccole, se fai i passi uno alla volta e se segui un buon processo di problem solving, ti avvicinerai sempre più a quel target e alla fine lo raggiungerai.

Hai bisogno sia di fiducia in te stesso che di un buon processo, da realizzare un passo alla volta, per vincere la sfida. Alcuni tentativi costituiranno dei passi indietro, e avrai sicuramente degli insuccessi, ma va bene... ti rimetterai in piedi, imparerai la lezione e proverai di nuovo.

Vai e Vedi – Puoi imparare la maggior parte delle cose nel *Gemba*

In Toyota, c'è anche un altro valore: andare a vedere. In quanto valore appare strano, perché devi semplicemente andare a vedere qualcosa.

In effetti, il valore riguarda il fatto che per apprendere davvero qualcosa bisogna andare nel *gemba*, ossia laddove le cose effettivamente avvengono. Ha un valore enorme il fatto di andare a vedere e imparare in prima persona, senza basarsi sui report indiretti o sulle medie o i database statistici dei mesi precedenti. Devi vedere con i tuoi stessi occhi il posto concreto così come si presenta oggi.

Il termine *Gemba* indica il posto dove "CIÒ" avviene. Potrebbe essere il posto dove costruisci il pezzo, dove fornisci il servizio, dove il cliente usa il tuo prodotto o dove un fornitore prepara i tuoi materiali. Ossia, ovunque ci possa essere del valore aggiunto.

Teamwork – Il lavoro di team e la prestazione individuale sono due facce della stessa medaglia.

Il teamwork è tenuto in grande considerazione in molte organizzazioni. Ciò che in Toyota sembra un po' insolito, è che il teamwork e la prestazione individuale non siano considerati come due elementi opposti. Al contrario, sono ritenuti quali due facce della stessa medaglia. Non puoi davvero avere dei grandi team senza individui altamente formati e gli individui migliorano e fanno del loro meglio quando sono parte di un team efficiente.

Rispetto – Clienti, Società, Membri del team, Partner, Comunità in cui hai le tue attività

Il rispetto ha molte sfaccettature: esso implica il rispetto dei clienti, della società, dei membri del team, dei partner e delle comunità in cui hai le tue attività. Chiudere una sede dove hai vari impiegati, anche se costituisce un buon espediente da un punto di vista degli affari, è una violazione di questo valore. Così facendo, togli il lavoro alle persone e danneggi il benessere economico della comunità. Questo non significa che la tua azienda deve affondare del tutto se sei sull'orlo della bancarotta, ma, se possibile, è bene cercare di evitare di danneggiare i membri del team, la comunità e la società per il business.

Questi sono i valori della Toyota, e probabilmente i valori della tua azienda sono scritti da qualche parte. Fanne una valutazione critica. Se pensi che abbiano bisogno di aggiunte o cambiamenti, modificali. Se sono già forti e abbastanza esaurienti, allora comincia a chiederti come farli diventare parte integrante della tua cultura di leadership.

Assicurati che i tuoi Valori siano parte integrante di te stesso

In qualità di leader, puoi effettivamente arrivare ad un punto in cui quei valori sono così integrati in te stesso da non poter nemmeno immaginare di violarli? Ti viene naturale comportarti in base ad essi: è il tuo modo di essere.

C'è una storia divertente che mi ha raccontato un dirigente della Toyota americano. Quando iniziò a lavorare per la Toyota, gli diedero una carta con su scritti i valori fondamentali della Toyota, sotto forma di bigliettino. Se lo portava sempre dietro, nel portafogli, e ogni tanto lo leggeva, giusto per ricordarsi quali fossero i valori dell'azienda. Un giorno andò nello stabilimento e si rese conto di aver dimenticato il portafogli nel vano portaoggetti della macchina. Si fece prendere dal panico e cominciò a correre verso la macchina per prendere il portafogli con dentro il foglietto dei valori.

Improvvisamente si fermò e si rese conto che non aveva davvero bisogno del pezzetto di carta. I valori erano ormai diventati parte integrante di sé: si trattò, per lui, di una vera liberazione, di un momento di svolta nella sua carriera.

La Leadership Occidentale vs la Leadership della Toyota

Che tipo di leadership è necessaria per condurre questa visione di pensiero del Toyota Production System? Come si differenzia dallo stile occidentale di leadership con cui abbiamo maggiore familiarità?

Considerando prima l'approccio occidentale alla Lean basato sugli strumenti, si può dire che utilizziamo di solito lo stesso stile di leadership con cui siamo maggiormente a nostro agio, e che abbiamo imparato alla Business School o magari dal nostro mentore (v. fig. 4.3). Alla radice, c'è un piano finanziario che guida questo comportamento. Se i nostri azionisti vogliono guadagnare (e noi guardiamo al nostro prodotto in termini di soldi), allora il profitto guida le nostre decisioni, ossia il piano finanziario. In tal caso, abbiamo la necessità di puntare a risultati rapidi per poter aumentare il profitto. Potremmo incentivare in qualche modo le vendite, pagando i venditori su commissione, ma il resto dell'organizzazione avrà una sola leva per la redditività, ossia la riduzione dei costi.

Il potente uomo d'affari tradizionale diventa il volto dell'azienda. Gli azionisti vogliono la sicurezza che i senior leader, cioè in particolare le persone con cui interloquiscono, siano degli eroi. In quanto CEO, ti affido il compito di fare soldi per conto mio. Se dubitassi che tu sia una persona infallibile, allora comincerei ad innervosirmi. Finché appari come un supereroe che non sbaglia mai, io sono contento. Il leader occidentale tradizionale deve essere forte, orgoglioso e deve comportarsi da supereroe e, per arrivare a questo punto, deve dimostrare che può avere risultati ripetutamente. Il modo in cui lo fa è raggiungendo risultati finanziari ad ogni passo della scala sulla quale sta salendo. La persona che diventa CEO è salita per le scale più rapidamente degli altri. Se vuoi essere un CEO, se quello è il tuo obiettivo entrando in un'azienda, allora faresti bene ad imparare a salire velocemente. Se ci sono delle persone che ti bloccano la strada, le scavalchi. Se devi spingerne un paio giù per le scale, va bene comunque.

Ciò che effettivamente stai facendo è ottenere dei risultati, ma sono dei risultati molto specifici. Sono risultati finanziari che gli azionisti comprendono facilmente e il danno eventuale che provochi lungo il percorso non ha importanza, a meno che non porti l'azienda nell'aula di un tribunale.

D'altro canto, le persone costituiscono un disturbo, perché, mentre tu cerchi di salire per le scale, loro hanno dei bisogni di tipo emotivo: non vengono al lavoro, non seguono sempre le tue istruzioni, o addirittura a volte non le comprendono. Le persone sono delle macchine imperfette. Se programmi un computer correttamente, esso fa quello che gli dici di fare, ma le persone possono essere delle macchine testarde che oppongono resistenza. Ciò che dobbiamo fare è utilizzare le persone in modo appropriato e imparare quale leva utilizzare per farle comportare secondo i nostri desideri.

Leader Tradizionale Occidentale	Leader Toyota
Lavora sulla base di un Piano Finanziario	È proteso verso la Vision del True North
Risultati Rapidi	Paziente
Orgoglioso	Umile
Sale le Scale Rapidamente	Apprende Profondamente e percorre gradualmente il Sentiero su per la Scala
Risultati a Tutti i Costi	Ha bisogno che il Processo Giusto dia costantemente i Risultati Giusti
Raggiunge gli Obiettivi attraverso le Persone	Sviluppa le Persone attraverso il Miglioramento del Processo

Figura 4.3 Leader Occidentale Tradizionale vs un Leader della Toyota

Mettiamo le caratteristiche enunciate sopra a confronto con il leader ideale della Toyota che è parte del Thinking Production System. Egli cerca di raggiungere l'obiettivo irraggiungibile della perfezione e per farlo si rende conto che ci sono molti gradini da salire. Si rende conto anche che non sa esattamente come raggiungere il True North, così deve fare varie prove. Più rapidamente farà esperimenti, più rapidamente si muoverà in direzione del True North. Inoltre, deve essere paziente: in qualità di senior leader, non svolge direttamente il lavoro concreto; piuttosto, dipende dalle persone che riportano a lui. Capire questa cosa porta all'umiltà: "Il mio compito è aiutare le persone che effettivamente svolgono il lavoro, e lo farò in ogni modo possibile". Questa cosa viene spesso chiamata leadership di servizio.

Nella Toyota viene dato un enorme valore a ciò che sai, non dal punto di vista finanziario, ma in termini di processi e di business. Ad esempio, Sakichi Toyoda ha imparato in principio a lavorare con le sue mani, a fare oggetti di legno e alla fine ha inventato dei telai nuovi e più automatici. Kiichiro Toyoda ha appreso come si producono automobili dall'inizio alla fine del processo. Le persone di solito non fanno carriera alla Toyota senza aver imparato tutto a fondo dall'inizio alla fine. Imparare a fondo, poi muoversi orizzontalmente e imparare a fondo di nuovo è il modo giusto di salire su per le scale. Questo richiede pazienza. Si passa molto tempo ad un solo livello di apprendimento. Alla fine, qualcuno ti suggerirà che sei pronto per un'altra sfida e ti darà una promozione. Nel frattempo, attendi pazientemente che questo avvenga.

Hai bisogno che i processi giusti diano i risultati giusti. Il *kaizen*, che riguarda il rispetto per le persone e un approccio molto metodico al PDCA, da ripetere più e più volte, è ritenuto il metodo che ti avvicina sempre più al True North. Ti porterà al target da te stabilito, in direzione del True North. Non sappiamo esattamente come arrivarci: se qualcuno ci chiedesse di ridurre dell'80% il tempo necessario a cambiare una macchina, noi risponderemmo "Ok, lo farò", ma non abbiamo delle soluzioni già preconfezionate su come farlo. Sappiamo che abbiamo bisogno di un team di persone, di molti cervelli. Sappiamo che sarà necessario fare molti tentativi, ma se siamo dei leader con esperienza, vuol dire che siamo persone che hanno raggiunto ripetutamente degli obiettivi. Abbiamo la certezza che, se seguiamo il processo appropriato lavorando con un team motivato, otterremo i risultati giusti.

E, nel seguire tale processo, il valore "Rispetto per le Persone" ci suggerisce che, per avere il meglio da queste ultime, bisogna formarle e farle migliorare. Così, da un lato abbiamo i risultati che stiamo cercando di raggiungere e la sfida che stiamo cercando di vincere, e dall'altro lato abbiamo le persone che stiamo seguendo in maniera che si rafforzino. In questo modo, esse acquisteranno una maggiore abilità nel Miglioramento Continuo.

Come fai a diventare un Lean Leader?

Come fai a conformarti all'ideale di leader della Toyota? Molti leader potrebbero dire: "Senti, noi siamo stati allevati per seguire il modello occidentale di Leadership. Abbiamo imparato a far quadrare i numeri. Abbiamo imparato ad essere impazienti. Le persone scelte per fare i leader sono state selezionate perché sono impazienti, e perché vogliono risultati, subito. Adesso, invece, mi vieni a dire che devo essere gentile, paziente, umile e bravo con il mio personale e incoraggiarlo. È una serie di comportamenti completamente opposti ai precedenti. Come posso passare da un estremo all'altro?". Certamente, è difficile cambiare dei comportamenti complessi, e sappiamo dalle neuroscienze che è addirittura penoso. Questo vuol dire che dobbiamo davvero volerlo, ed ecco perché la Toyota lavora duramente nel selezionare persone che davvero hanno passione per l'apprendimento.

Primo Step – Impegnarsi nel miglioramento personale. Imparare a vivere Il True North attraverso ripetuti cicli di apprendimento.

Abbiamo imparato alcune cose: sappiamo che quando le persone hanno stabilito delle routine e si rifanno a delle modalità di pensiero impresse nella mente da decenni è davvero difficile cambiare. Magari dovremmo far saltare in aria l'azienda e ricominciare tutto daccapo. Potremmo introdurre dei coach che hanno davvero esperienza e poi prendere delle persone ed educarle fin dall'inizio ai valori del True North. Nell'esperienza della Toyota, ci si impiega circa dieci anni prima di poter agire come leader maturi. Devi avere tutte le routine impresse nella mente per poterlo fare.

Poche aziende possono permettersi il lusso di chiudere e ricostruirsi nel corso di dieci anni. In più, molta dell'esperienza accumulata andrebbe persa. È meglio lavorare duramente per cambiare la leadership che hai già. Chi potrebbe avere la facoltà di cambiare il pensiero della leadership? Sulla base di anni ed anni di esperienza alle spalle, posso dirti che, in qualità di consulente, quella persona non sono io. Non sono mai riuscito a far cambiare mentalità ad un CEO. L'unica cosa certa è che io sono solo una di quelle persone che loro hanno scavalcato per tutta la vita e sono anche un consulente pagato, cosa che mi rende anche meno credibile. I CEO hanno una volontà molto forte, ecco perché sono arrivati dove sono adesso.

La cosa buona è che, poiché hanno una volontà così forte, essi sono stati capaci di realizzare qualsiasi cosa si siano mai messi in testa di fare durante tutta la loro carriera. Per questo, se decidono di dover cambiare il modo in cui si comportano, possono riuscirci. Ciò richiede estrema dedizione e non avviene al primo tentativo. Se non hai le abilità di base, non puoi diventare un grande giocatore di golf con una semplice lezione fatta durante il week end. Se giochi male a golf e hai molte cattive abitudini, non riesci a cambiarle a meno che non ti alleni per un lungo periodo di tempo con un coach. Egli ti controlla, ti dice cosa fai di sbagliato, ti suggerisce come potresti modificare il movimento e ti assegna degli esercizi di routine. Il mio istruttore di golf mi ha consigliato di non prendere lezioni a meno che io non abbia tre giorni liberi dopo la lezione per esercitarmi, non giocando sul campo, ma facendo pratica nel driving range. Solo in seguito all'allenamento sarei pronto per la successiva lezione.

La sfida al miglioramento personale consta in: (1) ci vuole profondo impegno; (2) hai bisogno di un coach; (3) devi fare pratica. Per i CEO e i dirigenti che corrono un miglio al minuto per risolvere i problemi del momento è difficile ritagliarsi del tempo, e il tutto richiede persino maggior dedizione. Quello che io adesso presumo è che tu, in quanto leader, abbia deciso di voler cambiare, e ciò è valido sia nel caso in cui tu sia un supervisore di prima linea, un manager, un direttore o un CEO. Il modo in cui hai fatto il leader ha dato risultati, ma ha portato ad avere persone che non sono realmente coinvolte. Ti ha portato ad essere colui che risolve la maggior parte dei problemi e colui che pensa al posto degli altri. Sei frustrato, e pensi che ci possa essere un modo migliore. Come fai ad avere dei leader come quelli giapponesi che hanno insegnato a Gary Convis? Gary ha dovuto provare a diventare uno di quei leader, ed è stata una lotta. Aveva lavorato alla Ford per 20 anni e aveva sviluppato parecchie cattive abitudini.

Quando assunsero Gary per dirigere la NUMMI, ci furono parecchie cose che piacquero di lui. Una di queste era che, mentre si trovava alla Ford, Gary si comportava come un leader della Toyota: era il manager della qualità, ed era solito fermare effettivamente la produzione (e, alla Ford, nessuno fermava la produzione). Andava sul luogo effettivo del lavoro, parlava con gli impiegati, identificava il problema e la root cause. Nella sua mente si comportava come un leader della Toyota e, in vari modi, lo era. La dirigenza della NUMMI disse che rimase impressionata dal fatto che lui avesse un tale potenziale di leadership. Tuttavia, avevano fatto anche delle ricerche molto esaustive prima di decidersi a prendere Gary e ciò che li convinse fu che Gary continuava a far domande, ascoltava e voleva imparare.

Chiunque sia stato un docente sa che non puoi insegnare a qualcuno che non vuole imparare. Puoi fargli prendere degli appunti. Puoi fargli dare un feedback tramite un test su cosa ha ascoltato e letto; ma non puoi insegnare davvero a qualcuno, tranne che ad un livello molto superficiale, se questo qualcuno non ha voglia di imparare. Sei sempre alla ricerca di quello specifico studente che ha la passione per la conoscenza, qualsiasi essa sia, dallo strumento musicale allo sport. Sei un ingegnere e stai cercando di formare la prossima generazione di ingegneri e cerchi la scintilla in qualcuno che davvero voglia imparare.

Il primo step consiste nel trovare persone che davvero vogliano impegnarsi nel miglioramento personale. Ciò che vuoi che esse imparino sono i valori del True North dell'azienda. Il solo modo in cui possono impararli è facendo dei piccoli passi. All'inizio dovranno imparare schemi di routine del comportamento di base; poi, mentre migliorano, impareranno cose più precise ed elaborate. Il miglioramento *Kata* fornisce un modo sistematico di apprendere attraverso la pratica, un passo alla volta.

Questo è quanto i giapponesi facevano alla NUMMI, in California. Cercavano di insegnare come migliorare se stessi, come imparare e come pensare nel Toyota Way. Insegnavano in particolare a Gary, perché lui, in quanto manager dello stabilimento, era nella posizione più critica; e poi a tutti gli altri nella gerarchia, fino ai team leader dei piccoli gruppi.

Cicli (PDCA) di Apprendimento dello Sviluppo Personale della Leadership

Il Lean Leader accetta sfide di difficoltà crescente, le vince, impara e poi affronta la sfida successiva. Segue il ciclo del PDCA per imparare (v. fig. 4.4).

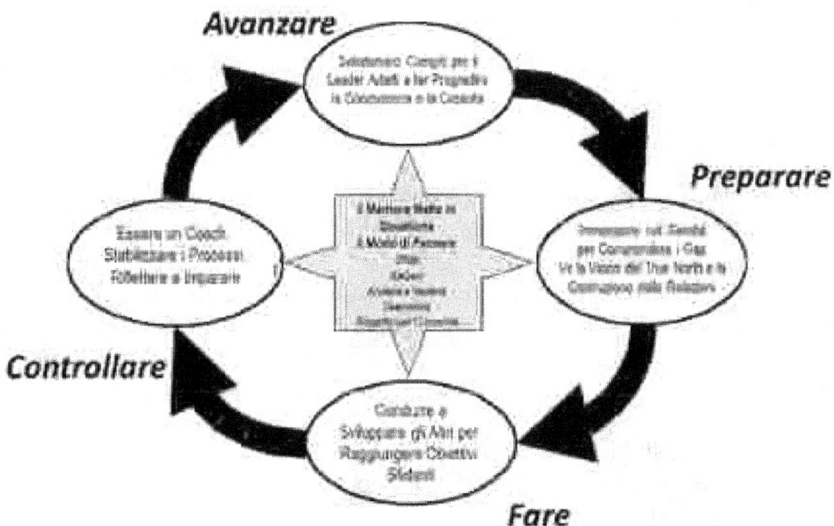

Fonte: *The Toyota Way to Lean Leadership*
Figura 4.4: Cicli (PDCA) di Apprendimento dello Sviluppo Personale della Leadership

Ti viene dato un nuovo compito che i tuoi superiori e le risorse umane ritengono aiuterà l'organizzazione e svilupperà ulteriormente le tue capacità di leadership. Per esempio, sei stato manager nel settore montaggio e adesso sei stato selezionato per essere manager nel settore spedizioni perché questo ti allargherà le prospettive e ti preparerà per livelli più alti di leadership. La prima cosa che farai, nel tuo nuovo compito nel settore spedizioni, sarà di immergerti e cogliere la situazione corrente. Questo è l'inizio dello sviluppo del tuo piano per quel settore.

Con "situazione corrente" si intende includere entrambi, persone e processi. Ti stai immergendo nel *gemba* per sviluppare una visione dettagliata di quell'area spedizioni, per conoscere le persone e i gap tra dove le spedizioni dovrebbero essere e dove sono attualmente. Un modo per ottenere ciò consiste nello svolgere i compiti effettivi dell'area: guidare un carrello elevatore, caricare un furgone oppure ricevere le scatole, impilarle e sistemarle per la spedizione successiva. Così costruisci rapporti e inizi a comprendere i punti di forza e di debolezza delle persone e dei processi. Poi stabilisci un accordo con le persone sullo stato ideale: "Ecco dove siamo diretti ed ecco il nostro primo passo".

Quando hai ben pianificato il tutto, puoi cominciare a condurre gli altri verso lo stato ideale. Il tuo scopo non è soltanto finire il lavoro, ma migliorare gli altri. Essi devono accettare pezzettini del tuo obiettivo e accoglierli come una loro sfida personale, tesa al proprio miglioramento. Questa è un'altra serie di abilità: insegnare alle persone e motivarle a voler accettare una sfida e sviluppare se stessi di conseguenza. Quando ti sarai impegnato in questo lavoro per un po' di tempo e avrai fatto progressi verso il tuo obiettivo, allora rifletterai su come stai procedendo.

Dovresti avere un coach che ti aiuti a capire cosa stai svolgendo bene e cosa no. Egli può aiutarti a vedere i punti nascosti. Il coach ti osserverà. Egli sa cosa dovrebbe succedere e sa ciò che tu stai cercando di realizzare. Inoltre, egli sa quali tipi di strade sono giuste e quali sbagliate e, in modo sottile, ti influenzerà verso la strada giusta. Con 'modo sottile', intendo che potrebbe porti delle domande, proporti una sfida, ma non farà il lavoro al tuo posto e non ti dirà esattamente cosa fare.

Ecco un paio di domande sulle quali vorrei che riflettessi un attimo. Potresti anche fare una pausa e mettere giù qualche idea, magari in gruppo con altre persone: 1) Per sviluppare te stesso, per imparare questi valori e per apprendere il Miglioramento Continuo, su quali abilità specifiche avresti bisogno di lavorare? Pensa a questo come penseresti ad un qualsiasi tipo di abilità complessa che stai cercando di imparare. Se hai intenzione di imparare il golf e io sono il tuo istruttore, farei meglio a capire bene le abilità che sto cercando di insegnarti. 2) Come puoi imparare quelle abilità?

È proprio come il golf: fai pratica, hai il feedback del coach, rifletti, fai più pratica e alla fine ti avvicini sempre più a sviluppare quell'abilità in modo che diventi una routine, una cosa ripetibile e impressa nella tua mente.

Sintesi di ciò che i Lean Leader devono imparare

Sono sicuro che la vostra lista è più lunga della mia, ma fatemi comunque fare un piccolo elenco delle abilità dei Lean Leader. Per prima cosa, essi devono imparare a gestire le cose a partire dal *gemba*: andare a vedere. Sfortunatamente, questa è un'arte per molti ormai persa. Personalmente, penso che i fondatori originari delle aziende fossero molto presenti. Essi stavano principalmente nel *gemba*. Spesso il *gemba* era costituito da poche persone, poi, con l'ingrandirsi delle aziende, i leader si allontanarono sempre di più. Essi passavano più tempo negli uffici o in riunioni a guardare i risultati finanziari e meno tempo ad osservare effettivamente le persone al lavoro, a cercare i gap e a trovare opportunità per formare il personale. Poi, con l'avanzare dei tempi, vennero assunti dei manager professionisti che erano ancora più lontani dal *gemba*.

Quelle dei Lean Leader sono, in effetti, una serie di abilità che, nel *gemba,* impiegano tempo a svilupparsi. Mentre sei nel *gemba*, migliori te stesso e migliori gli altri. Devi comprendere i valori essenziali. "Comprendere" significa non tanto leggerli da un foglio di carta, piuttosto, vuol dire farli diventare il modo in cui sei, il modo in cui pensi. Tu vivi i valori. Li devi avere nel tuo DNA, così che, quando qualcuno lavora e tu individui un errore, diventi perfettamente naturale, invece di buttarti a capofitto a criticare e a prendere in mano la situazione, fare un passo indietro e chiederti: "Cosa dovrebbe succedere? Cosa sta succedendo? Qual è il problema (gap)? Che posso fare per dare una mano?".

Gestire in maniera efficace a partire dal *gemba*, vuol dire essere capaci di vedere e rispondere spingendo il team in avanti, invece di bloccarlo nel suo percorso. Questo richiede molta disciplina, più di quanta ne sia richiesta alle persone cui stai cercando di fare da coach. La disciplina consiste nel trattenerti dallo sparare ordini, soluzioni o critiche e seguire un processo disciplinato di problem solving. Il primo passo nel problem solving è sempre lo stesso: qual è il problema? A te il problema può sembrare ovvio. In ogni caso, hai il dovere di chiedere agli altri cosa ne pensano, perché spesso quello che sembra ovvio è di fatto sbagliato e, inoltre, devi far sì che le persone riflettano sul problema stesso.

Devi sviluppare le abilità necessarie a seguire un processo di problem solving disciplinato che per te sia naturale compiere. In tale processo, puoi percorrere l'intero ciclo del Plan-Do-Check-Act in modo strutturato e disciplinato, con pazienza e senza saltare nessuno step. Poi, puoi iniziare ad insegnare agli altri. Alla Toyota, questo significa sviluppare una qualche padronanza delle "Toyota Business Practices". Quindi, puoi imparare ad insegnare agli altri attraverso il "miglioramento sul lavoro". Un prerequisito al miglioramento degli altri sul lavoro è che tu stesso impari. Tu hai sempre da imparare. Impari più a fondo in qualità di risolutore disciplinato di problemi che di leader o di coach, nonostante tu abbia già fatto quelle stesse cose tante volte.

Come ho già detto in precedenza, la Toyota attribuisce un profondo valore alla conoscenza dei processi effettivi, ad un livello molto tecnico e dettagliato. Supponiamo che tu sia un ingegnere neoassunto in Toyota e che ti assegnino all'ingegneria della carrozzeria. Questo comporta progettare la carrozzeria, ideare il progetto delle matrici dello stampo e definire le modalità con cui la carrozzeria sarà prodotta allo stampaggio. Sarai focalizzato su questo specifico processo probabilmente per i primi dieci anni o più della tua carriera.

Una volta giunto a tale profondità di conoscenza, se il percorso della tua vita lavorativa in azienda ti porterà a diventare general manager nell'ingegneria della carrozzeria o uno specialista tecnico nella stessa, potresti rimanere in questo settore per il resto della tua carriera. Se, invece, ci sarà la volontà di promuoverti o a manager di un processo più generale quale la pianificazione tecnica o possibilmente a ingegnere capo, ti sposterai ad una specializzazione correlata alla precedente. Magari, passerai alla progettazione dell'interno dell'automobile.

Fig. 4.5 Sviluppare una Competenza profondamente Radicata   **Fig. 4.-6** Leadership di Tipo-T

Il punto è che tu stai sviluppando un'esperienza dalle radici profonde (vedi fig. 4.5). In Toyota credono che, senza radici profonde, l'albero finirà per essere molto vulnerabile. Alla prima tempesta cadrà.

La tua lezione successiva consiste nel guidare le persone quando non sei davvero un esperto di ciò che esse fanno. Poiché hai imparato come diventare esperto in qualcosa, puoi imparare più velocemente gli elementi di base del processo tecnico successivo, ma non potrai avere la stessa profondità. Devi dipendere maggiormente dalle altre persone. La Toyota definisce quest'ultima come la leadership di tipo "T" (vedi fig. 4.6). Le radici profonde vengono prima, successivamente, la croce della T rappresenterà l'apprendimento più ampio.

Come fanno i Lean Leader a migliorare e venire promossi?

La Toyota è nota per la pratica manageriale giapponese della promozione lenta. Nel *gemba*, vieni valutato in modo molto accurato, sia per il modo in cui lavori che per i risultati che raggiungi. Inoltre, come già discusso nel modello a T, spesso vieni promosso orizzontalmente prima di muoverti verso l'alto. Questo richiede pazienza da parte dell'impiegato.

In Giappone, questa cosa funziona bene, perché quando la persona arriva alla Toyota dall'Università (oppure dalla Scuola Superiore tecnica della Toyota), la sua aspettativa è quella di restare in azienda fino alla fine della sua carriera. Infatti, quasi nessuno abbandona l'azienda. Ovviamente, prendono le persone senza sapere per certo quale sia il loro potenziale. Di sicuro, invece, hanno un processo di selezione molto rigoroso. All'inizio della carriera, valutano il potenziale di un ingegnere sulla base di una scala che ha un punteggio da 1 a 10. Finché l'ingegnere non acquisirà un' effettiva esperienza in azienda, in Toyota non sapranno ancora quanto bene riuscirà a migliorare, quanto bene imparerà a migliorare gli altri e quali saranno le abilità che gli consentiranno di guidare gli altri. Pensate ai team sportivi che scelgono nuovi giocatori sulla base del loro straordinario potenziale: essi non sanno a priori come questo potenziale si tradurrà nel gioco professionale.

In un'azienda qualunque, man mano che fai carriera, ci si aspetta che tu ti assuma la responsabilità di una parte sempre più ampia dell'organizzazione e che tu guidi sempre più persone e processi. In Toyota, gli impiegati devono farsi strada attraverso il modello di sviluppo della leadership. Devono migliorare se stessi e poi imparare a migliorare gli altri. Quindi, scendendo parecchi livelli più in basso, devono essere capaci di guidare gli altri in modo tale da poter sviluppare una routine di miglioramento quotidiano a tutti i livelli lavorativi. Infine, imparano come guidare ciò che viene chiamato *Hoshin Kanri*, oppure policy deployment (pianificazione strategica): fissano degli obiettivi aggressivi e li testano, così che ognuno sappia ciò che dovrebbe fare per conformarsi ai bisogni dell'azienda.

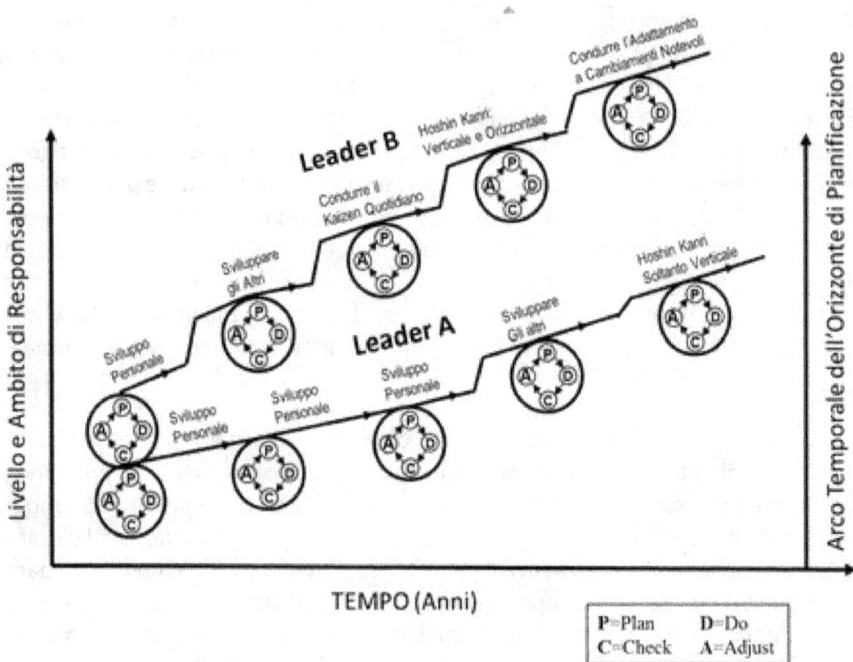

Fonte: *The Toyota Way to Lean Leadership*
Figura 4.7 Percorsi Ipotetici della Carriera di due Leader della Toyota

A scopo illustrativo, mostriamo due diversi leader (v. fig. 4.7). Il leader A percorre tre cicli (diciamo che ognuno di questi cicli impiega due o tre anni a compiersi) nello sviluppo personale. Nel corso dei primi 6-9 anni, non ha nessuno che gli riporti. Alla fine, avrà alcune persone che riporteranno a lui e, poi, nel *Hoshin Kanri*, sarà responsabile del raggiungimento degli obiettivi del gruppo di persone che gli riportano.

Nel caso di un ingegnere, questo può sembrare quasi il percorso di una carriera tecnica. Se nella tua area sei molto bravo dal punto di vista tecnico, ma non sei altrettanto bravo nelle abilità comunicative (o magari non sei neppure tanto interessato a sviluppare tali abilità), allora, il meglio che puoi fare è svolgere il tuo lavoro tecnico e avere poche persone che ti riportano e che abbiano magari gli stessi tuoi interessi.

Ad alcune di queste persone verranno fissati degli obiettivi tecnici davvero ardui. In Toyota, ad un General Manager di produzione e progettazione degli stampi venne lanciata la sfida di dimezzare il tempo necessario a progettare uno stampo. La Toyota era già leader mondiale nel campo. Questa sfida fu davvero difficile per il manager, nonostante non avesse delle grandi responsabilità in azienda.

Magari un altro leader (Leader B) mostra una passione incredibile per le persone. È un grande leader. Le persone gravitano attorno a lui. Lavora duramente a migliorare se stesso e salirà su per la scala più velocemente. Potrebbe giungere a livelli dirigenziali e gli potrebbe venir chiesto di condurre, a livello orizzontale, un grande cambiamento che intersechi una buona fetta dell'azienda stessa.

La cosa importante è che tu abbia un gran numero di persone che lavorano per te per un lungo periodo di tempo, tanto da non avere la necessità di tirare ad indovinare circa la valutazione della loro prestazione quando li promuovi, avendoli osservati a lungo nel loro ruolo attuale. In qualità di manager del *gemba*, li osservi mentre lavorano e quindi sai bene come reagiscono.

Tutto ciò consente di evitare di dover tirare a indovinare. In aggiunta, le decisioni relative alle promozioni vengono fatte da più di una persona: se tu sei il manager, oltre a te, anche il tuo capo e le risorse umane saranno coinvolte nel processo di promozione di coloro che ti riportano.

Le risorse umane hanno un ruolo fondamentale all'interno della Toyota: esse sanno davvero quanto rendono le persone, quali sono le loro abilità, come gestiscono, come rispettano gli altri e come raggiungono obiettivi sfidanti. Le risorse umane hanno la responsabilità dell'avanzamento di carriera delle persone, così come la ha il manager. C'è un gruppo di persone che si riunisce per parlare di te, non soltanto in base ai report o ad una singola review annuale in cui ti pongono delle domande, ma sulla base del fatto che ti hanno osservato di persona.

Ancora una volta, questa cosa funziona bene per gli stabilimenti Toyota in Giappone in quanto le persone lì si aspettano di impegnare la loro intera carriera in azienda. E' stato, invece, particolarmente difficile gestire il personale in altri paesi, come ad esempio in America, dove ai giovani ingegneri appena usciti dall'università viene detto che la permanenza in un'azienda per più di tre, massimo cinque anni, implica che la loro carriera è finita in un vicolo cieco. Le aziende sono considerate come i gradini di una scala. Poi, arrivi alla Toyota e impari che non avrai responsabilità maggiori di quelle di sviluppare una parte di un veicolo per un periodo che va dai tre ai cinque anni. Durante quel periodo, imparerai e metterai alla prova il livello delle tue abilità. Entro i cinque anni, gli ambiziosi nuovi assunti credono di essere giunti al punto di dover supervisionare gli altri e prepararsi per la prossima azienda.

Per questa ragione, il Toyota Technical Center negli Stati Uniti si rese conto che stava perdendo molti nuovi ingegneri e cominciò, nel corso dei decenni successivi, a intraprendere parecchi cicli di PDCA. Si chiesero: "Qual è il problema?". Il problema è che i giovani americani non si aspettano di rimanere in azienda decenni per poter migliorare, così come avviene in Giappone. Sperimentarono delle contromisure per velocizzare il ciclo di formazione, ma è molto importante prendersi il tempo necessario a migliorare le persone, nella maniera adeguata. Questo vuol dire che la persona deve stare con un coach per un certo periodo di tempo. Se le persone vanno via prima, allora devi chiederti perché se ne vanno. Sono state forse assunte le persone sbagliate? Forse la Toyota stava selezionando il fior fiore delle menti eccellenti che vengono fuori dalle università, ma i cui obiettivi di carriera consistono nel salire la scala il più velocemente possibile. Fu allora necessario modificare il processo di selezione così da assicurarsi di non scegliere più quel tipo di persone.

Puoi anche chiederti se le tue condizioni di lavoro costituiscono un problema oppure se gli stipendi che offri sono proporzionati alla media del mercato del lavoro. Ci sono una serie di elementi su cui provare a fare leva per aumentare la fidelizzazione del personale, ma non lo si può fare percorrendo un solo step, bensì realizzando una serie ripetuta di cicli di PDCA. Il Toyota Technical Center aveva, in effetti, un tasso di fidelizzazione del personale rispettabile, ma comunque non all'altezza degli standard della Toyota. Una contromisura chiave che davvero li aiutò, fu la partecipazione attiva a programmi di educazione cooperativa, dove gli studenti di ingegneria, ancora non laureati, lavoravano per la Toyota per un massimo di quattro anni, consentendo così una conoscenza reciproca, prima di prendersi l'impegno di un lavoro a lungo termine.

L'obiettivo era di avere almeno un gruppo di impiegati a lungo termine, dediti all'azienda, su cui investire. Una cosa che la Toyota fa raramente è andare in giro, da altri datori di lavoro, a cercare gli impiegati con alto potenziale e assumerli ad un livello manageriale. Arriverebbero ad un livello elevato, ma senza il DNA della Toyota. Potrebbero essere un elemento di gran disturbo. La Toyota invece fa il possibile per favorire la crescita interna.

La Toyota, inoltre, vuole anche evitare di alterare il sistema di retribuzione. Supponiamo che ti venga offerto un lavoro da un'altra azienda con un aumento di stipendio del 30% e una promozione. Anche se tu sei una persona chiave che sta lavorando ad un progetto importante, ti verrà chiesto perché vuoi andare via, cercheranno di parlare con te, ma se davvero te ne vuoi andare, ti augureranno buona fortuna e non ti offriranno un aumento di stipendio equivalente. Se lo facessero, sconvolgerebbero tutto il sistema di retribuzione in atto. La Leadership e lo sviluppo tecnico davvero dipendono da molti cicli di praticantato che consentiranno, a chi interessato alla Toyota, di continuare ad imparare e migliorare.

Competenza Approfondita attraverso Fasi di Shu-Ha-Ri

Il miglioramento di se stessi richiede pazienza. Richiede umiltà. Potresti anche essere un dirigente o un manager di alto livello, ma, a meno che tu non sia cresciuto sotto la guida di un tutor all'interno di un'azienda Lean, dovrai tornare sui banchi di scuola per imparare ad essere un Lean Leader. Proprio come coloro che sono stati formati alla Toyota, dovrai mettere il tuo sviluppo personale nelle mani di un coach.

Ho suonato la chitarra quasi ogni giorno da quando avevo tredici anni fino all'età di ventinove anni, poi, ho smesso per trent'anni. Solo ultimamente ho ripreso a suonare, prendendo lezioni di chitarra classica. Sono professore all'Università del Michigan e tengo conferenze in tutto il mondo. Tuttavia, quando si è trattato di prendere lezioni di chitarra, il mio insegnante, un professore di chitarra che ha fatto questo per tutta la vita, ha iniziato ad insegnarmi le cose basilari che non ho mai imparato da autodidatta, ossia leggere la musica, il ritmo e contare. Ho praticato esercizi di base e ho dovuto imparare ad essere umile.

La difficoltà maggiore mi si è presentata quando mi ha chiesto di diventare un membro del seminario insieme agli studenti non ancora laureati dell'Università locale in cui insegna. Dovevo stare lì, ascoltare e poi suonare ed esibirmi davanti agli studenti. Posso dirvi che la cosa più spaventosa che abbia mai fatto nella mia vita è stato esibirmi in un pezzo con la chitarra davanti a dieci ragazzi. Le mani mi tremavano. Non riuscivo a ricordare la musica. L'ho fatto varie volte finché non mi sono sentito maggiormente a mio agio; ma comunque ho perso del sonno al pensiero di doverlo fare.

Quando devi imparare una nuova abilità, una a cui non hai mai lavorato, in un momento della tua carriera in cui davvero padroneggi le abilità che usi quotidianamente, quello è il momento in cui devi esporti. Per poterlo fare, devi intraprendere lo stesso percorso di una qualunque altra persona che stia cercando di apprendere un'abilità complessa: cominciare dall'inizio. Cominciare dagli elementi di base. Hai un coach. Il coach ti dà degli esercizi apparentemente futili. Li fai così come ti è stato detto e migliori sempre di più in quelle abilità. Non potrai imparalle in un'aula.

Di solito, mandiamo dei dirigenti o dei dirigenti in erba a fare corsi fuori dall'azienda. Vanno ad Harvard, al MIT o alla Business School dell'Università del Michigan disponendo di cibo stravagante, belle residenze e centri fitness. Valutano i professori in maniera critica e vanno via dopo una settimana. Alla fine, si presupporrà che siano stati rimessi a nuovo e trasformati in nuovi leader. Questo non avverrà mai. Probabilmente, essi hanno esibito ed esercitato gli stessi comportamenti che di solito hanno al lavoro, ma in un contesto diverso: con i loro team, con altri dirigenti e con gli insegnanti in un'aula. Quando tornano in azienda, hanno un coach? E, se la risposta è 'sì', il coach continua ad insegnare loro quotidianamente i nuovi comportamenti che hanno appreso all'Università?

Shu-Ha-Ri per avanzare dal livello di principiante a quello di padronanza

Una modalità di sviluppo di questa expertise ci viene fornita da un modello di apprendimento proveniente dalle arti marziali: si chiama ciclo del *Shu-Ha-Ri* (v. fig. 4.8). Molti diversi modelli di apprendimento affermano la stessa cosa. Nel Secondo Capitolo abbiamo imparato il *Toyota Kata* che è uno dei modi con i quali si può migliorare sia l'apprendimento che la modalità di fare il coach ed è basato su un modello sistematico tipo quello del *Shu-Ha-Ri*.

Competenza Profonda attraverso lo Shu-Ha-Ri

KATA = Una routine definita per pensare e agire

Shu– Aderire al kata (imparare in modo preciso)

Ha– Divergere dal kata (un po' di improvvisazione)

Ri– Mettere da parte il kata (La forma viene ormai padroneggiata; focus sull'approfondimento dell'abilità e della comprensione)

Figura 4.8 Il Ciclo dello *Shu-Ha-Ri*

Nella fase *Shu*, se sei un maestro di arti marziali, ciò che desideri per lo studente è insegnargli ad abbracciare il *kata*. Cerchi di insegnargli un modo particolare di stare in piedi, una determinata postura, un modo specifico di dare calci e di muovere le mani. Vuoi che egli replichi esattamente ciò che tu gli dici di fare e non è ammessa alcuna variante.

Come studente, tu impari in modo estremamente preciso e ti assoggetti al tuo maestro. Quest'ultimo ha ragione, tu hai torto e quindi farai esattamente ciò che il maestro ti dice di fare, obbedirai ed eseguirai diligentemente tutti gli esercizi che ti vengono assegnati.

Nella fase *Ha*, una volta che hai imparato le suddette routine, gli elementi di base sono diventati per te qualcosa di naturale e non devi più pensarci. Puoi iniziare ad allontanarti dalle regole e tentare delle improvvisazioni, pur rimanendo nei confini del *kata*.

Infine, nella fase *Ri*, qualche volta detta "abbandono del Kata", sei davvero libero di imparare l'arte della prestazione. Questo non vuol dire che puoi dimenticarti tutto ciò che hai appreso del *kata*, ma significa che ciò che tu hai appreso è diventato per te così naturale che non devi neppure pensarci quando lo fai. Adesso, acquistata la padronanza della forma, puoi focalizzarti sull'approfondire le tue abilità e la tua comprensione.

Nel karate, sei nella fase *Ri* quando cerchi di comprendere il tuo avversario e reagire di conseguenza. Costruisci un repertorio di modi con cui leggere e reagire alle situazioni reali e stai cercando in maniera costante di fondere al meglio la tua mente con il tuo corpo. Vuoi che la tua mente e il tuo corpo agiscano all'unisono, come se fossero uno, invece di contrastarsi l'una l'altro.

Parlate con il miglior violinista o miglior chitarrista al mondo, e chiedetegli se ancora fanno esercizi di base. Vi diranno che iniziano le loro sessioni di pratica con scale focalizzate sulla tecnica, ossia la stessa cosa che praticavano durante la fase *Shu*. Non si elimina mai davvero quella fase, dimenticandola. Si passa costantemente attraverso le varie fasi, percorrendole ogni volta ad un livello più elevato.

Applica adesso questa cosa alla Leadership. Precedentemente, ti avevo chiesto di provare ad elencare le abilità della Leadership nella Lean. Per ciascuna di tali abilità, chiediti: "Qual è la fase *Shu*? Quali sono gli schemi di base della leadership necessari per sviluppare questa abilità particolare?".

Diciamo che una delle abilità è ascoltare gli altri in maniera attiva. Questa affermazione è effettivamente alquanto vaga. Che cosa vuol dire ascoltare attivamente gli altri? Va scomposta in varie componenti di ascolto attivo. Poi, per ciascuna di queste componenti devi avere una metodologia, una specie di metodo pratico, per insegnarle agli altri. Quindi, bisogna osservare le persone per capire se si stanno esercitando nel modo giusto nella fase *Shu.* Questo finché esse, alla fine, padroneggino l'ascolto attivo al punto tale da ritrovarsi nella fase *Ha* per poi procedere nella fase *Ri*. Scommetterei che per te sarebbe davvero difficile trovare qualcuno all'interno della tua organizzazione che abbia mai appreso un'abilità, come l'ascolto attivo, allo stesso livello di disciplina e dettaglio di un ragazzo di 10 anni che abbia imparato gli elementi di base per suonare il violino. Qui sotto sono elencati i punti riassuntivi di quanto dovrebbe accadere nello sviluppo dei Lean Leader attraverso cicli di *Shu-Ha-Ri* (v. fig. 4.9).

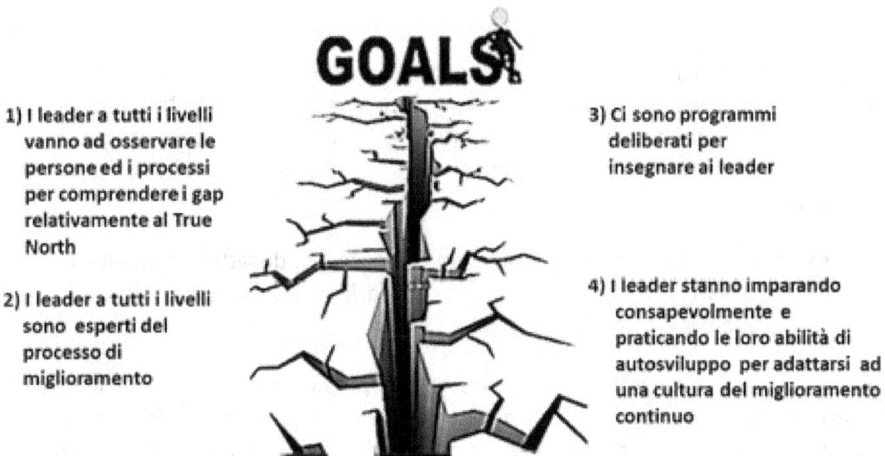

GOALS

1) I leader a tutti i livelli vanno ad osservare le persone ed i processi per comprendere i gap relativamente al True North

2) I leader a tutti i livelli sono esperti del processo di miglioramento

3) Ci sono programmi deliberati per insegnare ai leader

4) I leader stanno imparando consapevolmente e praticando le loro abilità di autosviluppo per adattarsi ad una cultura del miglioramento continuo

Figura 4.9 Condizioni per lo Sviluppo Effettivo dei Lean Leader

I dirigenti senior hanno ancora bisogno di svilupparsi?

Ecco un esempio estremo che dimostra quanto importante sia per la Toyota il miglioramento delle persone, perfino tra i dirigenti di vecchia data. La maggior parte delle aziende ha fatto l'esperienza di portare un dirigente dall'esterno, ma pochi potrebbero vantare di aver speso quasi lo stesso tempo e le stesse risorse che impiega la Toyota nell'insegnare e far ambientare il nuovo assunto nel Toyota Way. Quello che segue è il caso di studio di Steve St. Angelo, che sarebbe poi diventato il primo CEO Americano della Toyota in America Latina.

Alcuni anni addietro, Steve St. Angelo fu selezionato come il nuovo direttore dello stabilimento della Toyota a Georgetown, nel Kentucky. Aveva lavorato alla General Motors per 30 anni. Uno dei suoi primi incarichi, alla General Motors, fu quello di essere il coordinatore esecutivo della NUMMI, la joint venture della Toyota con la General Motors.

Passò alla NUMMI in qualità dirigente più anziano in loco della General Motors. A quel tempo, Gary Convis era il manager dello stabilimento. Steve venne trattato come ogni altro coordinatore esecutivo. Veniva invitato alle riunioni e poteva andare dove voleva. Poteva osservare di tutto, ma era anche molto vincolato, del tipo: "Guarda, ma non toccare". Steve, al contrario, era un tipo molto pratico, per cui voleva proprio toccare con le sue mani.

Quando incontrò Gary Convis, gli chiese: "Che posso fare per essere più coinvolto? Vorrei gestire qualcosa e sperimentare il Toyota Production System con le mie stesse mani".

Gary gli rispose in maniera educata: "Steve, mi fa piacere quanto mi hai detto, ma il tuo compito, come coordinatore esecutivo, è quello di coordinare e non fare nulla. Quindi, vai dove vuoi. Ti faremo vedere tutto quello che desideri. Risponderemo ad ogni domanda. Soltanto, cerca di non rimanere personalmente coinvolto nella gestione di qualcosa".

Steve, essendo un tipo molto pratico, non rimase soddisfatto da quella risposta. Continuò per questo a tornare da Gary, a stressarlo più e più volte, dicendo: "Gary, voglio gestire qualcosa".

Alla fine, Gary, frustrato, gli diede un compito presumendo che Steve lo avrebbe rifiutato. Gli disse: "Steve, se hai intenzione di imparare, allora dovrai farlo nello stesso modo in cui lo abbiamo fatto noi, ossia partendo dal basso. Quindi, dovrai eseguire, di fatto, compiti di produzione". Si aspettava così di spaventare Steve e farlo andar via.

Steve rispose: "Bene, svolgerò compiti di produzione".

Allora Gary rincarò la dose: "Oh, e comunque, dovrai imparare un compito diverso ogni giorno".

Steve rispose: "Ok, imparerò un compito diverso ogni giorno".

Gary non era ancora riuscito a dissuaderlo, per cui ci mise il tocco finale: "Dovrai anche lavorare entrambi i turni".

Steve acconsentì: "Bene, nessun problema".

Ciò che Gary non sapeva era che Steve era stato assunto alla General Motors come operaio di produzione ed era diventato una persona con funzioni generiche che poteva svolgere qualsiasi compito nell'area. Aveva anche lavorato in turni molteplici in caso di necessità.

Gary lo mise al lavoro, pensando che si sarebbe esaurito in poco tempo e Steve, invece, continuò giorno dopo giorno ad imparare nuovi compiti, ad avere buone prestazioni e a lavorare in turni molteplici. Nel momento in cui Steve si incontrò con Gary, per sapere quale sarebbe stato il suo nuovo compito, Gary aveva iniziato a rispettarlo; per cui decise di promuoverlo 'group leader', la prima posizione nella scala salariale. Gary scelse uno dei gruppi peggiori dello stabilimento, il gruppo che registrava il comportamento e la qualità peggiori. Gli disse: "Steve, il tuo compito, come group leader, è di rendere questo gruppo uno dei migliori dello stabilimento".

Steve disse, con piacere: "Nessun problema".

Nell'arco di pochi mesi, quel gruppo divenne uno dei gruppi con le migliori prestazioni dello stabilimento e gradualmente Steve si fece strada verso i livelli manageriali. Fu la prima volta in cui un coordinatore esecutivo realizzava una cosa del genere. Poi tornò in GM nelle operations e mise in pratica quanto imparato trasformando gli stabilimenti secondo la Lean.

Ad un certo punto, a Gary fu chiesto di lasciare la NUMMI e andare a lavorare con la Toyota per diventare il presidente dello stabilimento di Georgetown, in Kentucky. Tuttavia, quando Gary chiese di diventarne il presidente, la richiesta non fu accolta. Al tempo, il presidente era un giapponese. Gary avrebbe potuto diventare il primo presidente americano, ma prima avrebbe dovuto ricoprire il ruolo di vice-presidente esecutivo.

Il presidente giapponese gli disse: "Gary, so che ti abbiamo portato qui con l'aspettativa di farti diventare presidente, ma prima devi imparare la cultura, sporcarti le mani e dimostrare che sai gestire la situazione. Per questo, io rimarrò qui sovrapponendomi a te, nelle funzioni di presidente. Il tuo compito è quello di andare ad imparare il lavoro, comprendere le persone e comprendere la Toyota. Hai un anno di tempo per farlo. Presumendo che tutto vada bene, subentrerai alla presidenza". Gli ci vollero circa sei mesi prima di incoronare Gary primo presidente americano.

Adesso, la NUMMI, da quando Gary l'aveva lasciata, aveva bisogno di un nuovo vice presidente esecutivo e invitarono Steve, che era in quel momento in General Motors, a ritornare in veste di vice presidente esecutivo ad interim per gestire la produzione. Questa cosa non si era mai udita: un uomo della GM che gestiva la NUMMI?

Steve andò e fece uno splendido lavoro alla NUMMI e i dirigenti della Toyota continuarono ad alimentare un profondo rispetto per lui. Quando, successivamente, Gary andò in pensione dalla Toyota, chiesero a Steve di prenderne il posto a Georgetown, nello stabilimento del Kentucky. Questa cosa ebbe un'eco profonda: un esterno che subentrava, uno che lavorava per la General Motors e non per la Toyota!

Ancora una volta, cosa fecero? Fu Gary che influenzò l'assunzione di Steve e Gary fece con Steve lo stesso patto: "Vieni come vice presidente esecutivo ed io continuerò a gestire lo stabilimento col mio personale. Puoi trascorrere il primo anno, o almeno parte di esso, ad imparare".

Steve arrivò a Georgetown con tutta la famiglia. Era un vice presidente esecutivo. Si aspettava di diventare presidente ma non c'erano garanzie. La prima cosa che gli fu data fu il suo programma di formazione (v. fig. 4.10), per un periodo da Aprile a Settembre, in cui era previsto che imparasse molte informazioni e facesse svariate visite al *gemba* in tutta la Toyota.

Avrebbe dovuto recarsi al Technical Center, la sede centrale nordamericana, e alla Toyota Motor Sales. Gli venne fatta anche una formazione su come rispondere alle domande dei giornalisti; ma la formazione più intensa fu nel *gemba* di Georgetown, lo stabilimento del Kentucky.

CORSO / ARGOMENTO	PROSSIMA OPPORTUNITÀ PROGRAMMATA	TEMPO	STATO
FORMAZIONE DIRIGENZIALE CONSIGLIATA, Steve St. Angelo, Vice Presidente Esecutivo			
Panoramica delle funzioni a TMMK	Aprile - Giugno, 2005	3 mesi	Completato
Panoramica delle funzioni a TMMNA	Luglio-05	2 giorni	Completato
Toyota Quality Way	06/05/2005	1 giorno	Completato
Formazione in aula al TPS	18/08/2005	1 ora	Completato 8/18
Formazione al TPS dell'Officina	19/08, 22-26/08, 31/08, 7-9/09, 26-30/09	20 giorni	Completato 8/19 to 9/30
Visite ai Fornitori	Programmati su base individuale	1/2 Giornata ciascuno	Completato
Problem Solving Globale	Maggio, 2005	1 Giorno	Completato 5/05
Executive Development Program	11-18/09 e 3-7/10, 2005	2 Settimane	Completato 9/18 and 10/7
Mappa di Apprendimento del Toyota Way	Agosto (approssimativamente)	2 Ore	Completato 8/11
Visite Mediche	Programmati su base individuale	1 Ora	Completato
Politiche delle Risorse Umane (Sistemi)	18/10/2005	1 Ora	Completato
Processo di Pianificazione della Successione	Programmati su base individuale	1 Ora	Completato 8/2
Forza lavoro – Storia / Valutazione Attuale	Programmati su base individuale	2 Ore	Completato
Floor Mgmt. Development System	Programmati su base individuale	1 Ora	Completato 8/17
Group Leader 40 hr di Formazione	Giugno, 2005 (approssimativamente)	2 Ore	Completato 6/8
Lavoro sulla Linea	Programmati su base individuale	Plastiche Carrozzeria Montaggio 1 e 2 Pittura 1 e 2 Stampaggio Propulsione Controllo Qualità Manutenzione	Per la maggior parte
Diagnostica Processuale	Programmati su base individuale	Sessioni di (2) 4 Ore	Completato 9/2
Visite agli Stabilimenti della Toyota in Nord America	Programmati su base individuale	10 Giorni	Completato
Gruppi di Soddisfazione del Cliente del Settore Vendite della Toyota	Novembre, 2005	3 Giorni	Completato 11/11
Revisione del Toyota Technical Center	Programmati su base individuale	1 Giorno	Completato
Visite al Cross Dock	Programmati su base individuale	1/2 Giornata ciascuno	Completato
Vai a Vedere: Contatore di bulloni, miglioramento del momento torcente, Tracciabilità	8-9 Agosto, 2005	1 Giorno	Completato 8/8 to 8/9
Formazione sui Media	20-Sett-05	1 Giorno	Completato

Fonte: Toyota Motor Manufacturing Kentucky, Inc.
Figura 4.10 Formazione Dirigenziale Consigliata a Steve St. Angelo

Si può notare che Steve aveva solo un giorno di formazione in aula sul TPS. Questo giorno veniva seguito da quattro settimane di formazione sul campo. Per quattro settimane prendeva parte alle attività *kaizen*, non come leader, ma come membro del team. Sono stato in aziende dove abbiamo cercato di far andare i dirigenti nel *gemba*, ed è davvero un'impresa eroica riuscire a far partecipare loro ad un evento *kaizen* di cinque giorni con i cellulari spenti. In questo piano di formazione introduttivo, a Steve era richiesto di trascorrere quattro settimane a fare *kaizen*, pur essendo uno che lo aveva vissuto per decenni e che di fatto aveva gestito la NUMMI.

Gli fu anche fatta una formazione sul problem solving e come compito ebbe quello di trascorrere parecchi mesi a risolvere un problema seguendo il metodo del problem solving della Toyota. In Giappone, partecipò ad un Executive Development Program. Inoltre, nonostante il suo lavoro alla NUMMI, ci si aspettava che svolgesse compiti individuali così come aveva fatto alla NUMMI stessa. In Kentucky, in ogni settore, ci si aspettava che lui svolgesse un lavoro di produzione che veniva programmato di volta in volta con i diversi dipartimenti.

Perché facevano questo? Perché Steve St. Angelo, che era cresciuto svolgendo compiti di produzione e che aveva superato la prova del fuoco alla NUMMI, ancora una volta doveva andare a eseguire compiti di produzione a Georgetown, in Kentucky? Volendo discuterne, lui si trovava almeno nella fase *Ha* dello sviluppo e magari nella fase *Ri*, o almeno non lontano da essa. In questo caso, non era perché volevano testare la sua abilità nello svolgere i compiti e neppure volevano che egli imparasse a saldare o assemblare. Era perché egli doveva immergersi nel *gemba*, conoscere le persone, ottenere la loro fiducia. Sarebbe stato il presidente di più di 6000 persone che lavorano a Georgetown in Kentucky. Avrebbe dovuto gestire una piccola città. Era importante mettersi nei panni delle persone che avrebbe poi rappresentato, svolgere i loro compiti, parlare con loro come se fosse un collega di linea, cominciare a capirne il pensiero e la cultura. Ed era importante che costruisse delle relazioni.

Prima della fine del periodo di training, Steve aveva le idee abbastanza chiare su dove si trovavano i gap, dove erano le debolezze e su cosa avrebbe dovuto lavorare una volta assunta la posizione di presidente. Quando Gary andò in pensione, Steve dirigeva lo stabilimento di Georgetown, in Kentucky, con un coordinatore esecutivo giapponese che gli faceva da coach. Probabilmente, questa è una cosa che non potresti vedere da nessun'altra parte.

George: "Quando Steve si stava sottoponendo a questa formazione, le persone che lo circondavano sapevano che era stato predestinato ad essere il prossimo presidente oppure era considerato soltanto uno dei tanti?"

Jeff: "Quando arrivò nel Kentucky, Steve fu annunciato come il vice presidente esecutivo. Tutti sapevano che questo tipo venuto da fuori, dalla General Motors nello specifico, doveva essere allevato per diventare il nuovo presidente. Alcuni nutrivano del risentimento: "Come può un uomo della General Motors comprendere il Toyota Way che conduce alla Lean Leadership?". C'erano anche persone, nello stabilimento, che stavano cercando di fare carriera e pensavano di poter assumere la carica di presidente. Ci fu delusione e scetticismo e Steve dovette superarli".

Ciò che Steve fece in quei sei mesi fu complesso perché dovette costruire ponti con le persone, con quelli che gli erano ostili e con quelli che volevano dargli una possibilità. Fu un periodo critico di assestamento e di conquista della fiducia. All'inizio, non fu trattato come tutti quanti gli altri. Partecipò ad un workshop kaizen in cui tutti sapevano chi fosse.

Dall'esperienza che ho fatto relativamente ai workshop kaizen, e scommetto che anche altri l'abbiano fatta, quando un dirigente diventa un membro del team, indossa i jeans e pulisce il pavimento, per i membri del team egli diventa subito una persona ordinaria. Se lavori tutto il giorno vicino a qualcuno che fa le saldature e che è più bravo di te a farlo, anche se tu sei il vice presidente esecutivo, il lavoratore a ore acquista superiorità rispetto a te. Se sei umile, ciò che normalmente avviene è che lui ti prenderà sotto la sua protezione, ti darà consigli e ti aiuterà se rimani indietro. Ho fatto esperienza di questo quando ho lavorato in produzione alla NUMMI per due giorni. I membri del team si chiedevano perché un professore stesse svolgendo un lavoro ad ore. Steve si poneva in posizione subordinata, dalla quale aveva la possibilità di costruire un rapporto di fiducia reciproca.

Fattori Importanti per il Successo dei Leader in un'Azienda Eccezionale

Questa riflessione sintetica viene da un ex-veterano della Toyota, che ha trascorso decenni nella Toyota Motor Sales prima di diventare un vice presidente esecutivo. Egli ha detto: "I fattori più importanti del successo sono: pazienza, concentrazione su risultati a lungo termine e non a breve termine, investimento costante sulle persone, sul prodotto e sullo stabilimento e una dedizione inflessibile alla qualità".

Se quanto detto diventa il modo in cui pensi e ti comporti, allora stai diventando un Lean Leader. Il miglioramento personale richiede pazienza e focalizzazione a lungo termine sul miglioramento delle altre persone, anche quando non riesci a vedere tangibilmente i risultati che conseguiranno da tale investimento. Inoltre, ci vuole passione estrema per il cliente e per la qualità.

Ecco un altro compito da svolgere a casa: pensa ad una qualche parte della tua organizzazione, magari a tutta l'azienda o al settore in cui lavori. Quelle che ho indicato sono le condizioni chiave per sviluppare Lean leader, come discusso precedentemente (v. fig. 4.11). Identifica se c'è un gap critico (a cui darai un punteggio di "uno") tra questa descrizione e quanto avviene nella tua organizzazione. Puoi anche applicarlo a te stesso, in quanto leader. Un "quattro" vuol dire che c'è un piccolo gap, e "cinque" vuol dire che sei lì, nella fase del *Ri*, e tutto va bene. Sarei sorpreso di trovare qualcuno nella fase del *Ri* in uno qualsiasi di questi ambiti.

Lo Stato Attuale del Kaizen Quotidiano nella tua azienda?

1=Gap Critico, 2=Gap Maggiore, 3=Alcuni Gap Seri, 4=Gap minori, 5=Siamo lì

1. I supervisori di Prima Linea e i Membri del Team sono organizzati in work group
2. Il lavoro standardizzato è presente ed è aggiornato regolarmente
3. Il lavoro standardizzato è la base per la formazione degli impiegati
4. Gli indicatori della Key Performance sono visibili per ciascun work group, con chiare responsabilità per raggiungere obiettivi sfidanti
5. I progetti ingegneristici sono visti come delle attività Kaizen a lungo termine, sostenute dai membri del team

Figura 4.11 Stato Attuale della Leadership nella tua azienda

La prima domanda è se nella tua organizzazione i leader sono stati formati per andare regolarmente a vedere e osservare le persone e i processi e se essi hanno davvero un quadro della situazione attuale, paragonata al True North. Ciò, ovviamente, significa che c'è un consenso su una visione ben chiara del True North. Questa, quindi, è una domanda in più parti (non è adatta per un sondaggio, ma questo non è un progetto di ricerca).

La seconda domanda è se i leader nella tua organizzazione sono esperti di miglioramento del processo. Non conta se hanno delegato questa cosa a persone dello staff o a coach della Lean. Inoltre, non conta se hanno fatto un corso o hanno preso delle certificazioni di base, se poi essi raramente utilizzano quanto imparato. Ricordati che il miglioramento del processo consiste in molto più che fare calcoli matematici, riempire fogli di lavoro e utilizzare gli strumenti della Lean. Esso significa che puoi effettivamente migliorare il processo, il che richiede che tu influenzi le persone in modo che imparino e seguano il nuovo processo in modo disciplinato. Non hai finito finché il processo non funziona ad un livello superiore e diventa standard, diventa un lavoro di routine per le persone che lo conducono, o finché non si è stabilizzato.

La terza domanda è se ci sono programmi specifici in atto per insegnare ai Lean Leader il problem solving disciplinato attraverso lo sviluppo sul lavoro e se ci sono dei coach. I leader hanno dei coach, così come avviene con la mia lezione di chitarra oggi? Vado a lezione ogni settimana, suono quello su cui mi sono esercitato durante la settimana, ricevo un feedback e poi mi vengono dati nuovi esercizi e nuovi compiti. Succede qualcosa del genere nella tua organizzazione che ti insegni come essere un leader che guida il processo di miglioramento per raggiungere target difficili?

Infine, i leader apprendono di loro iniziativa e si esercitano nel miglioramento personale? Il mio maestro di chitarra non può fare nulla se non faccio pratica con gli esercizi e i compiti che mi assegna tra una lezione e l'altra. È comune, nell'organizzazione, la pratica intenzionale focalizzata sullo sviluppo personale?

Se le tue risposte alle quattro domande precedenti variano tra un punteggio di uno e tre, questo vuol dire che ci sono dei gap seri o comunque critici, ma non farti prendere dal panico: sei solo nella media delle aziende normali, perché davvero poche aziende si focalizzano intensamente sullo sviluppo di un Lean Leader. Persino in Toyota ci sono parecchi punti deboli.

Infine, sviluppa un piano personale: in quanto leader, su che cosa puoi lavorare per cominciare il tuo miglioramento personale? Ricorda che parte di questo lavoro richiede un coach. Potresti non essere in grado, adesso, di correre dal tuo capo e dirgli: "Vai ad assumermi un coach professionista". Devi andare a cercarti qualcuno e ci sono vari modi per farlo. Ho un amico che è andato su internet, ha trovato una persona e, attraverso uno dei programmi di social network, le ha chiesto se voleva fargli da coach online. Quella persona ne è stata onorata, gli ha risposto di sì e gli ha davvero cambiato la vita. Il mio amico è passato ad essere un massimo dirigente a capo dei coach della Lean di un'intera regione dell'America.

Ci sono molti modi creativi di trovare dei coach. Il Lean Leadership Institute ha un sito web (www.LeanLeadership.guru), ed è previsto un coach come parte integrante del corso. Approfitta di qualsiasi opportunità per trovare e impiegare un coach. Puoi sempre migliorare te stesso e gli altri!

CAPITOLO 5

IMPARARE A SVILUPPARE GLI ALTRI E A FARE LORO DA COACH

Mentre migliori te stesso apprendi come migliorare gli altri

P rima di iniziare a sviluppare gli altri, hai bisogno di raggiungere un certo livello di sviluppo di te stesso. Il Modello di Sviluppo della Lean Leadership (Fig. 5.1) fa apparire tale processo come se fosse sequenziale, cosa che, di fatto, non è. In effetti, le quattro fasi del modello si sovrappongono e ciò che fai è continuare a percorrerle ciclo su ciclo, rafforzando sia te come individuo che l' organizzazione.

La domanda che ci poniamo in questo capitolo è come fare a passare dal miglioramento personale alla guida degli altri sviluppando se stessi. In effetti, potremmo chiederci come vengano supportati, all'inizio, coloro che non conoscono ancora la Lean, così che un giorno possano diventare a loro volta dei coach per gli altri. Sfortunatamente, nonostante ci siano molti esempi di coach di eccellenza nello sport, nella musica, nelle arti, nei mestieri pratici come l'idraulica e la realizzazione di trapunte, non è facile trovare esempi di una simile eccellenza nelle organizzazioni lavorative.

Fonte: *The Toyota Way to Lean Leadership*

Figura 5.1 Il Modello di Sviluppo della Lean Leadership (Il Modello Diamante)

Siccome abbiamo utilizzato la Toyota come esempio per sviluppare il modello di leadership, potremmo far risalire molti dei concetti di cui abbiamo bisogno alla relazione tra maestro e apprendista (v. fig. 2.5). In tale relazione, il maestro è il maestro e l'apprendista è lo studente che è umile e servizievole e che vuole imparare dal maestro. Praticamente, quest'ultimo può chiedergli di fare qualsiasi cosa e si aspetta che lo studente lo faccia. Se la prima lezione nel percorso di apprendimento del mestiere del fabbro consiste nel pulire il pavimento con uno spazzolino da denti, allora lo studente deve pulire il pavimento con uno spazzolino da denti. Egli suppone, infatti, che il maestro abbia una qualche ragione per farglielo fare e che, quindi, imparerà qualcosa nello svolgere tale compito.

Figura 5.2 Il Modello della Relazione Maestro-Apprendista

Questo principio ha influenzato molto la cultura della Toyota. Sakichi Toyoda ha imparato così a fare il falegname ed ancora oggi si utilizza tale metodo per sviluppare le persone. La Toyota adesso lo chiama *"on the job development – OJD"* (sviluppo sul lavoro), ma il metodo con cui si insegnano le abilità all'interno della Toyota è la relazione maestro-apprendista. Questo non avviene ovunque. Come ripeto continuamente, *la Toyota è fatta di persone e le persone non sono perfette.* In un'azienda di livello globale come la Toyota avvengono cose di ogni genere, buone e cattive, ma il modello, basato sui principi, è che tu impari 'facendo' con qualcuno che è più esperto e che ti osserva, analizza ciò che fai e ti dà un feedback. Inoltre, ti pone domande sfidanti. La Toyota definisce quello dell'insegnante come il ruolo più importante di un leader.

Imparare a Sviluppare gli Altri

Fino a questo punto, il leader che migliora se stesso ha imparato a vivere i valori e ad esercitarsi nel processo del "Plan, Do, Check, Act" attraverso cicli ripetuti di apprendimento. Ogni volta che affronti un problema, devi avere a che fare con un team di persone, devi mostrare rispetto e affrontare la sfida. Ogni volta che lo fai, hai percorso un ciclo di apprendimento, così come fai quando impari un altro brano musicale e ti esibisci. Il successivo dovrebbe essere un po' più facile da imparare e la tua esecuzione migliorerà. Adesso sei pronto per iniziare a procedere al passo seguente, cioè insegnare agli altri ciò che hai imparato. Non devi essere un massimo esperto per sviluppare gli altri; di fatto, se sei onesto e umile, potresti anche non sentirti mai pronto.

Secondo la Toyota, nessuno è un esperto. Nessuno ottiene certificazioni nel Toyota Way. Il processo di apprendimento è continuo; dura per l'intera vita. Ad un certo punto, devi decidere se aspettare di essere pronto a sviluppare gli altri oppure di farlo con tutti i tuoi limiti. Quando tieni un corso impari che tutto ciò che devi fare è stare avanti rispetto agli studenti, al capitolo successivo.

C'è un vecchio detto che dice che l'insegnante impara più degli studenti. Mentre cerchi di insegnare agli altri, ti rendi conto che cominci a mettere in discussione le lacune della tua conoscenza. Ti chiedi: e che succede se mi pongono questa domanda e io non ne conosco la risposta? Oppure, metti in discussione la tua stessa capacità di giudizio in una determinata situazione. Mentre avviene tutto ciò, colmi le tue lacune ed approfondisci la tua conoscenza. Inoltre, sei molto motivato perché cerchi di insegnare e hai delle responsabilità. Anche gli studenti dovrebbero essere coinvolti e motivati, ma loro di solito si trovano in una situazione più passiva rispetto alla tua.

L'insegnante, di solito, approfondisce la propria conoscenza negli anni e non può rinviare il processo di sviluppo degli altri a quando si sentirà assolutamente sicuro di essere pronto. Al contrario, accetta la sfida nel momento stesso in cui pensi di avere qualcosa da offrire agli altri. È sempre importante avere un coach che ti aiuti a riflettere criticamente sul tuo stesso modo di essere coach. Se tu sei il coach ed hai un allievo, il secondo coach ti osserverà e poi, solo dopo la sessione di training, farà con te le dovute riflessioni.

Le abilità di insegnamento sono diverse da quelle di apprendimento. In quanto studente, tu ascolti, fai delle prove e ti sottoponi a dei test con domande difficili che ti aiutano a vedere le tue debolezze e ti fanno capire su cosa devi lavorare. In quanto coach, devi sviluppare le abilità necessarie a guidare e porre le sfide adeguate ai tuoi studenti, senza dover pensare al loro posto.

Fare coaching e sviluppare gli altri richiede una serie di abilità diverse

Hai imparato, ti sei esercitato, hai ricevuto un feedback dal tuo insegnante per progredire nel tuo processo di miglioramento. Come trasmettere queste abilità agli altri?

Se hai avuto un buon insegnante, allora hai un modello su cui basarti. Puoi far riferimento a quel modello per pianificare come fare coaching, prendendo in prestito i metodi efficaci che il tuo insegnante ha messo in pratica. In ogni modo, il tuo insegnante è diventato bravo a fare coaching percorrendo molti cicli di PDCA, e ha sviluppato il suo modo peculiare di rispondere a situazioni nuove. Non puoi semplicemente imitare il livello maturo di insegnamento del tuo insegnante anche se sembra semplice.

Una delle prime abilità che devi imparare è saper scoprire il vero potenziale che c'è negli altri. Dovrai guardare alla persona in maniera oggettiva e profonda, e cercare di entrare nella sua mente per comprendere davvero come funziona il suo pensiero. Come pensa relativamente al problema e alla situazione attuale? Capisce chiaramente lo scopo? Ha scelto il problema giusto? È brava nell'analisi delle root cause? È paziente nel percorrere tutti gli step del problem solving o salta rapidamente alla soluzione? Sa ascoltare? Sa farsi guidare dal coach?

Devi considerare bene queste cose per dimensionare il giusto livello di insegnamento da applicare verso ciascun specifico allievo. Ritornando alle analogie, come quella della musica ad esempio, se hai suonato per cinque anni, sei andato ai festival d'estate, e, considerata la tua età, sei una stella nel tuo campo, il tuo maestro dovrebbe insegnarti in modo diverso da come farebbe se tu fossi un novizio che ha appena cominciato a suonare.

La tua abilità consiste nel saper misurare il livello in cui si trovano gli studenti in quanto a maturità, problem solving, capacità, abilità interpersonali, atteggiamento. Essi accolgono l'apprendimento oppure vi resistono, rimanendo a braccia conserte? Vanno trattati in modo diverso per far aprire loro le braccia: questa è una serie di abilità chiave, tanto quanto lo è capire quello che davvero succede nel *gemba*. Devi chiederti quale sia la sfida appropriata a ogni determinata persona (v. fig. 5.3).

Qual è la Sfida giusta per questa persona?

Vero | Potenziale

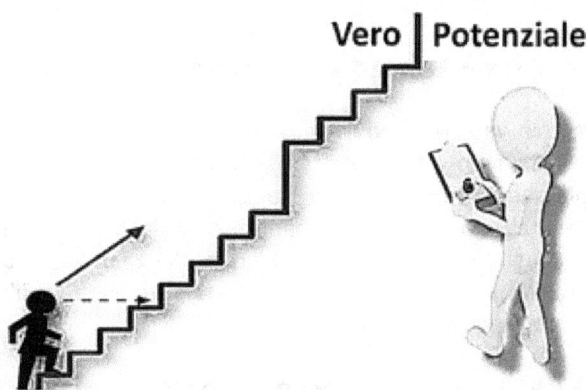

Figura 5.3 Definire la Sfida Giusta per lo Studente

Questo è soltanto un buon modo di Fare Coaching e di Insegnare

Se hai mai fatto il coach, magari di una squadra sportiva di giovani, una cosa che potrebbe venirti in mente è: "Aspetta un attimo, tutto ciò suona semplicemente come una generica modalità di essere un buon coach e un buon insegnante, e non sembra introdurre qualcosa di nuovo che la Toyota possa aver inventato". Se hai questa sensazione, hai ragione. Molto poco di quello di cui sto parlando è stato inventato dalla Toyota. Ciò che è accaduto è che la Toyota ha preso quanto di meglio ha trovato in giro e l'ha fatto convogliare nel proprio approccio, nel proprio sistema.

Il "Job-Instruction Training" consiste nell'Imparare Facendo, insieme ad un Coach

Nel fare coaching e sviluppare gli altri, la Toyota ha fatto sentire maggiormente la propria influenza in ciò che viene chiamato il "job instruction training"che deriva dal programma di difesa degli Stati Uniti detto "Training Within Industry – TWI". Uno dei moduli del TWI che fu sviluppato durante la Seconda Guerra Mondiale consisteva nell'insegnare ai civili a subentrare, nel lavoro, agli uomini che partivano per la guerra. Dopo la Seconda Guerra Mondiale, esso scomparve quasi del tutto, riacquistando invece molto valore all'interno della Toyota (e, recentemente, nella Lean). Il metodo di insegnamento è molto incentrato sull'imparare facendo, insieme ad un coach.

Diversamente da quanto accaduto all'interno di molte grandi aziende, nella storia della Toyota non c'è mai stata un'interruzione nel modello della relazione maestro-apprendista. Ancora una volta ci chiediamo: "Si tratta di un'invenzione della Toyota?". Ovviamente no, ma almeno è qualcosa che lì utilizzano a livello concettuale in tutta l'azienda, sia nei compiti più legati alla conoscenza, tipo quelli ingegneristici, sia in compiti più ripetitivi, quali quelli di produzione.

Cominciare con gli Step del Fare Coaching e Sviluppare gli Altri

I Leader devono Svilupparsi come Coach per un Miglioramento Sostenibile

Solitamente mi reco in vari paesi ed in varie industrie. Ho lavorato per la Marina e l'Aeronautica, per il Governo e nella Sanità. Da trent'anni a questa parte la "Lean" è sopravvissuta, nelle sue varie forme, e si sta diffondendo. Credo che possa essere definita legittimamente un movimento. In ogni caso, la debolezza cruciale che ancora vedo è il fallimento della leadership nell'assicurare alla Lean una vita sostenibile. I leader devono essere sviluppati, preferibilmente da altri leader nell'organizzazione. Questa è l'unica strada verso dei benefici sostenibili.

Ecco sei step che conducono all'essere un coach efficace:

Primo Step: Stimare il Livello Attuale di Comprensione e di Abilità negli Altri

Il primo passo consiste nello stimare il livello attuale di comprensione e di abilità delle persone a cui andrai ad insegnare. Se questa cosa dovesse essere fatta su larga scala, come nel caso in cui tu lavorassi nelle risorse umane e ti venisse dato il compito di formare alla Lean Leadership centinaia di manager, sarebbe abbastanza naturale fare una valutazione iniziale con test in formato cartaceo o elettronico.

Ma, non è questo ciò di cui stiamo parlando. Stiamo parlando della relazione maestro-apprendista. Stiamo parlando di fare il coach in un rapporto di uno-a-uno. Qualsiasi sia la dimensione del team, devi erogare una formazione ad hoc per ognuno dei membri. Di fatto, non dovresti essere interessato alle medie statistiche. Ti interessa ogni persona individualmente, e non puoi limitarti a farle compilare un test scritto. Bensì, hai la possibilità di valutarla soltanto conoscendola e osservandola sul luogo di lavoro. Mentre inizi a trasmetterle i tuoi insegnamenti, approfondirai la tua conoscenza del suo livello di abilità.

Alla Toyota, la chiamano "Immersione nel Gemba". Devi immergerti lì dove le persone lavorano, e, alla Toyota, ti danno del tempo per farlo. Come già discusso in precedenza col caso di Steve St. Angelo, quando un manager viene trasferito in un altro settore, gli riservano parecchi mesi, idealmente da 3 a 6, durante i quali il vecchio manager continuerà a svolgere le sue funzioni, e il nuovo sarà lì semplicemente a comprendere la situazione. Quest'ultimo cercherà di capire cosa stia succedendo, cercherà di cogliere i punti di forza e di debolezza del processo e delle persone. Ancora una volta, si tratta di un piano di sviluppo: su cosa dovrebbero lavorare le persone? Chi dovrebbe lavorarci?

Secondo step: Sviluppare negli Altri il Problem Solving Disciplinato

Il secondo step consiste nello sviluppare negli altri il problem solving disciplinato su cui tu stesso hai lavorato. Sei passato ripetutamente attraverso tutti gli step del PDCA.

Adesso dovrai selezionare qualcuno a cui puoi fare da coach, che condurrà tutti questi step, e insieme sceglierete un progetto di miglioramento. L'allievo, che conduce lo sforzo di miglioramento, percorrerà tutte le fasi: dalla definizione della sfida, alla comprensione della situazione attuale, alla definizione del target, fino allo sviluppo dei cicli di PDCA per muoversi verso il target stesso. Puoi usare i metodi *kata* di fare coaching, introdotti nel Secondo Capitolo, il Pensiero in A3 o il tuo stesso approccio al problem solving; il tutto, fermo restando che tu sia concentrato sul raggiungimento dell'obiettivo sfidante, e che tu abbia scomposto il processo di apprendimento in parti fattibili.

Lo studente ha bisogno di indicazioni e orientamenti riguardo al processo di miglioramento che utilizzerai, ma non dare per scontato che un qualsiasi tipo di formazione al problem solving, in un'aula, insegnerà le abilità vere. In effetti, se organizzi un corso formale con un gruppo di studenti, dovresti magari mettere un avviso sul muro: "ATTENZIONE: alla fine di questa giornata, non avrete ABILITÀ REALI. Questo corso serve soltanto a illustrare come partire. Le abilità verranno sviluppate nel *gemba*, percorrendo gli step uno a uno, e io sarò lì con voi".

Terzo step: Scomporre i Compiti e Dare Incarichi per Aumentare il Livello di Abilità

Qual è l'incarico giusto per ogni persona? Il tuo studente deve lavorare con un team per identificare il problema e scomporlo in unità più piccole da assegnare ai membri del gruppo, con lo scopo di aumentare il livello delle loro abilità. Il tuo studente dovrà tenere il team unito, focalizzato su una direzione comune, e motivato a passare il tempo lavorando sui compiti stabiliti di comune accordo.

Nella prima sessione sul problem solving, sia essa di mezza giornata o di un giorno intero, parlerai un po' e avrai il ruolo dell'insegnante tradizionale. Darai delle informazioni agli studenti, verificherai la loro comprensione e la capacità di simulazione. È utile fare delle domande e far parlare le persone. Puoi utilizzare un caso di studio o una simulazione per farle riflettere in modo attivo e per avere delle possibilità di fornire loro un feedback.

Dopo la prima formazione sulle conoscenze, passerai alla modalità OJD. Pensa a te stesso come se fossi il maestro artigiano e avessi un giovane apprendista che brancola nel buio e non conosce gli strumenti di base. In più, devi dargli un primo compito da svolgere. Cosa vuoi insegnare a quella persona? Ricorda: non bisogna insegnare a quella persona, bisogna fare in modo che essa apprenda. L'apprendimento viene dall'interno dell'individuo, è un auto-sviluppo.

A volte, pensare di insegnare delle abilità comuni alle persone è di grande aiuto. Se insegni a suonare il violino, cominci con le scale. Il primo compito per l'allievo è far uscire un bel suono dall'archetto. Egli deve mantenere lo strumento in modo corretto. Ovviamente, devi fargli vedere come tenerlo e devi mostrargli una buona tecnica dell'archetto. Potresti chiedergli di utilizzare l'archetto con le corde vuote, così da potersi focalizzare sulla qualità del suono, senza la distrazione delle note che cambiano.

Ad un certo punto noti che sta uscendo un suono terribile dal violino. Che cosa puoi fare? Una cosa potrebbe essere dire: "Dammelo", togliendo il violino dalle mani dello studente. Quindi inizi a suonare e dici: "Vedi, dovresti fare così", e gli restituisci il violino. Ma...indovina? L'allievo produrrà lo stesso terribile suono stridente. Egli non ha imparato granché dal vedere te che suoni, e in più lo hai messo sotto pressione, il che inibisce l'apprendimento.

Un approccio migliore consiste nel dire: "Cerca di mantenere l'archetto così, con quest'angolatura, e prova di nuovo". Adesso ci saranno un suono buono, e una serie di suoni brutti. L'allievo sta progredendo. Poi lo fai suonare di nuovo e dirai: "Ricorda! Ti ho fatto vedere come tenere l'archetto, ti ho mostrato l'angolatura". Subito ricomincia a suonare e riesce ad ottenere qualche altro suono buono. Più tocchi il violino, peggiore sarai come insegnante.

I seguenti modi di dire rendono chiaro quanto detto sopra:

- o   Dimmi, e dimenticherò
- o   Fammi vedere, e forse ricorderò
- o   Coinvolgimi, e capirò

Quarto step: Insegna Ponendo Domande invece di Parlare

A questo punto, potresti porre delle domande, ad esempio utilizzando le cinque domande del coach *kata*, descritte alla fine di questo capitolo. Durante il corso di conoscenza, ti sei limitato a 'parlare' e 'spiegare'. Ora, in questo step, fa' in modo che lo studente parta con un progetto. Durante lo sviluppo di quest'ultimo, lascerai che egli faccia la sua esperienza e ne verificherai la comprensione ponendogli delle domande, piuttosto che dandogli delle risposte. Devi lasciarlo un po' tra le difficoltà, e lasciare che commetta errori, anche se non troppi per evitare che la "modalità sbagliata" diventi parte integrante del suo percorso neurale. Quindi, se sei un maestro di violino, dovrai assegnargli dei compiti a casa, e lui farà pratica senza di te, facendo esercizi quotidiani, fino alla lezione successiva. Allo stesso modo, darai esercizi sul problem solving al leader a cui stai facendo da coach: egli si eserciterà e tu ritornerai a controllare, preferibilmente ogni giorno. Senza la pratica, non imparerà mai profondamente.

Insegnare ponendo domande, invece di parlare, è una specie di arte; puoi riferirti ad essa come il metodo Socratico di insegnamento. L'idea è che tu devi tirar fuori dalla persona ciò che sa o ciò che può capire e su cui può ragionare. Se lo studente riesce a ragionare sulle cose e a fare un lavoro mentale, allora sta approfondendo la sua comprensione. Se, invece, è messo nella condizione di ascoltare soltanto, saprà soltanto ripetere, come un pappagallo, ciò che tu hai espresso. In tal caso, sei tu quello che pensa. Il metodo *kata* di essere coach è molto ripetitivo nella fase iniziale, per cui dovrai porre le domande proprio come sono indicate, anche se si possono aggiungere delle domande esplicative. Man mano che accresci il tuo livello di abilità, puoi improvvisare maggiormente.

Va specificato che insegnare ponendo domande non vuol dire che non devi dire niente. Significa soltanto che il processo di insegnamento è segmentato: "Tieni l'archetto in questo modo; colpisci la corda con questa angolatura; adesso prova questo, con le corde vuote". Poi cominci a fargli domande su domande, magari gli dai un altro consiglio, e alla fine gli assegni degli esercizi. In qualità di coach, migliorerai anche tu facendo pratica, specialmente con l'aiuto del tuo coach che ti guarda le spalle.

Quinto step: Costruire Relazioni di Fiducia con i tuoi Studenti

I master trainer hanno molti stili diversi. Avrete tutti sentito parlare, o anche fatto esperienza, di un capo, o magari di un master trainer, che ha uno stile molto punitivo. Ti urlano contro, finché non fai le cose nel modo giusto. Nella maggior parte dei casi, se qualcuno ti urla contro, la tua reazione sarà quella di metterti sulla difensiva, oppure ti chiuderai in te stesso, o sarai nervoso. Cercherai di nascondere i tuoi errori. È molto meglio, invece, costruire una relazione di fiducia e, se io sono lo studente, la cosa in cui devo credere non è che tu non mi criticherai mai, ma che tu hai a cuore il mio benessere.

Non si tratta di te. Non si tratta del tuo ego, e neppure di dimostrare la tua capacità di controllo come leader. Si tratta del fatto che tu mi insegni effettivamente qualcosa, perché ti preoccupi del mio miglioramento e di me. Se ripongo così la mia fiducia in te, e nel profondo so che tu ti preoccupi del mio successo, anche se alzi la voce con severità, io accoglierò il tuo feedback in maniera più produttiva. Taiichi Ohno era uno che gridava, e ottenne grandi risultati con i suoi studenti in Giappone, in parte grazie ad un fatto culturale, in parte grazie alla sua elevata credibilità, e in gran parte grazie al fatto che gli studenti sapevano che lui si prendeva cura di loro.

Sesto step: Lode Equilibrata con Feedback Critico

La fiducia è molto importante. Ancora una volta però non confondiamo la fiducia con l'essere sempre una persona gentile che dice soltanto cose positive. Bisogna saper stabilire un giusto equilibrio tra la lode e il feedback critico, rivolto ad ogni singolo individuo. Ogni buon coach sa che non può guidare tutti allo stesso modo. Alcuni daranno valore solo al feedback critico, mentre altri si deprimeranno, per cui avranno bisogno di essere incoraggiati con apprezzamenti per le cose buone che hanno fatto.

Quando i giapponesi della Toyota arrivarono in America ad aprire la prima fabbrica, scoprirono che l'approccio utilizzato in Giappone per fare coaching creava dei problemi nel nuovo continente. In Giappone, l'approccio molto diretto di Ohno era abbastanza accettabile a quel tempo. I dipendenti si inchinavano, e si inchinavano tanto più quanto più si sentivano in difetto. Subito dopo avrebbero cercato di fare del loro meglio. Avrebbero riflettuto e detto: "Cercherò di fare meglio la prossima volta", ed il maestro avrebbe risposto: "ok". In Giappone, è difficile sentire un maestro lodare uno studente, è molto insolito. Se avvenisse una volta, in un anno intero, allora segneresti quel giorno sul calendario: "Il mio capo mi ha proprio detto qualcosa di gentile!".

Negli Stati Uniti, quando la Toyota aprì lo stabilimento di Georgetown, in Kentucky, nel 1980, l'approccio critico di alcuni coach giapponesi fece innervosire gli americani, i quali andarono dalle risorse umane e cominciarono a sentirsi insicuri. I leader americani dovettero far notare questa cosa ai giapponesi che, invece che mettersi sulla difensiva, la presero come un dato di fatto da cui imparare.

Il loro primo passo di contenimento del problema fu elaborare una regola standard nel fare da coach agli americani: per ogni singola critica che fai, dovresti dire tre cose positive. Si resero conto che questa proporzione sembrava funzionare. Per prima cosa, cerca tre cose positive da dire su come gli studenti stanno imparando velocemente, sulla qualità raggiunta, su come stanno seguendo bene lo standard work, e poi dici: "ma c'è una cosa su cui potete lavorare, che credo vi aiuterà a migliorare anche di più".

Larry Miller, rivedendo svariata letteratura su questo argomento, si è imbattuto in uno studio che suddivide l'interazione insegnante-studente in positiva (di approvazione, lode ecc.), neutrale e negativa (risposte sbagliate, comportamento correttivo). Egli ha scoperto che il tasso più elevato di apprendimento viene raggiunto quando il comportamento degli insegnanti risulta 3.57 (positivo) su 1 (negativo), (http://www.lmmiller.com/blog/2014/06/28/corporate-culture/coaching-kata-2/). Questo è notevolmente vicino a ciò che gli insegnanti della Toyota hanno intuito.

Ancora una volta, va evidenziato che un approccio molto positivo può funzionare con alcune persone, mentre altre potrebbero dire: "Perché giochiamo a questo gioco? Perché mi dici tutte queste cose che già so che faccio bene? Andiamo direttamente a quello che posso fare per migliorare!". Penso che, col tempo, sempre più persone adotteranno questa mentalità, man mano che acquisteranno fiducia nell'insegnante: "Davvero voglio un feedback critico perché intendo migliorare me stesso".

Come Sviluppare gli Altri e Fare loro da Coach nel *Gemba*

Cosa fa un grande coach per costruire un team vincente?

Figura 5.4 Un'altra vittoria di Vince Lombardi

In America, Vince Lombardi (vedi figura 5.4) è sicuramente considerato un grande coach, sulla base di quanto fece per la squadra di football dei Green Bay Packers. Una delle sue famigerate citazioni dice:

"Vincere non è una cosa che fai qualche volta; è qualcosa che fai sempre. Non vinci una volta ogni tanto, non fai le cose bene una volta ogni tanto, ma le fai bene, sempre. Vincere è un'abitudine. Sfortunatamente, anche perdere lo è". – Vince Lombardi

Tu, o il tuo studente, potete avere l'abitudine di vincere o perdere. In questo caso, vincere potrebbe significare: "Ho fatto il progetto, siamo migliorati, e ho raggiunto l'obiettivo, quindi ho vinto". Questa è una possibilità.

Un'altra possibilità è: "Ho percorso tutto il processo, ho provato delle cose, in alcune ho avuto successo, in altre ho fallito. Abbiamo fatto notevoli progressi, sia nel caso in cui abbiamo raggiunto l'obiettivo finale, sia nel caso in cui non lo abbiamo raggiunto. Abbiamo riflettuto durante tutto il percorso e abbiamo *imparato* molto".

In pratica, Lombardi, si aspettava che il suo team imparasse continuamente e diventasse migliore nel corso di tutta la stagione sportiva. Si aspettava anche che vincessero: perdere non era mai considerato un successo. D'altro canto, nel gioco del Miglioramento Continuo, in particolare nelle fasi iniziali del cambiamento di cultura, il centro dell'attenzione è posto sull'apprendimento. Quello che puoi fare è rendere un'abitudine il fare bene le cose giuste. Così, vincerai molto più spesso di quanto non perda. Sia che tu vinca, sia che tu perda, puoi tornare indietro, guardare la registrazione e capire come puoi fare meglio la prossima volta. C'è sempre una prossima partita, ti devi solo concentrare sul migliorare mentre aspetti di giocarla.

Esercizio sulle Caratteristiche di un Grande Coach

Quando faccio un corso in aula, organizzo dei piccoli gruppi di persone e una tavola rotonda per discutere delle domande che ti propongo di seguito. Ti consiglio di soffermarti su di esse, e magari di metter giù alcuni dei tuoi pensieri. Sia che tu sia un coach che ha fatto esperienza di vittorie e sconfitte, sia che tu sia un tifoso in grado di capire quando c'è un buon coach (e magari innervosirti ed essere frustrato da alcune decisioni sbagliate), chiediti:

- Quali sono le caratteristiche di un grande coach?
- Cosa fa esattamente il coach per costruire un team vincente?

Col tempo, sviluppa delle routine che diventino naturali per te, e sentiti libero di adattare e innovare

Ciò che un buon coach fa è identificare i punti deboli e chiederti di fare pratica in modo ripetitivo, senza commettere nuovamente quegli stessi errori. La nostra tendenza naturale è quella di voler andare avanti, di provare sensazioni del tipo "ce l'ho fatta", oppure "ho sbagliato un paio di volte, ma ho fatto bene per dieci volte, cosa che è abbastanza buona", e proseguire. Il coach, invece, ti spingerà indietro fino a che non riuscirai a sviluppare delle routine eseguite in modo così naturale da non pensare neppure alla loro esecuzione, permettendoti di passare oltre la fase *Shu*. Dopo aver suonato il violino per anni, non inizi la tua sessione di pratica dicendo: "quindi, dove devo mettere le dita per tenere correttamente l'archetto?", ma prendi lo strumento e lo tieni correttamente in modo naturale.

In qualche occasione, potresti dover tornare indietro e rivedere cose basilari, ma, per la maggior parte, esse sono diventate una routine, un'abitudine: non ti chiedi dove possa essere la nota Do, lo sai già. Mentre avviene tutto ciò, le modalità corrette di fare le cose diventano parte integrante della tua mente. Adesso, hai un po' di libertà nel cominciare a pensare come interpretare il pezzo, oppure come affrontare il problema in modo creativo. Ti chiedi: "Quanto tempo devo davvero trascorrere sull'analisi della root cause, prima di avere la sensazione di averla capita? Forse dovrei passare più tempo a fare del brainstorming su soluzioni alternative, oppure coinvolgere quella determinata persona che è ancora reticente". Di fatto puoi leggere, reagire e adattarti alla situazione in maniera creativa, invece di chiederti: "Sto seguendo i quattro step del problem solving in modo corretto?".

10.000 Ore di Pratica per Padroneggiare Abilità Complesse

È dato per scontato ormai che sono necessarie 10.000 ore di pratica per diventare un esperto in un'abilità complessa. In effetti questa regola d'oro, dimostrata per alcune abilità specifiche, non è molto precisa. Di sicuro non è una legge della fisica. In ogni caso, 10.000 ore sono davvero un sacco di tempo! Se fai pratica 10 ore a settimana, ti servono 1.000 settimane, e considerando un paio di settimane di vacanza all'anno, ci vogliono 20 anni per padroneggiare una determinata abilità.

Ciò non vuol dire che dobbiamo scegliere tra il fare pratica per 20 anni e il decidere che non ne vale la pena, abbandonando anche l'idea di provarci. Di fatto, dovremmo aspirare a lottare per la padronanza di un'abilità, con l'umiltà di renderci conto di quanto siamo lontani dalla perfezione.

La Chiave della Lean Leadership è Sviluppare gli Altri nel *Gemba*

Figura 5.5 Fare Coaching per sviluppare negli altri la conoscenza e le abilità

Utilizzando il termine "Lean Leadership", voglio intendere che una delle caratteristiche chiave della Lean Leadership è il fatto che tu impari (v. fig. 5.5) e sviluppi gli altri, nel *gemba*, ossia il "luogo dove le cose succedono". Vorrei assicurarmi che il concetto di *gemba* sia abbastanza ampio. Alcuni pensano che il *gemba* sia soltanto il luogo dove avviene il lavoro essenziale, che costituisce valore aggiunto. Nella produzione, la fabbrica a volte è vista come l'unico *gemba*. In Florida, in uno degli stabilimenti della Medtronic, abbastanza avanti nella Lean, era necessario attraversare la mensa per giungere in fabbrica e, sulla porta di quest'ultima, avevano appeso un cartello che diceva: "Benvenuti nel *gemba*". Volevano così enfatizzare che in fabbrica si svolge il lavoro a valore aggiunto che ci consente di saldare i conti.

D'altro canto, per i cuochi il *gemba* è la cucina, ossia il posto dove essi preparano e servono il cibo. I contabili hanno un *gemba*, e anche le risorse umane ne hanno uno. Per queste ultime, il *gemba* è il luogo dove si trovano le persone, e le persone possono essere in mensa, in ufficio, nel reparto di produzione. Per le Vendite, il *gemba* è dove si trovano i clienti. Ci sono quindi molti *gemba*, i quali non sono altro che il luogo in cui, in base al tipo di lavoro che fai, ottieni del valore aggiunto per il cliente, sia esso interno che esterno. Il valore aggiunto si realizza quando tu, di fatto, raggiungi i tuoi obiettivi: servi del cibo di alta qualità ai tuoi clienti che rimangono soddisfatti del prodotto e della sua affidabilità.

Utilizzare il Kata per Fare Coaching ad una Persona alla Volta

Come avviare tutto questo all'interno della tua organizzazione?

Ci sono molti modi di avviare questo processo nella tua organizzazione: può trattarsi di una piccola area in cui scendere in profondità, oppure delle aree in alto, nel mezzo, o in basso, o ancora può essere un solo livello di gestione da intersecare in tutta la sua ampiezza. L'elemento costante, in tutte queste scelte, è che devi avere abbastanza coach per guidare il numero di persone a cui vuoi insegnare. Direi che una proporzione ragionevole è un coach ogni cinque persone e non di più. Se vuoi guidare 100 persone, hai bisogno di 20 coach. A questo punto alcune persone si tireranno subito indietro dicendo: "Aspetta un attimo, non ho 20 coach che hanno le giuste abilità".

Il mio consiglio consiste nel ridimensionare i tuoi progetti iniziali e focalizzarti sulle risorse che hai, per fare le cose per bene. Puoi anche prendere dei coach esterni, ma devi selezionarli con cura, perché devono avere non solo le abilità del fare, ma anche quelle dell'insegnare. Poi, essi si comporteranno come il lievito. Il pane non inizia a lievitare finché non c'è il lievito. Inoltre, se ho il lievito per una pagnotta, non posso farne 15 nello stesso tempo. Devi iniziare da qualche parte. Ancora una volta, devi comprendere il problema, i gap, la root cause; devi sviluppare un piano, una contromisura e devi proporzionare le risorse al tuo obiettivo; poi provi, controlli, modifichi e cerchi di comprendere cosa fare al passo successivo. Il problema è il gap tra le abilità che tu vuoi che i tuoi leader abbiano e le loro abilità attuali. Stai applicando il PDCA al processo di sviluppo delle persone. Se segui questo processo, farai buoni progressi.

Utilizzare il Coaching Kata per Insegnare il Miglioramento Kata

L'approccio raccomandato, per impartire le abilità di miglioramento e fare coaching nel Toyota *Kata*, è cominciare con un "gruppo pilota". Tale gruppo è costituito da senior leader che hanno la responsabilità di impiegare il *kata*. "Pilota" nel senso che devono essere i primi ad imparare il miglioramento *kata*, spesso con l'aiuto di coach esterni (v. fig. 5.6). I membri di tale gruppo imparano ad essere i primi coach degli allievi nella loro organizzazione. Una volta sviluppati altri coach, essi non scompaiono, ma rimangono regolarmente nel *gemba* a controllare il processo, ad apportare modifiche, così come a prendere decisioni sui passi successivi della formazione, su quante persone saranno formate e sulla velocità di impiego del *kata*.

ESEMPIO DI SVILUPPO DEL MIGLIORAMENTO

Non cercare di espanderti più velocemente di quanto tu possa sviluppare un' eccellenza interna nel Coaching Kata!

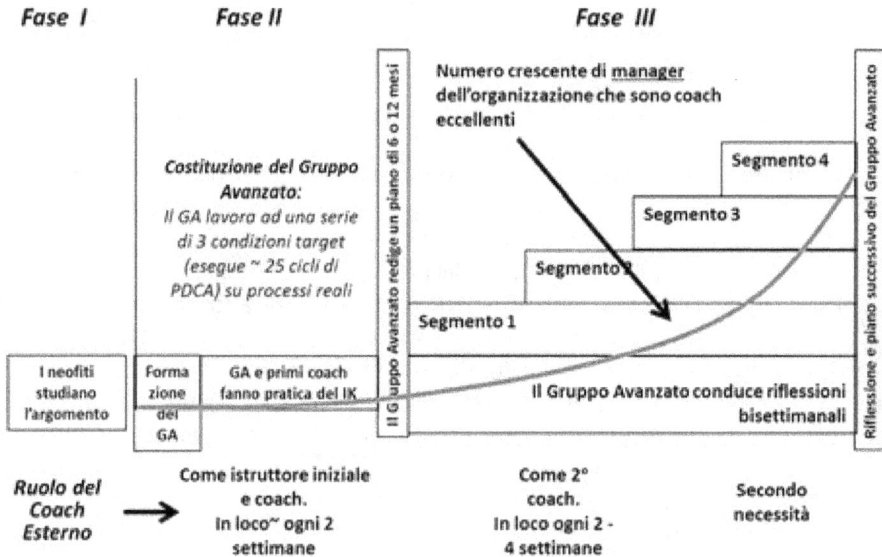

Fonte: Mike Rother

Figura 5.6 Approccio Raccomandato nello sviluppo del Miglioramento *Kata*

Il Miglioramento Kata (IK – *Improvement Kata*), dal libro di Mike Rother *Toyota Kata*, è stato riassunto nel Secondo Capitolo. Egli ha anche sviluppato il Coaching Kata per pratiche intenzionali e di routine. Come l'OJD in Toyota è l'immagine speculare delle Toyota Business Practices, Il Coaching Kata è una semplice inversione dei ruoli. Lo studente dell'IK diventa il coach e comincia ad insegnare ad un nuovo studente dell'IK.

C'è sempre un coach responsabile dello sviluppo di un allievo che guida un determinato progetto. L'allievo utilizzerà lo schema specifico del Miglioramento Kata, e il coach avrà egli stesso uno schema da seguire (v. fig. 5.7). Il coach lavorerà a stretto contatto con lo studente lungo i quattro step dell'IK, a cominciare dallo stabilire la direzione, la quale dovrebbe essere in linea con gli obiettivi di business più ampi dell'organizzazione stessa.

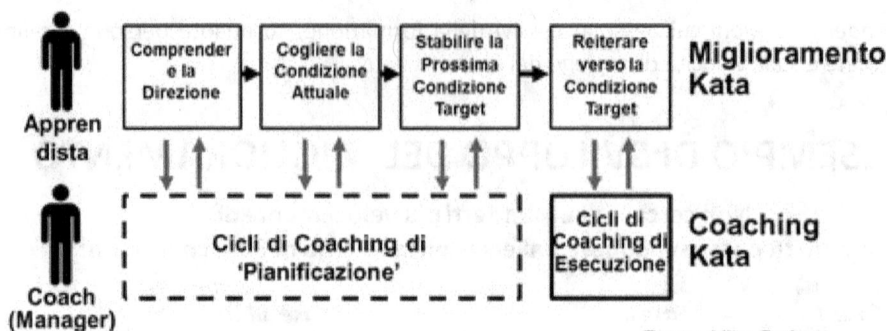

Fonte: Mike Rother

Figura 5.7: Il Miglioramento *Kata* e il Coaching *Kata* sono Immagini Speculari

Lo strumento con cui documentare il lavoro svolto sarà lo storyboard dell'allievo, già descritto nel Secondo capitolo. È lì che il coach e lo studente si incontreranno. Entro il quarto step, dopo che la condizione target successiva è stata stabilita, il centro dell'attenzione sarà sui cicli di PDCA, nei quali ha luogo l'azione (v. fig. 5.8). Nel ciclo del PDCA, l'allievo pianifica il prossimo esperimento, lo mette in atto, controlla ciò che è accaduto e riflette su quanto è stato appreso, il che conduce all'esperimento successivo. Questi esperimenti sono focalizzati sulla condizione target successiva, la quale si trova nella direzione della sfida più ampia. Quando si raggiunge la condizione target (magari ogni due settimane), allora verrà identificata quella successiva.

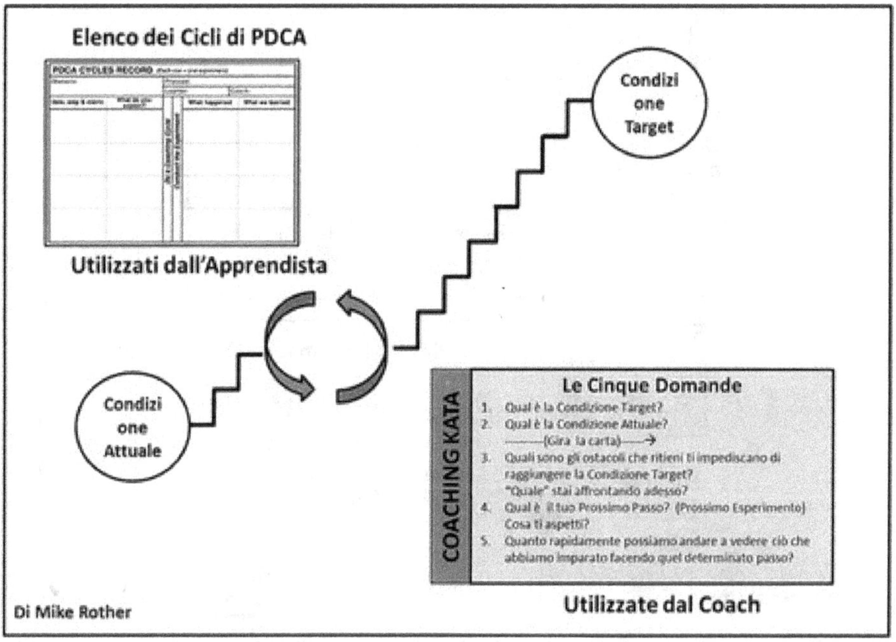

Figura 5.8: Il coach ha una routine definita di domande mentre l'apprendista fa esperimenti per raggiungere la Condizione Target successiva

Nella fase dei cicli di PDCA, lo standard work del coach è ben chiaro, in quanto è centrato sul porre domande prestabilite, proprio come mostrato nella figura 5.9. Insieme all'allievo, di fronte allo storyboard del Miglioramento Kata, il coach pone le domande ed egli risponde, puntando il dito verso il tabellone. Tutte le informazioni necessarie a rispondere alle domande sono riassunte sullo storyboard. Il coach ha un margine d'azione: se la risposta non lo soddisfa, può fare domande chiarificanti. Inoltre, egli può suggerire di andare a vedere nel *gemba*, e chiarificare le spiegazioni dello studente. Comunque, per la maggior parte del processo, il coach è tenuto a seguire lo schema e ad impararlo, così come l'allievo impara lo schema del Miglioramento *Kata*.

Nota che il coach pone domande generali relative al progetto, per far riflettere l'allievo sui gap che sta cercando di colmare, ossia la condizione target in opposizione alla condizione attuale del momento. Dopo di ciò, lo studente si ferma a riflettere soltanto su quanto ha appreso nell'ultimo step e identifica gli ostacoli aggiuntivi verso la condizione target, descrivendo quindi al coach lo step successivo che intende intraprendere. Infine, stabilisce una scadenza per completarlo, e il processo ricomincia daccapo.

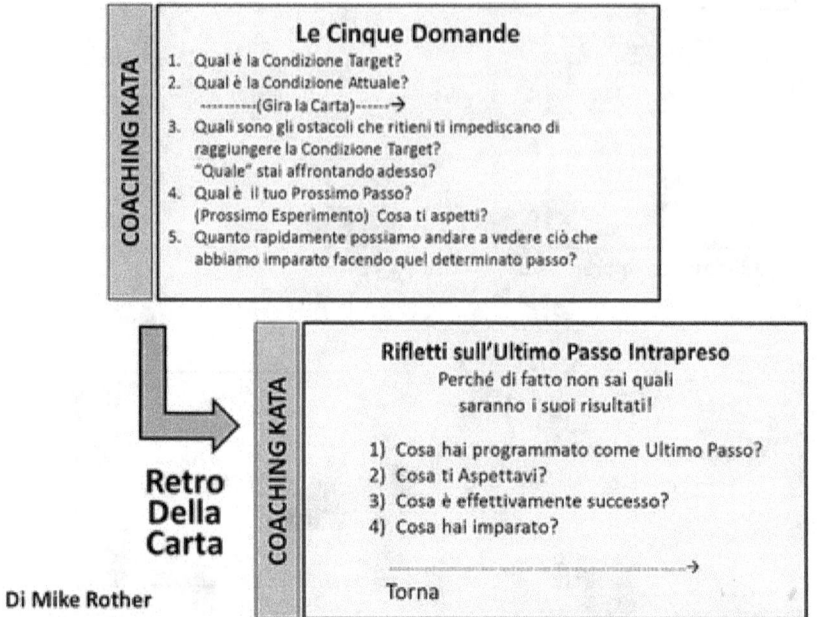

La Carta viene girata per riflettere sull'ultimo passo / esperimento

Figura 5.9: La Carta delle Cinque Domande è lo Standard Work del Coach

Ricetta in "Tre Parti" di ciò che Devono Imparare i Lean Leader

Ricetta di ciò che devono Imparare i Lean Leader

1. Vivere i valori basilari della filosofia – *Toyota Way 2001*
2. Diventare degli esempi di problem solving disciplinato – Toyota Business Practices (oppure Miglioramento *Kata*)
3. Diventare insegnanti e coach del probem solving disciplinato – On the Job Development (oppure Coaching *Kata*)

Riguardo al punto 1, puoi cercarne degli esempi nel mio libro, *The Toyota Way*. Riguardo agli altri due punti, puoi leggere il libro *Toyota Kata* di Mike Rother, che fornisce esempi di cosa fare sia per il Miglioramento *Kata*, simile alle Toyota Business Practices, sia per il Coaching Kata, ossia insegnare l'on-the-job-development.

Rivedere la Ricetta in "Tre Parti" – Cosa Devono Imparare gli Apprendisti

La ricetta di ciò che gli apprendisti devono imparare è realmente una soluzione in "tre parti": essa è stata messa in pratica molto bene dalla Toyota. All'inizio, tra il 1990 e il 2000, ci si rese conto che bisognava essere più espliciti nel processo di sviluppo della leadership, all'interno della Toyota fuori dal Giappone. Ci fu un periodo, negli anni '80, in cui ci furono parecchi coach giapponesi in Nord America, ed essi fecero da coach a ogni tipo di leader, da quelli più alti fino ai team leader. Essi erano i maestri che formavano gli apprendisti americani. Verso la fine del decennio, questi coach giapponesi furono spostati dall'America e dal Canada verso altre regioni in cui si aveva bisogno di loro. Ciò che ne venne fuori fu che, nonostante la formazione intensiva cui erano stati sottoposti, molti americani dovevano ancora lavorare parecchio alla fase Shu. In più, vari dipendenti americani, relativamente avanti nella conoscenza, cominciarono a passare ad altre aziende desiderose di accogliere ex leader della Toyota. Di conseguenza, si dovette assumere personale dall'esterno, oppure promuoverne dall'interno, sebbene non avesse gli elevati livelli di abilità richiesti.

La prima soluzione fu mettere per iscritto i valori fondamentali della Toyota. In Giappone, essi erano implicitamente conosciuti da coloro che erano cresciuti all'interno della cultura stessa dell'azienda. Tali valori si erano evoluti sin dalla fondazione della società come azienda di produzione di telai, ma non erano mai stati messi su carta in quanto venivano tramandati attraverso la relazione maestro-apprendista. "Adesso dobbiamo insegnarli in modo meno passivo e più manifesto: dobbiamo metterli per iscritto". La crescita e la globalizzazione della Toyota condusse ad un bisogno crescente di mettere tutto su carta, il che condusse al libricino intitolato *The Toyota Way 2001*, con i pilastri gemelli del Rispetto delle Persone e del Miglioramento Continuo. Le fondamenta sono costituite dai cinque valori essenziali di cui abbiamo già parlato: sfida, andare a vedere nel *gemba*, sviluppare una mente kaizen, rispetto e lavoro in team.

I giapponesi li misero per iscritto, li descrissero uno a uno, indicarono anche dei sotto valori, e fecero degli esempi, con citazioni famose dei fondatori e dei leader del passato. Poi organizzarono un corso di formazione che consisteva nell'imparare i valori attraverso degli studi di caso, così i manager della Toyota potevano mettere in pratica tali valori e discuterli.

Cominciarono a fare la formazione dall'alto, a partire dal vice presidente esecutivo, e man mano scesero sempre più in basso verso i group leader. Mentre svolgevano questa formazione, durante le fasi iniziali dell'insegnamento ai senior leader, si resero conto della sua potenza. Essa cominciava a far sì che le persone parlassero e si esprimessero con lo stesso linguaggio del Toyota Way, ma non c'era ancora abbastanza "azione" che consentisse alle persone di interagire con i valori così da farli diventare una routine. Cosa fare per rendere i valori una routine? C'era bisogno di una pratica disciplinata.

Questo portò quindi a sviluppare le Toyota Business Practices (TBP), il modello a otto step discusso nel Secondo Capitolo che continua ad essere lo standard di riferimento globale per la Toyota. Per ognuno degli step, ci sono dei valori determinati che impari percorrendo quello step nel modo appropriato. Ad esempio, il primo step consiste nel definire il problema. Uno dei valori dell'azienda è "il cliente viene prima di tutto", per cui dovresti definire il problema in modo che il cliente venga posto prima di tutto il resto. Come può questo processo andare incontro ai bisogni del cliente?

Più recentemente, la Toyota ha sviluppato un approccio formale all'On the Job Development. È stato sviluppato negli Stati Uniti per gli americani che ormai avevano imparato tante cose e si erano resi conto che altri paesi avevano bisogno di avere processi di apprendimento espliciti e ben definiti. Esso ha molti punti in comune con l'approccio del Coaching *Kata*, sebbene non sia altrettanto dettagliato.

Cambiare la Cultura Cambiando il Comportamento

La prima volta che ho sentito parlare del modello rappresentato nella figura 5.10 è stato da John Shook, colui che passò a gestire il Lean Enterprise Institute. Egli non ha inventato il modello, ma ne ha chiaramente articolato il pensiero. Ha spiegato che l'approccio comune è provare a cambiare direttamente il modo in cui le persone pensano. Dobbiamo entrare nelle loro teste, ragion per cui, se loro pensano nel modo giusto, agiranno anche nel modo giusto. Il modo tradizionale con cui insegniamo alle persone a pensare è dicendo loro delle cose. "Io sono il leader ed in quanto tale penso nel modo giusto, adesso devo versare la mia conoscenza nelle loro teste. La modalità del processo di insegnamento imparata a scuola è stata quella di un insegnante che faceva la lezione di fronte alla classe, così adesso sono io l'insegnante di fronte alla classe". Cosa succede con questo approccio? Semplicemente, non funziona.

Figura 5.10 Il Vecchio Modello di Pensiero

Chiunque abbia familiarità con gli Alcolisti Anonimi saprà che cambiare il modo di pensare sottostante qualsiasi schema complesso di comportamento è un processo graduale, che si fa un passo alla volta. Inoltre, saprà che devi incontrarti con un coach, agire, e poi tornare indietro e fare un report al coach e al gruppo di supporto. Questo è anche il modello che venne utilizzato durante la Seconda Guerra Mondiale per cambiare le abitudini alimentari, e che divenne poi la base per la weight watchers. Questo stesso modello funziona anche per la Lean Leadership.

Inoltre, John Shook spiega che, se vuoi arrivare alla cultura, devi cominciare con ciò che fai (v. fig. 5.11). Il nuovo modello si basa sul cambiamento del comportamento, e, mentre le persone sperimentano un nuovo modo di lavorare, di condurre le cose e di comportarsi, il loro modo di pensare cambia. L'alcolista comincia a capire che è possibile vivere una vita felice, senza alcol. Prima comincia a sentirsi meglio, e poi gli viene in mente: "Caspita! Tutte le cose che mi hanno detto per anni ed anni funzionano davvero, e la mia vita sta cambiando in meglio". Qualsiasi cosa gli venisse detta, egli non poteva capirla dal momento che era costantemente ubriaco.

Figura 5.11 Il Nuovo Modello di Pensiero

Mentre modifichi il comportamento, la tua visione del mondo cambia. John ha trovato una profonda citazione che descrive questa cosa: "È più facile agire in direzione di un nuovo modo di pensare che pensare in direzione di un nuovo modo di agire". Questo è molto in linea con il Toyota Way, e con quanto Sakichi Toyoda imparò lavorando duramente sotto la guida del padre. In qualche modo, tale filosofia si è persa in molte aziende americane, e si è adottato il modello basato sul cercare di cambiare il comportamento dicendo le cose alle persone.

Come si Applica tutto ciò allo Sviluppo degli altri nella tua Organizzazione?

Dai un giudizio alla leadership della tua organizzazione

Siamo arrivati al punto in cui puoi valutare come stai procedendo in rapporto a questa immagine idealizzata che ho dato della Toyota. Voglio solo specificare che non tutti i leader che hanno fatto la formazione nel Toyota Way, nelle Toyota Business Practices e nel On the Job Development sono diventati dei campioni. Alcuni hanno imparato a fondo, mentre altri lo hanno fatto ad un livello superficiale. Dopo le fasi iniziali, si era creato un piccolo gruppo nordamericano che faceva coaching e si presumeva che i leader avrebbero poi fatto da coach al livello successivo, e col tempo ci sarebbe stato bisogno di meno staff di supporto. La domanda è: furono tutti formati in maniera perfetta, e fecero un ottimo lavoro di coaching? La risposta è no. In Toyota, sono molto lontani dalla perfezione, ma ci provano e lo sforzo che fanno è eroico. Di fatto, esso è esemplare, se paragonato a ciò che fa la maggior parte delle aziende.

Ti sto chiedendo di valutare la tua organizzazione presupponendo che, nella maggior parte dei casi, hai dei gap abbastanza grandi. Nel capitolo precedente, hai definito la condizione ideale per la tua organizzazione. A cosa potrebbe assomigliare il leader ideale? Nelle mie domande sto facendo delle supposizioni: ad esempio, presuppongo che nel tuo stato ideale quei leader saranno insegnanti e coach. Non mi attenderei assolutamente che tu sia in disaccordo con questa cosa, poiché si tratta di un presupposto fondamentale della Lean Leadership. Questa è la fase *Shu*, dove tu sei lo studente e io il maestro. Io ti sto dicendo che i leader dovrebbero essere insegnanti e coach, ma i valori essenziali che i tuoi leader stanno modellando possono essere soggetti a delle variazioni. Con parole tue, parole che per te hanno significato, cosa dovrebbe fare, pensare e dire per sviluppare gli altri un leader ideale? Poi, a partire da quella visione ideale, qual è lo stato attuale della tua leadership? (v. fig. 5.12)

Stato attuale della Leadership nella tua azienda

Figura 5.12 L'Obiettivo

1=Gap Critico, 2=Gap Maggiore, 3=Alcuni Gap Seri, 4=Gap Minori, 5=Siamo lì

La Toyota potrebbe avere più gap minori, e tu potresti avere più gap maggiori. Ad ogni modo, si tratta di un gap critico? È un gap effettivamente maggiore quello urgente? Al contrario, è un gap così importante ma non così urgente? È alquanto minore? Oppure, sei arrivato? Se dici che sei arrivato su almeno una di queste cose, allora io dico che ti stai dando un giudizio troppo alto, perché nessuno è arrivato. D'altro canto, se hai pochi gap minori, allora va bene. La maggior parte di voi avrà un punteggio da 1 a 3 sulla maggior parte dei punti sottoelencati.

1. I leader vengono sviluppati per essere insegnanti e coach?

I leader, in tutti i livelli della tua organizzazione, sono competenti e attivi nel miglioramento delle loro capacità di insegnamento e coaching? Se dici che queste cose le facciamo tutti, allora ti suggerisco di andare nel *gemba* ad osservare meglio: torna alle origini, mettiti in un cerchio, osserva e dimmi se quei leader stanno davvero insegnando e facendo coaching.

2. I leader, a tutti i livelli, danno abbastanza valore allo sviluppo delle persone da dare spazio e tempo al processo di imparare facendo.

Quando stavamo lavorando al libro *Toyota Under Fire*, ho intervistato Akio Toyoda e gli ho chiesto cosa avevano imparato dalla crisi del richiamo di automobili, dalle reazioni americane ad essa e da tutta la pubblicità negativa che ne era scaturita per la Toyota. Gli ho fatto anche notare che alcuni analisti affermavano che il problema della Toyota era che stava crescendo troppo velocemente. Akio era d'accordo con questa affermazione?

Egli disse: "No, non sono d'accordo col fatto che stavamo crescendo troppo velocemente. La crescita è una cosa buona. Direi piuttosto che il tasso di crescita era più veloce del tasso di sviluppo delle persone". Mentre cresceva rapidamente, e assumeva molto personale dall'esterno, la qualità con cui la Toyota sviluppava le persone si stava abbassando. Akio non ha voluto ammettere che era impossibile sviluppare quelle persone ad un ritmo adeguato, ma ha riconosciuto che era necessario migliorarne il processo.

Akio mi fece l'esempio di quando lui fu assunto dalla Toyota. Il padre acconsentì a farlo entrare nell'azienda, a patto che cominciasse dal basso, come chiunque altro. Inoltre, volle che il figlio avesse il compito più difficile, che consisteva nel lavorare alla Operations Management Consulting Division (OMCD), il campo di addestramento del Toyota Production System.

È lì che si trovano i sensei più severi. Ti mandano da un fornitore, ti lanciano una sfida apparentemente impossibile in cui sei dentro fino al collo e grazie alla quale o affondi o cominci a nuotare. Akio Toyoda disse: "Quando ho ricevuto il mio primo incarico di comprendere la root cause presso un fornitore, mi ci sono voluti tre mesi. Se ci avesse lavorato il mio capo a quella stessa root cause, l'avrebbe potuta facilmente comprendere in tre settimane; il suo capo ci avrebbe messo tre giorni; il capo dell'OMCD soltanto tre minuti".

C'è un gap enorme tra tre minuti e tre mesi. Cosa fai se sei il capo dell'OMCD e hai un gruppo di persone che lavora a determinati progetti che ci impiega tre mesi per fare una cosa che tu riesci a fare in tre minuti? Può essere molto frustrante guardarli mentre si dimenano, e nel frattempo i progetti non avanzano e il tuo capo ti mette sotto pressione perché vuole vedere i risultati. Quindi...cosa fai? Dai la soluzione: aspetti tre giorni e poi dai la soluzione. Akio Toyoda mi ha detto che, fino al 2000, quando la Toyota stava crescendo troppo rapidamente, questa cosa accadeva con troppa frequenza. I coach, che si supponeva dovessero essere dei coach, davano le risposte troppo prontamente. Essi non davano alle persone la possibilità di sforzarsi così che potessero effettivamente imparare come identificare le root cause.

Come contromisura, la Toyota tornò indietro alle radici, ossia a come si insegna e a come si fa coaching. Inoltre, cominciò ad aggiungere strati di management. Ad esempio, nell'ingegneria, durante il periodo della crescita, c'era forse un manager ogni 20-25 ingegneri. Non si tratta di una buona proporzione per fare coaching, per cui venne aggiunto un nuovo livello di management, con un assistente manager ogni cinque ingegneri, ossia ripristinando la proporzione che si aveva in precedenza.

3. I leader di tutti i livelli sono impegnati attivamente nel selezionare e sviluppare i leader del futuro, sulla base di abilità relative all'essere leader, insegnante, e coach del processo di miglioramento

Non tutti sono uguali, non tutti imparano alla stessa velocità, e non tutti sono allo stesso modo motivati, decisi e determinati. Le persone vanno osservate, e, se lo fai nel *gemba*, hai il lusso di poterle vedere in azione per un lungo periodo di tempo. Non si tratta di un colloquio di lavoro di tre giorni, in cui devi giudicare una persona e impegnarti ad assumerla sulla base delle tue osservazioni, fatte in contesti simulati e per pochi giorni. Puoi osservare queste persone nel lungo periodo. Decidi chi dovrebbe essere promosso in base alla sua capacità di seguire i valori dell'azienda, in base alle sue abilità nell'eseguire, guidare ed insegnare agli altri, e in base al suo potenziale. Chi è pronto per un nuovo compito, cioè fare coaching e insegnare ad altre persone? Chi ha bisogno di rimanere lì dov'è, perché deve sviluppare le proprie capacità, prima di potersi prendere la responsabilità degli altri?

4. I leader a tutti i livelli modellano i valori fondamentali dell'azienda

Il processo di sviluppo e selezione richiede molti anni, ragion per cui, se la tua organizzazione non ha già intrapreso questo stesso processo dieci anni fa, aspettati un punteggio basso. Aspettati parecchi uno rispetto ai tre. L'aspetto valutato uno dovrà, ovviamente, essere considerato con una priorità maggiore rispetto ai tre. Se, invece, hai dei gap minori, sentiti orgoglioso e fortunato perché si tratta di qualcosa di insolito.

Questa è, in ogni caso, una valutazione qualitativa generale della leadership nella tua azienda. Se decidi di fare un sondaggio formale a centinaia di persone, allora probabilmente ti stai allontanando troppo. Al contrario, se decidi di prendere un team di persone e fai in modo che ognuno dia un punteggio individuale alla situazione attuale, discutendone poi all'interno del gruppo e cercando di raggiungere un consenso sui cinque punti seguenti, questo potrà essere un ottimo processo.

In sintesi, dai un punteggio agli aspetti seguenti:

1. I leader vengono formati per poter essere degli insegnanti e dei coach

2. I leader, a tutti i livelli, danno abbastanza valore allo sviluppo delle persone così da concedere lo spazio e il tempo necessari all'imparare 'facendo'

3. I leader, a tutti i livelli, sono attivamente impegnati nel selezionare e sviluppare i leader futuri, sulla base delle abilità dell'essere leader, insegnante e coach del processo di miglioramento

4. I leader, a tutti i livelli, modellano i valori fondamentali dell'azienda.

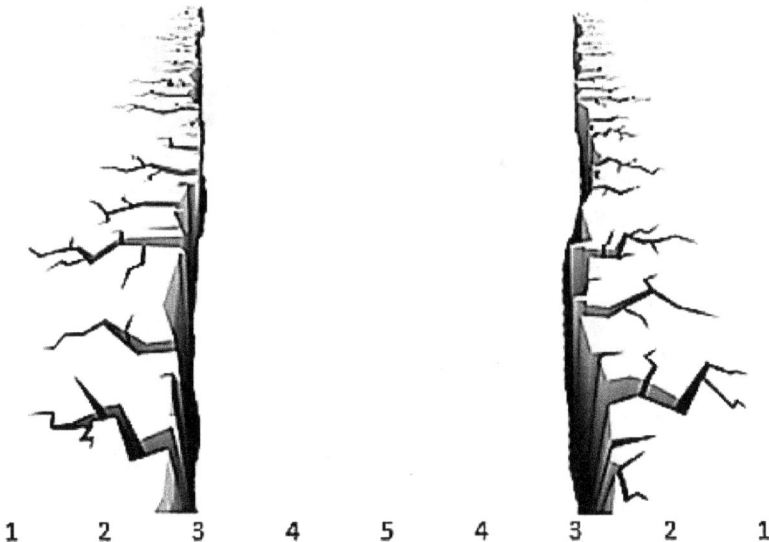

| 1 | 2 | 3 | 4 | 5 | 4 | 3 | 2 | 1 |

Figura 5.13 Costruire un Ponte tra i Gap

Qual è il tuo passo successivo verso la Lean Leadership?

Riassumi i punti chiave della tua visione di un Lean Leader. Guarda i gap (v. fig. 5.13), poi chiediti come potresti applicare tutto ciò nella tua organizzazione. Sei pronto per un processo di formazione sull'On-The-Job-Development oppure sul Coaching *Kata*?

o Riassumi i punti chiave, di cui hai sentito parlare, relativi al fare coaching agli altri, in qualità di Lean Leader

o Come potresti applicare queste cose alla tua organizzazione?

○   Qual è il primo progetto misurabile su cui puoi lavorare e quale sarebbe il piano?

Mentre rifletti su come applicare queste cose alla tua organizzazione, rifletti anche sul processo di miglioramento. Non cominciare facendo un elenco infinito di idee su come realizzare tutto ciò. Pensa, invece, a dove si trova la tua organizzazione rispetto a dove dovrebbe essere. Pensa a come scomporre il grande obiettivo in una sfida mirata e misurabile, sulla quale poter lavorare come primo passo. Poi, procedi lungo il processo di miglioramento secondo quanto abbiamo già discusso.

Se segui attentamente il processo del PDCA, metterai insieme dei buoni step iniziali, diretti verso la tua visione e farai progressi. Il problema non è: "Io sono qui. I leader non sono dei Coach, non sanno come insegnare, non sanno come risolvere i problemi, mentre io vorrei essere lì". Il problema è: "Ho una visione ideale, capisco quanto siamo lontani da quella visione, e devo avere un chiaro obiettivo di partenza per la mia prima serie di step". Pensandoci in questi termini, tutto è gestibile e non è poi così sconfortante, per cui più fai pratica, più questo processo diventerà radicato nella tua organizzazione.

CAPITOLO 6

PORTARE AVANTI IL KAIZEN QUOTIDIANO

Portare la Lean Leadeship nei Work Group

Revisione dello Sviluppo Personale e dello Sviluppo degli Altri

Nel Quarto e Quinto Capitolo abbiamo visto come sviluppare dei leader che migliorano se stessi e che, in seguito, diventano insegnanti e coach per gli altri. Abbiamo così percorso i primi due step del modello nella figura 6.1. Dopo ognuna di queste due sessioni, ti ho chiesto di confrontare le idee esposte sulla leadership con quanto avviene nella tua organizzazione. Nel primo step, ti ho chiesto di riflettere sullo sviluppo personale e sulle fasi che potresti intraprendere per migliorare le tue abilità, in particolare quella del problem solving. Nel secondo step, ti ho chiesto di iniziare a riflettere su come puoi cominciare a fare coaching e sviluppare gli altri. Spero che tu abbia fatto un po' di pratica valutando te stesso, evidenziando i tuoi gap e le tue possibilità, così come spero che tu ormai sia seriamente impegnato nel duro lavoro dello sviluppo personale.

Fonte: *The Toyota Way to Lean Leadership*
Figura 6.1 Il Modello di Sviluppo della Lean Leadership (Il Modello "Diamante")

Di solito, nelle organizzazioni in cui lavoriamo, il primo approccio avviene ai livelli più alti, possibilmente con il vice-presidente o anche più in alto. In seguito, veniamo introdotti al manager, o direttore del Miglioramento Continuo. Lavoriamo, quindi, direttamente con il gruppo del Miglioramento Continuo, i cui membri diventano i nostri studenti, e noi diventiamo i loro coach nel processo di sviluppo personale che intraprendono. In ogni gruppo di progetto c'è un leader. Si potrebbe trattare del leader di un processo di sviluppo di software, o di un progetto di produzione, o di un centro di servizi al cliente. Noi sviluppiamo quel leader facendo coaching tramite progetti effettivi di miglioramento, con il metodo del PDCA. Sviluppiamo il coach, sviluppiamo il manager e, di solito, procediamo dall'alto verso il basso. Dicendo 'dall'alto verso il basso' intendiamo comunque i livelli intermedi dell'organizzazione: diciamo pure che il manager di un settore sarà considerato la figura più elevata del settore stesso.

Immaginiamo di aver avuto successo nel fare quanto esposto sopra: i coach in formazione e i leader hanno iniziato ad imparare, e le persone nel settore dei progetti hanno fatto della formazione e sono state coinvolte in attività *kaizen*. Poniamo che ci sia un settore di trenta persone, che sono tante a cui fare coaching: in questo caso ci focalizziamo su una sola area di quel settore e sulle persone coinvolte in un determinato progetto. Pian piano cominciamo a muoverci attraverso il settore per coinvolgere sempre più persone al livello lavorativo.

Ad un certo punto, i leader saranno in grado di condurre un processo di miglioramento verso obiettivi sfidanti, e il loro gruppo avrà abbastanza esperienza con il *kaizen* da essere relativamente auto-sufficiente. Questo è il momento in cui essi potranno avere dei meeting quotidiani per discutere i risultati del giorno precedente, e per decidere cosa migliorare in giornata. Questo è quanto chiamiamo 'daily management' (gestione quotidiana) oppure 'miglioramento quotidiano'. Si tratta della competenza locale in ogni parte dell'organizzazione riguardo il kaizen quotidiano, e ci vogliono alcuni step per raggiungerla. Ciò è particolarmente vero quando partiamo da zero con un'organizzazione che non si è mai impegnata molto nel miglioramento, o magari ha utilizzato un approccio meccanicistico, e ha lasciato la conduzione dei progetti nelle sole mani dei black belts. Adesso noi cerchiamo di penetrare nell'organizzazione della linea di produzione, cominciando a sviluppare i manager e i supervisori fino a giungere agli operatori.

Così come l'ho descritto, il processo comincia ai livelli intermedi e procede verso il basso. In una situazione ideale, avremmo dovuto iniziare sviluppando i livelli alti, ma prima dobbiamo fare in modo che essi si assumano l'impegno del miglioramento. Nella realtà, possiamo aver bisogno di ottenere dei successi a livello lavorativo prima di poter attirare l'attenzione delle persone più in alto, e suggerire loro di farsi vedere ogni tanto nel *gemba* facendo conoscere il motivo della loro visita. Questo è quanto cerchiamo di fare. Sfortunatamente, l'errore che spesso riscontriamo è che qualcuno ai livelli elevati dell'organizzazione, leggendo il mio libro o quello di qualcun altro, venga colpito dall'idea del "Miglioramento Continuo", in particolare dall'idea che le persone a livello lavorativo possano risolvere i loro stessi problemi. Il problema vero è che egli non ha compreso come passare dalla situazione in cui si trova alla cultura del Miglioramento

Continuo, e, soprattutto, non comprende quanto importante sia il proprio coinvolgimento nel processo.

La Sfida di Fare le Cose Bene, e Non Velocemente

Abbiamo lavorato con una grande organizzazione dove il COO era molto entusiasta della Lean. Lo portammo a visitare un'altra catena di negozi con cui avevamo lavorato e che era abbastanza avanzata con la Lean, e lui disse: "Voglio anch'io quello che hanno loro. Voglio il loro sistema". In realtà, il sistema che loro avevano era stato sviluppato nel corso di cinque anni. Per arrivare al punto in cui erano, avevano fatto esperienze di apprendimento sempre più dolorose; ma il COO voleva i risultati subito.

Una cosa che egli aveva notato era che i supervisori svolgevano dei meeting con le persone davanti ai tabelloni di area, e vi era uniformità negli indicatori di prestazione su ciascun tabellone. Aveva anche notato che essi mostravano dei numeri, "Ecco il mio obiettivo, ecco come sto migliorando verso il mio obiettivo", e che c'erano delle aree in cui i supervisori prendevano nota dei suggerimenti degli impiegati e implementavano tali suggerimenti. Egli voleva proprio questo, ma ciò che stava osservando era solo una tappa di un viaggio impegnativo.

Allora, se sei il COO di una grande catena di negozi, cosa fai quando torni a casa? Non credendo di avere molto tempo a disposizione, vuoi agire subito...quindi, pensi di comprare tanti tabelloni. Non avevamo fatto ancora nulla con il nostro COO, e il contratto non era iniziato neppure da un mese quando egli, al telefono, mi disse con grande entusiasmo: "Ragazzi, sarete al settimo cielo. Sono andato a comprare 150 tabelloni, li farò mettere in ogni dipartimento, e avremo degli indicatori standard. Non aspetteremo neppure che arriviate: cominciamo adesso".

La mia reazione, ovviamente non al telefono, fu: "Caspita! In cosa ci siamo impegolati? Cosa se ne faranno di questi tabelloni? Queste persone non hanno alcuna abilità! Nessuno lavora con loro e non hanno neppure un coach". È la stessa cosa che comprare un cartoncino segnapunti per qualcuno che non ha mai toccato una mazza da golf e aspettarsi che segni un ottimo punteggio. Questo è un esempio lampante di un errore comune. Che cosa è tangibile? Quello che puoi vedere sono i tabelloni, gli Indicatori e delle persone che fanno riunioni. Un dirigente in carica può anche stabilire una nuova procedura: 'da questo momento in poi, ogni mattina, ogni dipartimento avrà un meeting di quindici minuti attorno ai tabelloni'.

Una volta, ho sentito la storia di un'altra azienda in cui avevano la loro versione del Toyota Production System. Un giorno un lavoratore ad ore disse: "Veniamo al lavoro ogni giorno sapendo che c'è più lavoro di quello che possiamo gestire. Sappiamo che avremo problemi entro fine giornata. Nonostante questo, dobbiamo fare un meeting di quindici minuti davanti a quello stupido tabellone". Ovviamente, non è questo quello che vogliamo. Non vogliamo avere delle persone in piedi, davanti ai tabelloni con un supervisore senza formazione che legge gli indicatori e poi dice: "Adesso sapete cosa fare, per cui mettetevi all'opera e tornate al lavoro!". Questo capitolo spiega come arrivare al vero miglioramento quotidiano, in contrapposizione ad una manciata di tabelloni e di persone che sprecano il loro tempo davanti ad essi.

I work group della Toyota sono al centro del Miglioramento Continuo

Le Consultazioni Quotidiane attorno ai Tabelloni possono rendere più Efficaci i Work Group

Come rispondi alla domanda: "Perché perdiamo tempo in questo meeting quotidiano?". La risposta è usare il tempo in maniera efficace così le persone non lo sprechino.

Il motivo per cui si perde tempo è perché il supervisore non è stato formato sul modo di condurre un meeting, di usare un tabellone o di migliorare il processo in maniera efficace. Qualcuno ha semplicemente appeso lì dei tabelloni. In effetti, la domanda dovrebbe venire indirizzata a quel COO, e non agli impiegati. Quello che vediamo è solo la conseguenza di una cattiva decisione fatta ad alti livelli, da qualcuno che pensa in termini meccanicistici: "Ho visto delle persone incontrarsi davanti a dei tabelloni, che miglioravano notevolmente. Io voglio grandi miglioramenti, per cui prenderò dei tabelloni". Questo è un pensiero semplicistico di causa-effetto: il tabellone determina il miglioramento. Ci deve essere un qualche trattamento magico che fanno a questo tipo di tabelloni, magari un rivestimento che stimola il cervello. Ciò che quel COO non vedeva erano i cinque anni di lavoro impiegati per formare e sviluppare le persone, così che i supervisori davvero sapessero come condurre efficacemente un Miglioramento Continuo.

Sarà raro sentire delle lamentele da parte degli impiegati se le cose migliorano, se essi, ad esempio, sanno che c'è stato un meeting, che si è evidenziato un problema, che durante tutto l'arco della giornata qualcuno ci ha lavorato sopra e che, tornando al lavoro il giorno dopo, hanno notato un miglioramento. Potrebbe anche trattarsi di un problema ergonomico, tipo piegarsi eccessivamente verso il basso per prendere dei pezzi. "Sono tornato il giorno dopo e i pezzi erano stati posizionati all'altezza giusta, così non devo piegarmi più. Adesso sarò motivato nell'andare a quelle riunioni". Se esiste un processo efficace, il tabellone è di aiuto, ma non è l'elemento cardine che determina il Miglioramento Continuo.

Controlli Visivi così che i Problemi non siano Nascosti

Lo scopo dei tabelloni è fornire un controllo visivo. Come abbiamo visto nel Terzo Capitolo, il controllo visivo è realmente un modo di mostrare il gap tra **dove vuoi essere** e dove **sei**. Il "dove vuoi essere" è rappresentato da uno standard. Potrebbe trattarsi di uno standard di qualità, o magari di uno standard di esecuzione del lavoro in termini di sequenza o abilità che impieghi per svolgere il lavoro stesso. Potrebbe trattarsi di un obiettivo per la produttività o la sicurezza, oppure di un qualsiasi tipo di aspirazione o obiettivo. Questo è quello che vorrei raggiungere: vorrei dimezzare il mio tasso di incidenti; vorrei raddoppiare la mia produttività. Il tabellone dovrebbe mostrarti, in modo semplice e chiaro, dove sei attualmente rispetto a dove vuoi essere.

Ogni controllo visivo ha lo scopo suddetto. Ad esempio, un'area kanban rappresenta una forma di controllo visivo. Riferendoci al binomio fornitore-cliente, chiediamo al fornitore di costruire un pezzo oppure di generare informazioni in presenza di una postazione vuota. Lo standard è dato da un massimo di tre unità prodotte (v. fig. 6.2): se tutte e tre le postazioni sono piene, allora bisogna smettere di produrre. La postazione kanban fornisce una semplice risposta "si-o-no" alla domanda: "Devo produrre la prossima unità?". Nella fig. 6.2, vediamo che tutte e tre le postazioni sono piene e che è stato prodotto un altro pezzo stoccato fuori dalle postazioni stesse. Il pezzo stoccato fuori dalla postazione kanban rappresenta chiaramente un fuori standard, facile da vedere. **In questo caso, vi è una visibile sovrapproduzione, ossia uno degli sprechi fondamentali.**

Utilizzo del controllo visivo così che i problemi non rimangano nascosti

Utilizzato nell'ambiente di lavoro, ci dice come si dovrebbe realizzare il lavoro e se c'è una deviazione dallo standard

Figura 6.2 Un kanban vuoto costituisce un segnale visivo per autorizzare la produzione e in questo caso c'è un'unità in sovrapproduzione

Se riesci a vedere che c'è un problema, puoi chiederne il perché. La prima domanda è relativa al perché il materiale si accumuli e non venga consumato dal cliente al ritmo previsto. La seconda riguarda le persone nella cella di produzione che, pur ricevendo il chiaro segnale di interrompere il lavoro, continuano a lavorare. Tradotto in parole semplici, il controllo visivo è uno sistema di comunicazione che ci dice come il lavoro dovrebbe essere fatto, se ci stiamo allontanando dallo standard e se abbiamo persone motivate e competenti, guidate da leader che si comportano come tali. Poi, si cercherà di risolvere il problema.

La struttura del Work Group

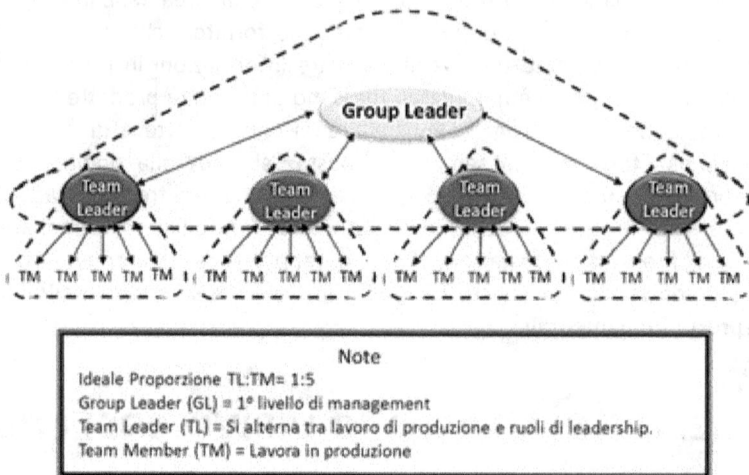

Fonte: Liker e Hoseus, *Toyota Culture*

Figura 6.3 Il Collegamento tra il Group Leader, il Team Leader e i Team Members

Nella figura 6.3 viene mostrata la tipica struttura dell'organizzazione in uno stabilimento della Toyota, utilizzata in tutta l'azienda a livello globale. L'ho vista anche nei call center della Toyota, per il servizio ai clienti e l'ho vista anche nell'ingegneria, dove il team leader diventa un assistente manager per una parte specifica della macchina. In fabbrica, c'è la versione più continua e strutturata, soprattutto nei processi ripetitivi. Facciamo il caso in cui tu gestisca un gruppo di persone, il concetto di base è: se il tuo lavoro è controllare che raggiungano gli output attesi per poi punire i colpevoli nel caso non li ottengano, allora puoi avere venti, venticinque o anche trenta persone che riportano ad uno stesso leader senza alcun problema. Fin quando hai degli standard e degli indicatori molto chiari, non hai troppi problemi, e la produzione avviene in maniera adeguata. Il supervisore può correre di qua e di là a punire le persone quando fanno errori e non producono: questo è il modello del 'comanda e controlla'.

Nelle fabbriche, la Toyota ha creato il ruolo del "Team Leader", fatto di addetti alla produzione, pagati ad ore e selezionati in virtù del loro potenziale di leadership. Il group leader cerca membri del team che abbiano un potenziale, li incoraggia a seguire la formazione per team leader e poi fa loro da mentore per qualche tempo, fino a che non hanno le abilità necessarie a guidare un team da quattro a sette persone. Il team leader viene pagato qualcosa in più all'ora e ci si assicura che faccia degli straordinari, così che può venire a lavoro presto ed assicurarsi che tutto sia a posto. La produzione comincia al segnale di avvio, e poi procede nel modo giusto fin dal primo minuto. I team leader sono anche coloro che rispondono per primi alla chiamata "andon" da uno dei membri del team: "sono avanti, sono indietro, oppure mi sono reso conto che potrebbero finirmi i pezzi". Qualsiasi sia la motivazione, se capisco di essere fuori dallo standard, tiro una corda; si accende una luce, parte un segnale e qualcuno viene in mio aiuto. Di solito, quello che arriva prima è il team leader e questo significa, ovviamente, che questi non può lavorare in produzione, altrimenti non ha la possibilità di rispondere all'andon.

Infine, il team leader si trattiene dopo la fine del turno per assicurarsi che tutto sia pronto per il turno successivo e per lavorare a qualche progetto di miglioramento. Egli ha anche del tempo a disposizione, durante il giorno, quando non ci sono chiamate andon, per lavorare a progetti di miglioramento, oppure per sostituire un membro del team e permettergli di lavorare a sua volta ad un progetto di miglioramento. Spesso le aziende mi chiedono come possono fare in modo che i lavoratori ad ore si dedichino al miglioramento durante il turno di lavoro, dato che tutti lavorano senza sosta: il ruolo del team leader potrebbe risolvere questo problema.

Controlli Visivi e Miglioramento del Sistema di Supporto Andon
Creare un Buffer per rendere possibile il Processo dell'Andon

A volte si crede che il Just-in-Time stia a significare "zero scorte". Di sicuro, il flusso a pezzo singolo è l'ideale, ma, in realtà, ci sono scorte di materiali posizionate strategicamente dove vi è necessità. L'obiettivo è avere del buffer in risposta alla variabilità per cui, se la variabilità è zero, i buffer non sono necessari. Del resto, senza variabilità non ci sarebbe neppure bisogno di un sistema andon. Stavo facendo un lavoro per un'azienda americana di automobili che aveva lavorato molto sulla Lean in fabbrica. Essi, però, non avevano insegnato la Lean agli ingegneri del manufacturing che organizzavano la fabbrica e le macchine. Ci venne chiesto di lavorare con loro per far sì che progettassero effettivamente delle linee Lean. Ci rendemmo conto che gli ingegneri avevano interpretato proprio alla lettera il sistema di fermo linea, a causa di una comprensione superficiale dello stesso. Infatti, lo avevano osservato durante delle visite agli stabilimenti della Toyota, e avevano supposto che, quando il membro del team tira la corda, l'intera catena di montaggio si fermasse immediatamente.

Quando la corda dell'andon viene tirata, si accende una luce gialla e la linea di produzione continua a muoversi finché il veicolo non arriva in una "posizione fissa", all'entrata della workstation successiva. Fino a questo punto, chiunque risponde alla chiamata dell'andon ha il diritto di tirare la corda una seconda volta e disabilitare il fermo linea. Se nessuno tira la corda una seconda volta, prima che l'auto si muova nella postazione successiva, la luce diventerà rossa e si fermerà la linea, ma non l'intero stabilimento. Di fatto, si fermerà solo un segmento della linea, poiché vi sono dei buffer posizionati strategicamente tra i vari segmenti della linea, che permetteranno al segmento successivo di continuare a produrre finché il buffer non avrà più veicoli.

Gli ingegneri non avevano capito il sistema di fermo linea in posizione fissa che permetteva alla stessa di continuare a produrre nella postazione successiva, e non erano al corrente dei buffer di automobili che la Toyota aveva tra i vari segmenti della linea. Ci trovammo, per questo, in una posizione ambigua: da un lato raccomandavamo di fermare la linea quando c'era un problema, dall'altro mettevamo in discussione l'operato degli ingegneri dicendo: "Siete impazziti? Volete davvero fermare immediatamente la linea appena si verifica un problema?".

"Certo! La Toyota non ferma la linea?".

"Non subito!".

Quando spiegammo il sistema, un ingegnere americano mi rispose: "Allora, in Toyota imbrogliano! Affermano di fermare la linea quando c'è un problema, ma non lo fanno davvero. Costruiscono dei buffer, e questa non è vera Lean".

Io ho risposto: "Si tratta solo di buonsenso. Se hai centinaia di processi in serie, e dai istruzione a tutti i membri del team di tirare la corda per ogni minimo problema, e la linea si ferma immediatamente, quale probabilità avrai di riuscire a produrre una sola automobile?".

La cosa importante è poter fermare la produzione, e far sì che i leader prendano sul serio il sistema dell'andon. Se si tratta di un problema che il team leader può facilmente contenere, allora meglio far continuare la linea. Se, al contrario, questo non è possibile, allora bisogna fermare il segmento e fare in modo che il buffer fornisca 8-10 minuti di tolleranza prima che il segmento successivo si fermi. Non si tratta di un tempo molto lungo per risolvere un problema serio, per cui i "fermo linea" di fatto avvengono. Se la linea non si ferma mai, allora va ridotta la dimensione del buffer.

Miglioramento Continuo vuol dire... ogni giorno un po' meglio

In teoria, col termine Miglioramento Continuo, intendiamo letteralmente dire che tu migliori ogni secondo, ogni microsecondo. Ovviamente, si tratta di un'utopia. D'altro canto, fare un miglioramento ogni tre mesi, quando gli ingegneri realizzano un progetto, è molto lontano dal Miglioramento Continuo. Ci piace pensare ad una definizione ragionevole, del tipo: "migliorare qualcosa, in ogni area dell'organizzazione, ogni giorno".

Fonte: Toyota Plant
Figura 6.4 Il Tabellone del Miglioramento Continuo

Il Tabellone, in uno stabilimento della Toyota, mostra gli indicatori delle key performance per ogni gruppo di lavoro (v. fig. 6.4). A quel tempo, questa era una nuova versione del tabellone, ed era organizzata attorno al *Hoshin Kanri*, di cui parleremo nel Settimo Capitolo. Guardando il tabellone, ti renderai conto che ci sono cinque aree di attività: sicurezza, qualità, produttività, costo e sviluppo delle risorse umane (HR). Gli indicatori possono cambiare di volta in volta, per cui, ad esempio, ad un certo punto potresti essere particolarmente concentrato su un'indagine relativa al morale degli impiegati per lo Sviluppo delle Risorse Umane. In un altro momento, potresti focalizzarti sulla formazione, per raggiungere l'obiettivo che ognuno apprenda quattro compiti diversi. Ci saranno cose diverse da misurare con l'obiettivo di migliorare in ciascuna di queste aree.

Nella parte alta del tabellone, ci sono gli indicatori dei risultati più generali. Ad esempio, nella sicurezza, potrebbero riguardare il numero di incidenti registrabili, oppure gli incidenti effettivi che vengono comunicati agli organi competenti dello Stato. Scorrendo il tabellone lungo le colonne, gli indicatori diventano più specifici e più focalizzati sul processo stesso. Potresti stabilire che il modo migliore di ridurre gli incidenti sia di istituire un processo di indagine dei sintomi iniziali: se qualcuno ha un sintomo, prima che degeneri in una patologia, ne vai a cercare la root cause. Ad esempio, il polso o la spalla potrebbero far male, per cui si potrebbe agire subito invece di aspettare che la persona finisca in ospedale per un'operazione al polso o alla schiena. Potresti quindi rilevare i sintomi e indagare ricercandone le cause radice, quali ad esempio un posizionamento non corretto degli attrezzi di lavoro che sono all'origine di movimenti non ergonomici. Così potresti studiare la posizione degli attrezzi stessi, in modo che l'operaio possa avere un polso in posizione neutra quando esegue il lavoro. Una volta che i polsi saranno in posizione neutra in ognuno dei compiti che vengono svolti, allora il problema è risolto.

Mentre scorri le colonne del tabellone, l'informazione passa da risultati ad un livello più elevato ad un monitoraggio del processo più specifico e dettagliato, magari documentato con degli A3 relativi ai progetti di miglioramento.

Creare un insegnante che a sua volta crei una massa critica di Intellettuali della Lean

I Group Leader Dirigono un Mini-business, con un Supporto

I manager devono essere formati per sviluppare dei group leader che a loro volta sviluppino dei team leader e dei membri del team. Negli stadi iniziali dello sviluppo personale e dello sviluppo degli altri, di solito ci focalizziamo sui manager. In seguito, lavoriamo con loro allo sviluppo dei group leader, possibilmente in un'area pilota per l'apprendimento. Infine, cominciamo a estendere il processo alle altre aree.

Non è una cosa così ovvia, ma è l'ideale. Tu crei l'insegnante che crea uno studente, il quale crea un altro insegnante che crea un ulteriore studente, e via dicendo. Poi, ad un certo punto, si crea una massa critica, e quando qualcuno viene assunto, ci sono tanti insegnanti che possono indottrinarlo circa la cultura aziendale.

I work group sono responsabili di una serie di processi. Facciamo il caso di un'area in cui sono presenti molti macchinari, ad esempio il reparto di stampaggio lamiera. Due degli obiettivi del group leader sono: produrre e avere una qualità elevata. Inoltre, il group leader deve occuparsi della sicurezza dei membri del team, essere certo che le macchine operino ad un livello elevato ed assicurarsi di eseguire i cambi prodotto rapidamente, soddisfacendo la richiesta di produrre a piccoli lotti. Queste sono tutte le responsabilità del group leader, il quale, di fatto, è il proprietario di quel piccolo business, di quella decina di presse.

Le responsabilità del Group Leader includono:

- o   Produrre
- o   Assicurare un'elevata qualità
- o   Sicurezza
- o   Far funzionare le Macchine ad un livello elevato
- o   Cambio Rapido
- o   Morale Elevato

Quindi, qual è il ruolo dei gruppi di supporto? Ad esempio, qual è il ruolo della manutenzione? Il ruolo di quest'ultima è sostenere il group leader. Egli è uno dei clienti della manutenzione, la quale, oltre ad essere un buon fornitore di servizi, ha anche bisogno di buoni clienti. Ad esempio, la manutenzione chiederà al gruppo di fare ogni giorno una manutenzione preventiva: "Controllate il livello di questo fluido, controllate il filtro, cambiate il filtro". In uno stabilimento della Toyota, ti aspetti che tutto questo venga fatto, e se avviene, la disponibilità dei macchinari aumenta notevolmente. D'altro canto, se il group leader non dovesse attribuire alle attività richieste dalla manutenzione la giusta importanza e non spingesse il gruppo a seguire le istruzioni in maniera disciplinata, allora vedrà peggiorare l'efficienza delle sue macchine. Non solo, ma quale conseguenza di ciò, il personale di manutenzione, non supportato dalla produzione, riprenderà a correre dietro ai guasti tralasciando le più proficue attività di prevenzione.

A Georgetown, nel Kentucky, tutti i Key Performance Indicators (KPIs) migliorano nel lungo periodo. Ogni anno stabiliscono una nuova serie di sfide per spostarsi su di un livello più elevato. I work group riescono sempre a raggiungere gli obiettivi, se non addirittura a superarli. L'anno successivo, si assisterà ad un'altra serie di obiettivi sfidanti di miglioramento. In seguito all'introduzione di un nuovo prodotto, il processo generalmente viene perturbato: alcuni dei KPIs scendono e devono essere riportati a valori più alti; ma, ogni anno, da qualsiasi punto si parta, si riesce comunque a migliorare entro la fine dell'anno stesso. Il miglioramento avviene in maniera costante perché sono stati sviluppati dei work group davvero efficaci, che hanno ricevuto la formazione giusta e il supporto appropriato da parte dei manager e dei gruppi di supporto.

Creare una Massa Critica in una Grande Organizzazione

Poniamo che io sia il manager di un impianto che conosce la Lean, e adesso sono a capo di uno stabilimento di 700 persone che sta partendo quasi da zero con la Lean. Molti supervisori sono stati formati alla vecchia maniera, e gli impiegati non sono mai stati coinvolti nel Miglioramento Continuo. Quanto tempo ci vorrà prima che io possa vedere una qualche specie di miglioramento quotidiano, con meeting efficaci e un *kaizen* effettivo, e prima che io possa vedere ovunque attività vitali di miglioramento? Secondo me, se come manager di uno stabilimento sei molto competente, nell'arco di due o tre anni potresti raggiungere un livello di competenza da principiante, in tutto lo stabilimento. Per arrivare ad un buon sviluppo dei group leader e dei team leader, in modo da potervi contare per raggiungere gli obiettivi, ci vorrebbero almeno cinque anni.

Si tratta di un impegno davvero grande, supposto che i group leader e i team leader rimangano lì dove sono. Se, una volta sviluppati, si dovesse verificare un calo delle vendite, ti potrebbe venir ordinato di tagliare drasticamente il personale. Chi licenzierai? Le prime figure a venir eliminate sono di solito quelle dei team leader, perché non sono strettamente necessarie alla produzione. Resta la necessità di avere alcuni supervisori, ma non nella proporzione di uno a cinque tra team leader e membri del team per produrre. Il ruolo viene eliminato e subito il *kaizen* regredisce, e, senza i team leader, non si hanno più dei potenziali group leader da promuovere. Tutto ciò può far crollare l'intero sistema. Alcune aziende vivono costantemente nell'instabilità, affrontando periodi ciclici di calo delle vendite accompagnati da riduzioni inevitabili della forza lavoro, e periodi di successiva crescita, dove ricorrono a nuove assunzioni. Arrivano ad un certo punto, poi retrocedono, poi progrediscono verso una certa condizione e poi regrediscono nuovamente.

Inoltre, se dopo tre anni quello stesso manager è davvero bravo e viene promosso ad un'altra posizione, in un altro stabilimento, e viene sostituito da qualcuno che non sa come essere un Lean Leader, lo stabilimento degraderà. Per un breve lasso di tempo i gruppi, se funzionano bene, continueranno ad andare avanti, ma poi il motore inizierà a spegnersi.

La Toyota ragiona a lungo termine, e si prende tempo per sviluppare dei group leader, dei team leader e dei manager che siano ben qualificati. Quando lanciano un nuovo stabilimento in America, hanno già molte persone con esperienza negli impianti esistenti. Uno di questi ultimi sarà incaricato di fare da "pianta madre" per il nuovo stabilimento. Ad esempio, quando hanno lanciato uno stabilimento in Mississippi per fare la Corolla, l'impianto canadese che già costruiva la Corolla è diventato la "pianta madre", inviando in Mississippi alcuni dei suoi manager e group leader migliori. Questo gli ha permesso di iniziare a sviluppare i team leader sin da subito, addirittura mentre i macchinari venivano ancora installati, e prima che la produzione effettiva iniziasse.

Ruolo del B-labor in Toyota per Integrare i Work Group
La Classificazione della Toyota del Personale di uno Stabilimento

> **A-Labor:** Membri del team di produzione che fanno il lavoro con valore aggiunto
> **B-Labor:** Membri del team di produzione che lavorano offline
> **C-Labor:** Staff di Supporto
> **D-Labor:** Team Manageriale

La Toyota classifica le persone nelle fabbriche utilizzando un sistema A-B-C-D. L' A-Labor è costituito dalle persone che fanno il lavoro con valore aggiunto, ossia le persone che lavorano alla produzione di automobili. Il B-Labor è costituito da addetti alla produzione che lavorano offline su determinati progetti kaizen. In questo caso specifico, essi non fanno del lavoro diretto con valore aggiunto. Quando tornano in produzione, spesso diventano dei team leader. Il C-Labor consiste nello staff di supporto, tipo la manutenzione. Il D-Labor è l'intero team manageriale. Questa classificazione è davvero interessante, perché di solito si pensa alla 'A' come a qualcosa di un grado più elevato e alla 'D' come a qualcosa di più scadente. In questo caso, la 'A' indica le persone più importanti, ossia quelle che svolgono il lavoro con valore aggiunto. Più il tuo grado è basso, più duramente devi lavorare per far sì che il tuo lavoro costituisca del valore aggiunto. Se appartieni al grado 'D', faresti meglio a fare qualcosa per aiutare gli operai di grado 'A' a migliorare il loro lavoro, altrimenti non starai producendo nessun valore aggiunto. Ecco perché devi trascorrere del tempo nel *gemba*.

Coloro che appartengono al B-labor, vengono portati fuori dalla linea per fare kaizen, e di solito hanno questo incarico per due o tre anni. Ad esempio, vediamo come si comporta la Toyota nel lancio di nuovi modelli. Non appena una Camry completamente riprogettata viene lanciata in produzione, il team dell'ingegneria di prodotto sta già lavorando a una serie di miglioramenti da fare nel giro di un anno, e ad un restyling della Camry nel giro di due anni. Infine, entro quattro o cinque anni ci sarà una Camry completamente nuova. Chi è responsabile di tutti questi cambiamenti di produzione? In una generica azienda è l'ingegneria. Potrebbero essere gli ingegneri a livello corporate, gli ingegneri di processo, o quelli del manufacturing. Essi lanciano il prodotto e installano i macchinari, e lo fanno in parallelo con la produzione, sebbene gli addetti alla produzione non siano granché coinvolti.

Nel caso della Toyota, un gruppo B-labor viene chiamato "Pilot Team," dove 'pilot' indica la produzione pilota, che è quella che precede la produzione su vasta scala. I membri di tale team, e si tratta di addetti alla produzione, lavorano nella fase pilota del lancio del modello successivo, o del successivo restyling. Essi sviluppano lo standard work iniziale, lavorano al bilanciamento della linea e al layout dei macchinari. Guardano persino al nuovo modello quando è soltanto un concetto rappresentato da un modellino di creta. Gli addetti alla produzione potrebbero anche andare in Giappone a vedere questi veicoli nelle fasi iniziali di sviluppo, e apportare il loro contributo: "Questo sarà molto difficile da stampare e avremo delle grinze nella carrozzeria. In base al modo in cui l'avete progettato, quest'altro sarà difficile da saldare".

Questo è un compito di sviluppo. Di solito, dopo tre anni nel Pilot Team, essi torneranno in produzione come team leader, o magari come group leader, o verrà assegnato loro qualche altro compito particolare.

Ogni general manager ha sotto di sé parecchie centinaia di persone. Ha a disposizione un certo budget per coprire un determinato numero di posizioni B-labor, così da formare i team che hanno la responsabilità di determinati kaizen. Si potrebbe trattare, ad esempio, del general manager dello stabilimento di stampaggio, in cui c'è un certo numero di impiegati, tipo da 5 a 8, guidati da un ingegnere, che lavora a dei progetti kaizen. Il kaizen a cui lavorano gli addetti alla produzione non si basa soltanto sui suggerimenti dei membri del team di produzione, ma anche sulle stesse attività kaizen più grandi condotte dai team leader, dai group leader e dai team B-labor.

Consideriamo adesso l'esempio di un team B-labor che ha determinato un cambiamento rivoluzionario nel reparto carrozzeria dell'impianto della Toyota di Georgetown, fatto tramite attività crescenti di kaizen.

Creare una Rivoluzione nel Flusso dei Materiali (Il Caso Minomi)

Minomi vuol dire parti senza contenitori

Nel *The Toyota Way to Lean Leadership*, abbiamo un lungo esempio di kaizen che ha avuto un impatto notevole sullo stabilimento di Georgetown, in Kentucky. Esso è stato applicato alla postazione di saldatura delle parti di carrozzeria del reparto lastratura, impiegando un sistema chiamato "Minomi", che significa "muovi i componenti senza i contenitori". Di solito, quando hai un componente, lo metti in qualche contenitore insieme ad altri. Se sono componenti stampati di carrozzeria grandi e pesanti, potrebbe essere necessario un carrello elevatore per prendere il contenitore e portarlo in un'altra area dove le parti verranno assemblate: il contenitore viene posizionato da qualche parte, magari su un supporto inclinato, così che, per effetto della gravità, le parti scivolino giù e possano essere prese più facilmente. Un'innovazione introdotta in Giappone ha avuto come obiettivo quello di eliminare completamente i contenitori.

Figura 6.5 Componenti di Camion nello Stabilimento della Dana consegnati Senza Contenitori (Minomi)

La fotografia nella figura 6.5, mostra il Minomi in un impianto della Dana che produce parti di camion. Quando Gary Convis andò a lavorare per la Dana come CEO, portò con sé alcune persone della Toyota e lavorarono al Minomi in alcuni stabilimenti.

In questo caso, puoi vedere alcuni componenti disposti su un nastro trasportatore a rulli: essi non vengono posti in un contenitore, bensì su un carrello a cui vengono successivamente messe delle ruote, come mostrato nella seconda figura, da un veicolo guidato automaticamente (AGV). Quindi, il carrello viene portato dall'AGV nella postazione di assemblaggio (v. fig. 6.6) dove i componenti scorreranno naturalmente su di un piano inclinato così che non sia richiesto nessun intervento umano.

Figura 6.6 Veicolo Guidato Automaticamente che trasporta componenti evitando l'impiego di Contenitori alla Dana

Qual è il vantaggio di tutto ciò per l'operaio? All'inizio, la sua postazione era asservita mediante grandi contenitori e doveva piegarsi per prendere i componenti in essi contenuti. Solitamente, in un sistema Kanban, vi sono almeno due contenitori di materiale: mentre uno viene portato via e rimpiazzato, tu lavori all'altro. Se hai due contenitori grandi, diciamo ciascuno di essi con base di 1 metro e 20, che stanno vicini, devi camminare avanti e indietro per almeno 2 metri e mezzo per poter prendere i pezzi. Infine, devi portare i pezzi dove verranno assemblati. Lo standard work sarà variabile se devi camminare mezzo metro per prendere un pezzo e poi altri 2 metri e mezzo per prenderne un altro. Inoltre, piegarti per prendere i pezzi che si trovano sul fondo può essere ergonomicamente sbagliato, e può danneggiarti. Con un Minomi ben progettato, tutto ciò non avviene. Nel sistema Minomi, l'operaio sta fermo in una posizione e i pezzi gli arrivano direttamente in quel punto preciso, per cui lo standard work ha la stessa tempistica per ogni ciclo.

Introduzione del Minomi nelle postazioni di Saldatura della Lastratura a Georgetown, in Kentucky

Quando Gary Convis era Presidente dello stabilimento di Georgetown in Kentucky, venne a sapere della Central Motors, un'azienda che fa parte del gruppo Toyota in Giappone. Essi sono specializzati nella produzione di parti di carrozzeria per auto, e ne fanno una varietà incredibile in spazi probabilmente più piccoli e fitti di qualsiasi altra analoga lastratura in Giappone.

La Central Motors era nota come una delle fabbriche di parti di carrozzeria più efficienti. Gary andò a visitarla. Lì scoprì il Minomi, e ne fu colpito enormemente. "È sorprendente", disse. Cominciò a pensare a quanto avrebbero potuto essere efficienti a Georgetown, nel Kentucky, utilizzando il Minomi. Allo scopo di implementare tale tecnica nella propria realtà, un leader che non sia Lean manderebbe un paio di ingegneri sul posto con le seguenti direttive: "Vogliamo il Minomi dappertutto, cercate di capire come hanno fatto, ordinate i macchinari e metteteli ovunque". Cosa fece, al contrario, Gary, che era profondamente formato al Modo di Pensare Lean? Tornò nel suo stabilimento negli Stati Uniti, e mise su un piccolo team formato da personale B-labor, addetti di produzione e personale di manutenzione, e scelse un ingegnere di nome VJ per guidarli. VJ risultò essere un ingegnere fantastico, forse il migliore in tutto lo stabilimento. Egli era una persona alquanto irascibile e per niente socievole. Gary gli diede il compito di lavorare con un team di saldatori e mandò il gruppo in Giappone per due settimane, cosa non di poco conto. Con quale frequenza un'azienda americana manda in Giappone del personale operaio?

Il loro compito era quello di andare a vedere cosa succedeva alla Central Motors. Una volta ritenuto di aver visto abbastanza, sarebbero ritornati in America per fare una prova in un'area pilota. Nella Prima Fase, VJ e gli altri del team furono così colpiti da quello che videro che lo copiarono perfettamente. La Central Motors utilizzava una cosa simile al sistema di aggancio per la carne. Immaginate dei ganci che reggono carcasse di mucche, polli o tacchini, che pendono da un nastro trasportatore. Mentre sganci questi polli per lavorarli, la gravità fa scendere giù i polli successivi. Nel nostro caso, invece di polli, si trattava di componenti di metallo stampate, parti di carrozzeria, che pendevano da ganci inseriti in uno stretto nastro trasportatore a rulli che camminava in alto. Mentre l'operaio prende un pezzo, il successivo scivola giù per gravità. Una volta riempito lo scaffale dotato di ruote, devi soltanto spingerlo verso la linea di saldatura e non hai quindi bisogno di nessun contenitore. Anche se alla Central Motors questa cosa funzionava bene, quando la misero in atto in Kentucky fallì.

Perché fallì? Innanzitutto, quando spostavano i carrelli con i pezzi appesi sopra, si scontravano l'uno con l'altro, il che causava graffi e piccole ammaccature. In Central Motors, quelle ammaccature venivano riparate mentre le parti erano tenute insieme e saldate, poiché il loro sistema di saldatura aveva delle armature pneumatiche che spingevano le parti insieme con gran forza, appianando i difetti. Il sistema che avevano in Kentucky non aveva quella stessa potenza, per cui si generavano dei non conformi. Il secondo problema era che mentre queste parti pendevano in aria, gli operari avrebbero potuto inserire una mano tra di esse e ferirsi, generando un problema di sicurezza.

Quindi la Prima Fase, ossia la copia esatta, non funzionò. Nella Seconda Fase, dovettero pensare ad una contromisura. Un'idea innovativa fu di sostituire il concetto di reggere le parti dall'alto con quello di mantenerle dal basso, tipo con delle asticelle che le tenevano su. Venne loro l'idea di rifarsi al sistema di stoccaggio dei porta CD che hanno supporti di sostegno dal basso. Ed è questo quello che di fatto realizzarono. Saldarono aste di metallo che reggevano i pezzi su di un nastro, così come accade per i singoli CD. La soluzione trovata funzionò alla perfezione ed i pezzi erano molto più stabili.

Vi fu anche una Terza Fase, quando cioè la Central Motors venne a sapere del nuovo sistema e andò in Kentucky per osservarlo, concludendo: "Questo sistema è migliore del nostro", e cominciarono a sperimentarlo in Giappone. Una delle cose che scoprirono era che potevano automatizzare, tramite l'uso di un robot, il processo di carico e scarico dei pezzi sul carrello nella fase di stampaggio. Il robot riusciva a prendere i pezzi e a metterli sulla matrice facilmente, eliminando lo scarico manuale della pressa. Così accadde che l'uno apprese dall'altro, per cui non furono solo idee provenienti dal Giappone ad essere adottate negli Stati Uniti.

Nella Quarta Fase, in Kentucky venne automatizzata anche la consegna del materiale dallo stampaggio alla saldatura, aggiungendo veicoli guidati automaticamente (AGV), così come abbiamo visto nella foto della Dana. Un robot rimuoveva le parti dalla pressa mettendole sullo scaffale. Lo scaffale, poi, veniva fatto scivolare su di un carrello a sua volta spinto da un AGV verso una determinata postazione nel reparto saldature.

Nella Quinta Fase, che avvenne dopo anni, e non mesi, aggiunsero ciò che la Toyota chiama il "set-parts system" (SPS). Ipotizziamo che per ciascun prodotto da realizzare siano necessarie le parti A, B e C, e che ne esistano di diverse varietà. In un sistema tradizionale di approvvigionamento, la postazione sarebbe stata alimentata con tutte le varietà necessarie. Nel nuovo sistema SPS, si approvvigiona la postazione con le parti specifiche A, B e C necessarie per un unico prodotto. Quindi, invece di avere in postazione un carrello di porte, uno di cofani e uno di parti più piccole che compongono la struttura del cofano stesso, si ha un unico carrello con il cofano giusto, la porta esterna e le parti più piccole necessarie a costruire una codice di prodotto specifico. Quindi, i membri del team, prelevano dal carrello le parti di cui hanno bisogno, così come quando si montano i pezzi di un mobile comprato all'Ikea.

Anche in questo caso, inizialmente era un operatore a portare le parti in giro, poi, nella Sesta Fase, fu rimpiazzato da un AGV. Questa soluzione aggiunse un po' di movimentazione per via dell'operatore che riempiva il carrello di parti. Tuttavia, i vantaggi che ne scaturirono per la produttività della linea superarono di gran lunga i costi.

Per diffondere tutto ciò in altre aree dello stabilimento, ci fu bisogno di un numero maggiore di AGV. E questo è il momento in cui si trasse gran beneficio dal B-labor, perché uno degli operai, dalla mentalità molto pratica, fece la domanda: "Perché paghiamo 30.000 o 40.000 dollari per un veicolo guidato automaticamente? Potremmo farceli da soli per una parte inferiore di quel costo".

Dopo tutto, erano dei saldatori, per cui potevano facilmente saldare insieme dei carrelli. Si sarebbero limitati ad acquistare piccoli robot mobili. Restava da sciogliere il nodo della scheda del computer del robot che impartisce all'AGV istruzioni tipo: "Fermati qui, parti da qui, scarica, fermati, e così via". Si scoprì che uno degli operai, come hobby, faceva il programmatore e disse: "Vorrei provare a programmare una di queste da solo. Perché non mi date una scheda di computer non programmata?". Riuscì a capire come fare.

Quando costruirono il primo AGV, ci fu una grande festa. Provate ad immaginare palloncini, cibo, bevande analcoliche e tutte le persone insieme a festeggiare e il presidente, Gary Convis, mettersi sul carrello e farsi trasportare in giro per la linea. Da quel momento in poi, ci vollero solo poche migliaia di dollari per costruire gli AGV, in pratica un guadagno enorme. Il tutto fu fatto da membri del team abituati a sporcarsi le mani e a far funzionare le cose.

Poi, finalmente, arrivò la Settima Fase, cioè coinvolgere il fornitore: i pezzi arrivavano in grandi contenitori per poi venire convertiti nel sistema Minomi. E se il fornitore avesse potuto sequenziare lui i pezzi direttamente? Anche questa è un'evoluzione che richiede tempo.

Queste fasi furono molto lunghe. Per ognuna di queste, è stato necessario fare molte attività kaizen individuali che hanno portato al punto di avere un sistema automatico che fornisce esattamente ciò di cui si ha bisogno, nella quantità e nel posto giusto. In sintesi, l'operaio prende dal carrello solo quello di cui necessita. La produttività dei saldatori è aumentata, così come l'efficienza nel trasporto dei materiali. Inoltre, si sono ridotti notevolmente il tempo e le spese necessarie a convertire le linee di produzione per l'introduzione di nuovi prodotti.

I Risultati del Progetto Minomi

Quale fu il risultato di questo progetto Minomi, guidato da un piccolo team di operai, che riportavano ad un ingegnere eccezionale di nome VJ? Eliminarono 40 carrelli elevatori e più di 100 operazioni dalla linea, e il team imparò a costruire e programmare i propri AGV, riducendo i costi in tutto lo stabilimento, dovunque venisse usato un AGV. Il progetto aveva riguardato soltanto la metà dei pezzi stampati. Successivamente, il kaizen coinvolse anche la restante parte dei codici prodotto. In questo modo, avrebbero eliminato altre 100 operazioni sulla linea e altri 40 carrelli elevatori. Un altro risultato chiave fu lo sviluppo della leadership. Lo stesso VJ, conducendo questo progetto, fiorì come leader.

Ho fatto un giro nello stabilimento con VJ dopo il completamento di queste fasi, quando c'erano ancora varie parti della linea di saldatura in diversi stadi di evoluzione, e sono stato molto colpito dal cambiamento. Mentre andavamo in giro, quello che mi rimase più impresso fu che VJ conosceva tutti, e tutti lo fermavano perché volevano il suo aiuto. "VJ, questo sistema Minomi che hai messo in piedi... abbiamo delle idee per migliorarlo". VJ prendeva nota di queste idee, e dava la mano a tutti: sembrava l'uomo più popolare dello stabilimento, ed era lo stesso individuo che pochi anni prima veniva ritenuto poco socievole. Adesso, molti saldatori volevano essere nel suo team, per cui poteva scegliere, da una lunga lista, quelli di cui aveva bisogno, in base a dei requisiti molto specifici.

Il motivo per cui tutti volevano essere nel team di VJ era il livello eccezionale di formazione e di sviluppo che essi ottenevano nel fare kaizen. Tutto ciò avvenne perché Gary Convis, che soleva incontrarsi settimanalmente con il team di VJ, prese la cosa molto sul serio. Gary Convis, il presidente con 6000 persone che gli riportavano, era personalmente coinvolto in ogni fase della trasformazione, e quando vide il Minomi in Giappone, non fece l'errore di copiarne i risultati. Mise in atto un processo di kaizen per avviare la sperimentazione, e per imparare nel corso del tempo. Sviluppò e innovò il tutto, andando al di là di quanto inizialmente aveva visto. Questo è un grande esempio di kaizen in azione, e del valore del B-labor e del modo in cui si possa sviluppare un leader di prima qualità come VJ.

Risultati del Progetto Minomi

- o 40 carrelli elevatori eliminati
  - ➔ + altri 40 carrelli elevatori eliminati
- o 100 operazioni di linea eliminate
  - ➔ + altre 100 operazioni di linea eliminate

I team hanno imparato a costruire e programmare gli AGV, riducendo i costi di questi ultimi da 25.000 a 4.000 dollari; e VJ è fiorito come leader, con un piccolo team di operai che egli stesso ha formato e sviluppato.

Lo Standard Work per Portare Avanti il Kaizen nei Work Group
Lo Standard Work per un Percorso di Autobus

Nel 2005, abbiamo avuto l'opportunità di sostenere la Hertz nel suo viaggio dentro la Lean. Uno degli strumenti che abbiamo introdotto è stato lo standard work per ciascuna delle operazioni che vengono svolte in un'agenzia di noleggio della Hertz. E' stato erogato del coaching agli addetti del cambiamento interno, che hanno lavorato con le persone in ciascuna operazione per sviluppare lo standard work. Una delle cose che la Hertz fa, in molti aeroporti degli Stati Uniti, è fornire un servizio navetta verso le agenzie di noleggio fuori dall'aeroporto.

La Hertz garantisce un'attesa inferiore ai 10 minuti, e perché questo avvenga, gli autobus devono partire ad intervalli regolari ed impiegare un tempo più o meno costante per percorrere il tragitto.

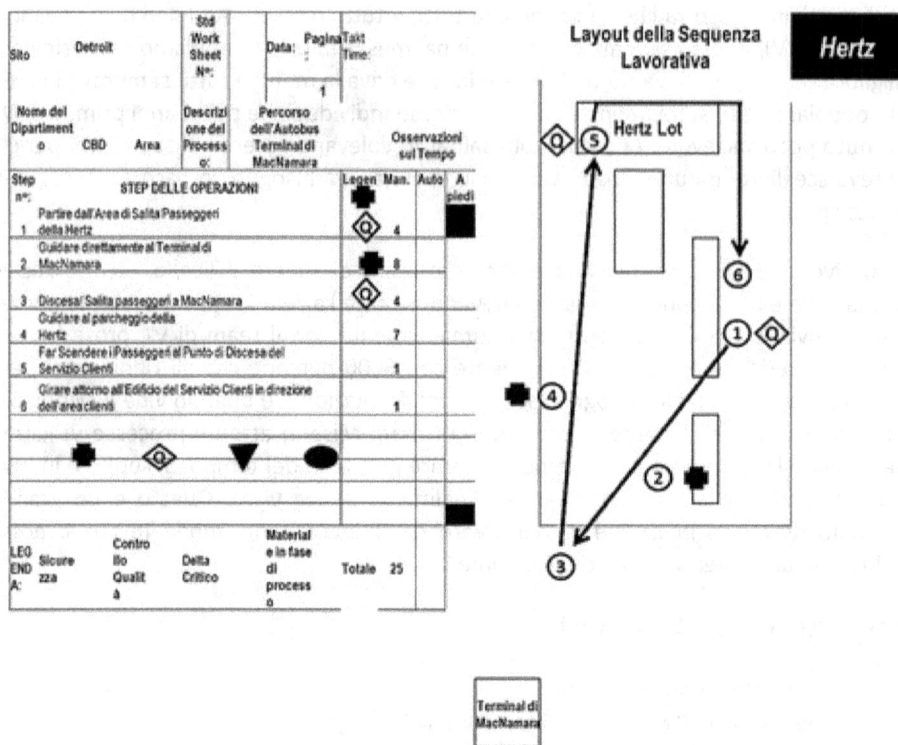

Figura 6.7 Percorso dell'Autobus della Hertz al Terminal del Detroit McNamara Airport

Ciò è possibile solo se ogni autista esegue lo stesso standard work. Nella fig. 6.7, mostriamo le tappe che l'autobus dovrà percorrere da quando lascia l'aerea di salita dei passeggeri a quando arriva al Terminal di McNamara. L'analisi include anche i tempi impiegati per ciascuna tappa, i potenziali rischi da evitare relativi alla sicurezza, i punti dove sono necessari dei controlli di qualità e, infine, il layout. Questo è un tipico standard work sheet: il tempo totale del percorso è di 25 minuti, per cui c'è bisogno di tre autobus per garantire l'intervallo di 10 minuti.

Scomporre ulteriormente lo standard work per la formazione

Si ricorre anche ad un altro grafico che la Toyota chiama 'job breakdown' (scomposizione del lavoro) o, a volte, 'work element sheet' (foglio delle attività elementari del lavoro). Lo scopo di questo grafico è puramente formativo. Lo standard work ti fornisce uno schema di ciò che dovresti fare a livello macro e dei tempi che dovresti impiegarvi, ma per darti la formazione giusta, è necessario scendere nel dettaglio e scomporre le macroattività in attività più piccole. Per ciascuna di queste, ti viene indicata la modalità di esecuzione e andrebbero inclusi anche i punti chiave e le motivazioni sottostanti ad essi, tipo la qualità o la sicurezza. Nel caso della Hertz, questo è lo strumento necessario a formare gli autisti.

WORK ELEMENT SHEET — Hertz

IMPORTANT STEPS	KEY POINTS (Safety, Quality, Technique, Cost)	REASONS FOR KEY POINTS
Step # 1 Leave Hertz Customer Loading Area	1) Play "talking bus" 2) Check Mirrors 3) Raise bus if lowered 4) Open gate using opener	1) Customer safety, destination, and luggage warning 2) Watch for customers or traffic 3) Prevent mechanical problems with bus 4) Prevent bus delay and damage
Step # 2 Drive directly to the MacNamara Terminal	1) Obey traffic laws 2) Yellow light stop observance. Brake unless unsafe. 3) Watch for merging traffic 4) Obey speed limit 5) Play "talking bus" as entering the terminal.	1) Customer and Driver safety, as well as other traffic. 2) Michigan Traffic Law 3) Customer and Driver Safety 4) Safety and Michigan Law 5) Give the customer vital information.
Step # 3 Drop Off/Pick up Passengers at the Macnamara Terminal	1) Aid Passengers needing assistance 2) Watch for proper luggage placement 3) Watch for approaching customers 4) Close door and activate "talking bus"	1) Customer relations 2) Customer safety 3) Customer service 4) Customer information
Step # 4 Drive to Hertz Lot	1) Obey Traffic Laws. 2) Yellow light stop observance. Brake unless unsafe. 3) Watch for merging traffic 4) Obey speed limit 5) Play "talking bus" as reaching Point 5 6) Watch for traffic pulling away	1) Customer and Driver Safety as well as other traffic. 2) Michigan Traffic Law 3) Customer and Driver Safety 4) Safety and Michigan Law 5) Give the customer vital information. 6) Safety of all concerned
Step # 5 Drop customers off at Customer Service Drop Off Area	1) Visually inspect to ensure all luggage taken off 2) Watch for customer before closing door 3) Watch for pedestrians and vehicles 4) Obey 10 mph Speed Limit	1) Customer does not forget something. 2) Customer safety 3) Safety and Vehicle damage 4) Hertz regulations
Step # 6 Pull around building to Customer Loading Area	1) Park in Designated Area if 2 buses are in loading area 2) Pull up to the Pick-Up Area as soon as it is open. 3) Lower bus (optional) 4) Leave Bus running	1) Customer relations 2) Customer safety 3) Customer service 4) Customer information

Figura 6.8 Work Element Sheet del Percorso dell'Autobus della Hertz

La Figura 6.8 mostra un ingrandimento del Work Element Sheet. Indica ad esempio, come sia necessario far partire il "talking bus", ossia il breve file audio da ascoltare quando si sale sull'autobus, prima di lasciare l'area di salita passeggeri della Hertz. Poi indica di far sollevare l'autobus, se è stato abbassato per i passeggeri diversamente abili, e di aprire la sbarra utilizzando il pulsante. Ognuno di questi punti chiave ha una ragione alla base, così che, quando fai la formazione ad un autista di autobus, hai un'agenda specifica per il training. Utilizzerai il metodo della ripetizione: descrivi, mostri, fai fare delle prove, poi spieghi ancora più in dettaglio i punti chiave, e fai in modo che l'allievo sperimenti mentre tu spieghi. Questo metodo è chiamato "job instruction training": la Toyota lo apprese dagli americani, che avevano creato il "Training Within Industry", un programma del Dipartimento della Difesa degli Stati Uniti durante la Seconda Guerra Mondiale. È trattato nei minimi particolari nel libro che ho scritto con David Meyer, *Toyota Talent*.

Il Work Element Sheet (WES) per la Formazione:

- Scompone lo standard work in elementi maggiormente dettagliati
- Include i Punti Chiave e ne spiega Il PERCHÈ
  - Qualità
  - Sicurezza
  - Abilità
- Utilizza degli schizzi per spiegare visivamente alcuni step del lavoro

Uno dei compiti fondamentali di un group leader è essere un formatore. Se sei un group leader, oppure un team leader, parte delle tue mansioni riguarderà: l'erogazione della formazione al personale sulle modalità di esecuzione dello standard work; la successiva verifica; la richiesta del perché in caso di deviazioni. La risposta a quest'ultima domanda dovrebbe fornirti la possibilità di svolgere le attività in un modo migliore, per cui includerai la nuova modalità nello standard work. Il WES fornisce effettivamente ai leader l'occasione di realizzare del valore aggiunto attraverso il kaizen.

Risolvi le Deviazioni dallo Standard Una-ad-Una.

Standard Work

Visual Standard

Target

Problemi che emergono nei Processi Lean

Problemi Visualizzati

Risolvere i problemi uno alla volta

Migliorare gli Standard

Fonte: Michael Balle
Fig. 6.9 Deviazione del Sistema Lean dallo standard, che consente di risolvere i problemi uno alla volta

Quando si hanno degli standard chiari (vedi Figura 6.9), e la possibilità di vedere le deviazioni dagli standard, i problemi emergeranno visivamente. Sappiamo che la definizione di problema consiste nella deviazione dallo standard work. E' bene risolvere i problemi mentre avvengono, invece di aspettare che si accumulino. Se non lo fai, il rischio è di avere la sola possibilità di osservare gli andamenti dei tre mesi precedenti e non riuscire a capire cosa sia effettivamente successo. Il nostro obiettivo è quello di risolvere i problemi non tutti insieme ma uno alla volta, il che fornisce molte più opportunità di fare dei PDCA, ossia molte più opportunità di far imparare il problem solving agli impiegati, ai group leader, ai team leader e ai manager.

Ruoli e Responsabilità per lo Standard Work

Tutto il processo esposto sopra dipende dal fatto che le persone si assumano la responsabilità di sviluppare e seguire il miglioramento degli standard. Chi è responsabile e qual è il suo ruolo? La mansione principale dei membri del team, ossia di coloro che fanno il lavoro concreto, è seguire gli standard: fare le cose nel modo indicato, ma anche cercare un modo di farle meglio e di eliminare gli sprechi mediante delle proposte per cambiare lo standard work. Gli ingegneri stabiliscono lo standard work preliminare al lancio del nuovo prodotto, e, in Toyota, abbiamo discusso il ruolo del pilot team costituito da lavoratori della produzione che sono parte di quel processo. Gli esperti, ossia sempre gli ingegneri, controlleranno qualsiasi grande cambiamento che potrebbe avere un impatto tecnico sulla qualità, la produttività o la sicurezza. Il leader del work group può anche aiutare i membri dello staff in questioni che vanno al di là della loro expertise. Inoltre, l'esperto farà anche un audit periodico sul rispetto dello standard work.

Il team leader è stato formato all'utilizzo del metodo del job instruction (ossia lo standard work scomposto in ogni singolo elemento) per insegnare ai membri del team, ma egli deve essere certificato per utilizzarlo. Inoltre, crea anche dei work element sheet e monitora i membri del team, ossia fa una verifica ogni giorno ad una persona diversa per rendersi conto se quest'ultima segue tutti gli elementi dello standard work. Infine, il team leader lavora con i membri del team e i group leader per sviluppare nuovi standard work e cercare nuove idee di miglioramento.

Il group leader monitora anche lo standard work attraverso audit più formali, verificando cose che il team leader ha già controllato, a volte insieme a lui. Egli valuta le proposte di modifiche allo standard work, coordina il lancio di nuovi prodotti, coordina la formazione e lo sviluppo dei membri del team e alcuni dei miglioramenti. Ognuno ha un ruolo specifico, focalizzato attorno a quello standard work.

Anche i manager e gli assistenti manager sono coinvolti nell'azione. Essi non siedono nei loro uffici o ai meeting tutto il giorno, ma vanno giù regolarmente a controllare che nelle aree di produzione si rispetti effettivamente lo standard work, i metodi del job instruction e il kaizen. Essi stessi devono essere abbastanza competenti da poter controllare se gli impiegati seguono lo standard work. Inoltre, fanno coaching ai group leader e ai membri del team, e controllano se lo standard work è statico o se sta migliorando.

Team Leader

- Fa Formazione ai Membri del Team sullo Standard Work utilizzando il metodo del Job Instruction
- Crea work element sheet
- Monitora i Membri del Team: lo Standard Work viene seguito
- Lavora con i Membri del Team e i Group Leader nello sviluppo dello Standard Work
- Cerca soluzioni per l' eliminazione degli sprechi

Group Leader

- Monitora i Membri del Team – lo Standard Work viene seguito
- Valuta le proposte dei Membri del Team di un nuovo Standard Work
- Coordina il lancio di nuovi prodotti
- Coordina la formazione e lo sviluppo dei Membri del Team
- Cerca soluzioni per l' eliminazione degli sprechi

Manager / Assistente Manager

- Si assicura che lo Standard Work e i metodi di Job Instruction vengano seguiti in tutta la fabbrica
- Controlla periodicamente che i Membri del Team stiano seguendo lo Standard Work in produzione
- Rivede e sigla tutti le modifiche allo Standard Work

GL: (Nome del Group Leader)			Nome del Team Leader			
Nome: Jeff	Legenda ⊕ 0%		Mike	Mary	Mark	Margaret
Dipartim: Assy	◗ 50%					
Data: 01/01/08	● 100%					
Process or Skill						
1	Team 1 Processi		●	⊕	◗	●
2	Team 2 Processi		◗	●	⊕	●
3	Team 3 Processi		⊕	●	●	●
4	Team 4 Processi		●	◗	⊕	●
5	Tempo / Presenze		●	◗	⊕	●
6	Task Force sulla Sicurezza		●	⊕	⊕	●
7	Lead Quality Circle		⊕	◗	●	●
8	Commissione sui Costi		●	⊕	⊕	●
9	Lavorazione degli Scarti		●	⊕	⊕	●
10	TPM sui macchinari		●	●	●	●

Figura 6.10 Training Sheet Multifunzionale dell'Impiegato

Lo standard work e il job instruction training sono utilizzati anche per tenere traccia di chi è certificato e in quali competenze (vedi fig. 6.10). Il 'multi-function training sheet' (foglio di formazione multi-funzionale) include un elenco dei membri del team in corrispondenza dei quali il cerchio nero completo indica che la persona è abile a quell'operazione ad un livello di prestazione del 100%. Come si può notare, le persone vengono formate allo svolgimento delle varie operazioni, a diversi livelli. Questo strumento è molto importante per comprendere se si riesce a coprire le esigenze di lavoro. Lo schema mostra anche quante persone dovrebbero essere formate in ciascuna operazione, e quante sono state di fatto formate. Inoltre, può essere impiegato anche come strumento per assegnare compiti al personale in maniera efficace. Se qualcuno non si presenta al lavoro, e bisogna fare degli spostamenti per coprire i vuoti, il group leader può basarsi su questo foglio per verificare chi è qualificato allo svolgimento di uno specifico lavoro.

In cosa consiste lo Standard Work del Leader?

Nel *The Toyota Way*, un manager è un insegnante; e l'insegnante, così come è percepito nelle arti marziali, agisce in qualità di maestro, mentre l'apprendista è suo subordinato. La foto nella figura 6.11 è stata scattata nello stabilimento della Toyota, in Texas. Si tratta di una persona che mi stava spiegando come insegnavano il problem solving durante la Grande Recessione. In quel periodo, i membri del team venivano al lavoro e anche se non si produceva nessun camion, veniva loro insegnata una nuova abilità ogni giorno. Vale la pena ripetere che il ruolo del mentore è sfidarti: mettere in discussione il modo in cui pensi e il modo in cui agisci; darti dei compiti e osservarti attentamente, spesso senza darti feedback e lasciando che ti sforzi per superare le difficoltà. Solo alla fine ti darà un feedback, e ti assegnerà un compito pratico.

Figura 6.11 Apprendere nel *Gemba*

La relazione maestro-apprendista, che poche centinaia di anni fa era molto comune, è rimasta inalterata in Toyota. Quando ti viene assegnato un nuovo compito, c'è qualcuno che te lo insegna, e di solito si tratta del tuo capo. Se stai lavorando ad un progetto particolare, il coach potrebbe essere qualcuno esperto nel Toyota Production System. In ogni caso, tratterai questa persona col rispetto con cui un apprendista tratterebbe il proprio maestro.

Ad esempio, quando Steve St. Angelo andò a Georgetown, nel Kentucky, in qualità di Vice Presidente Esecutivo, per diventare successivamente Presidente, all'inizio era solo un apprendista. Egli aveva una gran numero di maestri, tra cui figuravano Gary Convis e vari giapponesi, che gli insegnavano come diventare presidente di quello stabilimento. Nonostante decenni di esperienza come dirigente in GM e in NUMMI, egli si sottopose volontariamente a tutti quegli insegnamenti, imparando anche i vari compiti che tutti gli impiegati eseguivano. Questo tipo di coaching personalizzato non è altro che il modo in cui si impara sul lavoro, attraverso l'On-the-Job-Development.

Ultimamente, nella Lean, è emerso un movimento molto popolare chiamato "Leader Standard Work". In molti casi, esso si basa su un presupposto semplicistico: se facciamo andare i leader nel *gemba*, e diamo loro alcune domande da porre, oppure una lista di cose da cercare, essi diventeranno dei Lean Leader. In teoria, il Leader Standard Work è un buon concetto; di fatto, con esso, intendiamo uno schema ripetitivo di attività, che rappresentano il modo attualmente meglio conosciuto di pianificare e controllare i processi di business.

Lo Standard Work è la Parte di Routine del Lavoro

Parte del lavoro di ogni leader può essere facilmente trasformata in routine. Nelle figure da 6.12 a 6.14 (fornitaci da un ex manager della Toyota, Tony McNaughton), mostriamo che la percentuale del lavoro ripetitivo, paragonata a quello unico relativo ad un determinato compito, è soggetta a variazione secondo il livello del leader. Mentre fai carriera all'interno dell'organizzazione, aumentano le probabilità che tu debba reagire a circostanze particolari, improvvisando. Al contrario, più il tuo ruolo è di leader dei membri del team con valore aggiunto, più grande sarà la parte di lavoro di routine che avrai.

Ad esempio, considera il team leader in Toyota (vedi fig. 6.12): egli lavora offline e risponde alle chiamate dell'Andon. Il team leader può ricevere vari tipi di formazione su come rispondere alle chiamate dell'Andon. Che succede quando la luce si accende? Adesso sei tu il responsabile: in quanto team leader, i riflettori sono puntati su di te. Il membro del team tira semplicemente la corda, e ha finito. Ha attirato l'attenzione sul problema. Cosa controlli per prima cosa? Possono farti della formazione su questo indicandoti semplicemente la routine dei vari step, però è anche vero che ogni situazione che tu affronti sulla linea sarà diversa, ed è richiesto un elevato livello di abilità da parte tua, al di là della ripetizione meccanica delle routine stesse.

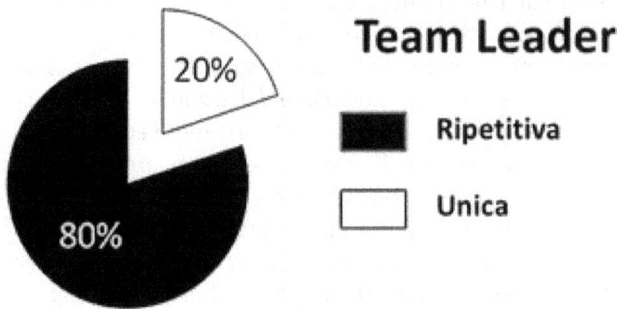

Figura 6.12 Parti Teoriche del Lavoro del Team Leader Uniche e Ripetitive

Cosa succede se manca un pezzo? Oppure se un membro del team ha fatto un errore di qualità? Come fai a decidere se consentire il fermo linea, oppure se puoi tirare di nuovo la corda e risolvere il problema mentre l'automobile si muove lungo la linea? Che fai se il problema è più grande di te, non puoi gestirlo, e devi chiamare aiuto? Ci sono delle routine molto precise per gestire tutte queste situazioni, sebbene ci sia anche dell'improvvisazione.

Alcune delle routine che esegui in qualità di team leader consistono nel controllare che le attrezzature siano all'interno dei range qualitativi. Ad esempio, il momento torcente della chiave dinamometrica è all'interno di un range accettabile? Fai anche dei controlli di qualità e raccogli i dati appuntandoli sul tabellone delle riunioni del team. Ci sono cose cui dovresti dare uno sguardo prima che il turno cominci. In quanto team leader, arrivi prima degli altri e tutto dovrebbe essere pronto per l'avvio della linea. Approssimativamente, l'80% del tuo lavoro è ripetitivo, e il 20% consiste in situazioni uniche in cui devi improvvisare. Una macchina ha un guasto che non avevi mai visto prima e devi improvvisare. Anche allora, in un sistema Lean, il Group Leader è lì disponibile ad aiutarti.

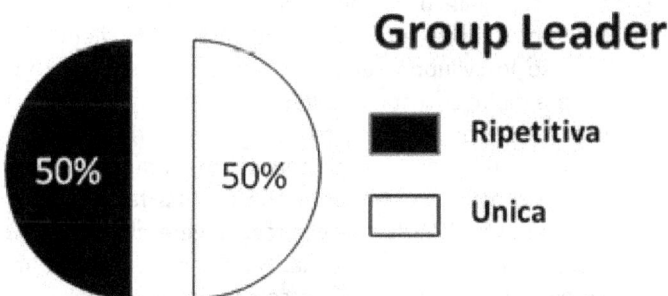

Figura 6.13 Parti Teoriche del lavoro del Group Leader Uniche e Ripetitive

Dal nostro punto di vista, il lavoro del group leader è suddiviso tra un 50% di compiti di routine e un 50% di compiti non di routine (vedi Figura 6.13). Il group leader è il supervisore di prima linea. Un sua tipica giornata di lavoro potrebbe iniziare con la revisione del registro delle annotazioni lasciate dal group leader del turno precedente. Si incammina, quindi, lungo la linea con i team leader, per vedere cosa bisogna fare per far partire la produzione. Mentre i membri del team arrivano a lavoro, li saluta chiamandoli per nome, li guarda negli occhi e chiede loro come stanno, in cerca di eventuali problemi. A volte, in assenza di qualche operatore, è necessario apportare delle modifiche alla squadra con l'aiuto degli altri group leader. Conferma le checklist ad esempio quelle delle 5S, e verifica che i dispositivi di sicurezza siano stati indossati. Poi, sviluppa un piano per la giornata, compresi i meeting del team e le discussioni sulla sicurezza e sulla qualità.

Durante la produzione, molta parte del lavoro dei group leader consiste nel camminare lungo la linea e rispondere alle situazioni anomale. Ci sono anche delle attività di routine da svolgere, come verificare se gli operai seguono lo standard work e fanno la manutenzione preventiva. Alla fine del turno, ci sono una serie di documenti o file da compilare: registrare, fare report, riempire il registro per il prossimo turno. Questo è anche il momento in cui vengono programmate le attività di kaizen.

Procedendo verso i livelli manageriali, probabilmente solo il 20% del lavoro sarà ripetitivo, mentre l'80% consisterà nell'adattarsi alle circostanze e ai bisogni delle persone. Realizzando il Leader Standard Work intendiamo sostenere che perfino un manager può trarre vantaggio da questi compiti ripetitivi e standardizzare quel 20%, rendendolo molto produttivo (vedi Figura 6.14). Si tratta di un giorno su cinque di lavoro settimanale in cui fai delle attività che puoi realizzare con una certa routine, e che puoi rendere standard. In quel dato tempo dovresti imparare un modo routinario di fare coaching alle persone per migliorarle. Si potrebbero standardizzare le domande, ma c'è bisogno di una formazione aggiuntiva per porre le domande del successivo follow-up in modo da poter guidare l'allievo verso un approccio più profondo al miglioramento.

Il rimanente 80% consiste nelle parti tacite del tuo compito, che non si possono scrivere sotto forma di procedure, e che devi imparare da un mentore, nel corso di parecchi anni, attraverso lo sviluppo sul lavoro. Impari queste parti tacite facendo l'esperienza di affrontare molte circostanze diverse. Sviluppi un repertorio di abilità che ti permettono di: occuparti di quell'impiegato che si assenta ripetutamente; occuparti della macchina che subisce un guasto importante tanto da far fermare la produzione per un giorno intero; occuparti del venditore che non ha fatto la spedizione. Puoi guidare il tutto in maniera multifunzionale per raggiungere gli obiettivi fondamentali necessari a supportare la strategia dell'azienda. Hai fatto queste cose molte volte in passato, e, anche se ogni situazione è unica, esse sono simili a quelle precedenti. Per l'80%, sviluppi un repertorio di abilità, mentre per l'altro 20% si tratta di lavoro relativamente di routine, specifico e ripetitivo, di cui puoi effettivamente scriverne la procedura.

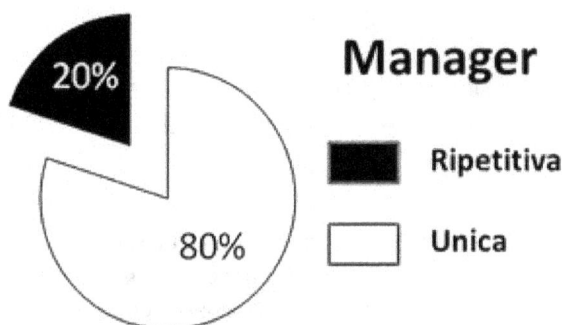

Figura 6.14 Parti Teoriche del Lavoro del Manager Uniche e Ripetitive

Lo Standard Work dei Leader è nel *Gemba*

Parte del lavoro di routine di un Lean Leader dovrebbe consistere nelle visite quotidiane al *gemba*. Nella figura 6.15, illustriamo il giro quotidiano di un manager di uno stabilimento che va in giro per la fabbrica a controllare il processo. Lo farà ogni giorno, a meno che non ci sia una qualche emergenza, e abbiamo indicato l'area che lui ha deciso di approfondire quel giorno. "Oggi, spenderò più tempo in questo gruppo di lavoro", si dice, e sceglierà un gruppo diverso ogni giorno. Poi, in ogni posto in cui si recherà, si focalizzerà su delle cose specifiche.

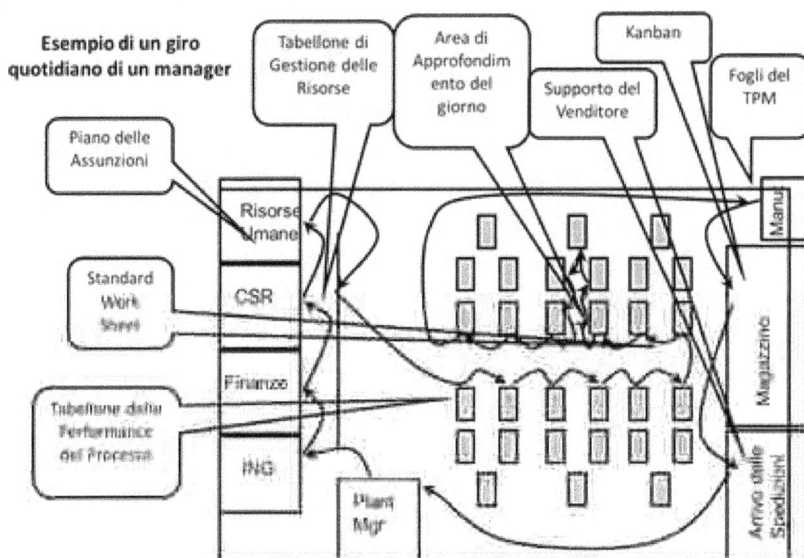

Fonte: Tony McNaughton, ex Toyota Manager
Figura 6.15 Un esempio di giro quotidiano nel *gemba* di un manager di uno stabilimento

Il manager ha definito su cosa focalizzarsi nello specifico in ogni area che visita, e la cambierà di volta in volta. Ad esempio, per quanto concerne le Risorse Umane (HR), potrebbe trattarsi del piano delle assunzioni, per cui farà domande in relazione ad esso. Se il piano è presentato sotto forma visiva, e il manager può vederne lo stato, allora è molto più facile per lui porre le domande giuste, e stimolare il punto di vista delle persone.

Lo standard work messo per iscritto è molto utile al leader, ma solo come passo iniziale verso il processo che lo porterà ad agire spontaneamente. Il punto di arrivo infatti è fare le cose senza vederle per iscritto, e senza che diventino uno standard work da mettere formalmente su carta. I leader, nel *gemba*, dovrebbero fare molto più che andare in giro. Dovrebbero controllare sistematicamente il processo, e fare coaching alle persone. Standard definiti con cura e strumenti visivi che mostrino chiaramente le deviazioni dallo standard facilitano questo compito. Piuttosto che passeggiare a caso dando ordini, il manager deve avere un piano e uno scopo precisi, per diventare così un insegnante e un coach.

Lo standard work del leader che abbiamo descritto è un andare in giro per il luogo di lavoro e verificare il divario esistente tra lo standard e la situazione attuale. Il suo obiettivo è fare coaching. Il coaching *Kata*, discusso nel Quinto Capitolo, fornisce un altro tipo di standard work del leader, in quanto è progettato per sviluppare routine radicate che insegnino progetti di miglioramento focalizzati su condizioni target ben definite. L'attenzione è posta sulla relazione coach-allievo e si è molto più rigorosi nello sviluppo di routine di miglioramento che nel generico controllo dei luoghi di lavoro.

Collegare tutto Assieme

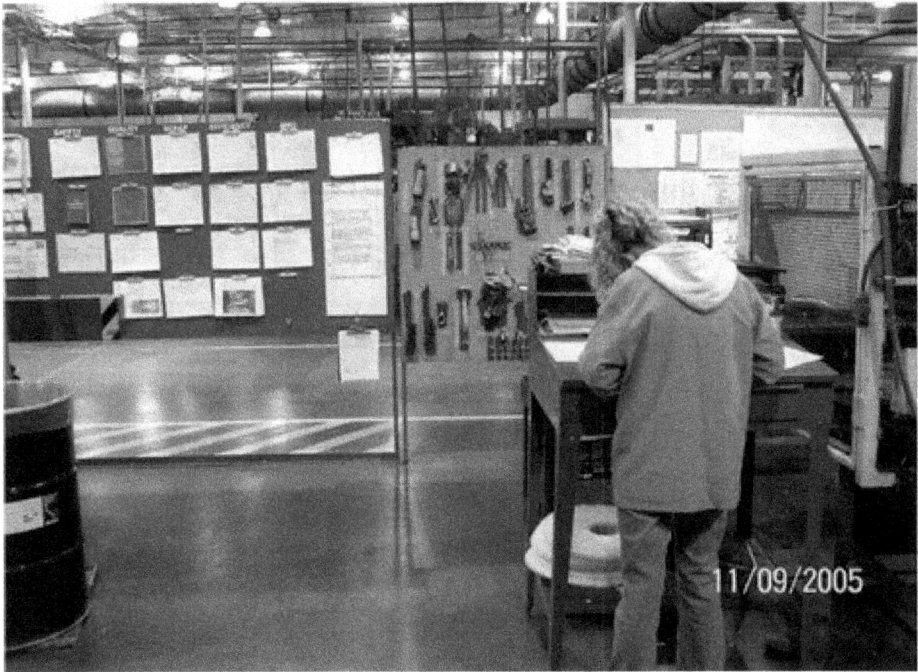

Figura 6.16 L'ambiente di una fabbrica dove tutto ha un posto assegnato

Lo Standard Work, il Visual Management e lo Standard Work del Leader sono tutti correlati. Gli standard forniscono degli obiettivi sfidanti verso i quali tendere, per ridurre la variazione e avere prestazioni elevate. Il Visual Management è uno strumento che permette di vedere facilmente le deviazioni dallo standard e fare conseguentemente del problem solving. Lo Standard Work del Leader consente di sviluppare i leader in modo che essi abbiano delle routine per controllare il sistema e le persone nel *gemba*. Esso si basa sullo Standard Work e sul Visual Management e permette al leader di fare coaching con uno scopo chiaro, basato su fatti concreti.

Nella figura 6.16, vediamo una fabbrica in cui ci sono varie cose in atto: si scorge un tabellone in gestione a vista con tutti i documenti chiave del gruppo di lavoro; un team leader nell'area della cella di lavoro, e vediamo anche molto visual management.

Sul tabellone, nella figura 6.17, hanno affisso lo standard work per ciascun compito, un grafico che rappresenta l'attuale bilanciamento del lavoro e una matrice della formazione che mostra chi è formato e su che cosa. Ci sono anche grafici che mostrano, su base temporale, l'esito degli audit di verifica dello standard work per ogni turno. È molto facile capire che valore possa avere questo tabellone per un manager o un group leader che stiano svolgendo il proprio lavoro standard di fare coaching al gruppo.

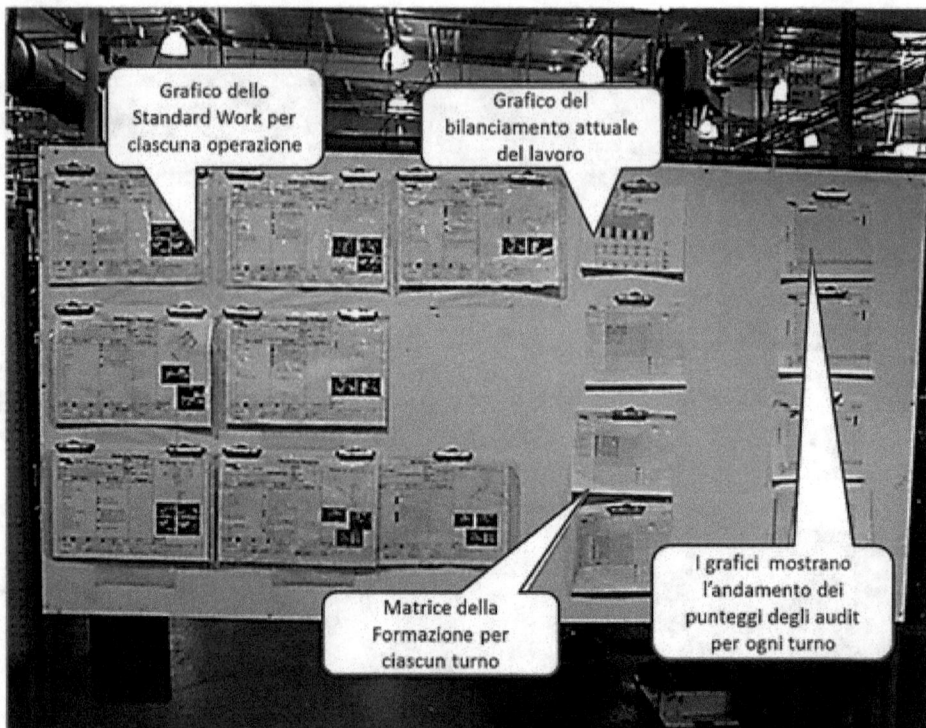

Figura 6.17 Un Tabellone di Standard Work

La figura 6.18 mostra un ingrandimento dello standard work sheet che deve essere firmato dai group leader e dai team leader di tutti i turni, secondo le regole della Toyota. Sottoscrivendolo, i leader intendono dire: "Sono d'accordo. Ecco come porteremo avanti questo compito". Se lo standard work dovesse subire delle modifiche, il documento andrà adeguato ad esse e sottoscritto da tutti i leader nuovamente. Gli operatori andranno formati alle modifiche mediante il metodo del job instruction training.

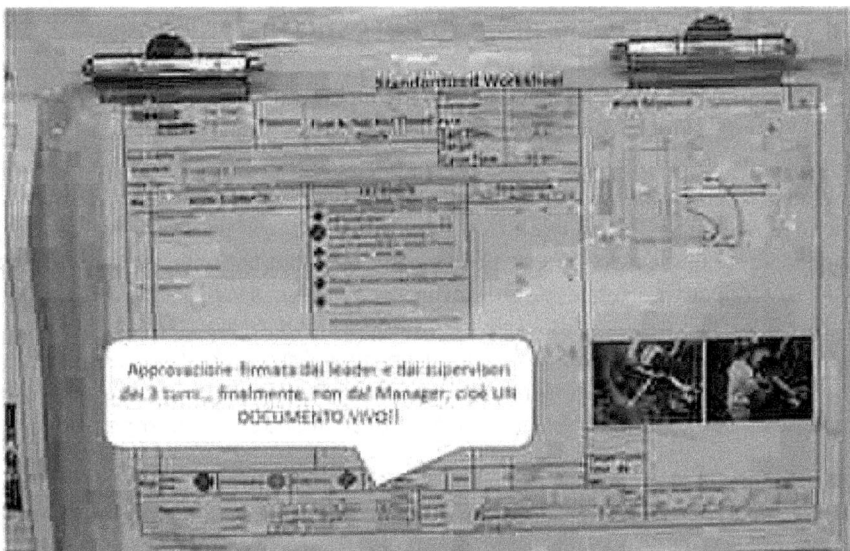

Figura 6.18 Standard Work Sheet

Nella figura 6.19, vediamo una semplice foglio di audit. Va notato che si tratta di semplici domande a risposta diretta: 'si' o 'no'. "Lo standard work è al posto giusto, Si o No?". "È aggiornato e approvato, Si o No?". In questo caso, non è stato ancora approvato. Per ottenere il punteggio totale, devi soltanto sommare le risposte positive. Il fatto che sia molto semplice è voluto. Potresti anche decidere di utilizzare una scala di punteggio da 1 a 5, ma poi diventa più complicato. Inoltre, non stai misurando il fatto che lo standard work sia aggiornato, bensì il fatto che esso sia stato realizzato, oppure no. Infine, fai un grafico del punteggio totale e trovi le aree rosse, gialle o verdi.

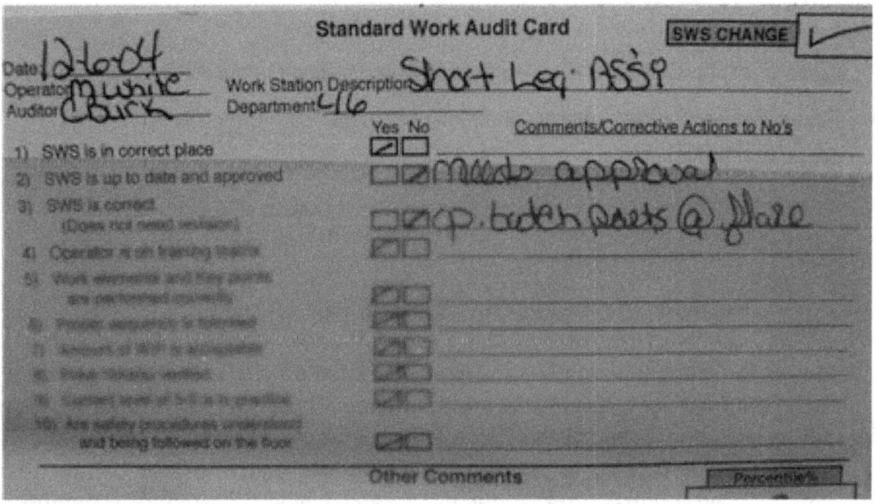

Figura 6.19 Un foglio di Audit dello Standard Work

Qual è lo Stato Attuale nella tua organizzazione?

Stiamo parlando, adesso, di come puoi arrivare al punto di avere un kaizen quotidiano nella tua azienda. Uno dei punti chiave di questa questione è che è molto difficile, quasi impossibile, migliorare sistematicamente un processo dove non ci sono degli standard, perché un problema si definisce proprio come "deviazione dallo standard". Lo standard potrebbe essere uno standard work, in cui tu esegui gli step in un ordine ben preciso, le posizioni definite per le attrezzature all'interno delle 5S oppure uno standard tecnico di qualità. Lo standard potrebbe essere anche un obiettivo a cui si aspira riguardo un indicatore di performance: ad esempio, se il vecchio standard era 10 difetti per turno in un dato reparto, ora vogliamo arrivare ad un nuovo standard di cinque difetti per turno. Infine, esso potrebbe essere un numero su di un grafico, oppure qualcosa di concreto, tipo il numero massimo consentito di pezzi in uno stock interoperazionale.

Oltre a ciò, l'intero team deve comprendere bene il proprio ruolo: gli ingegneri, i group leader, i team leader, i membri del team e i manager. Per raggiungere gli obiettivi che l'azienda ha stabilito, tutti devono conoscere il proprio ruolo nello sviluppare, controllare, fare la manutenzione e apportare dei miglioramenti agli standard. Nei gruppi di lavoro avvengono la maggior parte dei kaizen, di cui i gruppi di lavoro stessi sono responsabili. Adesso, dai un punteggio a queste affermazioni, applicandole alla tua organizzazione (vedi figura 6.20).

Qual è lo stato attuale del Daily Kaizen nella tua azienda?

1=Gap Critico, 2=Gap Importante, 3=Alcuni Gap Seri, 4=Gap Minori, 5=Ci siamo

1. I supervisori di Prima Linea e i Membri del Team sono organizzati in work group.
2. Il lavoro standardizzato è presente ed è aggiornato regolarmente.
3. Il lavoro standardizzato è la base per la formazione degli impiegati.
4. Gli indicatori di Performance sono visibili per ciscun work group, con chiare responsabilità definite per raggiungere obiettivi sfidanti.
5. I progetti di Ingegneria sono visti come delle attività Kaizen a lungo termine, sostenute dai membri del team.

Figura 6.20 Domande per Verificare il Kaizen Quotidiano

Nella prima affermazione, stiamo semplicemente dicendo che la tua organizzazione è suddivisa in gruppi di lavoro, come in molte aziende. Ti consiglio di dare un punteggio alto solo se hai una proporzione tra leader e membri del team simile a quella raccomandata dalla Toyota, ossia circa un leader per ogni 5-8 membri del team. Altrimenti, non avrai abbastanza leader per fare coaching e sostenere i membri del team.

La seconda affermazione sostiene che lo standard work viene presentato e aggiornato regolarmente. Esso può essere presente in un'azienda, ma non è detto che venga aggiornato e utilizzato come strumento per fare kaizen.

La terza affermazione dice che lo standard work è lo strumento di base per la formazione degli impiegati. Oltre a questo, hai qualcosa tipo il work element sheet, con i punti chiave e le motivazioni esplicitate o utilizzato in modo molto strutturato come ad esempio il job instruction training, per formare tutti i tuoi impiegati. Anche questa cosa è molto improbabile che sia presente nella tua organizzazione.

Nella quarta affermazione, ci aspettiamo sia che i key performance indicator siano visibili per ciascun gruppo di lavoro, sia che le responsabilità del raggiungimento degli obiettivi sfidanti siano ben definite.

Infine, nella quinta affermazione, un progetto di ingegneria viene visto come una serie di attività kaizen più piccole e di lungo periodo, portate avanti dai membri del team (come abbiamo visto nel caso Minomi). Hai un obiettivo più grande, e una serie di piccoli passi per raggiungerlo.

Sarei molto sorpreso se tu riuscissi a dare un punteggio molto alto ad ognuna di queste affermazioni. Potresti, ad esempio, indicare un'area della tua organizzazione che ha un punteggio di quattro che va molto bene, e poi avere molte altre situazioni in cui il punteggio è di gran lunga più basso e sei praticamente ancora all'inizio.

È interessante evidenziare che c'è diversità anche tra gli stabilimenti della Toyota. C'è differenza anche tra i vari group leader, secondo la formazione che essi hanno ricevuto. Le differenze si registrano anche nel corso del tempo, quando, ad esempio, uno stabilimento attraversa un periodo di grande tumulto a causa dell'introduzione di un nuovo modello e tutti fanno gli straordinari e producono follemente. Potresti notare, in questi casi, che lo standard work non viene aggiornato regolarmente, il metodo del job instruction training non viene utilizzato in maniera disciplinata e il kaizen diminuisce. Questo è un punto in cui, in Toyota, direbbero: "Dobbiamo tornare indietro, alla base".

Dopo aver valutato te stesso e aver visto dove sono i gap, pensa ad alcuni punti chiave che hai imparato qui sul kaizen quotidiano, e a come si potrebbero applicare alla tua organizzazione. Ogni organizzazione è diversa: nel tuo caso, lo standard work per i compiti non ripetitivi potrebbe non essere così preciso, potresti avere molta difficoltà nel creare dei grafici identici a quelli fatti qui, e il takt potrebbe non essere dettagliato così chiaramente. Come puoi definire degli standard significativi, utili e visibili all'interno del tuo lavoro, qualsiasi esso sia? Come puoi utilizzare lo standard work e gli Indicatori di Performance per creare un sistema funzionale di gestione quotidiana, che possa coinvolgere tutti i livelli manageriali nel migliorare il lavoro con valore aggiunto?

CAPITOLO 7

CREARE UNA VISION E ALLINEARE GLI OBIETTIVI ATTRAVERSO L'*Hoshin Kanri*

Creare la Vision e la Capacità

Il Modello della Lean Leadership basato sull'*Hoshin Kanri*

S e tu fossi riuscito a fare, in tempo reale, tutto ciò di cui abbiamo parlato, adesso avresti raggiunto il massimo del tuo sviluppo personale e saresti in grado di trascorrere i tuoi giorni in giro per il *gemba* a fare coaching, a porre domande e a controllare il processo. Ci sarebbe del visual management dovunque; avresti degli indicatori molto chiari; avresti la comprensione dei tuoi processi e tutti i leader nella tua organizzazione farebbero altrettanto. In qualità di leader, il tuo compito sarebbe quello di andare in giro a controllare il processo e le persone, a capire chi potrebbe essere pronto per nuove sfide e chi invece sta facendo fatica. Saresti lì a migliorare costantemente il modo in cui risolvi i problemi e il modo in cui realizzi obiettivi sfidanti. La tua organizzazione migliorerebbe continuamente, e, allo stesso tempo, i tuoi concorrenti non avrebbero la tua stessa capacità e rimarrebbero sempre più indietro.

La condizione appena esposta è il Nirvana, e non si realizzerà in poche settimane o pochi mesi, ma molto probabilmente ci vorranno dai cinque ai dieci anni. Mentre esaminiamo il modello, ricordati che quello che sto cercando di fare è farti conoscere sia il modello che la filosofia di pensiero sottostante ad esso: l'importanza dello sviluppo personale e dello sviluppo degli altri, del guardare alle persone come il tuo bene di valore più prezioso, di avere la disciplina richiesta ad un grande coach sportivo, oppure ad un grande direttore d'orchestra. Quello che tu stai cercando di fare è sviluppare tutti gli strumenti nella sinfonia, e fare in modo che suonino all'unisono.

A questo punto, discuteremo l'ultima parte, ossia suonare all'unisono. Hai lavorato su te stesso, mentre sviluppavi gli altri, e adesso hai un quartetto d'archi che può procedere da solo, quasi senza guida. Esso può organizzare prove e sessioni di pratica, e migliorare sempre di più. Anche il settore delle percussioni è in grado di fare la stessa cosa. Ogni parte dell'orchestra sta migliorando se stessa e ti dà suggerimenti su come puoi migliorare il tuo modo di condurre.

C'è solo un problema: i vari settori non stanno suonando lo stesso pezzo. Il gruppo dei violoncelli sta suonando un concerto di Bach e i violini suonano una sonata di Mozart; ognuno suona un pezzo particolare e il risultato è terribile.

Cosa è l'*Hoshin Kanri*?

Adesso che tutti hanno la passione e il livello adeguato di abilità, devi farli muovere nella stessa direzione: sono pronti per essere un team. Devi far suonare loro uno spartito di musica alla volta, e devi lavorare con l'orchestra in modo diverso. Il tuo compito è quello di prepararli, o meglio aiutarli a prepararsi da soli, così da poter suonare all'unisono: ossia, suonare a tempo, introdursi nel momento giusto e al volume giusto, e produrre insieme un suono unico.

In Giappone, hanno introdotto il termine *Hoshin Kanri,* che risale ad un movimento nazionale sorto tra gli anni '50 e '60, focalizzato sulla qualità e chiamato Total Quality Management (TQM). *Hoshin* è la direzione. A volte viene utilizzata l'analogia della bussola: suoniamo tutti lo stesso pezzo, ci muoviamo nella stessa direzione, e *Kanri* è il modo in cui lo facciamo. Dalla prima alla terza fase del modello, hai lavorato sulla capacità di sviluppare la leadership, per cui puoi capire il "come", ma comunque hai ancora bisogno del "cosa", cioè hai bisogno della direzione, ossia di uno scopo chiaro al quale poter uniformare le persone.

Quale viene prima?

In effetti il problema è: è nato prima l'uovo o la gallina? Come possono le persone focalizzarsi intensamente sul miglioramento del business senza una vision comune? D'altro canto, forse è peggio dare alle persone la vision, senza che esse abbiano le capacità di realizzarla. Ad esempio, se i violinisti non sono bravi e non riescono a suonare le note giuste, oppure i batteristi portano il tempo al ritmo sbagliato, nessun grande maestro riuscirà a compensare questa mediocrità. Il film *The Music Man* in cui un falso direttore d'orchestra conduce dei ragazzi non molto capaci a suonare in maniera eccellente, è un grande film ma per nulla realistico. D'altro canto, se hai dei musicisti molto bravi, che però suonano tutti dei pezzi diversi, allora il suono sarà terribile e i clienti saranno insoddisfatti.

Quindi, cosa viene prima? Viene prima la vision, lo scopo chiaro e l'uniformarsi, così che le persone inizino a focalizzarsi e a trovare modi di risolvere i problemi, migliorare i processi e migliorare se stessi, oppure viene prima il migliorare le persone così che esse possano partecipare all'*Hoshin Kanri*, ossia ad una vision e ad uno scopo uniformi?

1 Impegnarsi nello Sviluppo Personale
Imparare a vivere i valori del True North
mediante cicli ripetuti di apprendimento

VALORI DEL TRUE NORTH
Sfida Mente Kaizen
Vai a Vedere
Lavoro in Team
Rispetto

4 Creare una Visione
Uniformare gli
Obiettivi
Uniformare gli
obiettivi di
miglioramento
verticalmente e
orizzontalmente

2 Fare Coaching e
Sviluppare gli Altri
Vedere e sfidare il vero
potenziale negli altri
mediante cicli
dell'apprendimento in
autosviluppo

3 Sostenere il Kaizen Quotidiano
Fare del miglioramento una routine
quotidiana

Figura 7.1 Il Modello di Sviluppo della Lean Leadership (siamo focalizzati sul quarto step)

Il Modello di Sviluppo della Leadership (vedi figura 7.1) sembra molto semplice e sequenziale: prima sviluppi le persone e poi dispieghi l'*Hoshin Kanri*. Se c'è una cosa che ho imparato nella mia vita, questa è che qualsiasi visione lineare del mondo è sbagliata. Il mondo è sempre molto più complesso.

Questo capitolo sarà focalizzato sulla quarta fase, e io darò per scontato che tu abbia lavorato dalla prima alla terza fase, se non perfettamente, almeno con una buona sufficienza. Pensa a questo come ad un ciclo che si muove continuamente in cerchio, e ad ogni ciclo, impari attraverso il processo del PDCA: pianifichi, fai, controlli e agisci. Tu migliori, il tuo personale migliora, c'è più entusiasmo, il morale è alto. Ad un certo punto, sei pronto per cominciare ad indirizzare queste persone verso una vision comune, e, in aggiunta, anche i senior manager cercano di elaborare una vision, e condurre un processo in cui tutti possano cercare di comprendere: "Cosa dovrei fare? Cosa significa questa vision per me?". Il processo non deve essere perfetto. Di fatto, all'inizio è probabile che sia goffo, con molte prove e false partenze, che è, dopo tutto, il modo in cui impariamo qualcosa di nuovo.

L'*Hoshin Kanri* per focalizzare l'energia su cicli di apprendimento uniformati

L'*Hoshin Kanri* si focalizza sull'uniformare quella conoscenza e quelle abilità che hai sviluppato per migliorare le cose, così che ognuno migliori le cose giuste in relazione al business e ai clienti, il tutto con uno sforzo focalizzato e coordinato allo stesso tempo. Non puoi avere un gruppo focalizzato principalmente sulla sicurezza, un altro sulla soddisfazione del cliente e un altro sulla produttività: così non otterrai nessuna sinergia che consegni valore al cliente e aiuti l'azienda ad essere focalizzata. Infatti, non avrai sicurezza ovunque ma otterrai semplicemente sicurezza e produttività in piccole dosi.

Ecco perché devi creare una vision e uniformare gli obiettivi, il che sarà tanto più facile da realizzare quanto più profondamente avrai applicato gli step da uno a tre. Se hai persone che sono pronte e sono brave ad imparare, insegnare e migliorare, allora tutto quello che devi fare è collimare questa energia come un raggio laser e tenerla focalizzata. Se però non hai l'energia da collimare, non avrai un miglioramento focalizzato. Alla fine, tutte queste cose si incastreranno insieme, ma c'è comunque un qualche ordine logico da seguire. Mentre esamini il testo, attraversi dei cicli di apprendimento. Il tuo desiderio è che quei cicli di apprendimento a livello individuale si sviluppino il più velocemente possibile, così che le persone ottengano un feedback rapido: più veloce è il ciclo di PDCA, più veloce e profondo è l'apprendimento. Essi si sommeranno, infine, a cicli di apprendimento sempre più grandi.

Se ti guardassi indietro e dovessi chiederti qual è il processo attraverso il quale hai imparato il tuo primo complesso brano musicale, esso potrebbe sembrarti un ciclo di apprendimento della durata di un anno. Tuttavia, incorporati in quel grande processo di apprendimento, ce ne potrebbero essere centinaia più piccoli, come ad esempio ogni singolo esercizio che hai ripetuto più e più volte. I cicli di apprendimento sono dei costrutti astratti. Potresti attraversare un ciclo di apprendimento in un minuto, se ogni singolo minuto sperimenti qualcosa intenzionalmente, poi la attui, poi ne controlli i risultati e sulla base di essi fai degli aggiustamenti. Ogni volta che suoni una scala musicale, potresti realizzare un ciclo di apprendimento di 10 secondi.

Il punto è che hai bisogno di un metodo di apprendimento, chiamato "pratica deliberata", in cui provi intenzionalmente ad imparare qualcosa. Conosci lo scopo, sviluppi un piano di tentativi, e quando fai un errore, quando un suono non viene fuori così come lo vorresti, cerchi di capirne il perché, fai degli aggiustamenti e provi di nuovo. Questo è il ciclo della pratica deliberata. Ci potrebbe essere bisogno di un coach che ti aiuti ad identificare le cause dell'errore e le necessarie modifiche da fare.

L'opposto della pratica deliberata è strimpellare. Puoi strimpellare senza migliorare, anche se magari fai emettere dei suoni interessanti allo strumento e ti senti soddisfatto perché, ripetendoli varie volte, i suoni stessi miglioreranno. Alla fine, suonerai un brano di bassa qualità che probabilmente non riuscirai a migliorare ulteriormente.

Mentre i leader sviluppano delle abilità per condurre il miglioramento, tu puoi raggiungere livelli sempre più alti di miglioramento coordinato attraverso l'*Hoshin Kanri*. Esso viene chiamato anche "policy deployment" in alcuni libri in inglese. Chiunque legga questa cosa diventa ansioso di provarla, ma è difficile trovare delle aziende dove lo realizzano davvero dall'alto verso il basso, e in cui hanno percorso le fasi da una a quattro abbastanza volte da diventare davvero bravi.

Le aziende giapponesi che hanno esperienza dell'*Hoshin Kanri* si basano su cicli, ossia piani, annuali. Probabilmente nel primo anno non sarai pronto per nessun *Hoshin Kanri*, sebbene i tuoi processi di miglioramento abbiano obiettivi sfidanti chiari, legati a necessità di business. Nel primo anno, infatti, sarai focalizzato sugli step da uno a tre. Alcune organizzazioni potrebbero rimanere focalizzate su questi tre step per parecchi anni prima di provare l'*Hoshin Kanri*. Ad un certo punto proverai e quando lo farai, pensa a questo come al tuo primo esperimento, e a qualcosa su cui andrai a lavorare il resto della tua carriera per apportarvi dei miglioramenti.

L'*Hoshin Kanri* in Toyota
Il problema di uniformare le persone verso scopi di business comuni

Come Sviluppare nelle Persone le abilità e la motivazione necessarie per uniformarsi ad una Vision Comune?

Questa, per il manager, è una domanda vecchia quanto il mondo. Scommetto che potresti trovarla anche negli scritti dei greci antichi, o magari in quelli addirittura precedenti. I leader si grattavano il capo chiedendosi: "Perché le persone non fanno quello che io ho bisogno che facciano, e non lo fanno bene e con passione? Io dico loro di cosa abbiamo bisogno per avere successo. Perché non lo fanno e basta? Beh, le persone sono naturalmente resistenti ai cambiamenti. Non sono state allevate nel modo giusto. Sono pigre". Il leader si riconosce dal fatto che ha delle persone che lo seguono, e se tutte vanno nella direzione della sua vision, allora quello è il paradiso.

Qualunque CEO al mondo sarebbe entusiasta se gli presentassi l'opportunità di avere delle persone che seguano la sua vision. Dopo di che, se gli chiedessi come possa riuscire ad ottenerla, avrebbe delle risposte molto eloquenti, ma principalmente basate su di una visione semplicistica della motivazione e delle capacità. Potrebbe dire cose del tipo: "Dico alle persone di cosa ho bisogno così le motivo e le ispiro. Inoltre, avrò un ambiente di lavoro positivo e tratterò bene i miei impiegati, per cui mi aspetto che essi lavorino appieno per raggiungere gli obiettivi di business che ho stabilito per loro". Questo va bene, ma come lo realizzi? L'affermazione, in effetti, non risponde alla domanda del "come", bensì presume che se hai l'ambiente giusto e i leader che rendono espliciti i loro bisogni, le persone, in qualche modo, riusciranno a realizzarli.

Il presupposto di base di questo testo è che ci sono una serie di abilità necessarie al miglioramento che possono essere volontariamente apprese, così come si fa con qualsiasi altra abilità. Non si tratta di leader carismatici che fanno discorsi appassionati, ti trattano bene, ti promettono un salario attraente e un ambiente di lavoro sicuro e assegnano degli obiettivi chiari. Oltre a ciò, le persone hanno bisogno sia di una struttura che sviluppi piani che siano uniformati, sia di disciplina, di livelli di abilità e di leadership, da poter mettere in pratica quotidianamente. In breve, c'è bisogno di piani ben concepiti, eseguiti a tutti i livelli con motivazione ed abilità. Il piano non può essere statico, perché la realtà è sempre molto complessa. Di fatto, la pianificazione e l'esecuzione devono continuamente evolversi attraverso il PDCA.

La Storia dell'*Hoshin Kanri* in Toyota

La Toyota ha iniziato il viaggio dell'*Hoshin Kanri* nel lontano 1961. Alcune grandi aziende giapponesi già utilizzavano il metodo dell'*Hoshin Kanri* come parte del Total Quality Management. A quel tempo, la Toyota aveva raggiunto già alte vette: il TPS era stato sviluppato e funzionava bene; i fornitori diretti erano stati formati al TPS; gli ingegneri, che si sporcavano le mani, miglioravano continuamente la progettazione e il lancio di nuovi veicoli.

Sebbene avessero molte persone intelligenti e infaticabili, i leader della Toyota si dissero: "Non siamo un'azienda globale moderna. Siamo un'azienda locale davvero buona, ma se vogliamo raggiungere gli obiettivi ed essere un'azienda automobilistica di successo nel lungo termine, abbiamo bisogno di ingrandirci, e questo si ottiene attraverso la globalizzazione".

Decisero, quindi, di modernizzare il loro modo di produrre e l'allora Presidente Eiji Toyoda, cugino di Kiichiro Toyoda, identificò due necessità fondamentali. Per prima cosa, bisognava esplicitare gli obiettivi: in particolare, la Toyota non era molto competitiva a livello di qualità, nel senso che la qualità stava migliorando, ma c'era ancora un gap rispetto alla concorrenza americana. Esplicitare gli obiettivi non significava, per il Presidente, rendere più chiaro e brillante il proprio modo di parlare, bensì avere degli obiettivi che fossero significativi per le persone che svolgevano il lavoro concreto. In secondo luogo, c'era bisogno di un sistema di gestione che promuovesse la cooperazione interfunzionale, il che voleva dire che non occorreva dare ordini che scendessero verticalmente a cascata lungo la gerarchia, bensì occorreva che le vendite, l'ingegneria, gli acquisti, il marketing e l'organizzazione del personale identificassero degli obiettivi comuni e lavorassero al raggiungimento degli stessi. Il cliente compra una vettura che inizia dalla progettazione e finisce con la consegna, non compra vari servizi provenienti da funzioni indipendenti.

Non è sufficiente agitare le mani e dire: "Abbiamo bisogno di qualità e di meno difetti". Ritenere le persone responsabili degli obiettivi relativi ai difetti e alla soddisfazione del cliente significa solo intervenire in superficie. In questo modo, chi si trova nel reparto stampaggio, a stampare parti di carrozzeria, si chiederà: "Beh, cosa posso fare? Abbiamo un sistema di misurazione dei difetti, sappiamo quanti difetti creiamo nella fabbrica, e sappiamo anche quanti difetti arrivano al cliente, che non è soddisfatto della carrozzeria. La rumorosità generata dal vento che si infiltra è troppo forte. Pur sapendo tutto ciò, che dovrei fare? Su cosa dovrei lavorare?".

Un indicatore come quello dei 'difetti' è troppo generico per aiutare davvero le persone, a livello locale, ad identificare un piano d'azione. Per questo motivo, Eiji Toyoda si rese conto che, sebbene egli potesse affrontare il primo punto molto bene, non sarebbe cambiato nulla a meno che egli non avesse promosso la seconda necessità fondamentale, ossia la cooperazione interfunzionale. La Qualità, le Risorse Umane, la Manutenzione e l'Ingegneria dovevano tutte lavorare insieme per raggiungere la qualità. La Toyota scoprì l'*Hoshin Kanri* negli anni '60, e cominciò ad implementarlo con uno scopo più concreto di quello di "avere una qualità eccellente". Lo scopo concreto era quello di vincere il Premio Deming. Deming era diventato, in Giappone, un guru della qualità, insegnando il controllo del processo statistico e la filosofia del "produrre con qualità" e non del "controllare la qualità". Egli era tenuto in grande considerazione alla Toyota, e il Giappone aveva istituito un premio a suo nome, che era molto difficile da vincere. Eiji Toyoda lanciò la sfida: "Vinceremo il Premio Deming per la qualità come target concreto su cui focalizzare gli sforzi della nostra azienda". Raggiunsero l'obiettivo nel 1965.

Storia dell'*Hoshin Kanri* in Toyota

1961: La Toyota Motor Company ha identificato il bisogno di modernizzare la gestione delle operations per competere a livello globale in due necessità fondamentali identificate da Eiji Toyoda:

- o Esplicitare gli obiettivi (specialmente quelli della qualità) da parte del management e coinvolgere gli impiegati
- o Sistema di gestione che promuova la cooperazione interfunzionale

1965: la Toyota vince il Premio Deming per la Qualità

1972: Svilippo dell'*Hoshin Kanri*, così come viene praticato oggi

Indicatori Visivi Allineati dall'Alto verso il Basso per soddisfare il Piano Annuale

Una delle prime cose che puoi fare per cercare di allineare le persone è affiggere degli indicatori nei luoghi di lavoro che siano uniformati dall'alto verso il basso. Abbiamo già parlato dell'importanza degli indicatori in gestione a vista nel Sesto Capitolo sui work group. Abbiamo parlato dell'importanza dei work group di incontrarsi da qualche parte, di rendere visibile lo stato dei propri lavori e di sviluppare dei piani di miglioramento basati su piccoli step. Abbiamo anche ribadito l'importanza che il manager scenda a controllare il processo, le persone e il loro progresso in vista del raggiungimento degli obiettivi. Gli indicatori ti danno un punto di partenza: qual è il nostro target? Dove siamo? Il rosso indica il gap tra il target e la situazione attuale, da cui poter partire per fare coaching.

Durante la recessione, nel Febbraio del 2008, ho visitato l'impianto della Toyota in Indiana. Erano lì da circa otto anni, producevano camion, furgoni e grandi SUV, e vincevano costantemente premi qualità. Durante la recessione dovettero chiudere per tre mesi perché avevano troppi camion e la domanda era scesa enormemente. Poi, la recessione colpì anche loro e operarono al 60% della loro capacità per altri otto o nove mesi. Durante quel periodo di tempo, i manager non mandarono via gli impiegati regolari, ma trasformarono lo stabilimento in una sorta di Università in cui insegnare il Toyota Production System. Per tre mesi, non costruirono né camion né grandi SUV, poi, nel periodo successivo, i membri del team ripresero a lavorare in produzione per mezza giornata e si sottoponevano alla formazione per le ore rimanenti.

Una delle cose su cui si focalizzarono fu insegnare l'*Hoshin Kanri* utilizzando il "floor management development system" (FMDS), di cui abbiamo parlato nel Sesto Capitolo: esso è un sistema in cui si fanno incontrare le persone ogni giorno, si identificano i problemi su cui lavorare, e si fa kaizen quotidiano in piccoli cicli ripetuti di PDCA. Per la prima volta, vennero introdotti dei tabelloni di FMDS a tutti i livelli dai work group ai senior manager (v. fig. 7.2). I tabelloni, sviluppati in Giappone circa 10 anni prima, erano organizzati in modo da facilitare l'*Hoshin Kanri* e insegnare alle persone a seguire le Toyota Business Practices. Con mia grande sorpresa, in Indiana si comportavano come se questa cosa fosse completamente nuova. Io l'avevo vista alla Toyota da circa 10 anni e mi chiedevo perché questo grande stabilimento, vincitore di molti premi qualità, parlava dell'*Hoshin Kanri* e del floor management development system come se fossero una cosa nuova.

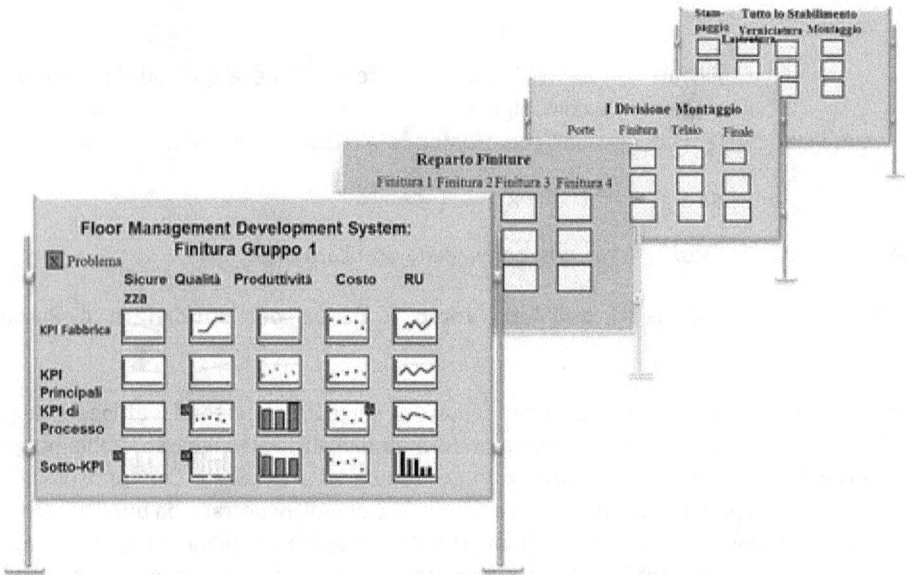

Figura 7.2 Tabelloni che Allineano i Piani ai livelli alti agli Indicatori di Fabbrica

La riposta alla mia domanda fu: "Abbiamo coinvolto i nostri impiegati nel kaizen. Alcuni di essi sono più bravi dei manager. Vendevamo così tanti veicoli e facevamo regolarmente gli straordinari che abbiamo dimenticato di fare formazione su questi nuovi strumenti. Quello che non abbiamo mai fatto davvero è stato prenderci del tempo per introdurre sistematicamente l'intero processo dell'*Hoshin Kanri* così da avere un allineamento perfetto in tutto lo stabilimento. Adesso che ne abbiamo il tempo, lo stiamo facendo".

Avevano proprio di recente installato i tabelloni del Floor Management Development System (FDMS) per ciascun work group condotto da un group leader e da un team leader (v. fig. 7.3). Ad esempio, se sei un group leader del reparto di saldatura porte, nella prima riga avrai i principali indicatori, condivisi in tutto lo stabilimento, relativi alla sicurezza, alla qualità, alla produttività, al costo e alla gestione delle risorse umane. Queste sono categorie standard e si collegano direttamente ai tabelloni *hoshin* per il responsabile della lastratura. Si tratta di risultati generici.

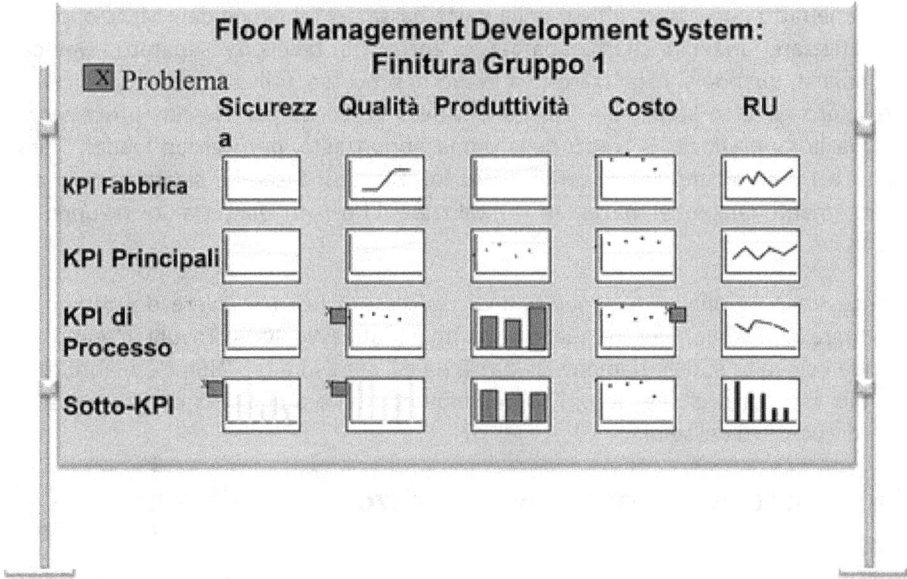

Figura 7.3 Tabellone del Floor Management Development System

Lo stabilimento in Indiana aderì ai target stabiliti dal Presidente dell'azienda, e stabilì anche dei target interni relativi alla formazione e allo sviluppo, da realizzare durante il fermo, o il rallentamento, della produzione. Un'area a cui si dette enfasi fu quella della qualità. Decisero di anticipare gli obiettivi di qualità previsti per l'anno successivo e di raggiungerli un anno prima, dato che avevano il tempo per lavorarci.

L'indicatore nella riga superiore era relativo ai difetti per ogni 100 veicoli prodotti, e tale unità di misura era la stessa per tutto lo stabilimento. Come ho già detto, tale indicatore è generico. Per questo motivo, procedendo lungo il tabellone, devi tradurlo. Un tipo di difettosità che scoprirono in Indiana era quella che loro chiamavano la "mutilazione della carrozzeria", un termine d'impatto per indicare graffi, piegature e ammaccature sulla carrozzeria. Essi riuscirono ad identificare la fonte di molti difetti nell'area della lastratura in cui le parti stampate vengono saldate insieme. Ecco un KPI (Key Performance Indicator) più specifico di reparto, chiamato 'mutilazioni': per ridurre tali difetti venne stabilito un target.

In lastratura, sono stati identificati dei punti precisi da ispezionare in cui si possono identificare casi di mutilazioni della carrozzeria e i processi specifici che li hanno causati. I work group responsabili di quelle operazioni si focalizzano, a livello di processo, su quelle che causano il maggior numero di difetti.

A questo punto, si fa qualcosa di molto simile al Miglioramento Kata. Le persone coinvolte nel processo osservano lo schema operativo delle operazioni correnti, stabiliscono la condizione target successiva, identificano ostacoli potenziali, e cominciano a sperimentare delle contromisure. Si è giunti al livello dei cicli di PDCA: ciò che viene fatto può essere affisso nella parte bassa del tabellone del FMDS, oppure si può utilizzare una flip chart separata o anche un tabellone separato. Nel caso dell'Indiana, quando si focalizzarono a livello di processo, utilizzarono una flip chart e percorsero gli otto step delle Toyota Business Practices per ciascun processo che causava la mutilazione. Si trattò della prima opportunità, per i group leader, i team leader e i membri del team, di imparare le TBP. Così facendo, si ottenevano sia i miglioramenti qualitativi necessari a realizzare l'*Hoshin Kanri*, sia lo sviluppo del personale.

La recessione fu una vera benedizione... concesse il lusso di avere del tempo per sviluppare le persone. Mentre quello di cui ho parlato avveniva in Toyota, c'erano altre aziende coinvolte in licenziamenti di massa da cui sentivo dire: "Non c'è niente da far fare alla forza lavoro". Per loro, l'apprendimento non era qualcosa per cui valesse la pena di spendere dei soldi.

Uniformare le persone a livello orizzontale e a livello verticale

Come mostrato nella figura 7.4, lo stato ideale consiste nell'uniformare globalmente, sia a livello verticale che orizzontale. Secondo il livello verticale, l'Hoshin procede dall'alto verso il basso, con il dialogo ad ogni coppia di livelli, e poi i controlli si estendono a tutta l'organizzazione. Il livello orizzontale, invece, consiste nel coordinamento che deve aver luogo attraverso le funzioni, i dipartimenti e le postazioni fisiche.

Il processo *Hoshin Kanri* dovrebbe condurre a discussioni in tutta l'organizzazione, sotto la guida di un leader ben preciso. Gary condusse il processo di riduzione dei rimborsi legati alla garanzia al di fuori della gerarchia della produzione in Nord America, e vi incluse leader da altre organizzazioni, in tutto il mondo: si trattò di un caso esemplare di uniformità orizzontale.

Anche nel caso specifico della saldatura, nessun gruppo lavora in modo isolato. Una cosa che si potrebbe verificare è che alcuni pezzi arrivino deformati dallo stampaggio e che non si assemblino bene al momento di saldarli. I pezzi sono stati stampati all'interno dei limiti di tolleranza, ma si trovano comunque ai limiti della tolleranza stessa. Potrebbero assemblarsi forzandoli, ma non è cosa facile; del resto, esercitando una forte pressione sulle saldature, si rischia, col tempo, di danneggiarle.

Supponiamo che un problema abbia origine nel reparto stampaggio ed io fossi un leader di lastratura, non avrei la possibilità di intervenire in quanto potrei controllare solo quello che accade nel mio reparto. In fin dei conti, potrei avere bisogno anche dell'intervento del dipartimento sviluppo prodotto, in quanto gli intervalli di tolleranza potrebbero non essere appropriati, per cui i pezzi a volte si assemblano bene ed altre no. Come posso fare ad avere queste diverse funzioni allineate a livello orizzontale? Bisogna elevare il problema ad un livello più alto. Non puoi avere un group leader delle saldature che va in giro negli altri reparti a cercare le persone giuste con cui parlare, per convincerle a cambiare le specifiche dei loro processi o prodotti.

L'allineamento orizzontale si realizzerà attraverso il management, e quello verticale può avvenire lungo quella stessa gerarchia con i tabelloni del FDMS. I manager dei vari reparti hanno dei target di qualità nei loro piani annuali dell'*Hoshin Kanri*. In tal modo, già vi si trova un'uniformità di base. Si potrebbe formare un nuovo team interfunzionale che si focalizzi sull'eliminazione delle mutilazioni della carrozzeria causate dallo sviluppo del prodotto, dallo stampaggio o dalla saldatura, e i membri di quel team potrebbero avere dei target aggiuntivi ai propri piani individuali dell'*Hoshin Kanri*.

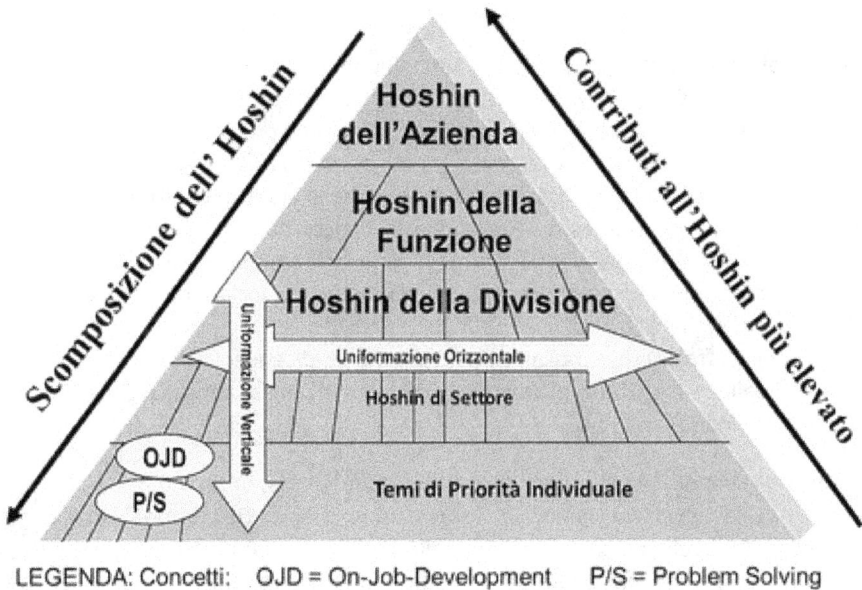

Fonte: Toyota
Figura 7.4. Hoshin Kanri: Uniformità Verticale e Orizzontale

Quanto detto finora comporta che tutti siano abili nel problem solving. Ma, come si diventa generalmente abili nel problem solving? La Toyota ha una risposta molto semplice: con l'On the Job Development (OJD), il quale è ormai parte integrante del sistema della Toyota. Se hai ricevuto coaching, attraverso l'OJD, per seguire lo spirito e la pratica delle Toyota Business Practices, vorrai naturalmente lavorare con altri settori per raggiungere gli obiettivi dell'azienda, e avrai le abilità per farlo in modo efficace.

L'azienda vuole essere più competitiva nella qualità e sa che, in fin dei conti, ha bisogno della soddisfazione totale del cliente. Questo obiettivo va scomposto in azioni all'interno di settori funzionali e in attività interfunzionali. A cascata, quei settori e quei team interfunzionali devono scomporre ulteriormente le azioni a livello molto più piccolo, eseguirle e controllarne i risultati, e lo fanno controllando, modificando e contribuendo in tal modo ad un Hoshin di più alto livello. Ecco perché scomponendo, procedi verso il basso, ma nei contributi che dai, ivi compreso il controllo, procedi verso l'alto. Nella scomposizione rientrano la pianificazione, che comprende anche il come si andrà a realizzare quella determinata cosa, e l'esecuzione; i benefici cumulati procederanno verso l'alto. Abbiamo un bel modello, che è anche una vision molto potente. Ci avvicineremmo moltissimo a questo modello se fossimo un'organizzazione perfetta e tutti vi sarebbero coinvolti: la vera sfida è trasformare la vision in realtà.

Come Lavorano Insieme l'*Hoshin Kanri* e il Daily Management
Il Ciclo Annuale dell'*Hoshin Kanri* in Toyota

L'*Hoshin Kanri* è un ciclo annuale progettato per sostenere il business plan quinquennale e la vision globale del decennio. Il ciclo stesso, ad un livello macro, segue le fasi del Plan, Do, Check, Act. Nel corso di un periodo di tre mesi, si sviluppa un piano per l'anno che sta partendo. L'anno fiscale della Toyota comincia il 1° Aprile. All'inizio di gennaio, il Presidente fa un discorso in cui espone l'*hoshin* a livello generale. Si discute la vision del decennio, il piano quinquennale, la situazione attuale dello stesso, dove si era e dove si è adesso, quello che la concorrenza sta facendo, quali sfide ambientali bisogna affrontare, quali novità ci sono (ad esempio, c'è stato uno tsunami, per cui ci sono nuove sfide, oppure, i concorrenti stanno lanciando veicoli ad un tasso storico e qui si rimane indietro). In pratica, il Presidente fa il ritratto delle sfide che l'azienda deve affrontare e poi restringe il campo, dicendo: "Questo è quello che dobbiamo realizzare a livello globale entro la fine di quest'anno. Questo è il piano annuale dell'azienda".

Dopo di ciò, secondo una routine ormai radicata in Toyota, inizia il difficile compito di scomporre tale obiettivo generale in relazione alle varie funzioni dell'azienda, cominciando dal livello più alto e globale delle sedi centrali. A livello globale, infatti, c'è un capo per la Ricerca e Sviluppo, per le Vendite, per la Logistica, per le Finanze, per la Qualità, per le Risorse Umane, ognuno dei quali comincia a scomporre i propri piani e li distribuisce all'interno dei gruppi funzionali regionali. Di cosa si occuperà il Nord America? E l'Europa? Dopo di ciò, il piano giunge alle unità individuali, all'interno delle regioni, come ad esempio i centri tecnici, l'unità vendite e l'organizzazione regionale della produzione. All'interno di ognuna di queste, esso dà luogo a discussioni relative a due punti principali: cosa dobbiamo approvare concretamente per raggiungere gli obiettivi annuali dell'azienda, e come possiamo realizzare ciò. In pratica ci si chiede: "Qual è il piano di partenza? Su quali elementi possiamo fare leva così che ci permettano di raggiungere questi risultati?".

Tutto ciò avviene nella fase della Pianificazione: come ho già accennato, essa ha luogo a gennaio e, nel corso dei tre mesi successivi, avviene la scomposizione, la discussione sui due punti principali, chiamata "catch ball", e tutta la riflessione e progettazione successiva. È come se qualcuno abbia dato l'avvio ad una corsa, per cui, a questo punto, comincia l'esecuzione del piano *Hoshin Kanri*. Si susseguiranno controlli costanti, azioni continue, vari PDCA, ma a metà strada, dopo sei mesi, vi sarà un grande checkpoint aziendale per tutto il mondo della Toyota. Ad ognuno saranno richieste delle verifiche e la redazione di report, in modo che l'azienda si renda conto a che punto ci si trova. Si possono, quindi, fare degli aggiustamenti. Ad esempio, consideriamo il caso dello Tsunami e del grande terremoto nell'est del Giappone. Esso avvenne a marzo, ragion per cui, a quel punto, l'*Hoshin Kanri* era stato per la maggior parte finalizzato senza considerare le conseguenze dello tsunami e del terremoto che, ad un certo punto, dovettero essere inseriti nel piano, al posto di altro.

Al checkpoint dei sei mesi, si riflette sulla situazione attuale e si cerca di capire quali aggiustamenti fare per il resto dell'anno. Una catastrofe di grandi dimensioni, come un terremoto, può voler significare che alcune cose devono essere rimandate all'anno successivo.

A sei mesi, dobbiamo iniziare a raccogliere dati su dove ci troviamo e pensare ai target per l'anno seguente. Riguardo ai miglioramenti realizzati fino ad allora, potremmo essere nella fase dell'Act del PDCA, per cui dobbiamo stabilizzarci per rendere sostenibili i miglioramenti.

In tutta la Toyota, le persone sarebbero d'accordo col fatto che tre mesi, a partire da gennaio, non sono molti per poter sviluppare un piano così complesso. In effetti, potrebbero dire: "Stiamo pensando all'Hoshin dall'agosto scorso. Abbiamo un'idea abbastanza precisa su cosa ci verrà chiesto di fare, per cui ci stiamo già lavorando".

Questo è il modo in cui funziona il ciclo annuale dell'Hoshin Kanri, il quale, ad un livello aziendale, può essere visto come un grande ciclo di Plan, Do, Check, Act. Ecco il nostro piano annuale, lo eseguiamo, registriamo i risultati e vediamo cosa dobbiamo ancora realizzare. All'interno del ciclo più grande di PDCA, ci sono vari cicli di PDCA stesso a livelli molto più piccoli: si passa dal livello del piano nazionale, a quello del piano dello stabilimento, poi a quello del trimestre fino ad arrivare al livello minuto-per-minuto dei work group. Se noti un difetto, o qualcosa che va male, cerchi di risolvere tali problemi mediante il PDCA, i cui cicli di apprendimento sono incastrati dall'alto verso il basso.

La Relazione Critica tra Hoshin Kanri e il Daily Management

L'*Hoshin Kanri* (HK) consiste nel convogliare l'energia del tuo personale nell'utilizzo della disciplina di pianificazione ed esecuzione sviluppata nel corso di anni e anni di lavoro. Il Daily Management System, che la Toyota chiama Floor Management Development System (FMDS), consiste nel guidare i work group, così come i manager, nel PDCA quotidiano. Per ottenerne i maggiori benefici, HK e FMDS devono lavorare insieme: l'*Hoshin Kanri* pone gli obiettivi generali, e poi tu devi tradurli in azioni specifiche attraverso il daily management.

La prima domanda che ti devi porre è: "Cosa dobbiamo fare?". Devi rispondere a questa domanda ad ogni livello dell'azienda, in ogni settore e, alla fine, in ogni work group. Il risultato finale sarà dato da una serie di obiettivi tradotti in target misurabili. La seconda domanda è: "Come dovremmo farlo? Qual è il processo che utilizzeremo per avvicinarci sempre di più al target?". Al momento ne siamo lontanissimi, per questo dobbiamo sviluppare attività quotidiane che ci diano la pratica necessaria per avvicinarci sempre di più al raggiungimento dell'obiettivo. Infine, dobbiamo sapere come stiamo procedendo e quali sono i risultati del nostro lavoro quotidiano, per questo è necessaria una revisione quotidiana dai KPI principali ai Sotto-KPI, arrivando fino al processo individuale su cui stiamo lavorando al momento. Ancora una volta, quindi, procediamo dalla prospettiva più ampia fino ai dettagli microscopici della risoluzione di un problema specifico che si sta verificando al momento.

Come dovremmo realizzare tutto ciò? La gestione del processo sopraindicato e di come stiamo procedendo, sono chiaramente correlati. Il secondo e il terzo step sono costantemente in corso e mentre partecipiamo ai nostri meeting quotidiani, facciamo kaizen, controlliamo continuamente come stiamo procedendo e identifichiamo il prossimo step da compiere.

L'*Hoshin Kanri* e il Floor Management Development System convogliano l'Energia dei Work Group

Cosa dobbiamo fare?

(Azienda – Dipartimento – Work Group)

➔   Hoshin – Obiettivo e KPI

Come dovremmo farlo?

(Processo)

➔   Floor Management – Attività Quotidiane

Come stiamo procedendo?

(Risultati)

➔   KPI Principali, KPI di Processo, Sotto-KPI

Ho parlato dell'*Hoshin Kanri* come qualcosa di separato dal daily management, ma strettamente connesso ad esso. Con *Hoshin Kanri*, intendiamo indicare il processo di pianificazione e di controllo nella sua interezza, che parte dal Presidente e arriva fino all'operaio, attraversando tutti i livelli intermedi, mentre il daily management è quello che effettivamente svolgi su base quotidiana. Ad esempio, sei di fronte ai tabelloni del

FMDS con il tuo team a discutere: "Ecco dove abbiamo dei punti di debolezza, ecco su cosa dobbiamo lavorare oggi. Ecco come stiamo procedendo in relazione al processo di installazione dei cruscotti". Questa è una discussione tipica di daily management e delle attività quotidiane che compiamo ogni giorno.

Alcune aziende concepiscono queste due cose come elementi separati. Abbiamo notato che le aziende che implementano l'*Hoshin Kanri*, ma hanno un sistema di daily management debole, sperimentano un andamento a dente di sega. Ad esempio, realizzano dei grandi miglioramenti su degli indicatori evidenziati dai dirigenti, tipo la qualità. Nel momento in cui gli stessi dirigenti ricevono delle pressioni relative ai costi, questi diventano il nuovo imperativo, per cui la qualità regredisce. D'altro canto, il daily management senza l'*Hoshin Kanri* può essere efficace nel rendere sostenibili i miglioramenti, ma questi ultimi non avranno una grande portata. Invece, come mostrato nel grafico di tendenza della figura 7.5, se integri le due cose, otterrai dei risultati davvero buoni. Quello che mostriamo qui è un grande passo in avanti, seguito da piccoli periodi di aggiustamenti. Ad esempio, abbiamo deciso che ridurremo i difetti del 10%. Per farlo, iniziamo a modificare le attrezzature e il modo in cui formiamo le persone; lavoriamo con i nostri fornitori per far modificare i loro processi; diamo perfino un feed-back allo sviluppo del prodotto, così che la versione successiva del modello sia più facile da costruire.

Cambiano molte cose: molte persone devono cambiare il modo di lavorare, ci devono essere comunicazione tra i dipartimenti e un'intera serie di nuovi compiti. Dopo aver apportato tutti questi cambiamenti, dobbiamo renderli stabili e sostenibili e anche se troveremo sempre delle piccole cose da migliorare ogni giorno, non ci verrà ancora lanciata una nuova sfida di tali proporzioni.

Ad esempio, nel 2010 in Giappone, lo Yen era diventato così forte che molti analisti evidenziarono il fatto che il problema fosse quasi letale per la Toyota. Essa, infatti, produce così tante automobili in Giappone che, quando venivano esportate, diventava difficile trarne anche un minimo profitto, per cui avrebbero potuto anche perdere dei soldi, a causa della moneta così forte. In Toyota non accettarono il fatto che il problema non potesse avere una soluzione: si resero conto che dovevano lavorarci, e, per farlo, stabilirono un target di riduzione dei costi di produzione in Giappone del 30% nel corso di tre anni, ossia del 10% all'anno. In un caso come questo, ci sono molti costi fissi che sono difficili da modificare e un numero limitato di costi variabili su cui poter lavorare. Devi perciò risalire alla progettazione di base dell'intero veicolo e del modo in cui viene assemblato, il che ti porta a svariati cambiamenti all'interno di una fabbrica. Dovettero ripensare a tutto per poter ottenere questa riduzione del 30% in un'azienda già estremamente efficiente...ci riuscirono, e poco dopo il Primo Ministro Abe mise in atto delle politiche che indebolirono enormemente lo Yen e la Toyota ne ottenne enormi guadagni.

Questo cambiamento è davvero enorme, e non è qualcosa che farai sempre ogni anno. Ci sono periodi in cui hai obiettivi più piccoli che ti permettono di rendere sostenibile quanto stai facendo e di ricaricarti, prima di affrontare la nuova scalata. Vale la pena ricordare che l'*Hoshin* ti può fornire queste grandi sfide, in aggiunta devi utilizzare il daily management per fare tanti piccoli cambiamenti necessari a vincere la sfida e stabilizzare il processo.

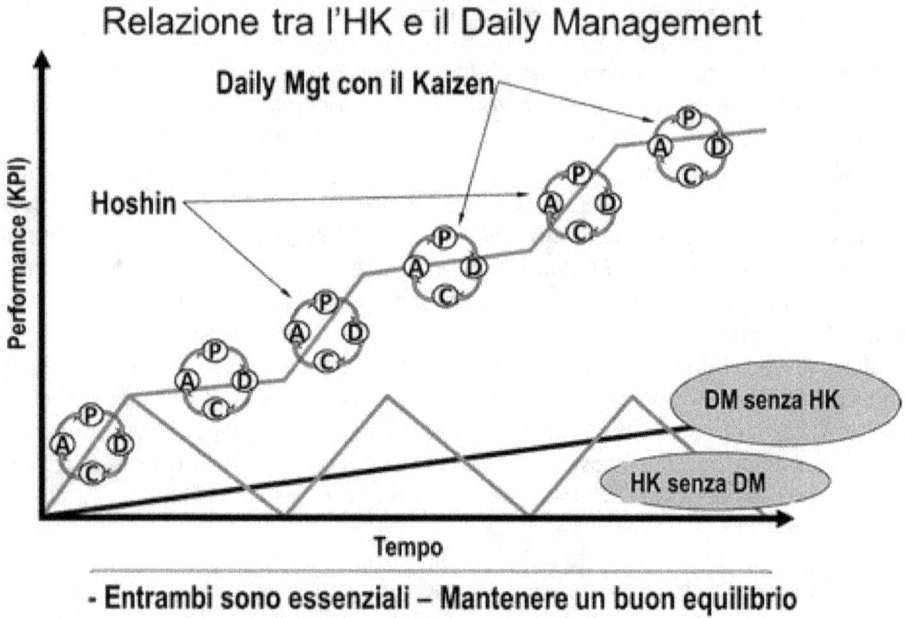

Figura 7.5 L'Hoshin Kanri e il Daily Management lavorano insieme per le svolte fondamentali e per il loro mantenimento

La Filosofia dell'*Hoshin Kanri*
La filosofia sottostante all'*Hoshin Kanri*

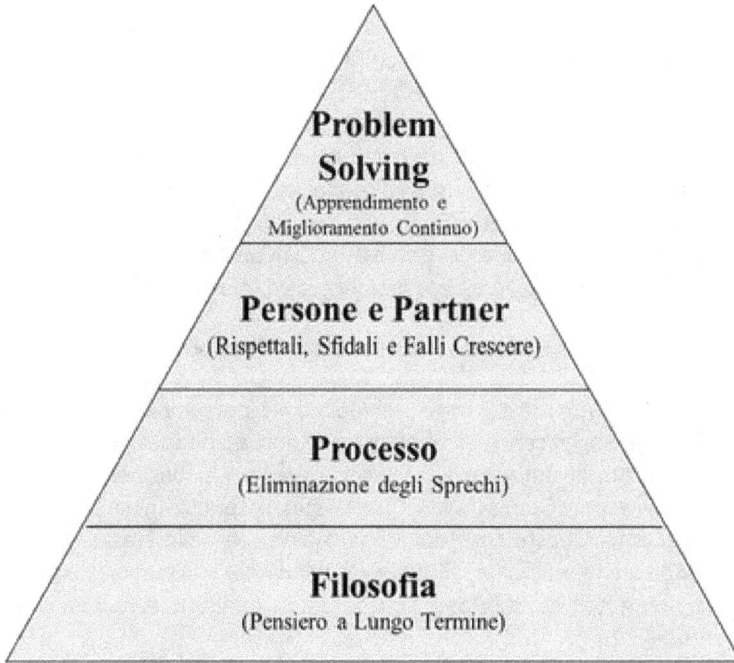

Figura 7.6 Il Modello del Toyota Way.

Facciamo un passo indietro per parlare di filosofia, che è alla base del mio modello del Toyota Way (v. fig. 7.6). Le fondamenta della filosofia sono costituite dai valori: in cosa credi? Cosa ti guida? Cosa è importante per gli affari? Cosa pensi dei clienti? Cosa pensi delle persone? Qual è la tua opinione sulla leadership? Le risposte a queste domande ti forniscono le basi per parlare dei cinque valori della Toyota: sfida, kaizen, andare a vedere nel *gemba*, lavoro in team e rispetto. Devi poi avere un orientamento, e il passo iniziale sarà definire una vision molto ampia. La Toyota, ad esempio, ha una vision globale di dieci anni indicata sul proprio sito Internet, e, ovviamente, una vision di 10 anni deve essere molto generale perché nel mondo le cose cambiano notevolmente.

Bisogna stimolare la cooperazione tra i tuoi impiegati. Se hai delle cattive relazioni col tuo personale, perché sei andato in giro a rimproverare le persone per anni e anni, devi cominciare a riparare i danni e sviluppare una qualche relazione di fiducia, il che probabilmente vuol dire lavorare a progetti più piccoli, senza l'*Hoshin Kanri*, per far sì che le persone sperimentino sia il miglioramento che il fatto che non ci sarà punizione per gli esperimenti falliti. Inoltre, devi iniziare a fare coaching e a cambiare attraverso cicli di sviluppo della leadership. Sei esattamente al punto dello sviluppo personale, e hai bisogno che anche tutti i leader, a tutti i livelli, si impegnino in esso, idealmente partendo dall'alto e scendendo verso il basso.

o   I Valori fondamentali si trovano alla Base
o   Iniziare con la Vision futura (ad es. vision di 10 anni)
o   Sforzo cooperativo con tutti gli impiegati

Oltre a questo, devi avere un'idea precisa dello scopo dell'Hoshin Kanri, e, in Toyota, così come in una qualsiasi altra azienda, vogliono i risultati. Ovviamente c'è bisogno dei risultati negli affari, ma bisognerebbe anche andare al di là di questi, invece, in generale, i risultati vengono accolti senza tener conto dei miglioramenti effettivi e della stabilizzazione del processo necessaria a renderli sostenibili. In Toyota, vogliono evitare l'effetto a dente di sega: vogliono i risultati e vogliono anche un processo ripetibile che produca un miglioramento sostenibile. Poiché essi sanno che solo le persone possono migliorare il processo, le persone devono essere sviluppate così da poter controllare i risultati, comprendere cosa deve essere modificato ed effettuare i cambiamenti.

Scopo: Miglioramento del Processo x Risultati x Sviluppo delle Persone

Il vero *Hoshin Kanri* riguarda tanto lo sviluppo delle persone che l'ottenimento dei risultati. La filosofia soggiacente all'*Hoshin Kanri* non è soltanto quella di ottenere i risultati dell'anno, ma di utilizzare gli obiettivi necessari al business per soddisfare i clienti e mantenere un business sano, e allo stesso tempo migliorare i processi e sviluppare le persone. Queste cose dovrebbero avvenire nello stesso momento, e se una di queste non viene realizzata, allora l'Hoshin fallisce. Trattandosi di un'operazione di moltiplicazione, e non di addizione, se uno dei termini è uguale a zero, il risultato finale sarà zero.

Fondamentalmente, si crede che un processo buono condurrà a risultati buoni. Gli approcci più semplicistici partono prima dai risultati e poi si chiedono cosa devono fare per ottenerli. Per questo, se conta solo la riduzione dei costi, i miei ingegneri e black belt faranno progetti che mi daranno elevati profitti, e io sarò contento. La Toyota, invece, crede che il solo modo in cui puoi mantenere dei buoni risultati, che migliorino di anno in anno, sia quello di avere dei processi definiti e ripetibili, costantemente migliorati dalle persone che ne sono responsabili.

In breve, quando lavori al processo, parte di quello che fai consiste nell'ottenere profitti, e l'altra parte, come formare le persone e fare della manutenzione quotidiana, non ha un beneficio misurabile immediato. Lo fai perché sai che hai bisogno di macchinari che funzionino ad un alto livello e di persone eccellenti che siano motivate e cerchino di sostenere l'azienda facendo il kaizen quotidiano. Sai anche di aver bisogno di meeting quotidiani attorno ai tabelloni, e di team leader e group leader che sappiano fare coaching. Tutti questi elementi contribuiscono ai risultati desiderati, per questo ci lavori ogni volta che formi qualcuno, o che autorizzi la manutenzione dei macchinari, senza aspettarti un profitto immediato.

Confronto tra il MBO (Management By Objectives) e l'*Hoshin Kanri*

Il Management By Objectives è Diventato Comando e Controllo

Ogni azienda ha degli obiettivi, e uno dei più comuni è spesso indicato come "Management By Objectives". Esso è una specie di discussione portata avanti dal livello dirigenziale fino a quello dei supervisori, relativamente agli obiettivi misurabili, e assomiglia all'*Hoshin Kanri*, solo in questo piccolo aspetto. Le discussioni, infatti, riguardano quasi esclusivamente quali risultati si vogliono ottenere, i quali risultati vengono poi associati a ricompense o punizioni: o realizzi il target e avrai un bel bonus e otterrai la promozione, oppure fallisci e ci saranno conseguenze.

Il tutto è basato sulla paura, sui riconoscimenti e sulle ricompense, ed è molto concreto: il risultato tangibile della tua carriera è collegato al raggiungimento dei risultati tangibili del tuo lavoro. Questo sistema ha condotto, ad esempio, al sistema "ABC" diffuso dalla General Electrics: ci sono gli impiegati di categoria A che ottengono aumenti e bonus eccezionali, ci sono gli impiegati di categoria B, che fanno un buon lavoro e ottengono un aumento medio, e infine gli impiegati di categoria C che devono migliorare e saranno puniti. Infine, se questi ultimi risultano di categoria C per due anni di seguito, saranno licenziati.

Ogni gruppo, diciamo di circa 10 persone (anche se può essere di numero variabile) deve avere almeno un impiegato di categoria C, e almeno due impiegati di categoria A, mentre tutti gli altri sono nella media. In tal modo si costringono i manager a definire, tra i loro impiegati, quelli che sono i vincenti e quelli che sono i perdenti. Tale sistema è perfettamente in linea con la filosofia del management by objectives, cioè paura, ricompensa e obiettivi ben definiti: lasciale lavorare e le persone saranno abbastanza motivate a raggiungere i risultati.

Analizzando le caratteristiche del Management by Objectives, si nota che esso ha una visione a breve termine: il senior management stabilisce i risultati richiesti in un arco di tempo breve, e ti controlla. Tali risultati non sono però collegati nella tua mente ad una vision globale dell'organizzazione basata su di un arco di 10 anni. L'unica cosa che ti viene effettivamente da pensare è: "Devo far quadrare i numeri perché vengo valutato quando scade il trimestre".

Ci tengo a specificare che uno dei difensori del Management by Objectives è stato Peter Drucker, uno dei maggiori manager ad alto livello di tutti i tempi. Secondo la sua descrizione, il MBO consiste nella gestione partecipativa, nel dialogo, nel potenziamento. Il modo, però, in cui di fatto viene praticato è molto diverso...ad un certo punto, lo scopo originario del MBO si è perso nell'uso che ne è stato fatto.

Caratteristiche del Management by Objectives

A Breve Termine, Nessuna Filosofia

Con l'espressione "non c'è nessuna filosofia", intendo dire che non c'è alcuna filosofia ben definita di come guidare le persone e di quali siano i valori (vedi fig. 7.7). Potresti riassumere la filosofia generale di questo approccio dicendo: "sopravvivenza del più adatto e raggiungere i risultati ad ogni costo. I risultati sono quelli che ci viene imposto di raggiungere nel breve termine, spesso dal management direttivo, dagli azionisti esterni o da qualche investitore".

Valutazione degli Sforzi Orientata ai Risultati

Ecco quello che si pensa: "Valuteremo soltanto i risultati; non mi interessa come fai le cose, falle e basta. Ovviamente, non devi violare i principi etici: non rubare, non infrangere la legge e non mettere fisicamente in pericolo le persone. Noi ci preoccupiamo della sicurezza, del nostro sistema etico, ma al di là di questo, non ci sono regole; fallo e basta".

Comunicazione Direttiva, dall'Alto verso il Basso

La comunicazione avviene dall'alto verso il basso: puoi essere educato e gentile, e ascoltare le preoccupazioni degli altri, ma gli obiettivi rimangono tali.

Principalmente Orientato verso l'Autorità

La base di potere che hai consiste nell'autorità formale: sei nella posizione di poter dispensare ricompense e punizioni; hai il bastone e la carota, ed essi sono i tuoi strumenti più potenti.

Management by Objectives	Hoshin Kanri
A Breve Termine, Nessuna Filosofia	A Lungo Termine, Principi Guida Forti
Valutazione degli Sforzi Orientata ai Risultati	Interessato ai Risultati e ai Processi, Focalizzato sullo Sviluppo delle Persone
Comunicazione che procede dall'Alto verso il Basso	Impostazione della direzione dall'Alto verso il Basso, e Flusso di Informazioni che procede dal Basso verso l'Alto
Direttivo	Partecipativo
Principalmente Orientato all'Autorità	Principalmente Orientato alla Responsabilità

Figura 7.7 Confronto tra il Management by Objectives e l' *Hoshin Kanri*

Caratteristiche dell'*Hoshin Kanri*

Principi Guida Forti e a Lungo Termine

Vi è una serie di principi guida, ossia una vision a lungo termine. I principi guida riguardano i clienti, le persone e il rispetto; non ci interessano soltanto i risultati ma anche i processi e lo sviluppo delle persone.

Interesse per i Risultati e il Processo con un'Attenzione particolare allo Sviluppo delle Persone

Con l'*Hoshin Kanri* siamo focalizzati sullo sviluppo del personale a tutti i livelli e sullo sviluppo della fiducia di base. Le persone sono continuamente, e non soltanto alla fine del trimestre, impegnate nel miglioramento di alcune cose che esse credono porteranno ai risultati desiderati. Potrebbero anche essere in errore, e potrebbero dover fare degli aggiustamenti, ma è questo quello che rende tutto il processo un percorso di apprendimento.

Impostazione della Direzione dall'Alto verso il Basso

La direzione viene definita dall'alto: le necessità di business non emergono da un processo democratico, ma da una profonda analisi della concorrenza, delle nuove tecnologie, di opportunità future, di dove sei diretto in quanto azienda, e di quale è il tuo modello di business. La pianificazione strategica deve venire dall'alto, e i direttori senior devono determinare ciò di cui l'azienda ha bisogno per raggiungere il successo.

Partecipazione attraverso il flusso delle Informazioni e delle Modalità dal basso verso l'alto

Quando la direzione stabilita dall'azienda viene diffusa verso il basso, se ottieni delle reazioni del tipo: "no, non possiamo farlo, possiamo farne solo la metà, possiamo farne solo un quarto", l'azienda non riuscirà ad avere quello di cui ha bisogno. Una volta create le direzioni, dovrai ottenere i risultati. Sarebbe molto difficile convincere la Toyota, in un anno tipo quello in cui in Giappone decisero di ridurre i costi del 30% in tre anni, che dovevano scendere ad un compromesso del 15%.

Lo sforzo più grande viene fatto nel discutere le modalità da utilizzare e non gli obiettivi: "come lo faremo?". C'è molta attività di pianificazione relativamente alle modalità che verranno utilizzate: "cosa si può misurare di significativo in produzione che ci porti ad una produttività più alta?". Nel reparto verniciatura, potrebbe essere il tempo di funzionamento degli impianti, nell'assemblaggio, potrebbe trattarsi di ore di manodopera per ciascuna unità, nelle vendite, infine, il tempo per concludere una vendita.

Questo è un processo partecipativo in cui tutti sono coinvolti, in modo attivo. Essi pensano, analizzano, osservano i dati, propongono progetti. Non è partecipativo nel senso che le persone possono obiettare, ad esempio, che il 30% è ridicolo, per cui secondo loro si dovrebbe scendere al 17%, bensì nel senso che esse discutono l'assegnazione dei target attraverso l'organizzazione e soprattutto discutono sulle modalità con cui andranno a realizzare l'obiettivo.

Principalmente Orientato alla Responsabilità

L'*Hoshin Kanri* è principalmente orientato alla responsabilità nel senso che le persone firmano, mettono il proprio nome accanto ad un obiettivo, e conducono lo sforzo, piuttosto che essere persone che rispondono allo stimolo della carota e del bastone da parte del proprio capo. In Toyota, non ci sono grandi ricompense, del tipo "fai questo e otterrai quest'altro". In Giappone, è istituito un bonus ogni due anni (ogni anno, in alcuni paesi), ed è legato a come l'azienda, o lo stabilimento, sta andando. Si tratta di bonus soprattutto globali, sebbene ci sia una percentuale di bonus individuali al livello manageriale, legati all'*Hoshin Kanri*. È difficile che licenzino qualcuno, non hanno impiegati di categoria C. Non sono costretti a distribuire gli impiegati su tre livelli di prestazione: se tutti sono eccellenti, ognuno è eccellente. L'interesse principale è legato alla motivazione intrinseca: "Sono parte del team, vengo pagato bene, sto facendo il mio lavoro e una parte importante del mio lavoro è raggiungere i risultati fissati dall'azienda".

Trasformazione Lean Radicale: Fornitura di parti di Telaio della Dana

Erroneamente si crede che l'*Hoshin Kanri* sia qualcosa che riguardi il livello della fabbrica, dove si realizzano piccoli miglioramenti, il che non è errato, ma è solo una parte della verità, in quanto esso implica che gli operai siano coinvolti nel Miglioramento Continuo, e che lavorino verso determinati obiettivi che aiutano l'azienda nel suo complesso. Tutto ciò è vero, ma c'è anche una gerarchia, dal presidente al CEO fino all'operaio, e, in ogni stadio della gerarchia, tutti dovrebbero essere coinvolti nel Miglioramento Continuo. Mentre sali nella gerarchia, la portata dei progetti che conduci a livello personale, diventa sempre più grande.

In Toyota, vedrai che la maggioranza dei cambiamenti con un impatto elevato avviene al livello di manager o di dirigenza, in cui ci sono i progetti più ampi che coinvolgono centinaia, oppure migliaia di persone e molte attrezzature. Considera che ci sono comunque molti miglioramenti più piccoli ai livelli inferiori che sostengono gli obiettivi più grandi stabiliti ai livelli più alti. Inoltre, ci sono funzioni dello staff, come la pianificazione della produzione, che conducono grandi attività di miglioramento e che si focalizzano su cose del tipo uniformare la programmazione, il flusso generale di informazioni ai fornitori sui materiali, e hanno una portata di responsabilità più ampia nei loro compiti Hoshin. Le implicazioni di questi ultimi sono molto superiori in termini economici, di qualità e sicurezza, sebbene le funzioni suddette non dipendano dal supporto dei work group per mettere in atto questi grandi cambiamenti.

A volte piace pensare all'*Hoshin Kanri* come a qualcosa da delegare verso il basso, così come quando si passa una patata bollente a qualcun altro, per tirarsi fuori dai guai. Prima ce l'ha il Presidente, che la passa al Vice Presidente, che a sua volta la consegna al manager generale, il quale la cede al manager, e via di seguito al work group, che lavora ai miglioramenti i quali cominciano a lievitare. Gli strati intermedi delegano le responsabilità, perché dovrebbero tutti lavorare a miglioramenti di portata più ampia.

Quando andò in pensione dalla Toyota, Gary passò del tempo partecipando ai Consigli di Amministrazione di varie aziende, tra cui la Dana, che aveva grossi problemi. Aveva precedentemente dichiarato bancarotta (secondo il capitolo 11 della legge statunitense sul fallimento) e ne era emersa all'inizio del 2007, giusto in tempo per il raddoppiamento dei prezzi della benzina negli Stati Uniti, seguiti dalla Grande Recessione. La Dana forniva componenti di telaio per il settore delle automobili e dei trasporti pesanti. Una fetta dei suoi clienti costruiva grandi camion per il trasporto di merci, mentre l'altra costruiva piccoli pulmini per il trasporto delle persone, e, in quel periodo, sembrava che quasi ogni settimana un altro grande fornitore del settore automobilistico dichiarasse bancarotta. La Dana era troppo esposta sul mercato e divenne una delle aziende colpite dalla crisi.

Gary era nel Consiglio di Amministrazione quando iniziarono a sviluppare un piano aggressivo per emergere da tutte queste crisi, e fu un buon piano. Stavano assumendo un CEO che potesse condurre l'inversione di rotta, ma questi, all'ultimo momento, cambiò idea. Allora il Consiglio propose a Gary di essere il CEO in carica per un anno, ed egli accettò il compito di rimettere in sesto questa azienda malconcia e abbattuta.

Si trattava di una crisi reale e c'era la possibilità che la Dana avrebbe finito per chiudere. Emergendo dal capitolo 11 della bancarotta, essa era governata da un consiglio di debitori, di banche e da una private equity che la aiutavano rimanere a galla. Entro una certa scadenza, se la Dana non avesse raggiunto determinati obiettivi, tipo un flusso di cassa libero, allora quello stesso Consiglio di Amministrazione avrebbe avuto il diritto di vendere parti dell'azienda e addirittura di chiuderla.

Situazione della Dana

- o   Fondata nel 1904
- o   Sede principale a Maumee, in Ohio
- o   Vendite nel 2009: 5.2 miliardi di dollari
- o   22.000 impiegati
- o   96 stabilimenti in 26 paesi

Era una grande azienda: 5.2 miliardi di dollari nelle vendite, 22.000 impiegati, e 96 stabilimenti in 26 paesi. Questi dati risalivano al 2008, e la Dana doveva sottoporsi ad una trasformazione radicale. John Devine, il Presidente del Consiglio di Amministrazione, che era stato precedentemente CFO in Ford, e poi in General Motors, assunse Gary. Era un pezzo grosso, e sapeva come riorganizzare un'azienda da un punto di vista finanziario, il che era fondamentale. Riorganizzare vuol dire chiudere, vendere e consolidare delle cose, fare pressione su alcuni fornitori e consolidarne degli altri, limitare i piani pensionistici e licenziare il personale. John conosceva bene il lato oscuro di una ristrutturazione, ma era abbastanza lungimirante da rendersi conto che nell'industria automobilistica, e in particolare nel settore degli autobus, gli standard di qualità e le pressioni per l'innovazione tecnologica erano diventati così elevati che non si poteva semplicemente fare dei tagli per raggiungere il successo. C'era comunque bisogno di eccellenza operativa.

Questo era diventato un requisito di base per rimanere sul mercato. Si devono consegnare prodotti veramente buoni e in tempo, si deve disporre di scorte di qualità eccellente che il cliente non ha, e c'è bisogno anche del settore Ricerca e Sviluppo per dare ai clienti nuove tecnologie che essi non riescono ad ottenere dagli altri fornitori. Si divisero il lavoro. Il compito di Gary era focalizzato sull'eccellenza operativa e sulla riduzione dei costi; mentre il compito di John era guidare la svolta finanziaria. Quest'ultimo portò con sé amici della Ford che erano bravi a rivedere i contratti con i sindacati, a consolidare gli stabilimenti, a negoziare gli stipendi e i benefit.

Allo stesso tempo, Gary cominciò ad assumere persone che conosceva dai tempi della Toyota, che avevano esperienza nell'eccellenza operativa. Avendo una formazione di leader della Toyota, gli venne spontaneo andare negli stabilimenti a fare "passeggiate nel *gemba*" e suggerire importanti miglioramenti, oltre che verificare i punti di forza e quelli di debolezza della leadership sul posto.

In breve, ecco il contesto:

Febbraio 2007: la Dana emerge dal Capitolo 11 della bancarotta

Estate 2007: le Vendite statunitensi della Dana scendono quando i prezzi della benzina raddoppiano

Ottobre 2008: Crisi della Lehman Brothers

Aprile 2008: Gary viene eletto CEO

Autunno 2008: la Grande Recessione continua a tenere basse le vendite e le strutture poco utilizzate

Sulla base di questi dati, ci si potrebbe aspettare come risultato: "2009, chiusura dell'azienda". Di fatto, avvenne il contrario.

Ristrutturare un'azienda non è una novità. Esiste un settore sviluppato costituito da private equity e da esperti di ristrutturazione, che compra e ristruttura le società dal punto di vista della gestione finanziaria. In pratica, si riflette sui numeri cercando di capire cosa poter eliminare, facendo un ragionamento del tipo: "Abbiamo questo numero di persone in una specifica categoria lavorativa. Abbiamo fatto uno studio e scoperto che la concorrenza ha il 30% di personale in meno nella stessa categoria. Quindi, dobbiamo eliminare il 30% dei nostri impiegati". Dopo di ciò, ci si aspetta che i leader di quel gruppo trovino il modo di fare il 100% del lavoro, col 70% del personale.

Sorprendentemente, le persone sembrano adattarsi alla situazione, e riescono a realizzare le cose importanti. Potrebbero non avere delle grandi qualità, o dei grandi processi, ma lavorando come matti, risolvendo problemi in continuazione e sotto un'enorme pressione, riescono a raggiungere gli obiettivi pur di non perdere il lavoro.

Uno degli esperti di private equity assegnato alla Dana mi spiegò: "Non puoi ottenere nuovi risultati dallo stesso vecchio management che ti ha messo nei guai". Una delle prime cose che fai è dare una bella scrollata al direttivo: ne licenzi una buona parte e porti dentro un nuovo team che può produrre risultati. Poi, fai una 'ristrutturazione', che è un termine carino per indicare il fatto che vendi e chiudi un sacco di cose, lasci a casa molte persone, ed elimini i piani pensionistici, il che ti permette di realizzare la riduzione dei costi di cui hai bisogno. Fatto questo, ossia decimata l'azienda, e persa la maggior parte della proprietà intellettuale e della manodopera qualificata, la sfida successiva è stabilizzare il business.

In qualche modo, devi far produrre componenti di telai di camion ad un'azienda alquanto instabile e indebolita. Almeno sei sopravvissuto, ma la tua soglia di redditività è più bassa. A questo punto, devi rinnovare l'azienda e, iniziando ad ottenere profitti con una soglia di redditività bassa, comincerai ad assumere nuove persone, preferibilmente più giovani, perché hanno un costo inferiore, ma sanno meno, pur avendo tanta energia. Questo è l'approccio tradizionale alla ristrutturazione, ma viola tutti i principi del Toyota Way per la creazione di un'azienda eccezionale.

Come sviluppi i Lean Leader durante una Crisi?

Come fa la Toyota ad avere una qualità elevata, in maniera costante, e allo stesso tempo realizzare obiettivi sfidanti come quello della riduzione dei costi del 30%? Lo fa attraverso la leadership, e attraverso il modo in cui sviluppa i leader, ossia il modello che abbiamo appreso: Auto-Sviluppo del leader, Fare Coaching e Sviluppare gli Altri, Sviluppare un sistema di Kaizen Quotidiano al livello della base e Uniformare le azioni tra le vision, gli obiettivi, gli indicatori e i piani. Il risultato è che hai un'organizzazione altamente flessibile, con profonde abilità di leadership da parte dei group leader, dei manager, e dei general manager. Ad ogni livello, le persone sviluppano una forte capacità di condurre, insegnare e assumersi la responsabilità dei propri progetti di miglioramento.

Tutto ciò è davvero bello, ma la risposta alla tipica domanda di quanto tempo ci vuole per arrivarci è dai sette ai dieci anni. Inoltre, dopo tutti questi anni, si può dire che sei ancora ad un livello elementare sebbene tu sia costante nel realizzare ogni cosa. Considerato che in questo arco di tempo un'azienda in crisi avrebbe già chiuso, quello che devi fare, durante una crisi, è seguire entrambe le strade allo stesso tempo. In Dana, John Devine conduceva il processo tradizionale di ristrutturazione e Gary quello di eccellenza operativa, tramite la quale puoi ottenere anche dei risparmi. Ad esempio, se il problema principale è che la struttura dei costi è troppo alta, puoi scomporre il problema proprio come è stato fatto con la riduzione dei costi di garanzia, e cominciare a filtrare i problemi così da arrivare a due cose essenziali che davvero hanno importanza: una è la riduzione dei costi, l'altra è la riduzione delle scorte. Nel caso in questione, infatti, le scorte sono denaro, sono flusso monetario, e tu hai bisogno di contanti perché hai dei prestiti ad alto tasso di interesse che devi ripagare. Ogni dollaro risparmiato serve per ripagare prestiti a tasso usuraio.

In un certo senso, la Dana stava seguendo due strade che si completavano a vicenda: lo sviluppo della leadership al modo del Toyota Way e la ristrutturazione. C'erano leader testardi con grandi fogli di calcolo che prendevano decisioni su cosa comprare e quali edifici consolidare. Ad esempio, la Dana aveva il reparto Ricerca e Sviluppo (R&D) in un edificio e la sede aziendale in un altro, per cui spostarono il R&D nella sede aziendale centrale, risparmiando così i soldi di un edificio.

D'altro canto, se ti interessa l'eccellenza operativa nel lungo periodo, devi sviluppare i leader, e il primo passo è identificare i leader del futuro. Chi sarà capace di svolgere le funzioni appropriate nell'ambiente futuro della Dana, basato sul Miglioramento Continuo? Devi equipaggiare quei leader con formazione, coaching e strumenti. Non è una cosa facile: identificare i leader del futuro significa scartarne degli altri, che verranno spostati in altri ruoli, verranno declassati, e finiranno per essere licenziati oppure se ne andranno spontaneamente. Questo è il lato meno bello della faccenda. È necessario raccogliere il meglio, fare una selezione di tanto in tanto e liberarsi di quelli che, per determinati motivi, non hanno le capacità di leadership necessarie a guidare miglioramenti fondamentali. In un momento di crisi, si va incontro a sofferenza inevitabile.

Quindi, devi arrivare al punto di costruire l'eccellenza operativa attraverso il kaizen quotidiano e continuare a sviluppare i leader. Non bisogna più, infatti, prendere un'organizzazione a pezzi e decimata e cercare di sistemarla, ma bisogna, invece, far ricrescere l'azienda con una nuova e più forte leadership, capace di condurre il Miglioramento Continuo.

L'ideale, quindi, è avere due sentieri paralleli fino al punto in cui sei sicuro che l'azienda vivrà e non morirà, e poi proseguire con la costruzione dell'eccellenza operativa. Il periodo di ristrutturazione, licenziamenti e obiettivi rigorosi è come un campo di addestramento militare. È in questa fase che i leader sviluppano delle capacità ad un tasso così rapido che non avrebbero mai creduto possibile, e ne escono trasformati, anche come persone. Inoltre, devi fare in modo che l'organizzazione lavori all'unisono per sopravvivere, per cui avrai un livello di lavoro di gruppo che non avresti in condizioni normali. Di fatto, ne emergi più forte e non più debole. Alan Mulally portò avanti un processo del genere in maniera esemplare quando aiutò la Ford ad uscire dalla bancarotta quasi certa, durante la Grande Recessione.

Azioni del Primo Anno intraprese dalla Dana: Focus sullo Sviluppo della Leadership

L'esperienza decennale di Gary alla Toyota lo spinse a creare un team di leadership di eccellenza operativa con un Vice Presidente Globale dell'Eccellenza Operativa: c'era una struttura gerarchica precisa, e le persone a livello regionale e a livello di stabilimento riportavano a lui. Il numero di group president fu ridotto da circa mezza dozzina a soltanto due persone, ognuna delle quali era responsabile di un settore degli affari: camion o furgoni. Lo scopo era avere una sola Dana, con un unico centro di interesse che conduceva verso il CEO. Il Dana Operating System (DOS) fu strutturato esattamente sul Toyota Production System (TPS).

C'era anche bisogno di KPI standard su base globale. Gary era abituato ad averli in Toyota, ed era abituato a ricevere report standard per poter verificare velocemente lo stato del business a qualsiasi livello: quello del Nord America, quello di uno Stabilimento e perfino quello di un settore. In Dana, non riusciva a fare questa cosa, e gli sembrava di brancolare nel buio, ragion per cui creò un sistema che gli permettesse di visualizzare le aree problematiche.

Dopo di ciò, Gary decise, così come avrebbe fatto qualunque altro leader della Toyota, che le sue risorse del Miglioramento Continuo dovessero essere interne, dedicate alla realizzazione dell'obiettivo ed effettivamente appartenenti alla Dana, piuttosto che essere dei consulenti esterni. Per fare ciò, chiamò a sé delle persone di sua conoscenza, fece loro un contratto di 10 mesi come consulenti esterni così che facessero un periodo di prova prima di essere assunti all'interno dell'azienda. Molti di essi divennero direttori regionali del Miglioramento Continuo, e il loro lavoro consisteva nell'aumentare la capacità manageriale della leadership nello stabilimento, realizzando dei progetti. Portarono a termine attività kaizen particolarmente aggressive della durata di varie settimane in aree 'collo di bottiglia', ristrutturandole completamente. I leader dello stabilimento, compresi i manager, dovettero condurre personalmente quelle attività.

Inoltre, invitarono manager di altri stabilimenti a partecipare a tali attività. Una delle politiche che utilizzavano era che, quando c'era da fare un kaizen grande e radicale, assegnavano differenti aree di miglioramento a vari manager di diversi stabilimenti che non potevano lasciare lo stabilimento finché non avessero raggiunto il 100% degli obiettivi stabiliti all'inizio. Alcuni si trattenevano per una settimana, altri per quattro settimane: era necessario instillare la disciplina che l'unica misura del successo è il raggiungimento del target al 100%. Si trattò di un campo di addestramento davvero intenso, in cui i partecipanti vennero guidati da persone con grande esperienza che facevano loro del coaching.

Nella figura 7.8 sono riassunte le azioni di eccellenza operativa intraprese negli stabilimenti della Dana, condotte dal CEO e dallo staff. Queste posero le basi per un ulteriore sviluppo del Dana Operating System.

Prospetto della Dana

Azioni Intraprese: Focalizzazione sullo Sviluppo della Leadership

▸ Formata la Leadership dell'Eccellenza Operativa a livello presidenziale, che riporta al CEO, con focus sullo stabilimento al 100%:

— Creato il Dana Operating System (DOS) modellato sul Toyota Production System

— Stabiliti i 12 KPI standard globali in sei categorie

— Formati i consulenti Lean fondamentali interni alla Dana

— Migliorata la capacità manageriale dello stabilimento, i metodi e gli strumenti.

Leadership del DOS

| Fornire Formazione alla Lean e Supporto Amministrativo | Creare un Gruppo di Consulenza Interna sulla Lean |

Figura 7.8 Azioni del Primo Anno mirate all'Eccellenza Operativa della Dana

Processo a Sette-Step per Lanciare il Dana Operating System

Il Dana Operating System è come l'intero Toyota Production System, ma per farlo partire bisognava scomporre il problema in step più gestibili (così come si farebbe con le Toyota Business Practices). Il focus iniziale fu posto nell'ottenere la trasparenza su come lo stabilimento e ogni suo dipartimento stavano operando. Qui entrarono in gioco i KPI, per cui fu stabilita, all'interno di ciascuno stabilimento, un'area fisica precisa detta area "Diamante", dove si trovavano tutti gli indicatori di stabilimento e dove i manager si riunivano quotidianamente.

Venne sviluppato un sistema informatico di gestione di tutti gli indicatori (KPI) di stabilimento. In tal modo, gli indicatori potevano sia essere condotti verso il livello del CEO che essere scomposti nei livelli inferiori. A livello regionale, venivano istituiti meeting dal vivo per discutere le prestazioni, mentre a livello globale la maggior parte della comunicazione avveniva in maniera virtuale, mediante conference call. Ad esempio, l'esperto assegnato dalla private equity per contribuire alla ristrutturazione, aveva esperienza con la Danaher che applica il Danaher Business System, un programma aziendale Lean molto ampio e forte. Essi sono molto aggressivi riguardo all'ottenimento dei risultati, per cui questa persona aveva imparato bene tale aggressività. Ogni giovedì, a volte anche fino al venerdì, il suo compito era quello di incontrare uno ad uno gli oltre 90 manager di stabilimento, per capire cosa avessero fatto la settimana precedente, su quali problemi stessero lavorando, quali risultati avessero ottenuto e per metterli in discussione. "Quale problema si è verificato quando questa macchina ha subito un guasto e abbiamo perso mezza giornata di produzione? Cosa è successo?".

Se gli rispondevano: "un vecchio robot si è rotto", lui avrebbe replicato: "Perché si è rotto?".

Ponendo le domande, l'ex coach della Danaher insegnava il processo del problem solving. Dire che il robot si è rotto non è accettabile. I robot non dovrebbero rompersi, perché dovrebbero essere soggetti a manutenzione, quindi ci dovrebbe essere un programma di manutenzione preventiva. Egli stava facendo coaching ai manager degli stabilimenti per farli diventare dei Lean Leader e li conduceva attraverso il processo di sviluppo tramite le call settimanali.

I manager degli stabilimenti avrebbero anche potuto recarsi dal champion regionale del Miglioramento Continuo e dire: "Abbiamo un problema con la manutenzione. L'accordo era quello di sviluppare un programma di manutenzione totale produttiva, ma non sappiamo come farlo per cui abbiamo bisogno del tuo aiuto". Questo processo andava avanti di settimana in settimana e non di trimestre in trimestre. Ci fu anche una formazione standard al problem solving, al miglioramento del processo, al kaizen e agli strumenti di base della Lean. L'abilità effettiva di cui c'era bisogno era il problem solving fatto in maniera strutturata e disciplinata. In aggiunta, c'era bisogno di rendere sostenibile il programma attraverso il visual management e i visual pull system.

Prima Fase: Lancio del Dana Operating System

1. Trasparenza Visiva (KPI, Area 'Diamante')
2. Comunicazione globale
3. Studiare i flussi di valore e le opportunità di miglioramento
4. Stabilizzare le celle (flusso, visual management, monitoraggio ora per ora)
5. Team leader: eliminare gli sprechi, imparare facendo
6. Formazione al problem solving, miglioramento dei processi e Kaizen
7. Rendere sostenibili i miglioramenti (visual management, pull system)

Standard di Visualizzazione e Gestione dei Meeting

Da dove si può cominciare? Secondo Gary, era ovvio che si dovesse partire dallo sviluppo dei leader. Su quali leader si focalizzò? Su quelli più in alto, che è quello che fa la Toyota. In Toyota, partono dall'alto, e i leader in alto hanno poi la responsabilità di diventare i coach di coloro che sono più in basso. Per questo, Gary iniziò ad insegnare al livello dei dirigenti e a quello dei manager di stabilimento, che poi a cascata cominciarono a fare coaching alle persone in azienda. Ci furono, di fatto, molte iniziative per sviluppare il personale in produzione.

Attraverso delle attività kaizen di miglioramento della produttività recuperarono disponibilità di persone. Ad esempio, alla fine di un kaizen, delle 10 persone di partenza potevano risultarne necessarie solo tre, più una che andava formata come team leader. La politica generale era che gli impiegati non dovessero perdere il lavoro a causa del

Dana Operating System. Tutti quelli che risultavano in sovrannumero venivano impiegati su di una nuova posizione, a volte in un team di kaizen, finché il settore finanze non indicava la necessità di licenziarle. Questa era la realtà dei fatti: si cercava di tenere separata la necessità dell'azienda di sopravvivere dagli sforzi di kaizen che venivano effettuati. Quelli che perdevano il proprio posto in seguito ad un kaizen non erano necessariamente coloro che sarebbero stati licenziati in seguito. Ad esempio, se veniva loro assegnato il ruolo di team leader, o se venivano posti alla guida di un kaizen, probabilmente sarebbero rimasti perché era stato dato loro un grande valore all'interno dell'azienda.

Si può capire quanto fosse difficile convincere le persone che i licenziamenti e la Lean erano due cose separate, per cui alcune persone pensavano di perdere il lavoro a causa della Lean e non a causa del Dana Operating System. Altri, invece, compresero la realtà della crisi aziendale e apprezzarono il fatto che, quando l'attività kaizen eliminava sette operazioni entro la fine della settimana, quelle stesse sette persone avevano ancora un lavoro il lunedì seguente.

Il primo passo di tutto il processo fu, ancora una volta, quello di ottenere una visibilità basata sui KPI: la leadership, a partire dal CEO, doveva comunicare la performance relativa agli obiettivi a tutti i livelli, fino a quello del work group. Gary non voleva semplicemente imporre i KPI che utilizzava alla Toyota, ma voleva che essi fossero condivisi da tutti e adeguati a questa specifica azienda. Per questo motivo, egli riunì tutti i dirigenti regionali e lanciò loro la sfida: "Dobbiamo accordarci sui principali KPI, sulla base dei quali tutti voi sarete giudicati, e che saranno quelli che io osserverò e quelli che voi guarderete ogni giorno".

Ne vennero fuori le seguenti categorie: sicurezza, qualità, efficienza, produttività, costo e giacenze. Poi vennero definiti degli indicatori specifici e venne scelto uno stabilimento in ciascuna regione che facesse da pilota nella sperimentazione dei KPI. Sulla base di quanto appreso dagli esperimenti pilota fecero degli aggiustamenti (PDCA). Alla fine si decisero e annunciarono: "Questi sono gli indicatori comuni ad ogni stabilimento della Dana nel mondo". La fase pilota e di valutazione durò parecchi mesi e la sua durata può essere paragonata a quella dello spettacolo televisivo "24", in cui, nell'arco di 24 ore ininterrotte, in cui ogni minuto è importante, si salva il mondo. In pratica, il processo condotto alla Dana avvenne con una rapidità eccezionale.

Prime Iniziative
KPI Standard della Dana

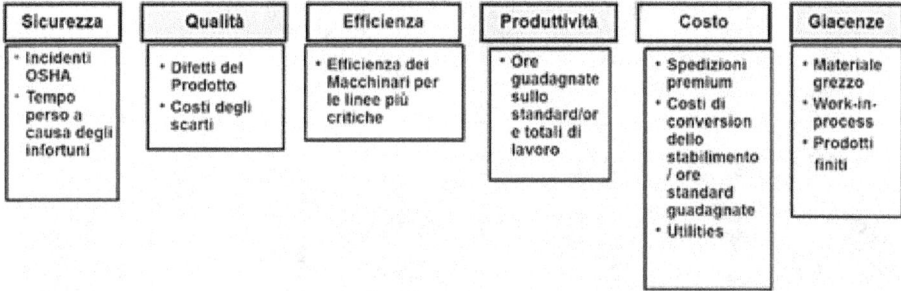

Sicurezza	Qualità	Efficienza	Produttività	Costo	Giacenze
• Incidenti OSHA • Tempo perso a causa degli infortuni	• Difetti del Prodotto • Costi degli scarti	• Efficienza dei Macchinari per le linee più critiche	• Ore guadagnate sullo standard/or e totali di lavoro	• Spedizioni premium • Costi di conversion dello stabilimento / ore standard guadagnate • Utilities	• Materiale grezzo • Work-in-process • Prodotti finiti

Figura 7.9 KPI Globali della Dana

La figura 7.9 illustra le metriche ed evidenzia gli indicatori chiave che avrebbero aiutato a salvare l'azienda. C'era bisogno di sicurezza e qualità e si apportarono miglioramenti significativi in questi due ambiti. Ad esempio, i costi degli scarti erano molto elevati in parecchi stabilimenti, ed essi erano un punto chiave della riduzione dei costi, anche se cadono sotto il parametro della qualità. L'efficienza dei macchinari, per far sì che essi siano costantemente funzionanti, era necessaria per la produttività. C'erano molte relazioni tra gli indicatori, ma l'interesse principale era sul costo, misurato come costo di trasformazione dello stabilimento. Questo non include il costo della materia prima e di qualsiasi altra cosa che entra in stabilimento, ma si focalizza sui costi controllati di responsabilità del manager dello stabilimento. Tutti i costi, ivi inclusi l'energia, le pulizie, i costi di produzione, i costi dei difetti, fanno parte dei costi di trasformazione dello stabilimento e potrebbero essere soggetti a kaizen.

I costi di trasformazione totali dello stabilimento vennero poi divisi per le ore di lavoro standard: un modo di standardizzarli in base al volume. Così, ad esempio, gli stabilimenti che hanno un dato volume prodotto, non verrebbero confrontati, sulla base dei costi, con uno stabilimento che produce circa la metà, senza fare degli aggiustamenti. La standardizzazione, quindi, venne fatta in base a quello che si dovrebbe produrre, ossia un certo numero di prodotti, che dovrebbero costare una somma specifica, basata sugli standard. Il focus maggiore fu posto sui Costi di Trasformazione, seguiti poi dalle Giacenze. Ogni dollaro in giacenza è un dollaro che potrebbe essere utilizzato per ripagare il prestito. In un certo senso, questo fu una specie di MBO e i target per il costo e la giacenza furono stabiliti al livello di Gary. Nel frattempo, mentre si lavorava per raggiungerli, i leader venivano sviluppati per comprendere la Lean e il processo del problem solving.

I KPI quotidiani sono monitorati in ogni stabilimento

I Risultati esposti nell'area comune:

➔ Rendono pubblica la sfida

➔ Incoraggiano l'impegno e la responsabilità

Figura 7.10 Area 'Diamante' della Dana.

Nella figura 7.10 è mostrata una fotografia di una delle aree 'diamante' della Dana: si vedono i tabelloni e il modo in cui si tiene traccia dei KPI, e il tutto è visualizzato molto bene. Se fosse possibile ingrandire l'immagine, potresti vedere bene i gap tra il target e la situazione attuale mostrati quotidianamente. In un grande reparto, potresti averli addirittura per ogni turno. Se invece andassi in giro per un singolo reparto, potresti vedere tali gap, relativi alla produzione, ora per ora.

In Dana, la performance divenne trasparente, per cui tutti nello stabilimento potevano vederla. Nella foto si può notare che non ci sono sedie, perché si suppone che tutti stiano in piedi a muoversi lungo la parete. Ogni persona è responsabile di qualcosa e deve renderne conto agli altri: "Ecco cosa è successo oggi, i problemi che abbiamo avuto, le contromisure prese, ed ecco quello a cui lavoreremo domani".

I dati erano inseriti in un sistema in rete, ragion per cui Gary poteva utilizzare il suo computer per vedere come l'intera azienda stava procedendo, e scendere in profondità fino ad arrivare al livello dello stabilimento e addirittura a quello del reparto. In ogni caso, il solo fatto di avere delle metriche non dà alcuna garanzia, al contrario l'unica garanzia è che ci sia una bella esposizione da mostrare a coloro che visitano lo stabilimento. La cosa importante sono le azioni che scaturiscono dall'analisi dei dati: c'è bisogno di un processo che ti permetta di controllare le metriche, trovare i gap critici, dare le priorità, identificare delle contromisure e metterle in atto, e verificare infine cosa succede.

A livello di direzione, ogni mese rivedevano le performance di tutti gli stabilimenti (v. fig. 7.11). A livello regionale, questa cosa veniva portata avanti ogni settimana da un Vice-Presidente di Gruppo e da un Direttore delle Operations. Questi ultimi non si limitavano alla visione dei dati, ma visitavano regolarmente gli stabilimenti della regione. A livello di stabilimento, il direttore andava in giro per la fabbrica ogni giorno. Abbiamo già parlato dello standard work del manager, che consiste nell'andare in giro a controllare il processo e a scavare in profondità lì dove si registrano dei problemi. I KPI forniscono un segnale visivo che indica l'area in cui c'è maggior bisogno di attenzione. Cosa è successo oggi? Qual è la root cause? Cosa intendiamo fare? È in corso un buon processo di risoluzione del problema? Chi deve essere formato meglio perché non riesce a raggiungere i risultati? Infine, ad ogni turno, il responsabile di area incontrava i propri report diretti e il team leader che per la Dana costituiva un nuovo ruolo.

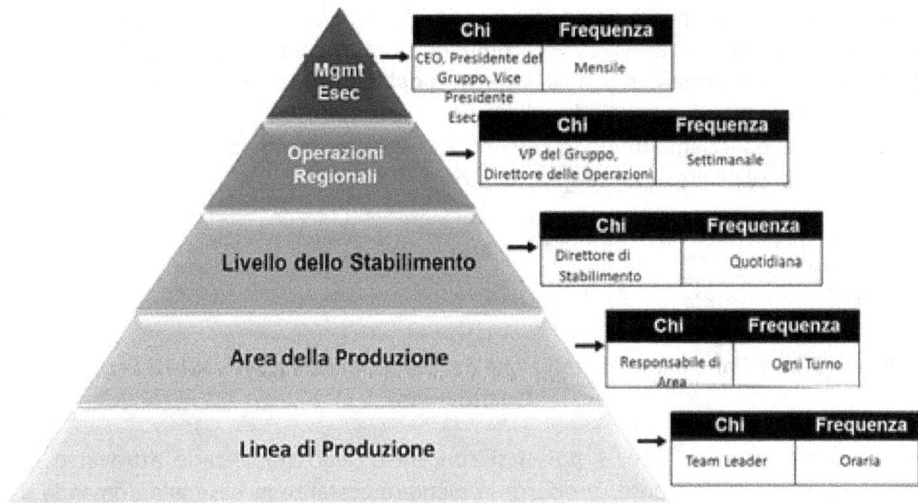

Figura 7.11 Responsabilità e Frequenza dei Meeting Standard

In ciascun reparto, vennero impiegati tabelloni che tenevano traccia dei progressi ora per ora. Con questo sistema, ogni ora viene mostrato quanto dovrebbe essere stato prodotto confrontato col numero di pezzi buoni effettivamente realizzati. Un gap qualsiasi diventa un efficace strumento di controllo, perché, se puoi vedere il gap tra i pezzi buoni prodotti e quelli previsti, allora puoi risolvere i problemi ora per ora. Quei problemi andranno a toccare ogni ambito come la qualità, il tempo di fermo macchina, la scarsa formazione di qualcuno che non riesce a raggiungere il target. I problemi possono riguardare la qualità, la produttività e la sicurezza e tutti questi elementi saranno visibili nella tua abilità di produrre i pezzi buoni previsti, ora per ora. Il fatto che tu tenda all'obiettivo di produrre ogni ora esattamente quanto è stato stabilito, ti spinge verso la perfezione.

Dal Secondo al Quinto Anno: Piano d'Implementazione del Dana Operating System

Il primo anno fu essenzialmente gestito dall'alto verso il basso, senza molto dialogo tra i vari livelli di management. Gary dava semplicemente ordini: "Ecco cosa dovete fare in tutte queste aree". Gli esperti che Gary aveva assunto venivano ad aiutare, ma i manager degli stabilimenti erano i responsabili del processo e dovevano rendere conto dei risultati.

Si guardò anche al futuro, ai cinque anni successivi, e si sviluppò e implementò un piano d'azione del Dana Operating System. Il primo anno fu focalizzato essenzialmente sullo stabilizzare il processo e cominciare a generare risparmi. Inizialmente si svilupparono i KPI e molto problem solving con una visione a breve termine, sebbene venissero già poste le fondamenta future dello sviluppo della leadership nello stile dei campi di addestramento militari. Col progredire del piano quinquennale (v. fig. 7.12), e con l'alleggerirsi della pressione sui risultati a breve termine che potessero salvare l'azienda, il focus si spostò verso lo sviluppo di un vero sistema operativo nel lungo termine, sebbene ci si aspettassero comunque determinati risultati nel business. Le persone vennero formate in tutti gli strumenti del Dana Operating System sviluppando moduli di formazione e innumerevoli standard, e si diffuse il motto: "sviluppiamo un flusso di base e facciamo in modo che i pezzi si spostino nel modo previsto, con meno interruzioni possibili dovute agli sprechi".

| KPI, Problem Solving | Moduli e Standard di Formazione al DOS | Implementare il Flusso | Stabilizzare la Cella | Migliorare il Processo (JIT e Jidoka) | Sviluppare le Best Practice | Stabilire il Pull System |

Figura 7.12 Il Piano d'Implementazione del Dana Operating System (dal Secondo al Quinto Anno)

Vennero create delle celle, e poi ci si concentrò sullo stabilizzarle attraverso uno standard work, così da poter produrre in maniera costante in base alla domanda del cliente (takt). Poi tutti furono pronti a tendere al Just-in-Time, al pull system, alla consegna di pezzi su base più frequente, per giungere, alla fine, al pull system nella sua interezza. Ovviamente, questo fu un piano d'azione teorico e, come tale, presenta sempre delle varianti. Infatti, alcuni stabilimenti attuarono il pull system nel secondo anno, in alcuni casi anche nel primo, per cui non tutti seguirono necessariamente il percorso previsto.

All'interno di una cella ormai stabilizzata, i miglioramenti vengono scomposti con un dettaglio maggiore. La figura 7.13 mostra 11 step: si utilizza una mappatura del flusso di valore, si sviluppa un lavoro standardizzato, ci si concentra sui dettagli di come i pezzi vengono presentati agli operatori e sulle 5S. In Dana, vennero anche sviluppati audit quotidiani per rendere il processo sostenibile. Inoltre, ciascuno step contiene molti altri dettagli.

2°-5° Anno: Dana Operating System
Piano d'Implementazione

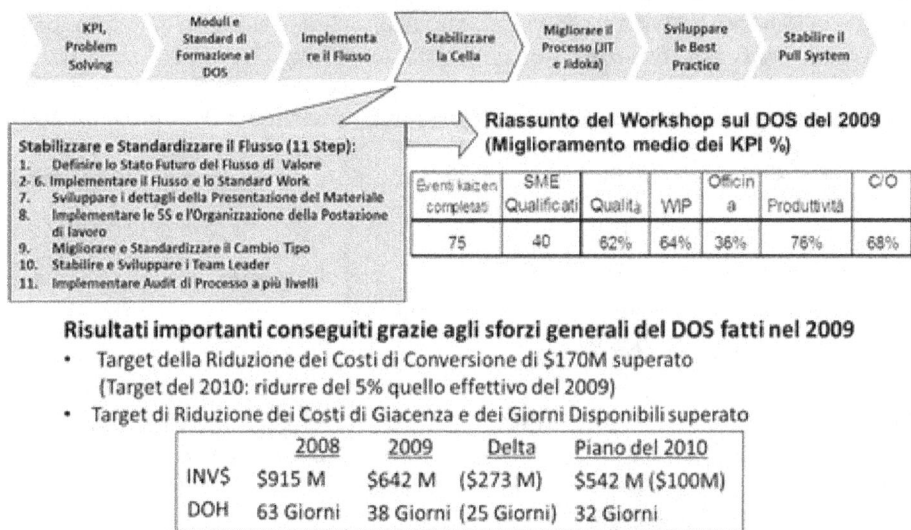

KPI, Problem Solving → Moduli e Standard di Formazione al DOS → Implementare il Flusso → Stabilizzare la Cella → Migliorare il Processo (JIT e Jidoka) → Sviluppare le Best Practice → Stabilire il Pull System

Stabilizzare e Standardizzare il Flusso (11 Step):
1. Definire lo Stato Futuro del Flusso di Valore
2-6. Implementare il Flusso e lo Standard Work
7. Sviluppare i dettagli della Presentazione del Materiale
8. Implementare le 5S e l'Organizzazione della Postazione di lavoro
9. Migliorare e Standardizzare il Cambio Tipo
10. Stabilire e Sviluppare i Team Leader
11. Implementare Audit di Processo a più livelli

Riassunto del Workshop sul DOS del 2009 (Miglioramento medio dei KPI %)

Eventi kaizen completati	SME Qualificati	Qualità	WIP	Officina	Produttività	C/O
75	40	62%	64%	36%	76%	68%

Risultati importanti conseguiti grazie agli sforzi generali del DOS fatti nel 2009
- Target della Riduzione dei Costi di Conversione di $170M superato
  (Target del 2010: ridurre del 5% quello effettivo del 2009)
- Target di Riduzione dei Costi di Giacenza e dei Giorni Disponibili superato

	2008	2009	Delta	Piano del 2010
INV$	$915 M	$642 M	($273 M)	$542 M ($100M)
DOH	63 Giorni	38 Giorni	(25 Giorni)	32 Giorni

Figura 7.13 Alcuni Risultati dell'Implementazione del Dana Operating System.

I risultati delle fasi iniziali furono molto buoni. Nel 2008, ad esempio, prima che iniziassero gli sforzi condotti dalla Lean, avevano una giacenza pari a 63 giorni. Entro il 2009, tagliarono circa il 40% delle giacenze, per cui ottennero 25 giorni disponibili in meno, il che vuol dire recuperare 273 milioni di dollari da poter portare in banca per restituire il prestito avuto ad alto tasso di interesse. Infine, entro il 2010 riuscirono a risparmiare altri 100 milioni di dollari.

I workshop kaizen particolarmente aggressivi di cui ho parlato in precedenza erano un modo per ottenere delle vittorie rapide e per formare velocemente il management dello stabilimento. Essi erano condotti con l'aiuto e il supporto dei coach. Vennero fatti molti eventi kaizen nel 2009: 75 in un solo anno. Fu anche chiesto ai manager degli stabilimenti di rendere disponibili alcuni impiegati per formarli a divenire esperti in ogni singolo modulo di DOS. Per ciascuno stabilimento, infatti, doveva esserci un esperto del lavoro standardizzato, un esperto di pull system, un esperto di mappatura del flusso di valore. Bisognava sviluppare queste figure dallo staff già presente nello stabilimento, e Gary ricorda molti manager lamentarsi di avere lo staff oberato da così tanto lavoro da non poter rendere disponibile nessuno. In ogni caso, alla fine, essi riuscirono a farlo e, mentre il processo diventava più stabile e prevedibile, il continuo risolvere i problemi si trasformò in pianificazione e si riuscì ad assegnare le funzioni allo staff con più tranquillità.

Insieme alla riduzione dei costi, ci si focalizzò sulla qualità, che fu migliorata del 62%, in un anno. Venne liberato anche un terzo dello spazio della fabbrica occupato dall'officina. La produttività migliorò del 76%. Fu ridotto il tempo di cambio attrezzature in macchina, così da poter produrre dei lotti più piccoli e ridurre, di conseguenza, anche le giacenze. Questi numeri riflettono il cambiamento radicale che avvenne in Dana, ed essi non furono il risultato di programmi suggeriti dal basso, bensì di una leadership aggressiva che conduceva lo sforzo dall'alto.

Risultati importanti conseguiti grazie agli sforzi generali del DOS fatti nel 2009

→ Superato l'obiettivo di Ridurre il Costo di Trasformazione di 170 Milioni di Dollari (Obiettivo del 2010: ridurre del 5% quello effettivo del 2009)

→ Superati gli obiettivi di Riduzione dei costi di Giacenze

Strumenti per Pianificare e Supportare il Kaizen in Dana

Un semplice report in A3 divenne lo strumento chiave per poter supportare lo slancio generale. Esso fu utilizzato a molti livelli, sia nella Produzione che nella Ricerca e Sviluppo. Nella figura 7.14, mostriamo un documento che inizialmente era un documento di pianificazione per un team che stava svolgendo un kaizen, e in seguito, man mano che venivano inseriti i risultati, divenne un problem solving in A3 di livello elevato.

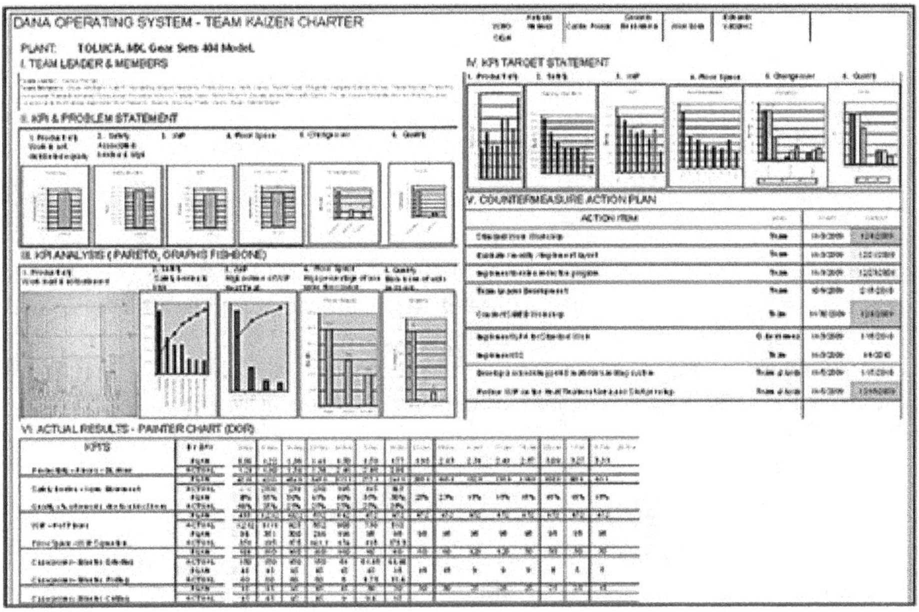

Figura 7.14 Proposta in A3 per Pianificare le Attività del Dana Operating System e Risultati Attesi

La proposta in A3 venne anche utilizzata a livello di stabilimento come una parte della versione iniziale dell'Hoshin Kanri dell'azienda. Ad esempio, quando Gary doveva incontrarsi con ciascun manager di stabilimento voleva vedere i loro A3: diceva loro, ad esempio, che entro una certa data si aspettava una riduzione del 5% dei costi di trasformazione di stabilimento. Inoltre, egli non chiedeva il loro parere, ma comunicava le proprie aspettative e si aspettava l'elaborazione di un piano e lo sviluppo di un A3. Infine, evidenziava i gap che vedeva nel piano stesso.

Tutto ciò poteva avvenire anche a distanza. Ad esempio, Gary poteva essere nella sede centrale, in Ohio, e i manager trovarsi in Cina: l'A3 veniva inviato via email e Gary ne discuteva con i manager per telefono. Egli elencava dettagliatamente tutti i problemi che vedeva nel piano. Nella maggior parte dei casi conosceva anche gli stabilimenti perché li aveva precedentemente visitati, e subito il suo assistente, che registrava tutto, mandava una email riassuntiva delle osservazioni di Gary e degli accordi presi. Poi, il manager dello stabilimento aveva il compito di sistemare l'A3, e migliorare il progetto finché questo non risultasse buono dal punto di vista di Gary e dei leader dell'Eccellenza Operativa. Questo era un altro modo di insegnare l'importanza di cosa significhi avere un buon piano, che è uno dei punti cruciali del PDCA.

Anche la Value Stram Map fu uno strumento potente, in particolare per la riduzione delle giacenze, in quanto, rappresentando il flusso del materiale, lo spreco diventa visibile. Una mappa della situazione futura è un altro tipo di documento di pianificazione. In Dana, la fecero a mano, con delle sagome che potevano spostare da un posto all'altro e ciò è molto importante, perché spesso le persone vorrebbero farla al computer: c'è una grande differenza tra lo stare in piedi tutti intorno allo stesso computer, a guardare qualcuno che armeggia con il mouse e le caselle, e scrivere qualcosa su un post-it e metterlo su di un tabellone. In seguito, potrai anche inserire i grafici risultanti in un computer e far circolare il file per una maggiore efficacia comunicativa, ma il processo di sviluppo delle mappe dovrebbe essere molto attivo, pratico e coinvolgente.

Per essere efficaci, si dovettero fare molti audit e fu fatto coaching ai leader che non raggiungevano i risultati. Qualche volta, fu necessario sostituire i manager dell'Eccellenza Operativa che erano stati selezionati: sarebbero stati molto bravi in uno stabilimento di fornitori della Toyota, dove già era attivo il TPS, ma non riuscivano a svolgere un buon lavoro nella fase di ristrutturazione della Dana. In tali casi, è richiesto molto impegno verso il personale ed i processi per mantenere attivo lo slancio verso il miglioramento.

I Risultati della Dana in tre anni di trasformazioni radicali

Il 2009 fu un anno eccezionale. Con l'aiuto di John Devine, presidente del consiglio di amministrazione, e le sue strategie di riduzione dei costi, nonostante una riduzione del volume del 35%, si riuscì addirittura a fare breccia sul rendiconto dei profitti e delle perdite. Vennero anche raccolti 250 milioni di dollari in nuovo capitale, riducendo le giacenze, e il debito fu ridotto di 250 milioni di dollari. Liquidarono anche gli accordi sul debito, ossia gli accordi legali formali stipulati tra i proprietari dell'azienda, le banche e i proprietari delle private equity. Questi accordi, ad esempio, recitano: "Porteremo il debito a una data percentuale dei nostri guadagni totali dell'anno, e se non lo facciamo avete il diritto di farci chiudere". Riuscirono a raggiungere questi obiettivi davvero aggressivi e finirono per ridurre la giacenza di più di 35 giorni.

Entro il 2010, la Dana percorreva la strada della buona salute finanziaria. Erano stati aggiunti molti nuovi prodotti, a testimonianza del fatto che uno sforzo simile a quello delle finanze era stato fatto anche nello Sviluppo del Prodotto. Si procedeva, anzi, ad un passo record nell'inserire nuovi prodotti all'interno della produzione. Erano anche stati sviluppati nuovi clienti. Una cosa che Gary poteva fare, grazie alla sua esperienza in Toyota, era stabilire dei contatti con le aziende giapponesi come la Toyota, la Nissan e la Honda. La Dana cominciò ad avere un nuovo giro di affari che prima non aveva perché, ad esempio, quando le persone degli acquisti della Toyota venivano negli stabilimenti, rimanevano positivamente colpiti dai notevoli progressi fatti in tempi ridotti. Si fecero anche investimenti di capitale in nuove linee di prodotto e nuovi macchinari. La ristrutturazione fatta in così breve tempo fu sorprendente, e avvenne contemporaneamente allo sviluppo di Lean Leader, senza ricorrere ad una estrema riduzione delle risorse umane.

Un grande 2009:

- o   Azioni per fronteggiare la riduzione annuale dei volumi del 35%
- o   250 milioni di dollari raccolti in nuovo capitale
- o   Debito ridotto di 250 milioni di dollari
- o   Adempimento degli accordi sul debito
- o   Giacenze ridotte di più di 35 giorni

La misura più visibile del successo fu un aumento nel prezzo delle azioni del 1365%! Nel 2009, la Dana fu dichiarata il fornitore globale con il più alto rendimento totale ai suoi azionisti. Non voglio dire che tutto ciò sia avvenuto grazie alla Lean, in quanto la maggioranza dei risparmi sui costi derivò da una strategia tradizionale di riduzione dei costi, di consolidamento, di chiusura di stabilimenti, di licenziamenti massivi ecc. I contributi dell'Eccellenza Operativa permisero sia di risparmiare notevolmente che di rendere disponibile del denaro in contanti. Inoltre, mentre si raggiungevano questi incredibili risultati di riduzione dei costi, si costruiva capacità invece di ridurla; si costruiva capacità di sviluppo del prodotto e capacità di pianificazione strategica che prima non c'erano. In aggiunta a ciò, si faceva un marketing molto più efficace nei confronti dei clienti e si costruivano prodotti qualitativamente migliori con molte meno persone e con costi molto più bassi. Tutto si rafforzava e migliorava senza distruggere né capacità intellettuale né beni materiali.

Entro il 2010, la Dana era diventata solida dal punto di vista finanziario e stava crescendo, con nuovi prodotti, nuovi clienti, e investimento di capitale!

Con la Giusta Filosofia, tutto Converge

Riassumendo, quando vai al di là degli strumenti della Lean e sviluppi davvero dei leader, allora costruisci delle fondamenta incredibili, solide come la roccia. Le organizzazioni sono dinamiche, non statiche. Non metti in atto un pull system aspettandoti che continui a funzionare con una prestazione elevata, bensì ti aspetti che esso si deteriori a meno che non venga continuamente modificato e supportato. Quest'ultimo compito spetta ai leader, che devono portarlo avanti senza sosta.

Ti serve, per questo, una strategia a lungo termine rappresentata nella tua vision e tradotta in un business plan. L'*Hoshin Kanri* fornisce il ciclo annuale di miglioramento in cui tutti i leader hanno obiettivi misurabili e uniformati a livello orizzontale e a livello verticale. Il successo dell'*Hoshin Kanri* dipende da leader altamente sviluppati che imparano come condurre un miglioramento. Una strategia a lungo termine è bella, ma è utile solo se viene implementata, per questo devi scomporla in azioni specifiche che le persone giuste si assumeranno la responsabilità di implementare. Ci vuole iniziativa individuale a tutti i livelli, ma l'iniziativa individuale sarà guidata dalla leadership.

È necessario sviluppare le persone, e di questo sono responsabili i leader stessi, non le risorse umane, il settore del Miglioramento Continuo oppure il settore qualità. Tutti questi dipartimenti possono avere un ruolo di supporto, ma, in fin dei conti, se io riporto al mio capo quotidianamente, allora è lui che dovrebbe conoscere meglio di tutti le mie prestazioni. Se il mio capo utilizza il metodo del terrore ("fammi quadrare i numeri altrimenti..."), io farò qualsiasi cosa per far tornare i conti, ma sarò capace di sviluppare qualsiasi altra abilità oltre a quella di saper giocare d'astuzia? Di sicuro lavorerò tanto e diventerò bravissimo a giocare d'astuzia, a mentire e ad imbrogliare. Al contrario, sviluppando il personale, noi vogliamo riuscire a condurre un gruppo di persone capaci di trovare i problemi effettivi e risolverli alla causa radice, così che essi non continuino a venir fuori.

Quando assegni compiti sfidanti alle persone, come ad esempio la riduzione dei costi dello stabilimento del 5%, se quelle persone ricevono coaching e supporto adeguati (non una volta all'anno all'esterno della fabbrica, ma su base quotidiana, settimanale e mensile), cresceranno affrontando problemi difficili e risolvendoli. Inoltre, acquisteranno fiducia nelle proprie abilità e ne svilupperanno di più profonde. Infine, potranno contribuire al piano d'azione strategico verso il successo, messo in atto con l'*Hoshin Kanri*.

L'Hoshin Kanri stabilisce degli obiettivi sfidanti. La strategia, però, non ti dà obiettivi sfidanti senza tradurli in target di miglioramento, metriche e piani appropriati a tutti i livelli verticali e orizzontali dell'azienda stessa. Grazie ad esso puoi avere:

- o   Iniziativa Individuale
- o   Sviluppo delle Persone
- o   Capacità di Affrontare Compiti Sfidanti
- o   Contribuire al piano d'azione strategico verso il successo

Una volta Gary ha così definito, in mondo molto appropriato, la Lean Leadership: "Il ruolo cruciale del management è: motivare e coinvolgere molte persone nel lavorare insieme verso uno scopo condiviso; definire e spiegare in cosa consiste tale scopo; condividere un percorso che conduce ad esso; motivare le persone ad intraprendere il percorso; assisterle rimuovendo gli ostacoli". La struttura, ossia l'architettura che ti permette di realizzare quanto esposto nella definizione, è l'*Hoshin Kanri*, ossia il processo di scomposizione di un problema a più livelli.

In modo molto schietto ho parlato di come la lean si evolve, e ho suggerito che ci sono due strade: una si percorre con la filosofia di cui abbiamo discusso, ossia sviluppare le persone, i leader e le abilità; l'altra si percorre senza la filosofia, ossia dare risultati, risultati e ancora risultati. Si tratta fondamentalmente della differenza tra la filosofia dell'*Hoshin Kanri* e quella del 'management by objectives'. Quello che di solito avviene in una trasformazione lean è che si attraversano una serie di fasi durante tutto il processo di maturazione. Nella prima fase, si applicano gli strumenti (v. fig. 7.15). Fino ad ora, ho parlato della debolezza intrinseca di un approccio alla lean basato sull'utilizzo esclusivo dei suoi strumenti, e adesso sostengo che il primo step consiste nell'applicare gli strumenti stessi...non mi sto contraddicendo?

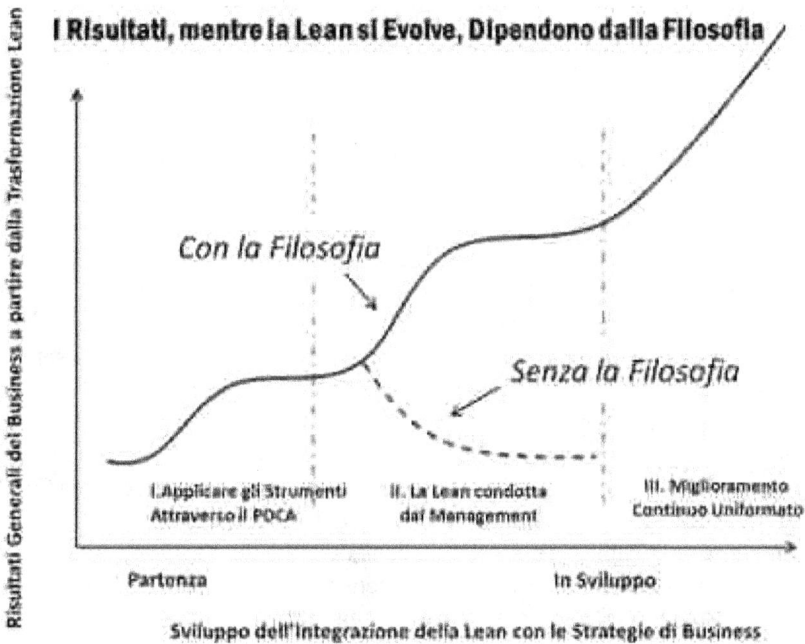

Figura 7.15 I Risultati, mentre la Lean si Evolve, Dipendono dalla Filosofia.

La risposta alla domanda precedente è che si tratta di una contraddizione se ti fermi alla prima fase, e ti focalizzi soltanto sull'implementazione degli strumenti, ma non è una contraddizione, se consideri l'applicazione degli strumenti come la prima fase dell'insegnamento e dell'apprendimento. Qual è la prima cosa che fai se ti viene dato il difficile compito di fare da insegnante a qualcuno, ad esempio se devi insegnare a suonare uno strumento, a cucinare un piatto complesso, a fare l'operatore, il falegname o l'idraulico? La prima fase consisterà nel far apprendere allo studente compiti semplici e di routine: il maestro osserva, mostra all'allievo il modo giusto di fare una cosa, poi lascia che lui provi, si sforzi e infine gli dà un feed-back. Quest'ultimo impara a tenere in mano ed utilizzare una chiave inglese nel modo giusto. A quel punto, egli sta imparando ad utilizzare gli strumenti, che è una cosa molto semplice e basilare, e deve esserlo. In un'organizzazione in cui ci sono molte persone che non hanno mai sentito parlare della lean, in cui non si fa problem solving quotidiano, non puoi affiggere i tabelloni e presupporre che tutti impareranno magicamente ad utilizzarli. Piuttosto, devi insegnare ad utilizzare gli strumenti, così come fai con la chiave inglese.

Nella prima fase, gli allievi imparano contemporaneamente sia il processo di miglioramento che l'utilizzo corretto degli strumenti della lean, con l'aiuto di mentori, ossia di "lean coach". Chiamali come vuoi, ma l'ideale è che tu abbia personale qualificato tra i tuoi impiegati, anche se spesso è necessario cercare dei consulenti che sappiano insegnare. Anche se i coach sono interni, di solito essi cominciano a sostenere lo sforzo di leadership del management ad alti livelli, così come abbiamo visto in Dana.

Il management ad alti livelli, infatti, è responsabile del processo, anche se l'expertise viene da una posizione laterale, ossia da quegli specialisti del miglioramento del processo. I manager che si trovano nel mezzo agiscono ed imparano ad un livello molto basilare.

A questo punto, se hai una vision relativa al Miglioramento Continuo, sai dove vuoi andare, e quindi responsabilizzi i manager nei confronti della lean. Oltre ad avere un piccolo settore di esperti del Miglioramento Continuo, hai dei manager che sono anche dei 'lean coach' in tutta la tua organizzazione, sia essa un'azienda di produzione, ospedaliera o di assicurazioni. I tuoi manager, sebbene stiano ancora imparando e non siano quindi esperti di miglioramento continuo, cominciano a condurlo perché hanno un livello di abilità tale da poter iniziare a sviluppare gli altri. La tua filosofia sarà quella di avere molti manager che conducono la lean verso obiettivi ben definiti, all'interno della propria area, con un buon processo e un buon modo di lavorare con le persone e coinvolgerle. A questo punto, però, il processo dipende ancora molto dal management che si trova nel mezzo della gerarchia. Se non hai la filosofia, oppure se la tua filosofia è quella di assumere i consulenti, delegare il raggiungimento degli obiettivi ai manager sotto di te, misurarli e poi usare il 'metodo della carota e del bastone', ciò che di solito avviene è che ottieni dei risultati iniziali immediati grazie ai consulenti e agli esperti della lean che spingono il cambiamento, e poi regredisci dopo un certo tempo. Con la filosofia che ti guida, invece, riesci a raggiungere un altro livello perché la responsabilità del miglioramento è condivisa da tante persone.

Il Nirvana lo raggiungi quando realizzi un sistema effettivo di daily management: tutti, dovunque, hanno dei target, e ogni giorno trovano qualcosa da migliorare, si adattano ai cambiamenti e le loro attività sono uniformate agli obiettivi aziendali più ampi. A livello locale, hai il management e i leader che conducono un Miglioramento Continuo reale, il quale è uniformato agli obiettivi di business dell'azienda. Tuttavia, quell'uniformità data dall'*Hoshin Kanri* non si può ottenere grazie a degli strumenti specifici. Non puoi saltare alla Quarta Fase, senza percorrere la Seconda e la Terza. D'altro canto, quando percorri la Prima Fase, non supererai automaticamente l'approccio basato sugli strumenti a meno che non utilizzi quel lasso di tempo per sviluppare i leader, che ti permetteranno di progredire verso una lean condotta dal livello manageriale.

Feedback Finale: La Pratica Deliberata non è un Divertimento
Revisione finale del Modello della Lean leadership

Spero di aver dato molti spunti di riflessione. Magari adesso ti senti sopraffatto da tutte queste informazioni, ma questa cosa è positiva. Abbiamo iniziato dal modello di Lean Leadership che attraversa una serie di fasi, e quella finale è l'*Hoshin Kanri*, ossia "uniformare gli obiettivi dall'alto verso il basso", con le persone capaci, a tutti i livelli, di raggiungere risultati di miglioramento aggressivi, creando dei processi sostenibili e ripetitivi e non delle soluzioni temporanee. Inoltre, l'*Hoshin Kanri* viene utilizzato come uno strumento per creare dibattiti che conducono a progetti a tutti i livelli.

Si parte da un dibattito sulla vision ad un livello alto, basandosi su di un'analisi ambientale e della concorrenza, sullo sviluppo del modello aziendale e della strategia riguardo a dove si vuole andare. Tutto ciò viene poi diffuso verso il basso: per ogni coppia di livelli si sviluppano confronti, proposte, feedback critici, aggiustamenti ai feedback, con la finalizzazione di un target e di un piano, che viene ripetutamente scomposto. Quando il processo è terminato, tutti hanno una serie di target che sono uniformati ai bisogni espressi dall'alto, e che si concretizzano in piani ponderati e realistici su come si andrà a procedere. Dopo di ciò, i piani vengono messi in atto e, mentre vengono eseguiti, si controllano e si continua ad apportare loro modifiche. Partendo dal tuo punto di vista, ti chiedo adesso di riflettere sulla tua organizzazione, e su ciò di cui tu sei responsabile.

Se sei in un'area centrale dell'organigramma e guidi un reparto, ovviamente non sei tu quello che può sviluppare un piano strategico per tutta l'azienda. Devi rimanere nell'ambito delle tue possibilità. Qual è la tua vision all'interno della tua area? Dove stai cercando di andare? Qual è il tuo 'true north'? Quali passi cruciali puoi compiere nel prossimo anno? Come puoi scomporli in un piano gestibile, uno che si può modificare man mano che apprendi? È di aiuto parlarne col capo o con qualche leader più anziano per comprendere la loro vision, e anche parlare con i clienti diretti per capire i loro bisogni.

Che ruolo avrà, quindi, la leadership più anziana in questi miglioramenti? Potrebbe anche darti dei target alla maniera del MBO (Management By Objectives). Il tuo compito è quello di prendere quegli obiettivi e tradurli, nel modo giusto, in piani fattibili. Così finirai per sorprendere il tuo capo, perché nessun altro farà la tua stessa cosa e tu emergerai. Inoltre, farai del tuo meglio per coinvolgere ed impegnare i leader più anziani, e farai loro da insegnante man mano che porti avanti i miglioramenti. Essi devono vedere i risultati, però devono anche comprendere il processo necessario al miglioramento sostenibile.

Revisione Finale

- o   Che ruolo avrà il senior management nella tua azienda?
- o   Qual è la tua vision?
- o   Quali sono gli step cruciali che intraprenderai nel prossimo anno per spostarti verso quella vision?

Non voglio fuorviarti...non si tratta di saltare a metriche uniformate e di fare Miglioramento Continuo in ogni parte dell'organizzazione. Quello che ti propongo è qualcosa che tu possa controllare, e che si estende per tutto il corso dell'anno. Fanne un riassunto al tuo coach, proprio come facevano in Dana, dove tutti i manager dello stabilimento andavano ogni settimana a confrontarsi con i coach: "Ecco il mio piano, ecco cosa ho fatto questa settimana e cosa prevedo di fare la settimana prossima". Non so quale cadenza stabilirai con il tuo coach, ma dovresti averne una regolare. Egli dovrebbe darti dei feedback utili, e, sfortunatamente, un feedback utile è soprattutto critico, ma ti indica ciò che puoi migliorare. Le lodi ti fanno sentire bene, ma non ti portano al miglioramento, mentre le critiche sono i gap che puoi colmare lavorandoci su.

A questo punto, potresti legittimamente pensare: "Liker sostiene che lo sviluppo personale si raggiunge in vari anni di lavoro. I quattro step da lui indicati possono richiedere svariati anni ciascuno, per cui siamo di fronte ad un viaggio di circa 10 anni, però la durata del corso che ho fatto è di pochi mesi (www.ToyotaWaytoLeanLeadership.com)". Io ti propongo, in effetti, di lavorare ad una versione in miniatura di questo modello a quattro step, all'interno della tua area di responsabilità, qualsiasi essa sia. Proverai a percorrere tutti e quattro gli step e ad aumentare così la tua comprensione di ciò che essi stanno a significare. Poi, l'anno successivo, li proverai di nuovo e continuerai a farlo nel corso del tempo. Si spera che nelle persone a te vicine nasca un interesse e quindi il desiderio di imparare da te. Anche se questo non accadesse, farai carriera all'interno della tua organizzazione, oppure all'interno di un'altra, e avrai una responsabilità più ampia; quindi, potrai applicare tutto quanto hai appreso ad un contesto più ampio.

Pratica Deliberata

La letteratura odierna riguardo allo sviluppo delle abilità utilizza ripetutamente l'espressione "pratica deliberata". In quanto studente in erba di chitarra, ne ho sentito parlare anche troppo. Quando sto seduto un paio d'ore a suonare i pezzi che ho imparato sicuramente mi diverto, ma non apprendo niente di nuovo.

In alternativa, posso decidere di impegnarmi per raggiungere un certo livello di abilità. Pratica deliberata vuol dire essere consapevoli di quello a cui si sta lavorando. Mentre si commettono degli errori, si identificano e si mettono in atto delle contromisure. Ad esempio, ho iniziato a suonare la chitarra circa 35 anni fa, ma soltanto adesso sto prendendo delle lezioni strutturate per imparare a suonare la chitarra classica. Dopo due anni di corso, il mio insegnante si è reso conto che avevo ancora problemi con il ritmo, con le battute di base. Suonavo delle ottave quando avrei dovuto suonare delle sedicesime, e non mantenevo le mezze note per la durata richiesta. Il mio insegnante, allora, mi ha indicato un libro introduttivo sul ritmo che comincia dal contare soltanto i quarti, suonando le corde a vuoto. Gradualmente, ho iniziato a suonare schemi di ritmo sempre più complessi. Poiché, nel frattempo, avevo la mano sinistra libera, mio figlio, un musicista, mi ha suggerito di utilizzarla per tenere il ritmo sul lato della chitarra. Questo è un esempio di pratica deliberata: sai che stai facendo pratica in maniera deliberata quando non ti stai divertendo, ma stai migliorando in modo graduale.

Quale pratica deliberata dovresti fare l'anno seguente?

"Come si fa ad imparare qualcosa sui quattro step attraverso la pratica deliberata? Puoi fare degli esempi del percorso che farebbe un manager nel corso di un anno?"

Quando si tratta della chitarra, in cui c'è una persona che suona uno strumento, sappiamo come insegnarla abbastanza bene, tuttavia, definire la leadership in un'organizzazione complessa è alquanto vago. Ci sono molti più studenti, e nasce la tentazione di optare per un'educazione di massa, fatta in aula, anche se tutti sappiamo che questo non è il modo giusto di sviluppare delle abilità reali.

La Toyota si è resa conto che il modo migliore di veicolare la pratica deliberata, se vuoi un'organizzazione con il Miglioramento Continuo, è percorrere il processo del problem solving su problemi reali, in maniera ripetitiva e con un coach personale. Ecco perché la Toyota ha introdotto le Toyota Business Practices, ossia gli otto step. Lo sviluppo personale dovrebbe effettivamente focalizzarsi su progetti che tu conduci personalmente, e, mentre lo fai, dovresti coinvolgere, così come ha fatto Gary, un team di persone che riportano a te. In alternativa, ci potrebbe essere anche il coinvolgimento di altri settori.

Come primo step, dovresti metterti alla guida di un gruppo per risolvere un problema. Dovrebbe trattarsi di un problema risolvibile non in un paio di giorni, ma in due o tre mesi, o magari anche di più, se sei un dirigente. Per farlo devi condurre il processo dalla raccolta dei dati alla ricerca delle root cause, percorrendo tutti gli step e rendendo i cambiamenti sostenibili. Uno dei metodi che si possono utilizzare per farlo è il Miglioramento Kata. Potresti avere un ruolo abbastanza in alto nell'azienda da poter pensare di delegare tutto ciò a qualcuno, ma ricorda che nel modello della Lean Leadership non puoi delegare, devi fare le cose in prima persona, cioè devi condurre il processo.

Mentre sviluppi delle abilità conducendo personalmente un team per raggiungere un obiettivo sfidante, ti ritroverai naturalmente al secondo step, che è quello di sviluppare gli altri, magari attraverso il Coaching Kata. Questo avviene perché, mentre tu apprendi, per condurre il processo devi sviluppare le persone che ci lavorano, per cui devi stare un passo davanti a loro, e percorrere gli step uno alla volta. E' necessario avere un coach: puoi cercarlo sul posto oppure puoi ottenerlo attraverso il Lean Leadership Institute (www.LeanLeadership.guru). Una mia amica ha trovato un coach nella sede centrale della propria azienda; per cui ha preso l'aereo, ha incontrato questa persona, e le ha chiesto di farle da coach. La modalità di tale coaching è stata per lo più virtuale, ma, periodicamente, ella andava ad incontrare il coach di persona. Una volta trovato il tuo coach, devi trarre il massimo vantaggio dai feedback che ricevi da parte sua. Tutto questo si chiama sviluppo personale perché devi prendere l'iniziativa.

Se riesci a riservarti per questo percorso un anno intero, potresti suddividerlo in trimestri. Durante il primo trimestre ti focalizzerai sul progetto, sul tuo sviluppo personale e comincerai a sviluppare gli altri. Nel secondo trimestre, invece, sarai principalmente concentrato sullo sviluppo degli altri: assegnerai dei compiti a coloro che ti riportano, poi lavorerai con questi per identificare un problema su cui poter lavorare, e saranno essi stessi a condurre il processo di miglioramento e percorrere gli step, alla guida di un team, con te che fai da coach. A questo punto, non avrai più un team, ma soltanto delle persone a cui stai facendo da coach. Nel terzo step, porterai il processo al livello del lavoro concreto. Devi avere dei KPI e dei tabelloni in uno o più dipartimenti, a seconda della struttura della tua area e del numero di persone che la compongono. Dovrai stabilire un sistema di daily management in cui hai dei target e guardi gli indicatori ogni giorno, con dei meeting in piedi davanti ai tabelloni, ripartendo i compiti e migliorando su base quotidiana.

Alla fine, magari nell'ultimo trimestre, stabilirai degli obiettivi e farai la pianificazione per l'anno seguente. Potresti magari sviluppare una proposta in A3, e se anche non riuscissi a completarla, potresti cominciare a mettere in atto le contromisure. Il tuo A3 potrebbe arrivare giusto al punto in cui hai inserito il piano, i compiti e i target per il miglioramento nel secondo anno. Esso sarà, quindi, il punto di partenza dell'anno seguente, e potrai condividerlo con il tuo manager, anche se quest'ultimo non ha una formazione come Lean Leader. Gli mostrerai l'A3, e condurrai il processo anche senza che egli ti faccia regolarmente da guida. Il tuo manager ne rimarrà davvero colpito, e potrebbe venirgli in mente di sperimentare la stessa cosa in altre aree...o addirittura di imparare egli stesso il metodo.

All'interno di ciascuno di questi trimestri, ci sono molte abilità da sviluppare: ad esempio, osservare il *gemba* e capire effettivamente i problemi, dare loro una priorità, fare l'analisi delle root cause. Ciascuna di queste tre cose implica molte altre abilità. Nel corso dell'anno, mentre le ripeti con le persone a cui stai facendo da coach, e poi mentre le metti in atto nel daily management, ripercorrerai questi processi di volta in volta, ossia farai PDCA su PDCA. Continuerai ad affinare le tue abilità con l'aiuto di un coach, anche quando farai da coach agli altri.

Se decidi di imparare utilizzando la metodologia del Toyota Kata, puoi andare sul sito Internet di Mike Rother (http://www-personal.umich.edu/~mrother/Homepage.html), che è una miniera di informazioni e ti rimanda anche a video su you-tube, a slide share, workshop dal vivo, coach, e anche al suo stesso libro *Improvement Kata Handbook.*

Detto questo, vorrei soltanto augurarti ogni bene. Non credo neppure lontanamente di averti insegnato ad essere un Lean Leader. Quello che spero di averti dato è un punto di partenza e una spinta iniziale verso un viaggio che dura tutta la vita. Questo è il mio punto di vista, e spero che sia anche il tuo. Una volta iniziato il viaggio, ti auguro di renderti conto delle tue debolezze, e poi di cominciare a trarre grande energia dalla consapevolezza che non si smette mai di imparare. Non finirai mai. C'è sempre qualcos'altro da raggiungere, un altro livello di abilità e di competenza. Una vita trascorsa ad imparare è una vita meravigliosa!

- o   Focalizzati sul Progetto
- o   Focalizzati sullo Sviluppo degli Altri
- o   Portalo al livello del lavoro concreto
- o   Stabilisci gli obiettivi per l'anno successivo

CAPITOLO 8

COLLEGARE LA STRATEGIA ALL'ECCELLENZA OPERATIVA: l'Esempio della Scion

Ogni Miglioramento Inizia con una Sfida

Quando pensiamo alla Toyota, molto spesso colleghiamo il nome dell'azienda al concetto di produrre automobili nelle fabbriche, difficilmente alla sua organizzazione. La Toyota ha tutti i dipartimenti che ogni organizzazione globale complessa possiede, a partire dalle vendite. Le vendite stabiliscono ciò che il cliente vuole, e interagiscono con lo sviluppo del prodotto così da assicurarsi che vengano sviluppate le cose appropriate. Inoltre, le vendite lanciano i prodotti sul mercato ed interagiscono addirittura col controllo della produzione quando viene sviluppato un programma, così che questo sia adattato sia ai bisogni della produzione che a quelli delle vendite stesse.

A conclusione di questo libro, vorrei illustrare il collegamento importante tra la strategia del prodotto e l'eccellenza operativa. Lo farò prendendo come esempio il flusso di valore utilizzato per creare il nuovo marchio Scion che la Toyota ha introdotto negli Stati Uniti nel 2005. Questa storia mostra anche come, perfino a livello di sviluppo di un nuovo marchio, la Toyota seguiva le Toyota Business Practices condotte da leader eccezionali. Questi ultimi definivano un bisogno, sviluppavano una strategia e poi collegavano quella strategia alla Lean Manufacturing e alla logistica che avrebbe prodotto e consegnato al cliente ciò che voleva e quando lo voleva. Non voglio far passare l'idea che il marchio Scion sia uno dei marchi di maggior successo che la Toyota abbia mai creato, ma piuttosto vorrei focalizzare l'attenzione sull'*accordo* perfetto tra la strategia, l'approccio utilizzato dalle vendite e le caratteristiche operative.

Figura 8.1 Il Marchio Scion di automobili: xD, tC e xB

Nella figura 8.1, mostriamo le tre automobili che originariamente portavano il marchio Scion: da sinistra a destra esse sono rispettivamente la xD, la tC e la xB. Da allora, sono state sviluppate nuove automobili, ivi compresa una piccola ed economica macchina sportiva, e lo sviluppo del prodotto è ancora in corso. Da alcuni punti di vista, la Scion è stata un fallimento, in quanto le vendite sono diminuite notevolmente rispetto al boom iniziale. Di questo, in Toyota, nessuno è contento, ma la Scion adempie ancora ad funzione importante... quale?

Ogni sforzo di miglioramento dovrebbe iniziare con una definizione chiara del problema oppure con una sfida. Non si dovrebbe mai cominciare dall'affermazione di un senior leader del tipo: "Vendite, abbiamo bisogno di un nuovo marchio per attrarre i giovani, sviluppatelo!". Un senior leader potrebbe invece dire: "Abbiamo un problema, e dobbiamo trovare il modo di affrontarlo". Il contesto del problema era il modello di business della Toyota basato sul fidelizzare i clienti per tutta la vita. Questo vuol dire che dal momento in cui compri un' automobile Toyota, la Toyota ti accompagnerà in tutte le tappe della tua vita mettendoti sempre a disposizione un nuovo prodotto che soddisferà i tuoi bisogni. La porta di accesso alla fidelizzazione dovrebbe essere, quindi, la prima automobile di un giovane cliente; ma questo accadeva raramente negli Stati Uniti. Infatti, l'età media dei proprietari di automobili Toyota in Nord America era troppo alta, una delle più alte nel settore automobilistico, e molti giovani guardavano alla Toyota come ad una macchina "che guidano i miei genitori", oppure, anche peggio, "che guidano i miei nonni".

Per aumentare la quota di mercato futura, guardando avanti di vari decenni, la Toyota doveva abbassare l'età d'ingresso nel flusso di valore del cliente Toyota e i giovani dovevano guardare alla propria eventuale automobile come a qualcosa di diverso da quella dei propri genitori. Il senior management della Toyota Motor Sales, lavorando congiuntamente allo sviluppo del prodotto, ossia il settore di Ricerca e Sviluppo, decise che le contromisure dovessero riguardare la creazione di un nuovo marchio. Dopo molte ricerche, discussioni e analisi, questi due gruppi conclusero che molti giovani, in America, non avrebbero mai visto la Toyota come la casa automobilistica di riferimento, ragion per cui c'era bisogno di creare un nuovo marchio per i giovani.

Il passo successivo fu quello di acquisire una maggiore conoscenza dei requisiti richiesti dal cliente. Questo voleva dire che le vendite dovevano intraprendere uno studio intensivo per capire cosa vogliono i giovani americani dalle loro automobili, e questo è molto simile al lavoro che gli antropologi tecnici fanno alla Menlo Innovations. La filosofia della Toyota è che non si riesce mai a saperne abbastanza di ciò che le persone davvero vogliono partendo dai dati dei sondaggi, in quanto le statistiche non raccontano mai la storia per intero. Bisogna andare di persona ad osservare i clienti nel loro ambiente quotidiano. Per questo, la Toyota mandò i propri impiegati sulle spiagge, nei musei, alle mostre d'arte, ai concerti rock e in qualsiasi altro posto che i giovani frequentavano, e alla fine cominciò ad emergerne un quadro abbastanza chiaro.

Una cosa che si imparò fu che ai giovani americani piacevano le caratteristiche interne delle auto dei propri genitori, e ritenevano di doverle avere anche nelle proprie. Se, ad esempio, la Lexus aveva un display con una videocamera per la retromarcia, avrebbero voluto averla anche nella propria auto, e non sarebbero stati molto contenti di sentirsi dire: "Sei troppo giovane, non te la puoi permettere". Essi desideravano molte caratteristiche di alto valore, ma ad un prezzo accessibile; inoltre, volevano anche esprimere la propria individualità. I giovani americani crescevano personalizzando molti prodotti di telefonia e di abbigliamento, e volevano un'automobile che in qualche modo fosse unica.

Oltre a voler esprimere la propria individualità, i giovani americani volevano allo stesso tempo appartenere ad un gruppo, in quanto molti si sentivano isolati, e parte del problema aveva a che fare con la tecnologia informatica odierna, persino con i social network su Internet. La Scion, quindi, avrebbe idealmente aiutato a soddisfare il desiderio di far incontrare le persone, fisicamente nello stesso posto, e anche online. L'ultima scoperta fu che i giovani odiavano essere trattati ingiustamente: "Se il mio amico è riuscito a fare un affare con la Scion, o anche soltanto con il cambio dell'olio, io non dovrei pagare di più per lo stesso servizio". I giovani escludevano categoricamente il dover tirare sul prezzo. Quando io ero più giovane, era una specie di sport nazionale: andavi dal concessionario e cercavi di contrattare sul prezzo, ma i giovani, nel 2005, ritenevano che questa cosa fosse fastidiosa e ingiusta.

I giovani americani Vogliono

o   Automobili complete con le caratteristiche della Lexus al prezzo della Corolla (o anche meno)
o   Esprimere la propria individualità (perché abituati a personalizzare tutto)
o   Appartenere ad un gruppo
o   Essere trattati giustamente—stesso servizio allo stesso prezzo

Non Vogliono

o   Tirare sul prezzo

Approccio alla Scion utilizzato dalle Vendite/Marketing

Sulla base dei requisiti esposti sopra, fu definito il marchio Scion e le sue caratteristiche chiave. L'approccio utilizzato dalla Toyota fu in linea con il Toyota Way: lavoro in team, frugalità, andare dove sono i clienti a vedere cosa sta facendo la concorrenza. Un piccolo team di cinque persone, guidate da un vice presidente, cominciò a sviluppare il marchio. Cinque persone non sono molte per sviluppare un intero marchio per una grande azienda automobilistica: di solito, per una cosa del genere, si preparano degli uffici specifici, e si coinvolgono dozzine di persone accompagnate dalle rispettive segretarie. In questo caso c'erano solo cinque persone, e ciò che fecero fu lasciare i propri uffici e andare a vedere i clienti per sviluppare le loro richieste, per poi cominciare a metter giù delle idee per il modello di business.

Una delle intuizioni cruciali avvenne quando Jim Lentz, il vice presidente responsabile della Scion, andò in visita in Brasile. Aveva sentito parlare della Chevy Celta, un'automobile economica basica venduta in Brasile, ma con molte caratteristiche e optional interni, che si poteva personalizzare su Internet. Dal punto di vista strettamente produttivo, vi era una sola Celta, con una sola configurazione, ma erano molti gli accessori che potevi aggiungere quando ordinavi la macchina in concessionaria. Si poteva addirittura ordinarli online, e la combinazione degli accessori ordinati rendeva l'auto unica.

Sembrando questa la soluzione vincente, Jim Lentz volle andare a vederla in prima persona, per cui prese un aereo, andò in Brasile e concluse: "Si tratta di un'idea fantastica". Ciò condusse al modello logistico di produzione della Scion, che era direttamente legato ai bisogni del cliente e alla vision del marchio da parte delle vendite, che venne chiamato "mono-spec".

Jim dichiarò: "Decidemmo di cominciare con un modello base, con poche configurazioni. Ad esempio, ci sarebbero potute essere due diverse trasmissioni, oppure due diverse cilindrate. Da un punto di vista strettamente produttivo vi sarebbero state pochissime variazioni, per cui la produzione di questa automobile sarebbe stata molto efficiente. Una volta prodotte, le automobili venivano spedite in California, dove, arrivate al porto, venivano raggruppate nel centro di stoccaggio e, quando i clienti ordinavano la loro auto, quella stessa auto color crema veniva accessoriata secondo l'ordine ricevuto, e veniva spedita immediatamente al concessionario, che avrebbe potuto aggiungere qualche altro accessorio".

Questo fu davvero un caso di personalizzazione di massa: in pratica, si parte dall'unità di base color crema, e, al momento stesso in cui il cliente fa l'ordine, la macchina viene personalizzata, cosa che richiede un certo tipo di modello logistico. In Toyota, cominciarono da veicoli che esistevano già in Giappone, per cui, all'inizio, non ci fu alcun costo aggiuntivo per lo sviluppo del nuovo prodotto. Ciò, unito all'efficienza della fabbrica nel riuscire a produrre un veicolo con poche variazioni, permise di tenere basso il prezzo, nonostante la presenza di molte caratteristiche standard.

Un Piccolo Team (5 persone) per sviluppare un marchio

Andare a vedere i clienti, raccogliere idee per il modello di business.

Intuizione cruciale: Chevy Celta in Brasile—Acquisto basato su Internet di un singolo modello di configurazione accessoriato presso il concessionario.

Modello Logistico di Produzione della Scion:

-"Monospec"- Modello di base con poche configurazioni presso la fabbrica in Giappone (colore e trasmissione)

-"Stoccaggio" al porto e auto accessoriata secondo l'ordine del cliente

Dal punto di vista del cliente, bastava andare su Internet per scegliere fra molte opzioni. La tabella sottostante mostra degli esempi di alcune delle scelte originarie. Da allora, la lista si è allungata, e sono disponibili molte componenti aggiuntive esterne. Ad esempio, una copertura per il motore a fibra di carbonio ti darà un assetto sportivo; vi è un componente che puoi aggiungere al sistema di scarico e che per alcuni lo rende davvero bello; si possono selezionare le luci posteriori a LED che sono disponibili in vari colori. Queste sono tutte cose che si possono aggiungere dopo che la macchina è stata spedita dal Giappone e si trova nel centro di stoccaggio in un porto della California.

Accessori proposti dalla Toyota

Accessori Esterni

Copertura per il Motore a Fibra di Carbonio	$325
Fregio Tubo di Scappamento	$76
Applique sul Paraurti Posteriore	$69
Alettone Posteriore	$423
Kit Fendinebbia	$320
Finiture del Finestrino in Fibra di Carbonio	$299
Mascherina del Radiatore	$215
Luci Posteriori a LED	$375

Accessori Interni

Fodera portabagagli	$119
Rete portabagagli	$65
Cargo Dover	$259
Illuminazione del Vano Sportello	$265
Vano portaoggetti	$129
Tappetini Interni e del Portabagagli	$155
Volante sportivo	$279
Antifurto Scion	$469
Remote Engine Start	$529
Illuminazione sotto il cruscotto e vano portabibite	$299

La dichiarazione della Mission riportata in basso non è stata sviluppata dalla Toyota. È stata scritta da un gruppo di proprietari di auto Scion, e questo è stato uno dei punti che costituivano il modello di business. Fu elaborata in risposta alla domanda: "Come si può creare un senso di comunità per questi giovani?". La Toyota assunse nuovi partner nel settore del marketing che avevano abilità diverse rispetto a quelle consuete della pubblicità tramite riviste, internet e TV. L'azienda pubblicitaria selezionata era invece specializzata nel creare gruppi cooperativi, e incoraggiarne la crescita in tutto il paese. In questo caso si è trattato di un gruppo di proprietari, la cui fondazione è stata supportata dalla Toyota, in cui un leader si è fatto avanti, il gruppo ha iniziato ad incontrarsi e a fare quello che veniva deciso nelle riunioni.

Tale gruppo ha detto:

Dichiarazione della Mission:

La Scion Evolution (SE) è nata con lo scopo di permettere ai proprietari di auto Scion di incontrarsi e condividere la loro passione per le proprie Scion. È con trepidazione che la SE si avvicina umilmente a questa filosofia che consente ai proprietari di auto Scion di contribuire alla fede perpetua nel marchio Scion.

➔ Scion Evolution, Spinti a Evolversi, Capitolo della Carolina del Nord (un club di proprietari di auto Scion)

A questo punto, i clienti vendono al posto tuo. Ci furono anche grandi eventi organizzati in varie regioni del paese per radunare tutti insieme i proprietari di auto Scion. Ad esempio, la Toyota affittò Disneyland, in California, per una sera e soltanto i proprietari di auto Scion poterono entrare gratis, a patto che arrivassero lì con la loro automobile. Inoltre, vendevano dei premi all'asta, e festeggiavano il fatto di essere tutti parte della stessa comunità Scion.

L'approccio iniziale delle vendite, che venne chiamato "prezzo puro" all'interno della Scion, fu quello di stabilire un prezzo per l'auto insieme al concessionario. Con questo sistema, alcuni concessionari stabiliscono prezzi diversi, magari in base a dove si trovano. Una volta stabilito il prezzo per vendere la macchina con delle determinate caratteristiche, ivi compreso il servizio successivo, tipo il cambio dell'olio, si decide che il prezzo rimarrà invariato per un anno, per cui chiunque compri il prodotto, ottiene lo stesso servizio e paga lo stesso prezzo.

In Toyota, decisero anche di settorializzare il marketing. Di solito si rivolgevano ad un'unica azienda pubblicitaria e le chiedevano di fare tutto, ma in questo caso si resero conto che per avere un approccio innovativo per un marketing adatto ai giovani, avevano bisogno di aziende specializzate. Alcune di queste, infatti, sono brave con i social network, alcune con gli spot televisivi, e altre sanno creare eventi nazionali e club. I club dei proprietari venivano organizzati dai proprietari stessi, con il supporto della Scion, sui social network, sia su Internet che incontrandosi di persona. Alcuni gruppi si focalizzavano maggiormente sulla musica: in alcune parti del paese poteva essere la musica country, in altre quella rock. Gli eventi Scion, che crebbero fino a superare i 100 al mese, avevano come scopo quello di facilitare i contatti sociali. Ad esempio, nel periodo di Halloween, la 'Fattoria delle Bacche di Knott', in California, diventa la 'Fattoria della Paura di Knott', e lì organizzavano degli eventi riservati ai proprietari di vetture Scion.

Prezzo Puro

➔ Il Concessionario Stabilisce il prezzo per l'auto e il servizio, e poi a tutti viene praticato lo stesso prezzo

Marketing Settorializzato

➔ Pubblicità diretta, televisione, radio, eventi, e Internet

Club dei Proprietari della Scion

➔ Organizzati dai proprietari con il supporto della Scion per fare social network

Eventi Scion (oltre 100 al mese)

➔ Facilitare i contatti sociali e l'appartenenza
➔ Eventi regionali per i proprietari, adattati ai gusti locali (es. festival artistici) ed eventi generici (es. Fattoria delle Bacche di Knott)

Per dare molto valore al cliente, ad un prezzo relativamente basso, la Toyota decise di utilizzare dei dipartimenti e dello staff già presente in azienda, senza creare un intero apparato burocratico attorno alla Scion. Nel 2007, nel periodo iniziale, si cominciò soltanto con 19 persone nella sede centrale e 40 che andavano sul campo a lavorare con i gruppi di utenti e con i concessionari, e questi erano i numeri dell'intero personale dell'azienda Scion.

Utilizzo dello staff e dei dipartimenti già presenti in Toyota

➔ Personale 2007: 19 in sede centrale e 40 sul campo

Utilizzo di modelli già esistenti provenienti dal Giappone

➔ Es. dalla bB alla xB

Utilizzo della Rete di Concessionari Toyota già Esistente

Inoltre, si prese un grande furgone e si fece una mostra di strada per vendere ai concessionari l'idea di comprare il marchio Scion. Si trattava, infatti, non di un requisito essenziale per loro, ma soltanto di una opzione, ma la maggior parte dei concessionari negli Stati Uniti era entusiasta all'idea di attrarre i giovani nei propri showroom, per cui aderirono. Essi pagarono per creare uno spazio riservato alla Scion nei loro saloni, e dovettero anche fare della formazione al personale relativa alla vendita dell'auto, oltre a stabilire delle politiche di prezzo diverse. In pratica, i concessionari fecero un investimento.

Collegare lo Scopo ai Risultati

Che risultati si ottennero? Partendo dall'inizio del progetto, possiamo dire che nel primo anno vennero raggiunti tutti i risultati. La Toyota si era data l'obiettivo di portare i giovani nel proprio marchio, e a quel tempo, l'età media dei compratori della Scion era 30 anni ed era anche l'età media più giovane nel settore automobilistico per qualsiasi marchio. Un buon 80% di questi proprietari comprava un'automobile Toyota per la prima volta. Riguardo a quelli che già avevano un veicolo che diedero in permuta, nell'80% dei casi si trattava di un veicolo di un'altra azienda automobilistica. Così si acquisirono anche quei clienti che nel settore vengono definiti "clienti conquistati".

All'inizio, l'obiettivo alquanto modesto fu quello di vendere 40.000 auto e venne raggiunto. Non ci si aspettava di trarne guadagno, ma se ne ottenne comunque. Le vendite della Scion raggiunsero le vette più alte superando i 180.000 veicoli all'anno, ma entro il 2013 scesero drammaticamente a 68.000. In effetti, erano stati introdotti sul mercato nuovi modelli nel 2015 e anche dopo, ma è ragionevole chiederci: "La Scion è un progetto fallito?".

Si tratta di una domanda legittima se si pensa nel breve termine e non si comprende la strategia. Dal punto di vista della Toyota, la questione non viene valutata allo stesso modo. Come prima cosa, nei primi anni funzionò bene, poi facendo l'analisi delle root cause, ci si rese conto che le vendite scendevano perché i modelli diventavano vecchi e bisognava svilupparne dei nuovi. Lo sviluppo dei veicoli della Scion non fu una delle maggiori priorità della Toyota, in particolare durante la recessione e durante varie altre crisi nel corso di quattro anni. Il tempo necessario all'introduzione di un nuovo prodotto era un problema, ma non si trattava di un problema a lungo temine che avrebbe nuociuto al marchio.

Quando l'ho intervistato, Mark Templin, vice presidente della Scion nel 2007, mi ha spiegato l'obiettivo originario in questi termini:

> "Le metriche che noi riteniamo importanti non riguardano le vendite o i profitti: la Scion ha come scopo quello di aprire la porta alla Toyota che cerca di avvicinarsi ai giovani. L'età media dei proprietari della Scion è 30 anni, che è la più giovane nell'industria automobilistica. Oltre a ciò, sembra proprio che riusciamo comunque a fare soldi vendendo i prodotti Scion e impariamo anche nuovi modi di fare business".

Di fatto, imparavano davvero nuovi modi di fare business. Ad esempio, appresero nuovi modi di fare marketing, infatti la Scion sollevò molto entusiasmo nei dipartimenti già esistenti della Toyota Motor Sales: era davvero divertente interagire con i clienti giovani. C'era un alto livello di energia nei giovani, e questo aiutò molto l'azienda a rinvigorire le proprie energie, che tendono un po' a spegnersi quando si diventa una grande società multinazionale. Ovviamente, la Scion avrebbe voluto vendere più veicoli per soddisfare maggiormente la propria mission, ma c'erano comunque altri indicatori per il successo.

Risultati della Scion nei Primi Anni

→ Età media di 30 anni—più giovane nell'industria automobilistica

→ 80% dei Proprietari della Scion erano nuovi entrati nella famiglia Toyota

→ 8 su 10 erano "conquest customers" che permutavano veicoli non Toyota

→ Investimento ripagato e profitti entro il quarto anno

→ Ma le Vendite scesero nel 2007 – Ancora un Successo?

Relazione tra l'Innovazione Strategica e l'Eccellenza Operativa per la Scion

Rivediamo, a questo punto, come i vari pezzi del puzzle si incastrano insieme, e come tutto ciò possa rapportarsi alla leadership. Come prima cosa, si è partiti con un intento strategico, che consisteva in un nuovo marchio che portasse i giovani nel mercato della Toyota, con automobili ad elevato valore aggiunto che potessero essere personalizzate e potessero creare un senso di comunità. Quell'intento strategico, successivamente, si trasformò in innovazione, nell'idea del mono-spec, ossia dei modelli di base color crema che venivano personalizzati grazie all'aggiunta degli accessori. Sebbene l'idea provenisse dalla General Motors, per la Toyota, che la prese e la modificò, si trattò di un'innovazione vera e propria. L'idea del prezzo puro, dell'approccio al marketing settorializzato, che poi venne applicato anche ad altri marchi Toyota, e l'idea di creare una comunità di proprietari erano tutte innovazioni scaturite dalla necessità di cercare di realizzare questa strategia sulla base di ciò che i giovani americani davvero vogliono.

Queste stesse innovazioni dovevano essere trasformate in eccellenza operativa. Secondo quanto Jim Lentz affermò: "Abbiamo infine dovuto consegnare la Toyota, come automobile, ai giovani. Questo è ciò che vogliono: i giovani non sono particolarmente pazienti. Gli americani, in generale, non sono particolarmente pazienti, per cui vogliono le cose e subito. Abbiamo avuto bisogno di una qualità elevata, non solo nelle fabbriche, ma anche nei luoghi in cui vengono aggiunti gli accessori, ossia al porto oppure dal concessionario".

Uno dei concetti della lean che dovettero utilizzare per la Scion fu il sistema logistico del Just-in-Time, così da poter effettivamente costruire su ordinazione al porto ciò che il cliente vuole, ossia gli accessori, e spedirlo molto rapidamente ai concessionari. Nelle fabbriche, utilizzarono il Toyota Production System per costruire il modello ad un costo molto basso, con qualità molto elevata, così da eliminare ogni spreco e ogni costo eccedente. Raggruppare le automobili spedite dal Giappone in un porto della California e lì personalizzarle fu un'innovazione logistica.

Dovevano progettare modelli futuri per continuare ad adattarsi ai bisogni dei clienti. In Toyota, questa cosa si ottiene attraverso il sistema dell'ingegnere capo che conduce lo sviluppo del prodotto, in stretta collaborazione con le vendite, e va a vedere sul posto (nel *Gemba*) in prima persona. In questo caso, il posto effettivo si trova lì dove i clienti utilizzano le macchine, e consiste nel capire come essi si sentono quando ad esempio, guidano la propria auto verso una spiaggia in California, oppure verso un museo a Washington D.C. L'ingegnere capo deve andare ovunque a vedere come i giovani americani vivono, e poi, insieme alle vendite, trasformare quelle osservazioni in una nuova serie di esigenze del cliente.

Infine, l'intera azienda Toyota deve collaborare. Un piccolo gruppo ha dovuto ottenere la collaborazione delle vendite, della produzione, dei concessionari, della Ricerca e Sviluppo, deve vendere il progetto ed entusiasmare le persone, il che significa che il team iniziale può sviluppare, grazie a questo processo, la propria abilità di persuadere e di condurre orizzontalmente. A tutte le funzioni in Toyota è richiesto di sviluppare la cultura di focalizzarsi su ciò che è bene per l'azienda, non solo ciò che è bene per il loro dipartimento. Ad esempio, per la produzione potrebbe essere più che altro un fastidio produrre le Scion, ma lo si fa per uno scopo particolare che aiuterà l'azienda nel lungo termine. Ed ecco dove entra in gioco la cultura del Toyota Way, nel collegamento tra l'Intento Strategico, le Innovazioni e l'Eccellenza Operativa, che è esposto nel diagramma nella Figura 8.2.

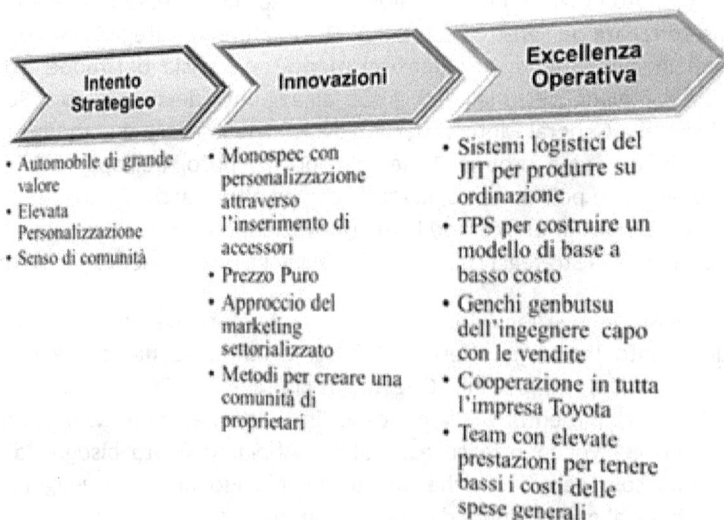

Intento Strategico	Innovazioni	Excellenza Operativa
• Automobile di grande valore • Elevata Personalizzazione • Senso di comunità	• Monospec con personalizzazione attraverso l'inserimento di accessori • Prezzo Puro • Approccio del marketing settorializzato • Metodi per creare una comunità di proprietari	• Sistemi logistici del JIT per produrre su ordinazione • TPS per costruire un modello di base a basso costo • Genchi genbutsu dell'ingegnere capo con le vendite • Cooperazione in tutta l'impresa Toyota • Team con elevate prestazioni per tenere bassi i costi delle spese generali

Obiettivo della Scion: Introdurre i giovani nella famiglia Toyota

Figura 8.2 Relazione tra l'Innovazione Strategica e l'Eccellenza Operativa.

I Principi del Toyota Way in Azione

Quali sono stati i principi chiave del Toyota Way che abbiamo visto in azione e che hanno determinato il successo della Scion? I principi iniziano con il Rispetto per le Persone, che significa rispettare il cliente così tanto da prendersi il tempo di capire come egli vive, cosa vuole dalla sua auto, e cosa lo soddisferà veramente. È stato necessario anche un processo di problem solving. Inoltre, l'intero processo della creazione del marchio Scion ha seguito le Toyota Business Practices. C'è stata una chiara definizione del problema: il gap tra l'età d'ingresso che si voleva per i clienti Toyota e l'età effettiva che essi avevano. Si è dovuto afferrare la situazione e comprendere i giovani americani attraverso il *genchi genbutsu*, l'andare a vedere. Sono state anche valutate ampiamente molte alternative, ci si è recati dovunque ci potessero essere delle buone idee, come per il modello della Chevy, e poi, sulla base di questo, è stato creato il modello di business.

Inoltre, si è dovuto pensare a lungo termine, il che significa accettare la strana idea di dover effettivamente creare un intero marchio che potrebbe non portare alcun profitto all'azienda. Infatti, lo scopo di questo marchio era quello di portare nuovi clienti all'interno della famiglia Toyota. Poi, c'è stato bisogno del processo del Miglioramento Continuo: se ho un sistema iniziale, lo modificherò man mano che ricevo dei feedback per renderlo sempre più simile a quello che il cliente vuole. Ad esempio, nel 2007, quando le vendite sono scese, si è dovuta fare un'analisi delle root cause e risolvere il problema, che consisteva essenzialmente in: "Abbiamo bisogno di nuovi modelli".

Per fare tutto ciò, ci vogliono dei leader particolari, che pensano in un determinato modo, che seguono i valori dell'azienda e pensano prima all'azienda e non alle loro funzioni individuali o ai bisogni dei loro dipartimenti. Per quei leader, questa ha rappresentato una grande opportunità di accrescere le proprie abilità di leadership. In questo caso, essi hanno accresciuto le loro abilità nel problem solving, nel pensiero creativo e nel lavorare in un piccolo team iniziale prima di ingrandirsi. Inoltre, hanno imparato molto sul condurre in maniera orizzontale, influenzando altri dipartimenti su cui non avevano potere, del tipo l'ingegneria, la produzione e i concessionari esterni che sono indipendenti.

Figura 8.3 Principi in Azione

L'esempio della Scion è solo uno dei tanti esempi che mostrano come tutti questi principi convergono insieme (vedi Figura 8.3). Esso dà un grande ritratto visivo della Lean Leadership: va dal concetto al prodotto, fino al prodotto costruito sulla base delle esigenze di mercato, e poi continua a connettersi con i clienti dopo le vendite. Né una buona strategia, né l'eccellenza operativa da sole sarebbero state sufficienti a risolvere questo problema, in quanto entrambe dovevano essere strettamente connesse.

Siamo giunti alla fine della storia, ma la mia speranza è quella di aver aiutato la tua vision nel lungo ed entusiasmante viaggio all'interno della Lean Leadership. Dovrebbe essere chiaro ormai che sviluppare un'azienda lean è un processo a lungo termine che coinvolge tutti gli ambiti, non soltanto la produzione. Se c'è un elemento che tutte le fasi della lean hanno in comune, quello è il pensiero critico e creativo. Tutto comincia dallo sviluppo personale, poi, mentre continui ad imparare, diventi un insegnante. Il viaggio non avrà mai fine!

SVILUPPARE LEAN LEADER: Per Ulteriori Approfondimenti

All'interno del libro, abbiamo fatto riferimento a vari testi che potresti voler approfondire maggiormente. Ecco alcuni suggerimenti:

Freddy Balle and Michael Balle, *The Gold Mine: A Novel of Lean Turnaround*, (Cambridge, Mass.: Lean Enterprise Institute, 2005)

Michael Balle and Freddy Balle, *Lead with Respect: A Novel of Lean Practice* (Cambridge, Mass.: Lean Enterprise Institute, 2005)

Jim Collins, *Good to Great: Why Some Companies Make the Leap . . .and Others Don't* (New York: Harper Business, 2001)

Pascale Dennis, *Getting the Right Things Done: A Leader's Guide for Planning and Execution* (Cambridge, Mass.: Lean Enterprise Institute, 2006)

Robert Greenleaf, *The Power of Servant Leadership* (San Francisco: Berrett-Koehler, 1998)

H. Thomas Johnson, *Profit beyond Measure* (New York: Free Press, 2008)

Jeffrey Liker, *The Toyota Way* (New York: McGraw-Hill, 2004)

Jeffrey Liker and David Meier, *The Toyota Way Fieldbook* (New York: McGraw-Hill, 2006)

Jeffrey Liker and David Meier, *Toyota Talent* (New York: McGraw-Hill, 2007)

Jeffrey Liker and Michael Hoseus, *Toyota Culture* (New York: McGraw-Hill, 2008)

Jeffrey Liker and James Franz, *The Toyota Way to Continuous Improvement* (New York: McGraw-Hill, 2011)

Jeffrey Liker and Gary Convis, *The Toyota Way to Lean Leadership* (New York: McGraw-Hill, 2011)

Mike Rother, *Toyota Kata: Managing People for Improvement, Adaptiveness and Superior Results* (New York: McGraw-Hill, 2009)

Peter Senge, *The Fifth Discipline: The Art and Practice of the Learning Organization* (New York: Crown Business, 2006)

Richard Sheridan, *Joy, Inc.: How We Built a Workplace People Love* (New York: Portfolio Hardcover, 2013)

John Shook, *Managing to Learn* (Cambridge, Mass.: Lean Enterprise Institute, 2009)

George Trachilis, *OEM Principles of Lean Thinking*, http://lean101.ca

Taiichi Ohno's *Workplace Management: Special 100th Birthday Edition*, (New York: McGraw-Hill Professional, 2012)

www.ingramcontent.com/pod-product-compliance
Lightning Source LLC
Chambersburg PA
CBHW061004280326
41935CB00009B/833